权威·前沿·原创

皮书系列为
"十二五""十三五"国家重点图书出版规划项目

公共关系蓝皮书
BLUE BOOK OF CHINA'S PUBLIC RELATIONS

中国公共关系发展报告（2017）

ANNUAL REPORT ON DEVELOPMENT OF CHINA'S PUBLIC RELATIONS (2017)

主　编／柳斌杰
副主编／王大平　董关鹏

社会科学文献出版社
SOCIAL SCIENCES ACADEMIC PRESS (CHINA)

图书在版编目（CIP）数据

中国公共关系发展报告.2017/柳斌杰主编.--北京：社会科学文献出版社，2018.1
（公共关系蓝皮书）
ISBN 978-7-5201-1860-6

Ⅰ.①中… Ⅱ.①柳… Ⅲ.①公共关系学-发展-研究报告-中国-2017　Ⅳ.①C912.3

中国版本图书馆CIP数据核字（2017）第289629号

公共关系蓝皮书
中国公共关系发展报告（2017）

主　　编／柳斌杰
副 主 编／王大平　董关鹏

出 版 人／谢寿光
项目统筹／邓泳红　桂　芳
责任编辑／桂　芳

出　　版／社会科学文献出版社·皮书出版分社（010）59367127
　　　　　地址：北京市北三环中路甲29号院华龙大厦　邮编：100029
　　　　　网址：www.ssap.com.cn
发　　行／市场营销中心（010）59367081　59367018
印　　装／北京季蜂印刷有限公司
规　　格／开　本：787mm×1092mm　1/16
　　　　　印　张：25　字　数：376千字
版　　次／2018年1月第1版　2018年1月第1次印刷
书　　号／ISBN 978-7-5201-1860-6
定　　价／89.00元

皮书序列号／PSN B-2016-579-1/1

本书如有印装质量问题，请与读者服务中心（010-59367028）联系

▲ 版权所有 翻印必究

《中国公共关系发展报告（2017）》
编　委　会

编委会主任：

柳斌杰　全国人大常委会委员
　　　　全国人大教育科学文化卫生委员会主任委员
　　　　中国公共关系协会会长
　　　　清华大学教授、新闻与传播学院院长

编委会副主任：

王大平　中国公共关系协会常务副会长兼秘书长
董关鹏　中国公共关系协会副会长
　　　　中国传媒大学教授、媒介与公共事务研究院院长

编委会委员：（按照姓氏音序排列）

首席专家：

柳斌杰　全国人大常委会委员
　　　　全国人大教育科学文化卫生委员会主任委员
　　　　中国公共关系协会会长
　　　　清华大学教授、新闻与传播学院院长

王大平　中国公共关系协会常务副会长兼秘书长

业界专家：

陈　阳　北京蓝色光标数字营销机构副总裁、蓝色光标研究院院长

林　晨　环智传媒创始人、首席执行官

吕大鹏　中国石油化工集团公司新闻办公室主任、新闻发言人

刘　晖　京东集团公关总监、数据研究院院长

李　锦　中国公共关系协会新闻与传播委员会副主任委员
　　　　中国企业改革与发展研究会副会长、中国企业报社总编辑
　　　　中国传媒大学媒介与公共事务研究院企业传播研究所高级研究员

芦莲莲　中国黄金集团建设有限公司办公室主任、党群工作部主任

李欣宇　中国公共关系协会副秘书长

孟　坚　神华集团公司新闻发言人、新闻宣传部主任

潘建新　华扬联众数字技术股份公司CIO、华扬数字营销研究院首席研究员

秦　辉　中国公共关系协会副秘书长兼办公室主任

王　兵　中国传媒大学媒介与公共事务研究院企业传播研究所高级研究员

　　　　迪思传媒原助理总裁

王晓华　蓝色光标传播集团数字第七事业部总经理

吴浣苓　中国公共关系协会企业社会责任研究中心主任

　　　　中国传媒大学媒介与公共事务研究院公益传播研究所所长

邢　颖　中国公共关系协会常务副会长、企事业公共关系委员会主任委员

　　　　中国全聚德（集团）股份有限公司董事长

于爱廷　伟达（中国）公共关系顾问有限公司高级副总裁、北京文化创意产业研究中心主任

闫　永　国务院国资委新闻中心主任助理、《国资报告》副总编辑

周　静　中国建筑工程总公司企业文化部副主任

学界专家：

董关鹏　中国公共关系协会副会长

　　　　中国传媒大学教授、媒介与公共事务研究院院长

郭晓科　中国传媒大学媒介与公共事务研究院副院长、公共关系与战略传播研究所所长

胡　钰　清华大学新闻传播学院党委书记、教授

寇佳婵　中国传媒大学媒介与公共事务研究院企业传播研究所学术所长

李兴国　中国公共关系协会常务副会长、文化艺术委员会

	主任委员
	国家行政学院教授
鲁心茵	中国传媒大学媒介与公共事务研究院院长助理、公共关系与战略传播研究所常务副所长
邵华冬	中国传媒大学广告学院危机管理研究所所长、副教授
吴宜蓁	台湾辅仁大学传播学院教授、创院院长
余明阳	中国公共关系协会常务副会长,学术委员会主任委员
	上海交通大学安泰经济与管理学院党委书记、教授、博导
赵新利	中国传媒大学广告学院公共关系系副主任

《中国公共关系发展报告（2017）》
编　辑　部

主　　任　王大平　董关鹏

特邀主编　李　锦　闫　永

执行主任　李欣宇　郭晓科

副 主 任　秦　辉　王　丽　鲁心茵　寇佳禅

特邀编辑　李欣然　孙　珺　孙　玮　马　力

主要编撰者简介

柳斌杰 1981年毕业于北京师范大学外研所西方经济专业和中国社会科学院研究生院哲学系马克思主义认识论专业，硕士研究生，教授，博士生导师，高级经济师。1968年参加工作，1971年加入中国共产党，先后在白银有色金属公司、共青团中央、四川省人民政府、中共四川省委、国家新闻出版总署、国家版权局工作。现任第十二届全国人大常委会委员、全国人大教育科学文化卫生委员会主任委员，清华大学新闻与传播学院院长，北京师范大学出版科学研究院院长，中国出版协会理事长，中国公共关系协会会长，兼任清华大学、北京师范大学、中国传媒大学、上海理工大学等校博士生导师。出版《现代国民素质论》《人类进步的旗帜》《文化力论》《WTO协议解读》《中国的外交哲学》《论文化体制改革》等专著，主编《灿烂中华文明》《中国域外汉籍》《中国出版家》《中国名记者》《辉煌历程》等大型丛书。

王大平 中国公共关系协会常务副会长兼秘书长，在传媒、旅游、文化、创意等领域有广泛的人脉网络资源，在长期从事新闻、出版、传媒工作中，运用公关理论指导实践工作，成功策划了多个具有广泛社会影响力的大型主题公关活动，如：环青海湖国际自行车赛、世界旅游名校会议、绿色旅游饭店万里行，与央视成功合作了大型电视文化活动"走马黄河"，开展了"红色之旅——延安精神在清华""中华汉字寻根之旅"等系列文化活动，先后创立了"中医文化国际传播与体验中心"、中国共产党思想理论资源数据库"延安中心""天津中心""华州中心"，开展"健康公关""'一带一路'年度汉字发布""字说中国，节传文脉"等主题文化创意活动，以及"镜美华夏""'影像的力量'中国（大同）国际摄影文化展"等大型影像公关文化品牌活动。曾荣获国际饭店与餐馆协会"国际饭店传媒特殊贡献奖"、"世界金钥匙组织"金质勋章奖,获国家新闻出版总署机关党委授予的"党员先锋岗"荣誉称号。

董关鹏 资深公共关系学者、"临床型"战略传播管理专家。先后毕业于北京大学、剑桥大学和杜伦大学,历任英国BBC和中国中央电视台记者、主持人和早间新闻主播,地方政府对外贸易经济与合作局局长等,在清华大学、哈佛大学执教和从事研究十余年,担任清华大学公共关系与战略传播研究所首任所长,哈佛大学肯尼迪政府学院索林斯汀席位媒介政治与公共政策研究员。现任中国公共关系协会副会长、常务理事,中国传媒大学教授、博士生导师及媒介与公共事务研究院院长、培训学院院长。同时兼任国务院新闻办公室新闻发布策划与评估专家小组成员、国务院食品安全委员会专家委员会委员、国家核应急专家委员会委员、国家行政学院兼职教授、中央社会主义学院客座教授、最高人民法院司法传播特聘专家、最高人民检察院中国检察官学院兼职教授、中组部大连高级经理学院讲座教授和北京大学、清华大学EMBA课程特聘教授等。

摘　要

回顾中国公共关系发展的三十年历程，企业公共关系是其中一支不可或缺的推动和促进力量。企业公共关系的理论研究和实践探索也成为公共关系领域的关注焦点。继我国首部公共关系蓝皮书：《中国公共关系发展报告（2016）》与广大读者见面后，2017年中国公共关系协会和中国传媒大学媒介与公共事务研究院再次携手，推出《中国公共关系发展报告（2017）》。

全书共2篇总报告、17篇子报告。总报告《2016~2017中国公共关系年度发展报告》和《2016~2017企业公共关系传播研究报告》，分别从供给侧和需求侧两个角度，对我国公共关系行业进行了360度全方位透视，并对行业发展进行了前瞻。

子报告分为"专题篇"和"实践篇"两部分：专题篇分别从学术研究、公关营销、数字传播、企业社会责任、媒体关系、政府关系、投资者关系、危机传播管理、人力资源与教育培训等方面进行了研究。

实践篇选取了若干具有代表性的公共关系案例进行分享，包括：以"国资小新"为代表的央企传播话语体系变革、中国石化公众开放日活动、中国建筑工程总公司的国际公关实践、神华集团的社区关系建设实践、中金建设的"家文化"实践、互联网创业公司公共关系创新、企业形象塑造与危机管理实践等。

结合公共关系学科特点，本书在理论梳理的同时融入丰富的实践研究案例，以供公共关系及相关产业政策制定、政府和企业公共关系事务管理、公共关系咨询服务机构运营和操作时参考借鉴。

Abstract

Reviewing the development of China's Public Relations in the past three decades, Corporate Public Relations (CPR) is one of the indispensable powers for promotion and acceleration. Theory research and practice exploration become the centre of attention in CPR. After the *Annual Report on Development of China's Public Relations 2016* was published in 2016, *Annual Report on Development of China's Public Relations 2017*, will be launched by China Public Relations Association and Academy of Media and Public Affairs of Communication University of China this year.

This book, includes two General Reports and seventeen underlying documents. The General Reports both give a prospective about development of the PR industry as well as analyse the status quo of China's PR industry in all directions in the demand and supply-side.

"Specific Reports" and "Practice Reports" compose Underlying Documents. Specific Reports focus on the content of public relations and marketing, digital communications, corporate social responsibility, media relations, government relations, investor relations, crisis management, human resource and eduction training programmes, etc.

Several representative cases on public relations are included to share "Practice Reports" which comprises the reform of the public relations communication by State-owned Enterprises, Sinopec open day, international public relations of China Construction Engineering Corporation, community relationship of Shenhua Group, "Family Culture" Practice in NGECC, the innovative way in public relations of internet startups, and corporate image shaping and image crisis management.

Abstract

　　Through literature and theory study as well as case analysis, this book is for promoting the development and implementation of policies of public relations industry and other related industries, providing references for the government, corporations and consultant service organizations.

序　言

柳斌杰*

2016 年 12 月，我国第一部公共关系蓝皮书在京发行，对进一步推动我国公共关系实践创新和理论发展发挥了促进作用，填补了我国在公共关系蓝皮书领域的空白，标志着中国公共关系事业的一个新的起点。在党的十九大胜利闭幕后，公共关系蓝皮书（2017）与读者见面，系统总结和梳理了过去一年在"四个全面"战略布局和"五位一体"总体布局的指导下，我国风起云涌的公共关系实践，记录了公共关系界为实现"两个一百年"奋斗目标、为我国顺利推进"一带一路"倡议、为提升中国公共关系水平所做出的重要贡献。这本书的出版，也为进一步研究和推动公共关系学科发展提供了参考和依据。

一　蓝皮书的年度特色

蓝皮书是由中国社会科学院社会科学文献出版社推出的关于某一专业领域的权威年度报告，具有原创性、实证性、专业性、连续性、时效性和权威性等特点，是世界上其他国家政府、企业和智库机构研究中国问题的重要参考书。蓝皮书是第三方学术机构所编撰，既客观地呈现我国在某一专业领域的发展动态和未来趋势，也反映学界和业界对这一领域的共识和研究情况。公共关系蓝皮书就是我们这个行业的年轮，能够把我国公共关系年度实践的

---

* 柳斌杰，全国人大常委会委员、全国人大教育科学文化卫生委员会主任委员、中国公共关系协会会长。

历史记录下来,把公共关系行业的动态反映出来,把当前业界和学界普遍关注的问题提炼出来,为我国的公共关系事业留下一份历史的记录。抓好蓝皮书的出版和发行,是提升公共关系事业社会认知和公共关系学学术地位的重要举措。

党的十八大以来,以习近平同志为核心的党中央高举中国特色社会主义伟大旗帜,坚定不移地走中国道路,国家制度更加完善、法治更加昌明、社会活力迸发、人民安定幸福,中国各项事业都增强了世界影响力。对中国的公共关系事业来说,最近一年更是亮点纷呈。2016年秋,二十国集团领导人第十一次峰会在杭州拉开帷幕,向世界展示了一个自然环境美丽的千年古城如何变成经济发展、文化繁荣、社会安定的幸福城市、智慧城市、现代城市的样本,是中国公共关系在国际大舞台上的一次成功实践,在全球各界和世界人民中产生了巨大的影响,给现代中国的形象增了光、添了彩;2017年夏,"一带一路"国际合作高峰论坛在雁栖湖畔顺利举办,29个国家的元首和政府首脑,140多个国家、80多个国际组织的1600多名代表齐聚一堂,共商"一带一路"合作大计,展示了中国新形象。

除了政府公关外,企业公关也日渐活跃。企业是市场经济的主体,公共关系对于企业的重要性不言而喻,在持续推进"一带一路"建设和实现"两个一百年"目标进程中,企业是公共关系的实践者、创新者和受益者。从供给侧来看,世界上最优秀的公关公司都在中国深耕多年,中国本土的优秀公关公司也不断脱颖而出并相继上市,尤其是2016年呈现"井喷"趋势;从需求侧来看,无论是国有企业还是新兴企业都对公共关系呈现巨大需求并不断创新,引领了公共关系事业的发展进步。有鉴于此,本年度公共关系蓝皮书的主题聚焦于"企业公共关系",既是公共关系蓝皮书每年聚焦一个主题的延续,又反映了当前新的特征和发展特色,给人留下鲜明印象。

二 蓝皮书的五个板块

公共关系蓝皮书就是纸质的公共关系大数据,就是要系统呈现本年度我国公共关系领域的重大事件、优秀实践、典型人物、典型案例等，把具有时代性和代表性的人和事都记录下来，同时要反映这个学科理论研究的最新动态，为公共关系研究者服务，进一步团结产学研三界协力推动公共关系学科发展。本年度蓝皮书主要聚焦以下五个板块。

第一是公共关系理论研究。互联网技术高速的发展带来整个社会翻天覆地的巨变，中国公共关系行业也在数字科技的推动下迎来崭新的发展契机与巨大的变革挑战，中国公共关系学术界更是在这一轮新的科技浪潮中应势而动，从研究视角到研究方法，从研究理论到研究实务都有了新的动向、新的热点、新的思考。蓝皮书在对2016年1月至2017年7月以来国内外公共关系学术研究进行全面深入文献综述的基础上，着重聚焦公关理论、公关历史、公关战略、公关传播、公关应用、国家公关、企业公关及危机公关等8个近年国内外学术界热门的研究维度并逐一展开分析，系统梳理并盘点2016～2017年国内外公共关系学术研究走向、研究特点，总结这一时期公关研究的重点内容和重要成果，并据此探索公关研究未来的发展方向，具有重要的学术价值。

第二是中国特色公共关系实践。G20峰会向世界传递中国和平、合作、发展、共赢的负责任大国形象；"一带一路"向世界展示中国企业从过去"低廉价格、埋头干活"的项目实施到"高质领先，共同成长"的国际品牌布局；大国的责任让中国的企业更加关注国际行业发展的趋势，更加珍惜国际品牌形象，更加重视公共关系不可替代的作用。公共关系行业与资本对接加速，继蓝色光标之后，宣亚国际于2017年2月在创业板上市，中国陆续有20余家公关公司登陆新三板，公关行业内的兼并重组已成为行业新常态；借助资本的力量做大做强，是公关公司在激烈竞争中正确的选择，也是多元媒体环境下公关行业积极革新的真实写照。大时代创造大机遇，中国特色公共关系实践不断站在国际公共关系发展的前沿，值得我们去认真总结和发扬。

第三是典型的公共关系新案例。蓝皮书收录了大量具有典型意义和代表性的案例，例如，以国资委新闻中心运营的"国资小新"为案例，分析了国资小新和中央企业新媒体团队积极探索运用新媒体，促进了中央企业话语体系变革；在中国公关行业整体发展脉络的大基础上，以蓝色光标的发展轨迹为主线，重点阐述各个不同阶段中国公关行业的整体发展状况，并通过蓝色光标的具体案例来研究中国公关营销手段的变迁，同时分析行业发展与变迁背后的驱动力量，包括宏观经济与商业环境、媒介环境以及科技手段的进步等；以中国石化公众开放日品牌活动为例，介绍中国石化通过开门开放，与社会公众进行良好沟通，展示创新、绿色、开放的企业形象，强化了正面认知，改善了企地关系，逐步消除公众的偏见和误解，增进信任、取得共识，进而改善企业声誉；以中金建设的"家文化"实践为例，介绍了中金建设通过中国特色的"家文化"公共关系消除企业与员工之间的隔阂，营造良好的员工关系，形成了企业凝聚力，促进企业和谐发展。这些案例中的成功举措给公关界带来的启示，应该是有益的。

第四是公共关系年度人物。一切事情都是人做出来的，历史就是人的活动史。我们中国的传播中一个很大的缺陷是有事件没有人物，这在传播的逻辑里是讲不通的。我们的蓝皮书一定要把人物放在重要地位，从今年开始每年推选出公共关系界有代表性的人物，要涵盖新闻发言人、学术研究者、实践策划者、方法创新者等各个角色，以此引领公共关系行业发展。

第五是行业发展的全面动态。通过对上市公关公司的数据进行全样本统计分析、对重点企业和公共关系行业专家进行调研访谈，蓝皮书客观反映了行业发展的整体趋势、行业运营水平、盈利能力并对行业新特点和行业现存的问题进行了分析，同时对行业发展进行了预测，帮助大家把握前行的方向。

三　蓝皮书中五大关系

公共关系蓝皮书是讲关系学的，自身首先要处理好内容上的关系。在整个蓝皮书策划、论证、征稿、选稿和编辑的过程中，始终坚持处理好五大关系。

第一，处理好理论与实践的关系。公共关系是门实践的学科，必须做到既要有理论也要有实践。一个学科没有理论就不能称为学科；一个学科没有实践，它就不是有用的学科。公共关系蓝皮书在编辑过程中，注重兼顾理论和实践两个方面。理论的目标就是逐步形成中国特色的公共关系理论。中国绝不能照搬西方的公共关系理论，因为社会性质不同。美国的公共关系是非常发达的，公共关系教学也很发达，但它是基于资本主义体制和社会环境所提出的理论。我们中国的公共关系需要适应中国特色、指导中国实践。有人说"美国的公共关系是阴暗的技巧，中国的公共关系是阳光的公共关系"，我对这个观点是认同的。我们首先是为人民利益和公共利益，包括政府、企业等各个不同主体的公关，都应该是"阳光公关"，不应搞那些阴谋诡计的东西。我们要形成自己"阳光的公共关系"、"真理化的公共关系"，所以我们的理论要有中国特色这个灵魂。实践方面，我们致力于建设中国公共关系的实践体系，努力建设和谐相处的共享社会，把公共利益放在前面。我们从新闻发言人制度建设、加强企业社会责任、增进与人民的沟通互信等一点一滴的实践做起，逐渐形成了一套我们自己的公关实践。我们始终遵循理论和实践相统一的原则。

第二，处理好当年和长远的关系。白皮书、蓝皮书等都是每年发布的连续出版物，必须处理好当年和长远的关系。公共关系蓝皮书当然也要把当年和长远结合起来。既注重当年丰富的公共关系实践，尽可能把具有代表性的事情、人物、成果都表现出来；也要注重经验的积累，以规律性的认识，丰富公共关系的理论，用实践中得出的新结论，发展公共关系学，把闪光的思想保留下来，希望能够对广大读者有所启发、指导实际工作。

第三，处理好综合与特色的关系。我们要研究当年中国公共关系一些有特色的东西，每年的蓝皮书都会将公共关系的形象塑造、信息沟通、关系协调、危机管理等作为研究主题；每年度的蓝皮书都会侧重一个主题，例如今年的蓝皮书主题是"企业公共关系"，那么它必须反映出企业公共关系特色的理论和实践。但是，也要综合展现当年公共关系的其他方面的内容。综合讲全面，主题讲特色，二者相辅相成，缺一不可。

第四点，处理好国内和国际的关系。最近三年，我们国家的公共关系水平有了长足的进步。例如G20峰会在杭州顺利召开，就是我们在国际公共关系领域的一次伟大实践。我国企业海外市场发展迅猛。尤其是我国中央企业,担负党和人民的重托,在海外的生产运营活动不仅保证了企业赢利,更通过有效的国际公关活动,科学响应了当地公众的利益诉求,勇于承担企业社会责任,促进了当地社会、经济、民生福利的发展进步,担当起时代赋予中国企业的国际重担,与所在国政府、公众等利益相关者共同面对问题、迎接挑战。因此,蓝皮书既注意国内公共关系,也兼顾国际公共关系的典型案例和经验的总结。这样才能使公共关系真正拓展视野,使公共关系成为国家营造国内良好环境的一项重要工作,也成为沟通中国与世界的一个重要渠道。

第五,处理好存史与使用的关系。蓝皮书有记录历史的功能,就是留下当年公关史;同时我们也不为史而史,十分重视它的应用价值,也就是发布后对从事公共关系工作的人有使用价值和借鉴意义。所以,要不断提升它指导实践的力量,真正达到我们编撰出版一本蓝皮书的目的。

以上这些想法和做法,都是在实践中探索和概括的,仅供大家阅读、使用这本书时参考。

刚刚闭幕的十九大,是中国共产党百年奋斗进程中一次历史性的会议,她标志着中国特色社会主义进入了新时代,中华民族伟大复兴的事业走上了新征程。宏大的历史舞台,给中国公共关系事业的发展带来了难得的历史机遇。公共关系战线的朋友们,要以"新时代有新作为"的豪迈气概,改革创新,开拓前进,做好建设全面小康社会决胜阶段的公共关系工作,为党和国家的中心工作服务,在实践中发展中国公共关系事业。

最后要感谢有关的作者、编者、出版社,希望这部蓝皮书能够对中国的公共关系事业起到推动作用。

前　言

王大平　董关鹏[*]

党的十九大报告指出："十八大以来的五年，是党和国家发展进程中极不平凡的五年。"这五年来，我国取得了改革开放和社会主义现代化建设的历史性成就，中国特色社会主义进入新时代，我国的公共关系事业也迎来了前所未有的历史机遇，积极发挥协调关系、沟通信息、塑造形象、合作共赢的核心功能，为实现"两个一百年"目标发挥重要作用。

由中国公共关系协会和中国传媒大学媒介与公共事务研究院共同组织编写的我国首部公共关系蓝皮书2016年首次发布，在党的十九大胜利召开之后，推出第二部。期待这部凝聚了数十位业界、学界专家心血的著作能够反映我国波澜壮阔的企业公共关系理论与实践的最新发展，并为公共关系事业在建设中国特色社会主义新时代的定位与发展提供一些前瞻性的思考。

一　公共关系行业快速发展，前景总体向好

从整体营业收入情况看，我国公关行业上市公司整体收入快速上升。从营业收入情况进行预判，行业整体保持快速发展，行业前景总体向好。对比数字营销、传统营销和广告类业务的占比情况看，数字营销业务增长和传统营销业务下降的此消彼长趋势明显。

总体而言，中国公共关系行业仍处于快速发展成长期。随着整个社会对

---

[*] 王大平，中国公共关系协会常务副会长兼秘书长；董关鹏，中国公共关系协会副会长，中国传媒大学教授及媒介与公共事务研究院院长。

于公共关系行业认知的逐步提升,行业前景总体看好。伴随信息科技发展与媒介的革新,公共关系行业的业务领域将随之不断发生变化,新的业务模式也将如雨后春笋般涌现。随着国家相关法律法规的出台,行业也将被逐步净化,整个行业将朝着规范化的方向发展。另外,随着资本的介入,行业规模化发展将成为趋势,现有机构体量差异将持续扩大。与此同时,随着公共关系高级人才的流动,行业现有模式也将被打破,以个体或微型团队为核心的新运营模式也将被逐渐接纳并得以快速发展。

二 企业公共关系投入持续增长,数字化趋势明显

企业公共关系是企业主体为构建良好品牌、维护组织形象而借助各种公共关系工具和活动,将有关企业或产品信息传递给目标消费者的一种信息传播过程。研究发现,2016~2017年企业公共关系传播有以下五个方面的特点:企业公共关系传播投入持续增长,良好的企业公共关系传播仍取决于优质内容,企业公共关系传播更加倚重于数字化媒体,公众在企业公共关系传播中地位提高,现有评估指标难以有效衡量企业公共关系传播效果。

在互联网环境下,企业公共关系呈现三大特征:捕捉公众价值诉求,促发情感共鸣;追求内容与形式创新,跨界联合打通品牌受众群体;技术推动,公关传播体验升级。与此同时,企业公共关系也面临诸多挑战,例如:企业公共关系传播无法得到足够的内部支持,恶性竞争伤害公共关系传播秩序,媒介接触习惯碎片化降低企业公共关系传播效率等。

三 公共关系理论研究成果丰硕,更加系统化、理论化

由余明阳教授担纲的2016~2017公共关系学术研究综述报告指出:互联网技术高速的发展带来整个社会翻天覆地的巨变,中国公共关系行业也在数字科技的推动下迎来崭新的发展契机与巨大的变革挑战,中国公共关系学术界更是在这一轮新的科技浪潮中应势而动,从研究视角到研究方法,从研

究理论到研究实务都有了新的动向、新的热点、新的思考。

2016年以来，公共关系学术理论更加丰富，学者从不同角度切入，深挖公共关系的内涵。公共关系领域的学术研究正逐渐向系统化、理论化的方向发展，学术界更加关注公共关系的历史进程，也有更多学者从公共关系视角剖析历史事件。随着公共关系在实践中的普遍应用，公共关系学已经成为受各大组织青睐的"显学"，有关公关战略的研究是公共关系研究理论联系实际的最好嫁接点。随着新媒体的迅猛发展，有关新媒体公关传播的研究在2016~2017年较往年明显增多。在公关理论探讨的不断深入的过程中，公共关系与其他话题的联系与作用逐渐被学者注意与研究，交叉研究成为公共关系研究中的重要研究方法。

本部蓝皮书收录的专题报告反映了当前公共关系实务与理论共同的聚焦点，例如公关营销、数字传播、企业社会责任、危机传播管理、媒体关系、政府关系、投资者关系、员工关系等，这些报告既有理论分析，也有大量翔实的案例分享，既有历史维度的回顾，也观照当下和未来发展，能为公共关系行业和学术研究提供参考。

四 不断创新，开拓具有中国特色的公关实践

随着我国综合国力和国际影响力不断增强，互联网信息技术迅速发展，企业公共关系实践精彩纷呈，不断创新，在话语体系变革、公众开放日、国际公共关系、社区关系建设、企业形象塑造与危机管理等方面开拓了具有中国特色的公共关系实践。

随着新媒体技术与平台的日益勃兴，在国企全面深化改革不断推进的同时，中央企业的公关传播也面临着新情况、新挑战。"国资小新"和中央企业新媒体团队积极探索新媒体，促进了中央企业话语体系变革，借助新媒体平台，传播国企好声音，重塑央企新形象，拉近与公众的物理、心理距离。

"中国石化公众开放日"品牌活动与社会公众进行良好沟通，展示创

新、绿色、开放的企业形象，强化了正面认知，改善了企地关系，逐步消除公众的偏见和误解，增进信任、取得共识，进而提升企业声誉。

中国建筑工程总公司在海外的生产运营活动不仅保证了企业赢利，更通过有效的国际公关活动，科学响应当地公众的利益诉求，勇于承担企业社会责任，促进了当地社会、经济、民生福利的发展进步，担当起时代赋予中国企业的重担，与所在国政府、公众等利益相关者共同面对问题、迎接挑战。

神华集团践行"创新、协调、绿色、开放、共享"五大发展理念，针对发展中的突出矛盾，在实践中发现和解决问题，依靠创新驱动、战略转型、结构调整的新引擎，携手利益相关方实现合作共赢。不唯"关系"构建关系，以真心办企业、做实业，以真情为国家和社会、为所在社区、为当地群众干事情，以神华"大爱"品牌，搭建心相通、情相连的桥梁，谱写了社区关系建设的神华实践篇章。中国黄金集团建设有限公司为满足企业树立自身品牌和形象、开拓市场关系的需求，通过"家和万事兴"元素的融入，创新性地形成了具有中国特色的"家文化"公共关系，并利用"家文化"与员工建立起良性互动关系，逐步建立了员工关系管理体系，进而营造了和谐稳定的企业环境。

本书收录的典型案例描绘了我国精彩纷呈的公共关系实践。从十九大到二十大是"两个一百年"奋斗目标的历史交会期，中国特色社会主义进入新时代，我国社会主要矛盾已经转化为人民日益增长的美好生活需要和不平衡不充分的发展之间的矛盾，公共关系事业在这样的历史大背景下，必将取得里程碑式的进步和发展。当前我国丰富的公共关系实践为公共关系学术研究提供了丰富的营养，中国公共关系研究也力求对丰富的公共关系实践进行及时总结归纳，并指导公共关系事业发展与进步。

目 录

Ⅰ 总报告

B.1 2016~2017中国公共关系年度发展报告
…………………… 中国公共关系协会企事业公共关系委员会
　　　　　　　　　　中国公共关系协会新闻与传播委员会
　　　　　　　　　　中国传媒大学媒介与公共事务研究院 / 001

B.2 2016~2017企业公共关系传播研究报告
………………………………… 中国传媒大学广告主研究所 / 023

Ⅱ 专题篇

B.3 2016~2017国内外公共关系学术研究综述
………………………………… 余明阳　胡毅伟　孟　竹 / 039

B.4 媒介变迁视角下的中国公关营销三十年变革
……………………………………… 蓝色光标传播集团 / 057

B.5 思维的转折点：2016年度公共关系数字传播
　　环境审视与洞察 ……………………………… 潘建新 / 078

B.6 我国公关新形势下的企业社会责任透视
……… 中国传媒大学媒介与公共事务研究院公益传播研究所 / 113

B.7　媒体关系：善待媒体，善用媒体 …… 中国石油化工集团公司 / 133

B.8　企业政府关系：国之重器，共担共赢
　　…………………………………… 清华大学新闻传播学院 / 151

B.9　投资者关系管理：企业的一堂"必修课"
　　………………………………… 北京环智文化传媒有限公司 / 173

B.10　社群媒介时代的危机传播研究报告 ………… 吴宜蓁 / 194

B.11　共识与行动：中国公共关系行业人力资源和教育
　　　培训的供给侧改革 ……………………… 王　兵　孙　玮 / 202

Ⅲ　实践篇

B.12　中央企业公关传播话语体系变革 …… 国务院国资委新闻中心 / 218

B.13　从消除误解到营造和谐
　　　——中国石化公众开放日 ………… 中国石油化工集团公司 / 234

B.14　国际公关：共担时代责任，共促全球发展
　　　……………………………………… 中国建筑工程总公司 / 248

B.15　社区关系建设的神华实践 …………… 神华集团公司 / 267

B.16　中金建设的"家文化"实践 …… 中国黄金集团建设有限公司 / 287

B.17　互联网创业公司的公共关系特点与创新 …… 寇佳婵　赵宏民 / 297

B.18　人性共鸣成为当前舆论危机的核心特征 ……… 陈　阳 / 310

B.19　企业形象塑造与形象危机管理 ……………… 李兴国 / 321

Ⅳ　附　录

B.20　中国公共关系发展大事记 ………………………… / 344

B.21　2017中国公共关系年度人物 ……………………… / 362

CONTENTS

I General Reports

B.1 Report on Developments of China's Public Relations 2016-2017
  Committee of Enterprise Public Relations of China Public Relations Association,
  Committee of Journalism and Communication of China Public Relations Association,
  Academy of Media and Public Affairs of Communication University of China / 001

B.2 Report on Enterprise Public Relations Communications 2016-2017
  Advertiser Reaserch Institute of Communication University of China / 023

II Specific Reports

B.3 Review on the Academic Research about Public Relations
  Policies Worldwide During 2016-2017
  Yu Mingyang, Hu Yiwei and Meng Zhu / 039

B.4 Thirty Years of Change of Public Relations and Marketing in China
  from the Perspective of Media Ecosystem Evolution   *Blue Focus* / 057

B.5 The Turning Points of Thinking: Review and Insights into the
  Digital Communication Environment of Public Relations in 2016
  Pan Jianxin / 078

003

公共关系蓝皮书

B.6 Corporate Social Responsibility of China's Public Relations under the New Situation Perspective
Institute of Philanthropy and Communication of Academy of Media and Public Affairs, Communication University of China / 113

B.7 Media Relations: "Treat the Media Well and Make the Best Use of the Media" *Sinopec Group* / 133

B.8 Key Terms to the Country: "Enterprise Government Relations to Obtain Win-win"
School of Journalism and Communication, Tsinghua University / 151

B.9 Investor Relations Management: A Required Course for Enterprises
Beijing Huanzhi Cultural Media Lte.Co / 173

B.10 A Study Report on Crisis Communication in the Era of Social Media *Wu Yizhen* / 194

B.11 Consensus and Action: Supply-Side Reform of Human Resources, Education and Training in China's Public Relations Industry
Wang Bing, Sun Wei / 202

Ⅲ Practice Reports

B.12 Reform of the Public Relations Communication by State-owned Enterprises
Press Center of State-owned Assets Supervision and Administration Commission of the State Council / 218

B.13 "From Eliminating Misunderstanding to Creating the Harmony" Theme of Sinopec Open Day *Sinopec Group* / 234

B.14 International Public Relations: Take the Responsibility while Promoting Global Development
China State Construction Engineering Corporation / 248

CONTENTS

B.15 A Case Study: How Shenhua Group Builds Community Relationship

ShenHua Group / 267

B.16 "Family Culture" Practice in China National Gold Engineering
Corporation *China National Gold Engineering Corporation* / 287

B.17 The Characteristics and Innovative Ways in Public Relations
of Internet Startups *Kou Jiachan, Zhao Hongmin* / 297

B.18 The Resonance of Human Nature in Terms of Crisis Has
became a Core Feature in Public Opinion *Chen Yang* / 310

B.19 Corporate Image Shaping and Image Crisis Management

Li Xingguo / 321

Ⅳ Appendix

B.20 Chronicle of China's Public Relations Events / 344
B.21 Annual People Making China's Public Relations in 2017 / 362

总 报 告
General Reports

B.1
2016~2017中国公共关系年度发展报告

中国公共关系协会企事业公共关系委员会
中国公共关系协会新闻与传播委员会
中国传媒大学媒介与公共事务研究院*

摘 要: 2016年,我国公共关系行业得到快速发展。本报告梳理和总结了行业发展现状,如行业产值快速增长、数字化业务增长显著、行业利润整体呈现下降趋势、机构效益持续呈现两极

---

* 总指导:柳斌杰,全国人大常委会委员、全国人大教育科学文化卫生委员会主任委员,中国公共关系协会会长,清华大学教授及新闻与传播学院院长;王大平,中国公共关系协会常务副会长兼秘书长;董关鹏,中国公共关系协会副会长,中国传媒大学教授及媒介与公共事务研究院院长。成员:李欣宇,中国公共关系协会副秘书长;郭晓科,中国传媒大学副教授及媒介与公共事务研究院副院长、公共关系与战略传播研究所所长;李欣然,中国传媒大学媒介与公共事务研究院企业传播研究所副所长;孙珺,中国传媒大学媒介与公共事务研究院企业传播研究所助理所长;马力,中国传媒大学媒介与公共事务研究院企业传播研究所研究主管。执笔人:郭晓科、孙珺、马力。

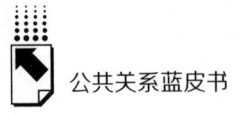
公共关系蓝皮书

分化态势等。对行业特点进行了进一步总结，包括资本化运作拉开大幕，公关公司体量差异巨大，公关公司多元化发展趋势明显，公关公司整体步入业务转型期。但从整体看，我国公共关系行业发展仍然存在很多问题，如各类机构对公共关系认知存在巨大差异，渠道利用效果有待进一步提升，公共关系传播与营销传播职能混淆，专业人才存在较大缺口、人才供需匹配度偏低等。通过分析行业现存问题，对行业发展前景进行了预判，认为在中国公共关系行业未来发展中，效果评估将被逐渐重视，企业将持续加大对公共关系工作的内部资源投入，公共关系教育培训机构将进入快速发展期。

关键词： 公共关系 资本运营 数字公关 人才供给

公共关系进入中国已有三十余年历史。时至今日，公共关系内涵与核心功能较早期发生了较大变化。早期的公共关系的核心功能不过是向某一类人群传播特定的信息。关于公共关系的定义，国内外的学者也给出了不同阐述。当代美国公关界的权威代表詹姆斯·E. 格鲁尼格（James E. Grunig）从其研究成果"卓越公共关系"的角度，提出公共关系是"一个组织与其公众之间的传播管理"，其目的是建立一种与这些公众相互信任的关系。① 《公关第一、广告第二》作者美国当代营销大师阿尔·里斯（Al Ries）等认为，就公共关系而言，核心是品牌塑造。② 美国学者卡特里

---

① 〔美〕詹姆斯·E. 格鲁尼格等著《卓越公共关系与传播管理》，卫五名等译，北京大学出版社，2008，第4页。
② 〔美〕阿尔·里斯等著《公关第一、广告第二》，罗汉等译，上海人民出版社，2004，第274页。

普和森特（Scott M. Cutilip & Ailen Center）认为："公共关系是这样一种管理职能，它确定、建立和维持一个组织与决定其成败的各类公众之间的互益关系。"①

随着社会环境的不断变化，公共关系的概念虽然也在不断地变化，有关公共关系的定义至今还存有争议，但被广泛认可的是，公共关系的核心功能是协调关系、沟通信息、塑造形象、合作共赢。

2016～2017年，我国公共关系行业高速发展，行业规模保持快速增长，增速持续加快；行业上市企业数量大幅上升；行业转型特征明显。

一 2016年公共关系行业经济运行分析

（一）宏观背景：第三产业领跑整体经济增长水平

2016年，中国整体经济保持持续平稳快速发展，全年国内生产总值744127亿元，比上年增长6.7%。其中，第一产业增加值63671亿元，增长3.3%；第二产业增加值296236亿元，增长6.1%；第三产业增加值384220亿元，增长7.8%。第一产业增加值占国内生产总值的比重为8.6%；第二产业增加值比重为39.8%；第三产业增加值比重为51.6%，比上年提高1.4个百分点。②从宏观看，第三产业的增长速度领跑我国整体经济发展速度，确保了我国经济发展整体平稳增长的态势。

（二）行业产值：快速增长

2016年全年，44家公共关系行业上市企业年营业收入为2632810.18万元、主营业务收入为2631303.88万元、公关类年度营业收入为

---

① 〔美〕格伦·布鲁姆、斯科特·卡特里普等：《有效的公共关系》，华夏出版社，2002。
② 资料来源：国家统计局2017年2月28日发布的《中华人民共和国2016年国民经济和社会发展统计公报》。

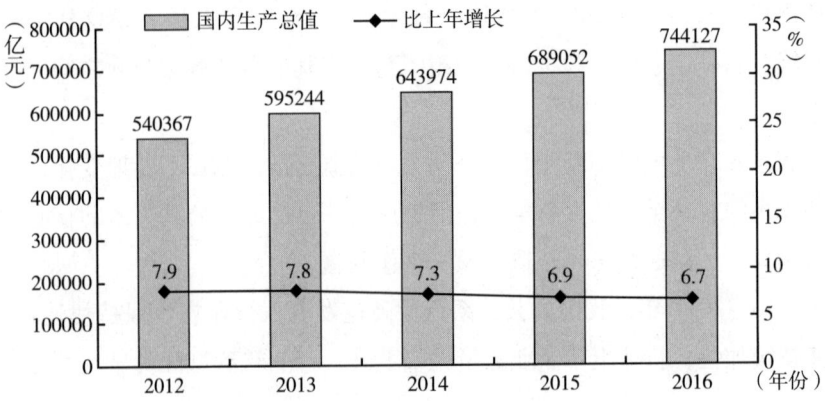

图1 2012~2016年国内生产总值及其增长

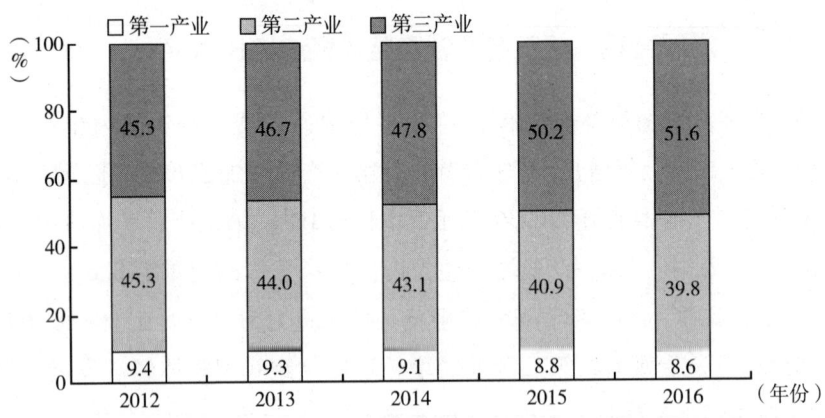

图2 2012~2016年三次产业增加值占国内生产总值比重

2552358.59万元①。从上市公司营业收入情况看,公关类上市公司主营业务收入占营业收入的比例极高(99.94%),公关类业务占主营业务收入的比例也极高(97.00%)。两项占比情况说明了我国公关上市公司营业收入基本全部来源于主营业务,且公关类业务为上市公关公司的主要

---

① 资料来源:44家上市公共关系公司年度报告(上市公司子公司仅计入子公司营业收入)。

收入来源。

图 3 显示了 2014~2016 年，42 家连续发布相关财务数据的我国上市公关公司的营业收入的情况。从整体营业收入情况看，2014~2016 年，我国公关行业上市公司整体收入保持快速上升状态。从营业收入情况进行预判，行业整体保持快速发展，行业前景总体向好。

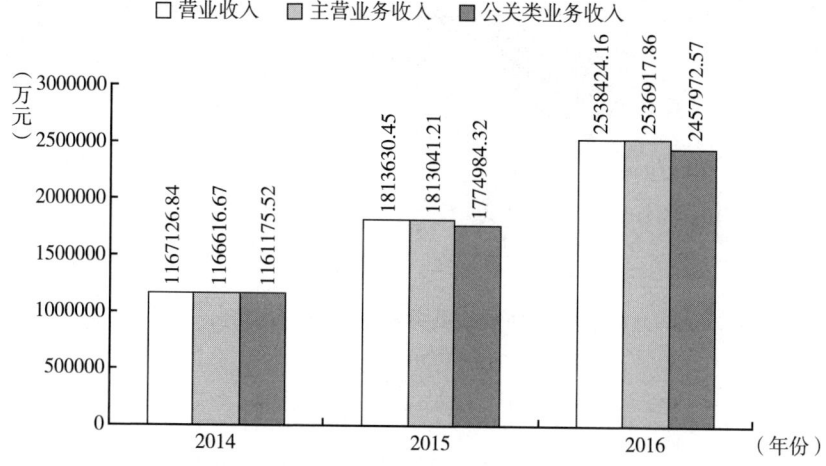

图 3　2014~2016 年 42 家上市公司营业收入情况

（三）业务趋势：数字化业务增长显著

对 39 家连续三年公布主营业务来源的上市公关公司主营业务收入情况进行统计，2016 年数字营销业务占整体营业收入的 49.83%，传统营销业务占比 14.50%，广告业务占比 25.96%（见图 4）。对比 2014 年及 2015 年数字营销、传统营销和广告类业务的占比情况看，数字营销业务增长趋势明显；传统营销业务下降趋势明显；广告类业务占比基本持平（见图 5）。

（四）行业利润：呈下降趋势

2016 年，41 家独立上市的公关公司整体毛利率水平由 2014 年的

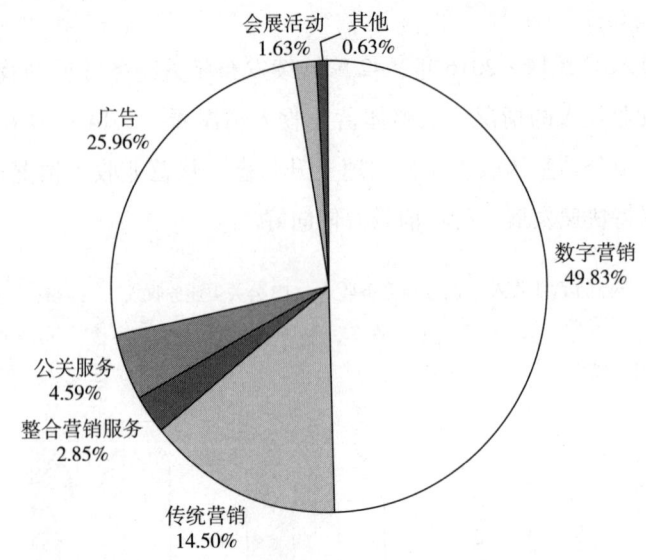

图 4　2016 年度公关公司业务分布情况

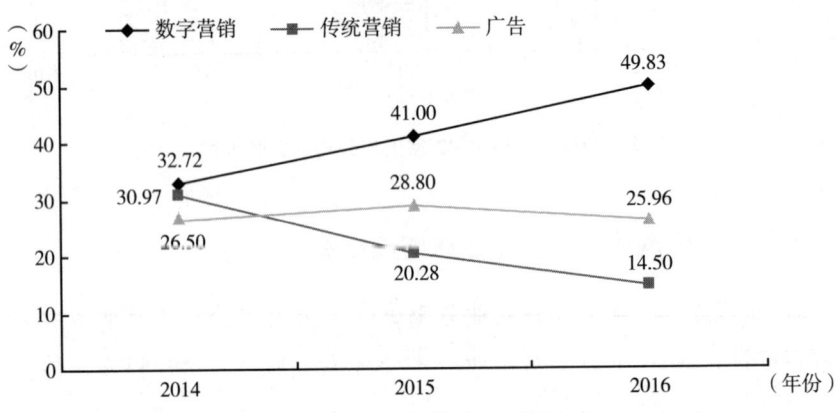

图 5　2014~2016 年公关公司业务分布情况

10.71%下降到 5.77%；净利率水平由 2014 年的 8.19%下降到 4.51%①（见图 6）。虽然 2016 年行业整体利润水平较 2015 年有所回升，但从整体趋势上看，行业利润水平仍呈下降趋势。

---

① 资料来源：41 家独立上市公共关系公司年度报告。

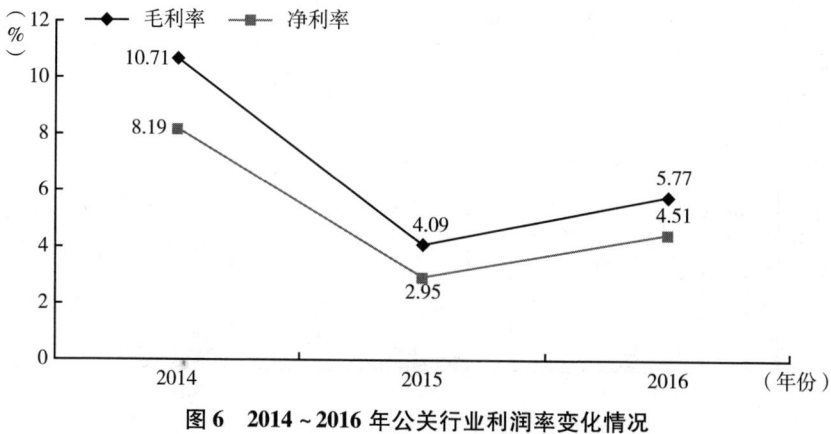

图6　2014～2016年公关行业利润率变化情况

（五）机构效益：持续呈现两极分化态势

根据2016年39家上市公关公司（连续三年发布业绩的上市公司或上市公司子公司）营业收入降序排列，分别统计1～10、11～20、21～30、31～39家公司的平均营业收入和平均净利润。以2016年为例，营业收入排名1～10的上市公司平均营业收入为22.43亿元、营业收入排名11～20的上市公司平均营业收入为1.45亿元，营业收入排名21～30的上市公司平均营业收入为0.79亿元，营业收入排名31～39的上市公司平均营业收入为0.24亿元。由图7可见营业收入排名前10位的公司其平均营业收入水平远远高于其他29家公司的整体水平，为营业收入排名为11～20位企业平均营业收入的约15倍。

从净利润收入看，2016年营业收入排名1～10的上市公司平均净利润为1.06亿元，营业收入排名11～20的上市公司平均净利润为0.14亿元，营业收入排名21～30的上市公司平均净利润为0.03亿元，营业收入排名31～39的上市公司平均净利润为-0.05亿元。由图8可见营业收入排名前10位的公司其盈利能力也远远高出其他29家上市公司的整体水平。

根据上市公司的年度数据进行预测，未来我国公共关系行业领军企业发展态势良好，行业将持续呈现机构效益两极分化态势。

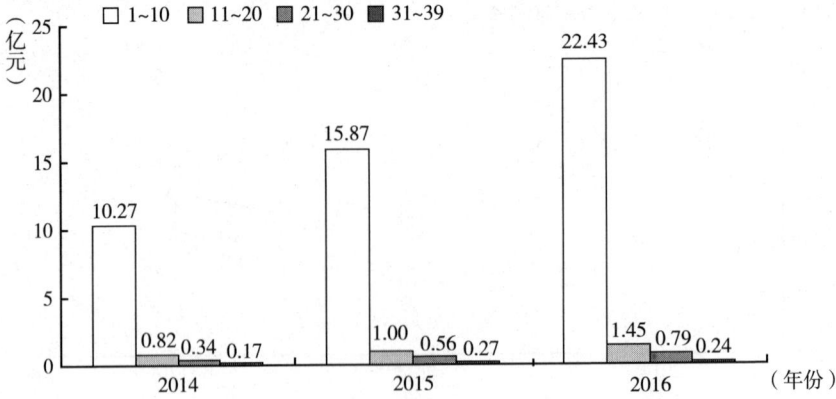

图7 公共关系上市公司收入排名1~10、11~20、21~30、
31~39平均营业收入对比

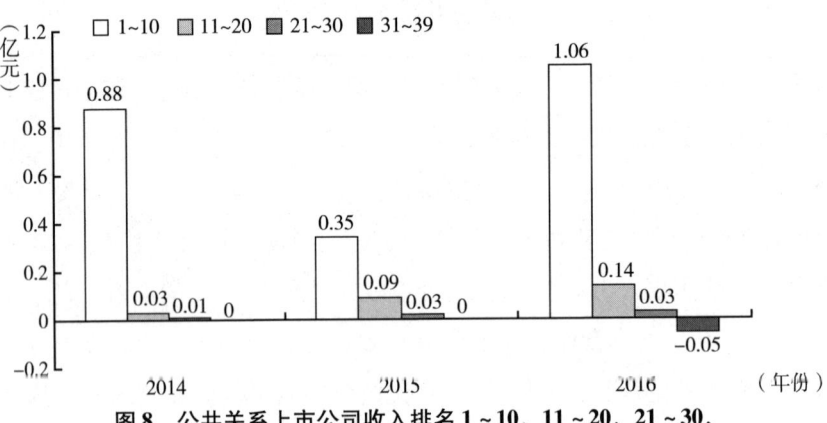

图8 公共关系上市公司收入排名1~10、11~20、21~30、
31~39平均净利润对比

二 2016年上市公关公司整体表现

（一）板块概述

截至2017年6月30日，公共关系类上市公司共计44家，其中深、沪两市A股上市6家（其中3家为上市子公司），另外38家为新三板上市。具体包含如下企业（见表1）。

表1 公共关系行业上市企业

序号	上市公司	股票代码	所属板块	上市时间
1	蓝色光标	300058	深证A股	2010-02-26
2	华扬联众	603825	上证A股	2017-08-02
3	灵思云途	838290	新三板	2016-09-05
4	华谊嘉信(迪思传媒)	300071	深证A股	2010-04-21(2014年收购上市)
5	宣亚国际	300612	深证A股	2017-02-15
6	科达股份(爱创天杰)	600986	上证A股	2004-04-26(2016年收购上市)
7	艾德韦宣	837732	新三板	2016-06-27
8	海天网联	870955	新三板	2017-02-16
9	联建光电(友拓公关)	300269	深证A股	2011-10-12(2016年收购上市)
10	海天众意	834680	新三板	2016-01-05
11	灵狐科技	835663	新三板	2016-01-28
12	嘉利智联	870715	新三板	2017-02-22
13	微梦传媒	836868	新三板	2016-04-26
14	太德励拓	837383	新三板	2016-05-24
15	智者品牌	839358	新三板	2016-10-27
16	时空视点	836416	新三板	2016-04-14
17	正点未来	834852	新三板	2015-12-15
18	朗知传媒	838015	新三板	2016-07-26
19	信索咨询	839340	新三板	2016-11-01
20	氢动益维	870207	新三板	2016-12-13
21	注意力	834709	新三板	2015-12-10
22	众引传播	833402	新三板	2015-08-26
23	速途网络	837625	新三板	2016-05-30
24	欧迅科技(ST欧迅)	838644	新三板	2016-08-12
25	君信品牌	839622	新三板	2016-11-14
26	九九互娱	836385	新三板	2016-03-21
27	火橙股份	838003	新三板	2016-08-02
28	榕智股份	837948	新三板	2016-07-29
29	海唐公关	834687	新三板	2015-12-10
30	蓝色未来	835474	新三板	2016-01-21
31	汇志股份	838081	新三板	2016-08-04

续表

序号	上市公司	股票代码	所属板块	上市时间
32	联华盛世	837825	新三板	2016-06-29
33	森博营销	839354	新三板	2016-10-17
34	尚诚同力	838657	新三板	2016-08-11
35	派合传播	839457	新三板	2016-11-01
36	温迪数字（ST温迪）	831975	新三板	2015-02-13
37	软众数字	839824	新三板	2016-11-09
38	曦望文化	871168	新三板	2017-03-27
39	锐思爱特	870142	新三板	2016-12-21
40	了望股份	430199	新三板	2012-12-31
41	世纪龙文	832919	新三板	2015-07-24
42	锐邦传播	837580	新三板	2016-05-25
43	星娱文化	834411	新三板	2015-12-01
44	成翼文化	870228	新三板	2016-12-13

44家上市公司中，41家为独立上市，3家为上市公司子公司。公共关系行业上市公司隶属于文化传媒板块，从规模上看，公关广告类公司总体体量偏小，除蓝色光标、华扬联众、宣亚国际、迪思传媒（上市公司子公司）、爱创天杰（上市公司子公司）、友拓公关（上市公司子公司）外均隶属于新三板。

（二）上市公司主要财务指标分析

1. 盈利能力：毛利率基本持平，净利率呈下降趋势

2014~2016年，41家独立上市的公关公司整体收入水平快速增长，但年度净利润总额总体增长趋势不明显，行业盈利能力水平呈下降趋势。图9显示了近3年来41家上市公司的年度营业收入与年度净利润情况。

2014~2016年，上市公司整体毛利率水平与净利率水平均呈下降趋势，虽然2016年毛利率、净利率水平较2015年有所提升，但对比2014年仍呈下降趋势（见图10）。

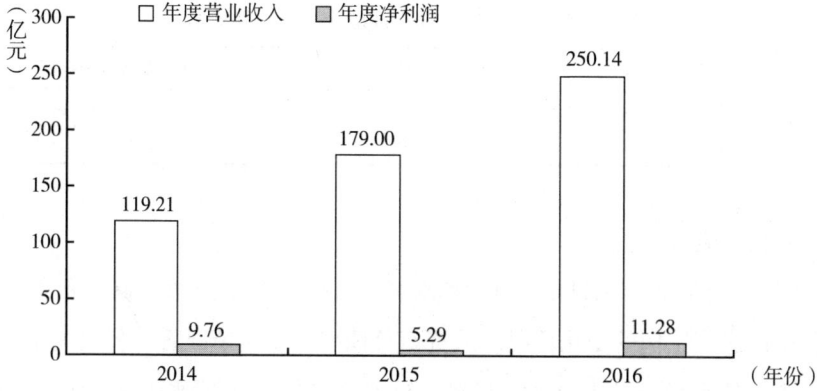

图9　41家公共关系上市公司2014~2016年营业收入与净利润情况

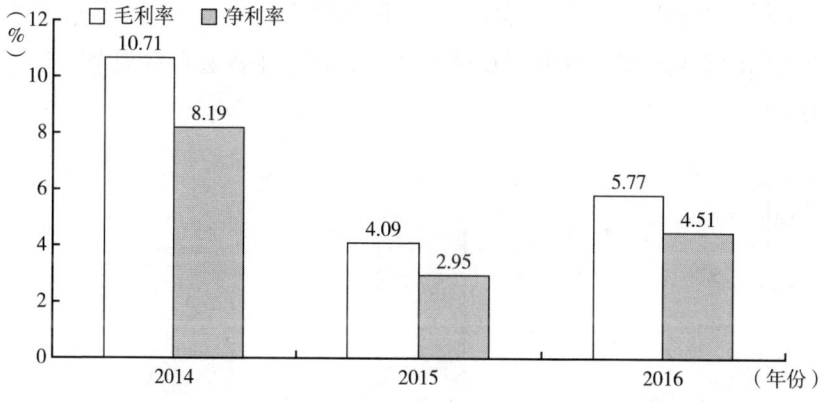

图10　41家公共关系上市公司2014~2016年毛利率、净利率变化情况

2. 营运效率略有下降

营运能力方面，2016年公共关系行业存货及应收账款周转天数较2015年（存货周转天数：1.47天、应收账款周转天数：115.57天）增加到2.30天和124.29天，营运能力有所下降。受行业特点影响，其中公共关系行业存货周转天数远低于上市公司的整体水平，其增长对行业整体发展影响较弱，但应收账款周转周期的增加则进一步加剧了行业发展与运营资本紧缺之间的矛盾。

表2　公共关系行业存货及应收账款周转天数

年份	存货周转天数(天)	应收账款周转天数(天)
2015	1.47	115.57
2016	2.30	124.29

3. 偿债能力

图11、图12分别显示了41家独立上市公共关系公司的资产负债率变化和偿债保障比例的变化情况。从资产负债率的变化情况看，公共关系行业的资产负债平稳且呈小幅上升趋势，行业整体资产负债水平保持在较为合理的风险范围内。但从偿债保障比例上来看，在2015年行业偿债保障比例大幅上升后，2016年行业整体经营活动产生的现金流量净额为负3.5亿元。从偿债保障比例来看，行业偿债风险大幅上升。资产负债情况和偿债保障比例的变化情况也从侧面反映了公共关系行业普遍存在现金流量流转的压力。

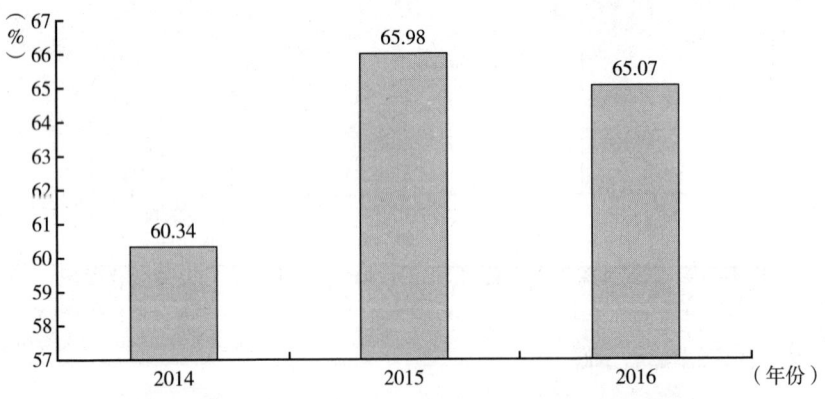

图11　41家公共关系上市公司2014～2016年资产负债率变化情况

（三）板块筹资情况及未来融资机会

从上市时间看，自2010年蓝色光标在深圳证交所上市以来，我国公共关系行业企业近年来快速融入资本市场。各年度上市企业数量如表3所示。

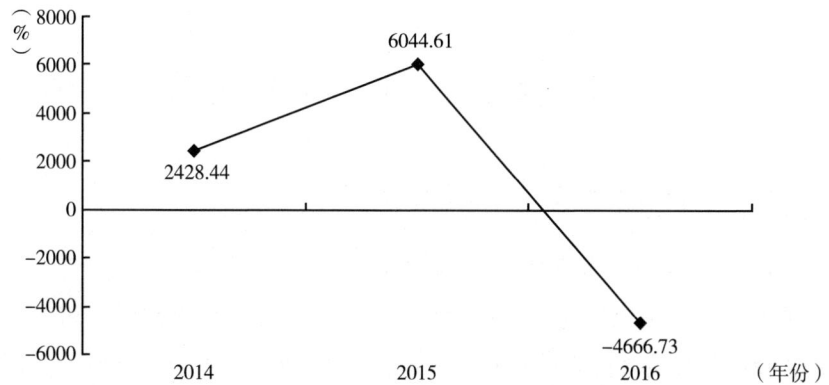

图12 41家公共关系上市公司2014～2016年偿债保障比例变化情况

表3 公共关系行业上市时间统计

上市年份	上市数量(家)	上市企业
2010	1	蓝色光标
2011	1	联建光电(友拓公关)
2012	1	了望股份
2013	0	
2014	1	华谊嘉信(迪思传媒)
2015	7	正点未来、注意力、众引传播、海唐公关、温迪数字(ST温迪)、世纪龙文、星娱文化
2016	28	灵思云途、科达股份(爱创天杰)、艾德韦宣、海天众意、灵狐科技、微梦传媒、太德励拓、智者品牌、时空视点、朗知传媒、信索咨询、氢动益维、速途网络、欧迅科技(ST欧迅)、君信品牌、九九互娱、火橙股份、榕智股份、蓝色未来、汇志股份、联华盛世、森博营销、尚诚同力、派合传播、软众数字、锐思爱特、锐邦传播、成翼文化
2017年8月30日截止	5	华扬联众、宣亚国际、海天网联、嘉利智联、曦望文化

注：上市公司子公司按被上市公司收购时间统计。

表3清晰地显示出，2010年可以被认定为我国公共关系行业资本化运营元年，而2016年则可成为我国公共关系行业资本化运作具有里程碑意义的一年。2016年我国公共关系行业上市企业数量多达28家。大量公关公司在2016年度上市可以基本归结于我国资本市场新三板快速扩容、资本市场对公共关系行业普遍看好以及公共关系行业快速发展三个因素的共同作用。

三 中国公共关系行业：新特点与问题

（一）我国公共关系行业发展新特点

1. 机构高速发展，资本化运作拉开大幕

2010年中国本土公共关系行业领军企业蓝色光标在深交所上市，自此拉开了我国公共关系行业企业上市的大幕。截至目前，公共关系行业上市企业共44家。与其他行业相比，公共关系行业上市机构数量较多，但整体规模偏小。

前文曾分析，资本市场的快速扩容为公关公司上市提供了平台，公关行业的快速发展为行业企业上市奠定了坚实的基础，资本市场对于公共关系行业的看好则为公关行业的上市铺平了道路。但从公关公司上市意愿方面进行分析，其行业利润率低且呈逐年下降趋势、普遍存在大量垫资、回款周期长、资金流动率偏低、业务扩张需要大量资金则是推动公关公司在近几年集中上市的重要主观因素。

根据近几年的行业数据看，行业正处在转型的交叉口，由于整体行业利润逐渐摊薄，行业发展运营资金压力逐年上升，可以预见公共关系行业机构资本化运作的大幕才刚刚拉开。

2. 公关公司体量差异巨大

2016年上市公司年报显示，2016年全年，蓝色光标营业收入突破120亿元大关，较上年提升近50%；2017年上市的华扬联众则以66亿元的营业收入排在公共关系上市公司的第二位；灵思云途全年营业收入超过12亿人民币，排在第三位；迪思传媒、宣亚国际、爱创天杰、艾德韦宣等7家企业营业收入在3亿~7亿元；灵狐科技、嘉利智联等12家企业营业收入为1亿~3亿元，欧迅体育（ST欧迅）、君信品牌等19家公司业绩在千万元级别，而成翼文化和曦望文化两家企业年营业收入则未过千万元。

图13显示了2016年44家上市公司中营业收入前十位的公司在44家公

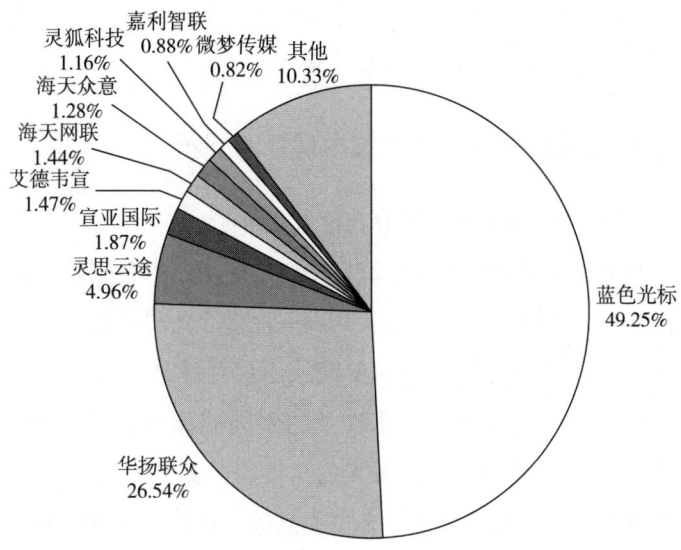

图 13　2016 年 44 家上市公关公司营业收入占比情况

司营业收入总和中的占比情况。仅蓝色光标一家的收入就占 44 家公司收入总和的 49.25%；将蓝色光标与排名在最后的曦望文化进行对比，蓝色光标 2016 年全年营业收入约为曦望文化的 3600 倍，行业内机构体量差异巨大。

3. 公关公司多元化发展趋势明显，公关公司业务转型

作为中国公共关系行业的龙头企业，蓝色光标的发展方向对于行业发展所起到的风向标作用是毋庸置疑的。自 2013 年 10 月 11 日，蓝色光标宣布其旗下蓝色光标公共关系机构正式更名为蓝色光标数字营销机构（简称"蓝标数字"）开始，公共关系行业开始走上去传统业务、重点发展数字业务、多元化发展的转型之路。广告、营销、公关业务的边界也日趋模糊，公共关系在活动传播、品牌塑造、营销传播等方面的需求和应用大幅提升。

与此同时，部分公关公司加快了技术开发的脚步，开始专注于如人工智能、大数据应用开发等更为专业的领域，行业细分形态逐渐显现。以网娱互动为例，该公司是一家专注于大数据营销、自动化营销以及 AI 营销的公关公司。近几年来，网娱互动在人工智能方面相继开发了 Fellow Me 扫描、智能问答机器人、智能内容撰写机器人等产品，依托该企业大数据的抓取及分析能力,通过获取全网的数据信息、发现问题、分析问题,进而实现内容撰写、自动精准回复、方案提供、创意生成等智能化任务。

(二)我国公共关系行业发展中现存的问题

1. 各类机构对公共关系的认知存在巨大差异

虽然公共关系在我国的发展已有三十年的历史,但我国各类机构对于公共关系的认知仍存在巨大的差异。长期以来众多企业将公共关系简单地等同于媒体关系;提到"公关"更是简单地认为公关就是搞关系的。在欧美学界,从利益攸关人角度对公共关系涉及的不同职能进行划分被普遍认可。《公关圣经》①一书中就以利益攸关人的角度将公共关系分为政府关系、社区关系、投资人关系、员工关系、客户关系等。目前,在我国的企业中公共关系工作开展得相对好的为客户关系、媒体关系和政府关系。但社区关系、员工关系、投资人关系等往往得不到重视。

同时,以企业为例,各类企业关于公共关系事务所属部门的划分也存在很大的差异。不仅一部分企业没有设立专门的公共关系部门,即使设置了公共关系部门的企业也只将媒体关系、政府关系等几项工作作为公共关系部门的工作职能。以京东集团为例,京东集团的公共关系部下设在 CMO 运营体系,但实际的公共关系工作则分属于 CMO、CFO、CPO 三个不同的运营体系。京东模式最大的优势在于可以将公共关系工作最大限度与相关业务进行整合,其劣势则在于该模式打破了公共关系工作的系统性、协调性和完整性。万达集团的机构设置则代表了另一类典型企业。万达集团下设直属于总裁部门的企业文化中心。该中心包括活动部、新媒体策划部、新媒体编辑部、品牌部、海外品牌部、庆典部、影像部和品牌部。相对于以京东为代表的机构设置模式,万达的模式将与公共关系相关的业务工作整合到同一个部门内,以便更好地统筹公共关系工作。但采用该模式的企业往往会对公共关系工作的一个或几个方向有所忽略。另外,从企业从事公共关系工作的人员

---

① 〔美〕菲利普·莱斯礼编著《公关圣经》,石芳瑜等译,汕头大学出版社,2004。

构成上也能清晰地看到每个企业之间的差异。京东集团从事公共关系工作员工的背景较为广泛，包括资深公关人、媒体人、HR、研究人员、市场营销人员等。万达集团的公共关系岗位人员的来源则非常单一，其公共关系从业人员全部具有媒体从业经验。

无论是企业（或组织）机构设置的差异，还是人员背景的差异，从根本上讲都是各个企业（或组织）对于公共关系工作理解的差异产生的。注重媒体关系的企业（或组织）在遴选员工时自然倾向于招募具有媒体背景的人才；从观念上认可公共关系工作涉及企业各类工作的企业（或组织）则会在人员遴选的过程中从更多的角度考察员工，以适应公共关系工作不同方面的需求。

2. 新媒体类业务快速增长，但渠道利用效果有待进一步提升

从2016年公共关系行业各类业务占比情况可以看出，目前数字营销业务占比最高。2016年全年占比49.83%。公共关系行业的龙头企业蓝色光标的业务转型更是带动了行业向数字化公关转型的重要趋势。

与此同时，自2009年新浪微博在中国正式运营开始，到2012年8月微信开通公众号，再到2016年1月腾讯在北京宣布，其旗下的微信平台仅政务号就开通了近10万个。新媒体渠道的快速发展，特别是深度用户数量的持续快速成长、用户使用时间的增长都促使政府、企业、事业单位、各类公益机构等纷纷在微博、微信、知乎、分答等社交媒体开设各类账号。但从各平台各类账户的运营情况来看，结果却不容乐观：大量的"僵尸账号"存在，统一机构设立的不同账号在功能上没有明确区分，单个账号影响力小，更无法形成机构的自媒体矩阵。

通过调查及分析发现，出现上述问题的原因主要有以下几个方面：（1）新媒体账号运营人员对于渠道特点、渠道受众特征等掌握不准确，导致不能物尽其用；（2）新媒体账号的开设缺少顶层设计，各平台、各账号之间的功能定位不明确；（3）内容僵化，没有从受众角度出发，不适合新媒体发布；（4）大部分账号的内容表现形式不灵活，无法吸引受众关注。

3. 公共关系传播与营销传播职能混淆

中国传媒大学广告主研究所将企业公共关系传播定义为：企业为构建良好的品牌关系、维护组织形象而借助各种公共关系工具和活动，将有关企业或产品的信息传递给目标消费者的一种信息传播过程。①

随着信息技术与媒介的发展，在海量信息的环境下，受众接收信息的偏好与习惯也随之发生了重大的改变。信息接收的可选择性是其中一个重要变化。这一变化对各类组织的信息传播提出了更高的要求，怎样使内容变得有趣，怎么使受众更便捷地接收信息，怎样更精准地将信息传递给用户，怎样使用户自愿转发信息都成为信息传递方需要考量的问题。这种情况就对营销传播提出了更高的要求，而上述几个值得深入考量的问题又与公共关系研究的内容高度吻合，这就使得各类组织的营销传播与公共关系传播更紧密地进行了融合。而实际上，不仅仅是营销传播，以公共关系的视角重新审视广告、品牌、服务等工作已经成为一种必然的趋势。但在这种趋势发展的过程中很多组织或从业者则混淆了公关传播与营销传播等的概念。

2017年5月针对百雀羚转化率引发的争论（下文将简要阐述该案例），从根源上分析则是对此次事件定性的争论。如果将百雀羚全景长图传播定性为公共关系传播，从公共关系传播来衡量，此次传播无疑是非常成功的，百雀羚全景长图使百雀羚品牌迅速成为网络热门，3000万+的转发量提升了百雀羚品牌的影响力。但如果从营销传播的角度进行衡量，互联网上的公开数据显示，此次营销传播则是不成功的。其衡量标准的差异就在于公共关系传播和营销传播本质职能的区别。

厘清公共关系传播、营销传播等几个概念的目的不仅仅在于评判某一个营销传播实例和公共关系传播实例是否成功，更是保障各类传播活动达到预期目标。只有在明晰概念的前提下，才能在确认传播目标后更准确地选择策划、执行方向，最终保证达到预期目标。

---

① 2016年，中国传媒大学广告主研究所在《中国公共关系发展报告2016》总报告中，提出关于"公共关系传播"的定义。

4. 专业人才仍存较大缺口，人才供需匹配度偏低

2016年，中山大学媒体与设计学院公共关系本科专业和硕士专业正式取消和停招引发了广泛关注；2017年大理大学公共关系专业停招更是引发了全国学子的请愿以及教育界、公关界专家的热议。对于两所高校撤销、停招公共关系专业的原因，教育界人士和公关专家给出了不同的解读。教育界人士认为，根据社会需求，高校调整招生计划是一项很正常的工作，暂停一些就业率低的专业招生是一件好事。但公关行业的专家则认为，公共关系专业被撤销或停招主要归因于教育界对于公共关系专业教育的不重视，并要求停止对公共关系专业的歧视和撤销行动。

从双方截然不同的观点也可以清晰地看到公共关系行业人才的供需矛盾：一方面，由于无法达到用人单位的要求，高校培养的学生就业率整体偏低；另一方面，用人机构则存在大量的人才缺口。在两种观点的争论过程中，一种更为理性的观点也逐渐被关注，迪思传媒原助理总裁王兵认为：公共关系专业人才需要同时具备公共关系学、管理学、新闻传播学、广告学等专业知识，这种更为全面的能力要求也对高校提出了新的挑战。他同时提出，要想解决目前人才供给上存在的矛盾可以从两个方面着手：一是调整公共关系专业教育的培养思路，从单独设立公共关系专业的固有模式调整为将公共关系学设置为相关专业学生的基础必修课，以培养掌握公共关系基本理论与方法的管理学、新闻传播学、广告学等专业的学生；二是加快公共关系教育培训机构建设，通过教育培训机构分层级、有针对性地培养一批掌握公共关系学基础理论和实践方法的品牌、市场、营销甚至高级管理岗位人才，以满足各类机构对于公共关系人才的需求。

四 中国公共关系行业发展展望

（一）效果评估将被逐渐重视

2017年5月，百雀羚一镜到底长图《一九三一》在社交网络走红，受

众纷纷为百雀羚的创意点赞，一时间"百雀羚"也成为互联网的热词。但随后一篇"哭了！百雀羚3000万+阅读转化不到0.00008"的文章将此次营销的关注点引到针对转化效果的讨论上，随后公关行业内众多资深专家和网友对此展开了热议，此次营销事件也成功引爆了针对数字营销的效果问题的讨论。

除了对数字营销效果的关注与讨论，近年来一些企业还针对公共关系事件对于消费者消费行为的影响进行了研究。如京东集团就曾利用消费者在该平台的购买数据对"紫菜是废旧塑料袋制作的"虚假网络新闻对消费者购买行为的影响进行了深入的分析。

种种迹象表明，未来针对公关活动、公关传播、公关事件等的效果评估将越来越被各类组织所重视。对于效果评估的重视将给公共关系行业带来新的机遇，同时也将给公共关系公司带来新的挑战。随着大数据技术以及媒介渠道的发展（受众可追踪），可以预见，未来公共关系的效果将实现量化评估。

（二）企业持续加大对公共关系工作的内部资源投入

企业作为公共关系行业服务的重要机构类型，相对其他类型组织（政府、社会组织等）的经济性、商品性、营利性和独立性特征，使其在公共关系发展过程中始终扮演着重要的角色，其公共关系工作发展趋势也在一定程度上反映整个公共关系行业发展趋势；同时，从需求侧角度看，企业对于公共关系各类型业务的需求也同时对公共关系行业的发展产生巨大的影响。

2016年，中国企业在公共关系领域的投入进一步扩大，同时，加大内部资源投入也是2016年呈现的新趋势。下述三个新动态是这一趋势的具体体现：一是企业更多地参与到公共关系顶层设计工作中；二是企业纷纷建立内部研究机构，对公共关系及其他领域开展内部研究；三是大量的资深公关人走进企业，如最高人民法院原新闻发言人孙军工于2016年进入阿里巴巴集团任副总裁。

上述趋势的产生主要归因于如下三个因素：一是企业逐步认识到公共关系战略的重要性，企业急需具备丰富公关行业从业经验的高级管理人才；二是企业对于第三方专业机构提供服务的认可度偏低，企业希望能够参与到公共关系工作的顶层战略设计中并对效果进行监控；三是大数据技术发展使得部分拥有海量用户数据的企业具备了利用企业内部资源进行公共关系及其他相关领域研究的数据基础。

（三）公共关系教育培训机构快速发展

人才供给始终是影响行业发展的重要因素，随着行业人才供给矛盾的不断增大，公共关系教育培训机构快速发展趋势逐渐显现。在公共关系教育培训的各个领域中，针对政府及企业新闻发言人的培训走在了整个公共关系行业教育培训发展的前端。中央党校、国家行政学院、浦东干部学院等中组部"一校五院"以及中国传媒大学、中国人民大学等高校均开办了领导干部媒介素养、新闻发言人等相关专业培训。据统计，2016年国家行政学院共举办137个班次的培训，总计培养人数超过7000人；由中国传媒大学和中国公共关系协会共建的全国领导干部媒介素养培训基地开办了83个班次，共计培养4700余人次。

自2016年以来，网络平台的快速发展也为公共关系教育培训的发展提供了更为便捷的平台。企鹅新媒体学院、新浪政务新媒体学院、馒头学院、淘课网等网络授课平台均开设了公共关系相关课程。同时，企业自身也加强了对员工公共关系基本能力的培养。华侨城、京东、一汽大众、中国石化、交通银行、天虹百货等企业均定期开设针对不同层级员工的公共关系培训系列课程。

近年来，公共关系行业始终保持快速发展的势头，而学历教育难以适应行业人才需求的现状则尚需时日解决。公共关系行业企业所普遍面临的人才缺失问题还需要通过多渠道人才供给加以解决，而教育培训机构的灵活性和市场化运营机制则促进了其在行业人才供给短缺的现状中快速发展。

五 结语

综上所述，中国公共关系行业仍处于快速发展的成长期。随着整个社会

对于公共关系行业认知的逐步增加，行业前景总体看好。伴随信息科技发展与媒介的革新，公共关系行业的业务领域将随之不断发生变化，新的业务模式也将如雨后春笋般涌现。随着国家相关法律法规的出台，行业也将被逐步净化，整个行业将朝着规范化的方向发展。另外，随着资本的介入，行业规模化发展将成为趋势，现有机构体量差异将持续扩大。与此同时，随着公共关系高级人才的流动，行业现有模式也将被打破，以个体或微型团队为核心的新运营模式也将被逐渐接纳并快速发展。

B.2 2016~2017企业公共关系传播研究报告

中国传媒大学广告主研究所*

摘 要: 2016~2017年企业公共关系传播现状主要表现如下:企业公共关系传播投入持续增长,良好的企业公共关系传播仍取决于优质内容,企业公共关系传播更加倚重于数字化媒体,公众在企业公共关系传播中地位提高,现有评估指标难以有效衡量企业公共关系传播效果。基于此,本文着重提出了企业公共关系传播的三个新特点,包括捕捉公众价值诉求,促发情感共鸣;追求内容与形式创新,跨界联合打通品牌受众;技术推动,公关传播体验升级。同时,本文对行业视角下的企业公共关系传播活动进行了具体分析,提出了企业公共关系传播所面临的三个挑战:企业公共关系传播无法得到足够的内部支持,恶性竞争伤害公共关系传播秩序,媒介接触习惯碎片化降低企业公共关系传播效率。

关键词: 公共关系 企业广告主 企业公共关系传播

一 企业公共关系传播现状

中国传媒大学广告主研究所将企业的公共关系传播定义为:企业为构建

---

* 执笔人:杜国清,中国传媒大学广告学院教授、广告主研究所所长、公共关系系主任;王雅男、韩永琛、柴乐干,中国传媒大学广告学院2017级硕士研究生。

良好品牌关系、维护组织形象而借助各种公共关系工具和活动,将有关企业或产品的信息传递给目标消费者的一种信息传播过程。公共关系工具和活动主要包括公开出版物、事件、赞助、新闻、演讲、公益服务活动、形象识别媒体等。2016~2017年企业公共关系传播现状主要表现如下。

(一)企业公共关系传播投入持续增长

中国公共关系协会《中国公共关系业2016年度调查报告》数据显示,2016年中国公共关系市场年营业规模突破500亿元人民币,年增长率约为16.3%,相较于2014年的11.5%、2015年的13.2%的增长率,增幅进一步加大,表明企业对公共关系传播的投入保持持续增长的态势。其中,信息技术、文化娱乐及奢侈品行业公共关系投入显著增加:得益于智能移动终端的普及、人工智能与虚拟现实技术的应用,消费者对信息技术服务的需求不断提升,信息技术行业积极运用公共关系传播,在公共关系行业市场份额排名中攀升至第二;随着消费水平的提高,消费者对文化娱乐产品的需求变得更加强劲,文化娱乐行业在公共关系行业的市场份额提升4.9%;奢侈品消费扭转2015年的下降趋势,企业借势推进品牌传播,奢侈品行业首次进入公共关系行业市场份额排名前十。

2017年中国经济企稳回升,前三季度GDP增长6.9%,略好于预期,特别是新兴及消费相关服务业增长较快。在此经济形势下,企业宣传推广活动稳步复苏,预计企业公共关系传播投入在中长期内将保持增长。

(二)良好的企业公共关系传播仍取决于优质内容

在服务性消费的驱动下,2016年内容产业全面崛起,文学、影视版权被竞相追逐的背后是公众对传播内容的普遍重视。新兴技术不断改变传播形态,而综观2016年以来获得良好反响的企业公共关系传播案例,发现优质的传播内容仍是实现广泛传播的核心。优质内容融合公众的诉求与精妙的创意,经过合理的编排制作,最终打动公众,获得良好的感知。优质内容通过引发公众的关注、讨论、分享,促进裂变式公共关系传播。2016年3月,动画电影《疯狂动物城》上映，电影情节通过虚构的动物社会展开，同时映射了人类社会现实中存在的诸多问题。新奇的故事设定与深邃的故事内涵引起观众的现象级讨论，在少量的宣传推广下，良好的口碑通过社交媒体不断传播，电影的影响力持续增强。最终，《疯狂动物城》将中国动画电影票房纪录抬升了50%，再一次表明良好的公共关系传播仍取决于优质内容。

（三）企业公共关系传播更加倚重于数字化媒体

据2017年《移动互联网蓝皮书》，中国移动互联网用户规模已达10.93亿，月户均移动互联网接入流量达到172兆，远超全球平均水平。用户互联网使用习惯不断加深，2017年《中国互联网络发展状况统计报告》数据显示，我国网民人均周上网时长达26.5小时。在此基础上，企业进一步扩展在数字化媒体上的布局。2017年《中国公关行业营销趋势报告》显示，企业对公关代理公司的数字互动能力提出更高要求，与数字相关的考核指标权重显著上升。其中，社交媒体逐渐扮演策略性的重要角色，企业通过社交媒体的公共关系传播树立认知度与口碑，提升品牌影响力，监测舆情并应对危机。

近两年来，海尔实行新的社交媒体策略，通过积极参与公众话题讨论、营造热点话题、加强与公众的直接沟通、满足公众需求等方式，获得公众的广泛认可。

2016年3月，海尔将微博用户一则"冷宫"冰箱的创意变为现实，海尔对消费者的重视以及亲民、有趣的品牌形象在社交媒体上引发广泛传播，对于提升品牌好感度大有裨益。

（四）公众在企业公共关系传播中地位提高

随着社交媒体对公众日常生活的渗透，企业对于公共关系传播的主导性日趋下降，与之相对的是公众地位不断提高。在网络时代信息泛滥的持续作用下，公众已经基本具备良好的媒介素养，主动选择媒介、获取信息以满足自身的需求，面对被动接收的信息则更加理性地识别。

在新的传播形态下,由公众发起的二次传播成为决定企业公共关系传播效果的关键。2017年7月电影《战狼2》上映,由于激发了公众的爱国热情与民族自豪感,引发朋友圈刷屏。公众发起的二次传播进一步带动媒体的报道,促成了一次全民观影热潮。公众地位的提高也体现在公众倾向于自主发起话题,参与品牌的讨论,形成舆论合力。2017年10月,由微博用户主动发起的霸王育发液推荐,因为击中公众痛点,大量用户跟进讨论、传播,经过一周的扩散,达到五万次转发,从而带动了该企业公共关系活动的跟进配合。

(五)现有评估指标难以有效衡量企业公共关系传播效果

由于企业公共关系传播对数字化媒体的倚重,传统媒体公共关系传播评估指标,诸如媒体转载量、媒体刊登位置、覆盖量、传阅率均无力衡量以数字化传播为主的新型公共关系传播活动。而数字媒体的评估指标仍缺乏科学合理的体系,软性数据无法被编码、测量,大量碎片化媒介信息难以被全面涵盖,第三方数据未能实现打通共享。同时,数字媒体的数据造假也严重影响企业公共关系传播效果的评估,视频网站播放量、直播观看人数、微博转载量、公众号阅读量均存在不同程度的水分,严重影响行业秩序。2017年8月,爱奇艺起诉杭州一家视频刷量公司,以不正当竞争索赔500万元。

另外,企业的公共关系传播倾向于塑造品牌形象、改善公众关系等长效性诉求,传播效果难以被时效性数据指标描述。因此,现阶段企业公共关系传播效果评估乏力,仍多停留在感性认知层面。

二 企业公共关系传播三大特征

(一)捕捉公众价值诉求,促发情感共鸣

1. 情感传播是引发消费者关注、引导消费者参与和分享的重要手段

用理论或消费者研究的数据来说明:用户当前处于物质生活极大丰富且

产品趋于同质化的时代，契合用户的理念和想法，与用户合拍，让用户产生共鸣比"功能"和"样式"更为重要。符合公众价值诉求的企业公关活动是品牌通过一系列公关传播活动精心营造的氛围、体验等手段赋予品牌强烈的文化感受，打造契合公众价值诉求的传播内容与传播活动，引起公众情感共鸣，形成激荡的涟漪，引发广泛传播。

2. 普世的情感和分众的情感

环保、公益等诉求在社会生活中一直被认为符合公众价值诉求的情感点，腾讯公益"小朋友画廊"H5刷爆朋友圈，9小时内完成1500万元的募集；摩拜"让蝴蝶重返城市"公益活动倡导共同缓解城市交通拥堵，解决大气污染等环境问题，践行环保理念，契合公众的公民意识与社会责任感。

不同的地域、年龄、性别等人群的价值诉求具有差异化，企业公关传播以受众群体为核心策划独特的价值诉求传播活动。

2017年获得广泛传播的上述公关传播创意，善于敏锐地捕捉公众的价值诉求，基于价值观推动品牌认同，正在成为企业公共关系传播的新理念。

（二）追求内容与形式创新，跨界联合打通品牌受众

2017年，受互联网和媒体传播大环境的影响，企业公关传播发生了新的变化，跨界融合成为新的趋势。跨界联合有以下两种形式。

跨界联合表现为，当一种品牌文化符号无法诠释一种生活方式或者再现一种综合消费体验时，就需要几种品牌文化符号联合起来，进行诠释和再现。2017年8月，网易云音乐和农夫山泉联合推出合作限量款"乐瓶"，让每一瓶水都自带音乐和故事。对于农夫山泉来说，本次跨界合作可以提升口碑和品牌美誉度。对于网易云音乐来说，巧借优质的"UGC"内容实现了互动性和分享性。在日常生活场景中再现综合消费体验过程，将品牌内蕴相互转移到对方品牌身上。

在注意力稀缺的时代，跨界联合是不同品牌在价值等同的基础上联合，

打通彼此品牌受众，利用各自品牌的特点和优势以获得高于自身的传播力、影响力。小米在2017年7月联合今日美术馆，邀请全球顶级的30位艺术家创作，举办了"未来艺术展"，当黑科技遇到艺术家以后碰撞出不一样的火花。就此次艺术展来说，跨界合作将各自已经确立的市场人气融合，为品牌双方的受众提供增值体验，扩大受众群体，丰富企业品牌形象的内涵，加强了对品牌生态的诠释。

（三）技术推动，公关传播体验升级

2017年是一个技术大年。在这一年，我们看到AR、VR甚至会话机器人等新的媒介和交互走向成熟，也见证了机器学习和人工智能颠覆我们的已知并带来无限可能的未知。"数据＋技术"的营销模式已深入人心，而这也驱动了新技术在公关行业的发展。新鲜、有趣的新技术成为当下公共关系传播新的引爆点。现在的营销，已经不是让消费者想象商家的产品，而是让消费者体验商家的产品。一场"技术驱动"的营销革命浪潮掀起波澜。

AR（增强现实技术）、VR（虚拟现实技术）、AI（人工智能）等创新科技颠覆当前的一些营销模式。AR技术带来飞跃式的体验效果，赋予品牌以高端、新奇、有趣的形象内涵，颠覆传统公关传播的简单乏味，让用户置身其中、亲身参与进来。

从淘宝的AR造物节，到首次将AR技术用于户外直播、开创AR互动2.0模式的YYAR寻宝，他们的试水成功，深刻揭示了AR应用在未来的实用场景和技术深度。蒙牛在2016年强势推出了VR大片《一滴奶的前世今生》，一比一还原蒙牛牧场、工厂的"第一现场"，制造了更加立体、真实的沉浸式体验，让消费者如临其境，从而感受其精益求精的"国际化品质"是怎样炼成的。有了VR技术，可以让消费者获取关于产品更直观、更丰富的信息。AR、VR、AI技术的不断发展，使应用场景更加多样化，新技术将刺激下一轮的消费升级，基于新技术的内容互动或将被越来越多地应用到企业公共关系传播之中。

三 行业视角下的企业公共关系传播活动

（一）地产行业：调控政策持续收紧，公关投入显著下降

2016年，房地产市场在"去库存"的背景下经历了新一轮快速上涨。面对热点城市房地产市场明显过热现象，中央经济工作会议坚持"房子是用来住的、不是用来炒的"的定位。在国庆节前后，各地政府进一步加大对房地产市场的调控力度，以确保房地产市场平稳健康发展。2017年，多地出台"限售"政策，调控持续从严，主要城市楼市成交普遍回落，价格维持稳定。在成交普遍回落的态势下，地产行业营销费用不断收紧，公关投入显著下降。据中国公共关系协会《中国公共关系业2016年度调查报告》，地产行业公关市场份额由2015年的3.4%下降至2.4%，位列行业排名第十。

在公共关系传播内容上，企业更青睐于表现企业的社会责任与价值理念，城市美学成为新兴的表达诉求。2017年6月，世茂济南推出"济南的强调——致敬城市精致生活"大型系列活动，通过打造"济南请你表达""因为一首歌 向往一座城""诗歌济南"等活动，强调品牌与城市的和谐共生，推崇高品质、有品位的生活方式，激发与公众的情感共鸣。而同期和昌苏州发起的"走巷苏州，共享城市美学"则专注于挖掘苏州特色巷子的美学价值，举办巷子摄影大赛、拍摄"走巷苏州"系列微电影，通过对旗袍、油纸伞等经典元素的提炼，塑造品牌气质，更击中每一位苏州人的内心，引发爆炸式传播。在地产市场的平稳发展期，企业抛弃以往粗放的营销策略，转而侧重精致、高格调的内容传播。

（二）金融行业：零售银行全面推进数字化，互联网金融公共关系传播活跃

2016年，世界经济缓慢复苏，我国坚持稳中求进的工作总基调，国民

经济运行缓中趋稳、稳中向好,金融业改革不断深化,金融市场平稳运行,金融机构整体稳健,金融基础设施建设取得新的进展,宏观审慎政策框架不断完善,实现了"十三五"良好开局。银行业资产负债规模保持增长,机构体系日趋完善,小微企业金融服务水平不断提升,积极防控风险。证券期货业市场主体发展稳健,资产规模总体有所扩张,经营机构创新业务继续发展。

2017年《银行数字化发展报告》显示,零售银行的转型已经进入数字化时代。面对广泛的大众和中小企业,零售银行积极推进移动端布局,融合线上、线下业务,实现多渠道一体化,提升公众使用体验,以高科技、智能化改善用户认知。

互联网金融业在公共关系传播上一贯具有优势,善于利用多形式、打通多渠道,实现广泛传播。2017年,蚂蚁金服通过不断强化芝麻分的功能性,包括免押金租房、免押金使用共享单车、免押金预订宾馆等,继续推进社会征信体系建设,展现企业的社会责任感。京东金融则在普惠金融领域持续发力,依靠数据和技术能力,搭建包括云图系统、高维反欺诈模型、风险画像、生物探针在内的一整套风控体系,帮助警方破获多起黑产违反案件。京东农村金融"京农贷"与中华联合财检、汇源集团共同打造"产业扶贫+金融贷款"扶贫模式,帮助濮阳县近400户贫困户脱贫致富。京东金融在普惠金融领域表现出的社会担当获得广泛影响力,为行业做出表率。

(三)文化娱乐:文化产品和服务丰富多样,声量和口碑是公共关系需要把控的要点

习近平总书记在党的十九大报告中指出,五年来,我国公共文化服务水平不断提高,文化自信得到彰显,国家文化软实力和中华文化影响力大幅提升。具体数据表明:我国已经成为世界图书出版第一、电视剧制播第一、电影银幕数第一,电影市场世界领先。截至2016年底,我国的文化产业增加值达到3.08万亿元,占GDP的比重提升到4.14%。

全民娱乐时代已然到来。视频在文化娱乐领域的重要性增强——视频可

以对其他类型的内容起到放大作用，并且承载多重元素，可获得更大范围的传播、产生更大的影响力。视频的声量与口碑对视频的持续传播至关重要，优质内容是赢得公众芳心的直接途径。2017年，网络生活内容发展迅速，网综和网剧聚焦于质量的提高，公众注重内容的品质，由此出现了多个精品爆款内容。好的内容是平台与公众维系良好关系的纽带。消费价值提升，付费产品被公众接受并且购买；传播价值提升，交流、分享内容成为用户习惯。看完内容之后，用户的分享意愿也在提升，大部分用户往往会有推荐给朋友或者转发到社交平台的行为，每一个用户都成为一个巨大的传播源，在不断的交替传播过程中，内容的影响力逐渐被用户放大，处理好与公众的关系就显得尤为重要。用户越来越乐于用内容来传播自己的态度，短视频与直播的形式充分激发了全民传播的热情，记录与分享自己的生活、传播想法与态度变得日益普遍。在文化娱乐行业中，社交媒体的活跃度较高，且竞争激烈，经常在社会化媒体中出现"博眼球"事件，冯小刚与王思聪的排片之争，《百鸟朝凤》制片下跪求排片等公关事件在娱乐行业也层出不穷。

（四）食品饮料行业：市场复苏迹象明显，公关活动推动品牌聚焦

受人口增速放缓、宏观经济下行的影响，食品饮料行业在2014年首次出现负增长后一直延续着低速增长态势。2017年10月发布的凯度消费指数显示，截至2017年三季度，快速消费品市场销售额增长3.6%。虽然2017年食品饮料行业显示出较为明细的复苏迹象，但是"黄金时代"已过，食品饮料行业由过去的"需求驱动"阶段进入"挤压竞争阶段"，食品饮料的高迭代性、高替换性使得竞争更加激烈，同时越来越多的消费者选择线上购买，2017年食品饮料行业的公关活动线上线下同时发力以促进品牌聚焦。

9月，已发展20年的好丽友结合二次元文化，推出限量版漫画绘本回馈消费者。通过在微博上征集网友故事，打造UGC内容实现互动传播。通过绘本，好丽友传达了对消费者的重视和珍惜，以友情定位企业和消费者的关系，再次提高了消费者对品牌的忠诚度。中秋节，白酒老品牌五粮液通过

年轻玩法与消费者进行互动，展示出了新活力。九月中旬，五粮液发布"中秋和美之约"两部微电影，高度还原目标消费群体的生活场景，直击年轻消费群体情感痛点。在微电影广泛传播的同时，五粮液在微博上发起"中秋和美之约"线上约酒互动，借由名人效应和网红效应，线上活动实现裂变式广泛传播，吸引了大量年轻人参与，中国传统的白酒文化重回消费者视线。活动期间，不仅天猫、酒仙网等电商平台共同启动五粮液专场活动，北京、广州、郑州等城市也开展了"和美盛宴、晚点浓香"等活动。通过线上线下的整合，年轻群体再一次将目光聚集在五粮液这个老品牌上。

安全问题仍旧是食品饮料行业的危机高发点。根据益普索发布的《2016中国食品&饮料趋势及消费者洞察》，有86%的被访者表示在选购食品时会考虑食品安全因素，52%的被访者表示食品安全性是其选购食品时的首要考虑因素。当品牌发生食品安全事件时，81%的被访者表示对品牌的信任度降低。虽然海底捞在发生"厨房耗子门"事件后，进行了回复及时、态度诚恳的危机公关，但此次事件依旧给海底捞造成了一定的负面影响。优秀的危机公关只是危机发生后的补救方法，防微杜渐、持续加强安全治理，才是企业维护形象的必经之道。

（五）互联网行业：人口红利逐渐消失，创意活动重新链接消费者

艾瑞咨询发布的《2016年互联网全行业洞察及趋势报告》显示，我国互联网用户数量增速放缓，年龄结构趋于完整稳定，互联网市场已经由新兴发展阶段进入成熟阶段。其中新锐中产阶级引导着市场主流，"过更好的更有品质的生活"是互联网行业不可忽视的消费者诉求。

从2017年的公关活动可以看出，互联网行业不再以流量变现为主要追求，公关活动的重心逐步向重塑企业形象、优化消费体验方面转移。2017年6月17日，"天猫觅秀大街"正式在北京西单大悦城上线。通过VR实景复刻手法，消费者可以在线上选择商品，通过VR模拟线下购物模式，消费者在家便可实现到"线下门店"购物。9月，咪咕阅读推出"阅读群效应"活动，在为上线不久的会员包进行推广的同时，也传递了正能量。此次活动,咪咕阅读官方微博以"阅读群效应"为标签,发起话题活动,并加入"猜书名"小游戏,帮助用户检验阅读量。本次活动不仅鼓励了大家阅读,在对品牌进行宣传的同时,也展现了品牌对于读者的关怀,传递了企业的态度。

虽然互联网行业的发展趋势良好,但是危机公关能力依旧是其短板。随着互联网发展进入下半场,信息逐渐对称,消费者拥有更多话语权,任何心存侥幸的公关态度,换来的都会是真相的有力还击,最终导致品牌信誉消解。而大部分互联网企业对此依旧缺少重视。10月,明星韩雪发博指责携程,携程再次陷入捆绑销售的质疑旋涡,但是在22小时之后发布的公关稿却是态度强硬,虽然承诺整改,但是网友指出捆绑现象依旧存在。快速诚恳的危机公关的目的在于博得用户的好感,只有后续的改善措施切实处理了问题才能满足消费者的期待。但是品牌若是依仗着自己的规模和名气,一味蒙蔽消费者,发展之路注定是不长远的。

(六)医疗行业:正值快速发展的黄金时期,行业公共关系传播门槛较高

2015~2016年是医药行业政策制定年,2017年进入政策落地年。医药行业近两年政策制定更加系统、执行力更强,在药品审批、生产、流通、支付各环节,政策直指痛点。医药行业的改革正在进入从量变到质变的过程。在过去医药行业改革中,政策频发,政策多,执行力度弱,主要原因在于医改是一个复杂的系统性过程,政策的制定和执行只能循序渐进,不适合过于激进。2015~2016年最大的变化是整体政策的制定更加多、快、系统,2017年进入这些政策的执行年。新医改启动至今,鼓励社会资本办医。国家先后出台了多项推动社会资本办医的政策,包括放宽准入条件、提供税收优惠等,对社会办医的支持力度很大。信息技术的高速发展为医疗行业带来巨大机遇,医疗保健行业正面临着前所未有的颠覆。随着大数据、云计算、物联网等多领域技术与互联网的跨界融合,新技术与新商业模式快速渗透到医疗各个细分领域,从预防、诊断到治疗、购药都将全面开启一个智能化时

代。医疗行业正在构建大营销的思维，大营销使医药企业需要在战略协调上获得政府、消费者、广告公司、媒体、网络平台等利益合作者的支持，更重视政府关系和公共关系，重视品牌、企业形象和产品形象。医药企业重视企业的社会责任，推行志愿者文化。

医疗行业的专业知识门槛相对高，各大产品的专业药理知识、市场竞争情况、定价及监管的政策复杂，这些高要求也对众多企业新闻发言人及其旗下品牌公关、产品公关、媒介等带来了挑战。

（七）汽车行业：适逢市场转折期，传递品牌理念是公关活动的支点

根据普华永道《中国汽车市场蓝皮书（2017）》报告预估，2017年车市遇冷风险较大，并且随着保有量的快速增长，整体市场也将逐步步入成熟轨道。随着共享经济兴起以及二手车交易平台的火爆，新车市场不断受到挤压。麦肯锡《2016中国汽车消费者报告》指出，有37%的被访者认为，由于现在有各种移动出行方式，是否拥有私家车并不那么重要。56%的被访者会考虑购买二手车。随着"90后"开始拥有独立的经济能力，汽车消费者年龄也逐步下降，艾瑞发布的《2016年中国90后汽车消费群体研究报告》显示，"90后"新车车主占比达到18.1%。2017年，汽车行业的转折更加明显，传统的公关活动也随着这些变化展现了新的亮点和活力。

回顾2017年汽车行业的公关活动，不难发现企业对于公司理念、产品理念的阐述更为细致和精准，追求和消费者的情感共鸣，并且通过科技延伸消费体验。别克GL6中级车发布会上，上汽通用打出"懂，让彼此更近"的主题语，实现了与年轻人群的深层链接。发布会上安装了2000个移动座椅，发布了《幸福不缺席》的视频短片，以及《幸福的一家》的舞台表演，之后别克新一代车型进行了水上表演，彰显了其激情魅力。一系列发布活动以"懂得"为原点，表现了上汽通用对年轻人的情感关怀、态度认同，辐射了一大批年轻群体。2017年4月，雪佛兰在武汉发布探界者，会展使用了70台巴可W26 26000流明投影机，制作了反向移动影像，策划了一场"汽车开上地球表面"的视觉盛宴，凸显了探界者的产品形象。相较于传统

的车展活动，现在企业不再局限于借助媒体"卖力吆喝"。车展活动从打造媒体关系转向打造内容关系，借助内容传递品牌调性。雪佛兰于9月在微博发起"梦幻婚礼"的话题活动，并借助直播实时追踪线下婚礼，一改其冷硬形象，表现了对年轻群体的细腻关怀，传达了热爱、行动、分享的品牌理念。

虽然企业的公关活动越来越风生水起，但危机也不容忽视。媒体的兴起让车迷有了更多的发言权。特别是随着直播、短视频的兴起，自媒体的一些实时测评随时会让企业陷入危机。备受车友信赖的"38号车评中心"发布测评视频，对长城魏派vv7车型的耗油提出质疑，指出该车电脑系统存在作弊行为。随后长城的回应略显敷衍，测评视频也被删除。至此这款车被贴上了高耗油标签。面对复杂的传播环境，汽车企业需要放下身段，不仅要和专业媒体打好关系，还需要随时关注社交媒体动向，借助自媒体主动公关，遭遇危机公关之时，需以真诚、坦率的态度进行回应。

（八）数码家电：消费结构由生存型向发展型升级，消费者诉求是企业公共关系传播的切入点

随着市场的快速发展，我国家电的同质化现象越来越明显，数码家电行业的竞争由产品竞争转向了品牌竞争。面对同质化现状，数码家电行业深度挖掘品牌内涵，树立鲜明的品牌形象。家电行业作为传统产业，紧跟着时代的步伐在不断创新，海尔在物联网时代的管理模式上超越并且走在世界的前列。数码家电行业发展多年市场已经饱和且品牌云集，为了增加销量，公关营销战极为密集。智能电视的产品公关化最为明显。人工智能电视的话题性远远大于实用性，新的功能被包装成新的卖点，在提高品牌溢价的同时有助于产品营销。

企业公共关系传播关注消费者个性。企业与消费者的关系发生变化，消费者不只是产品购买者，更是产品创意的提供者，企业更多地关注消费者的需求与喜好，生产个性化的产品以满足消费者。微博、微信等社会化媒体的发展，拉近了企业与消费者之间的距离，海尔官博与消费者的互动使海尔官

博令消费者印象深刻。前不久海尔为消费者专门打造一款"冷宫"冰箱就是消费者的创意。国产手机市场的竞争也异常激烈,价格战、产品战纷纷打响。手机的爆炸事件层出不穷,手机行业危机公关处理机制考验企业危机公关处理团队。

进入移动互联时代,特别是随着线上购物比例的增加,品牌从某种意义上讲,就是企业的形象,品牌就代表着产品的品质。打造品牌就会使企业形象更加丰满,产品就更具有吸引力。从供给侧层面来说,好的品牌形象就是高端的代名词。

四 企业公共关系传播面临的挑战

(一)企业公共关系传播无法得到足够的内部支持

虽然公共关系传播的地位日益提高,企业不断利用公关活动与消费者重塑关系纽带,但从企业内部来看,企业公关关系部门体制仍不完善,并且企业内部缺乏对外统一性。这种情况一方面会导致企业错失公关的黄金时间,另一方面会削弱危机公关的反击力。

以2016年百度饿了么的危机公关为例,在事件曝光后,公关部没有立即回应,而是在微博发布了一条"忘记给央视续费"的博文,之后企业内部微信群聊天记录被曝光,市场部在忙着涨粉丝。而在回应的那条微博下面,有不少水军评论一边倒地嘲讽央视、支持饿了么。虽然之后饿了么重新发布了公关稿,但态度敷衍、缺少真诚。无独有偶,2017年9月小米公司陷入"专业歧视"风波,公司员工秦涛在宣讲会中侮辱歧视日语专业学生,当事学生于当晚发布要求道歉的微博,秦涛于次日下午发表道歉声明,而小米官方迟迟不做回应。在事件发生两天后,小米官方才给出了解决方案,从而错失了公关的黄金时间,削弱了后续的公关反击力。这两起危机公关事件皆暴露企业内部对公关活动缺少一致性,企业依旧认为公关活动是公关部门的责任,但是,随着信息传播速度加快、受众话语权提升,企业内部需要形成"始终为消费者考虑"的共识,毕竟优秀的公关活动需要企业内部整体发力。

(二)恶性竞争伤害公共关系传播秩序

互联网的泛媒化趋势加深了信息的冗杂程度,传播渠道难以被监管,部分企业在网络上发布"黑公关",攻击竞争对手,引发恶性市场竞争。

2017年6月,郑州本土同城快递服务公司"UU跑腿"发现网络上散布了大量对公司进行造谣、抹黑、攻击的文章。经公关部门调查后发现,是本土的另一家友商委托公关服务公司向媒体发布"黑公关稿",以破坏"UU跑腿"的声誉,抢占消费者。但并不是所有的"黑公关"源头都能被及时揪出。从2017年4月开始,诸如"创业伙伴系数离场,美团为何频现高管大逃杀?""美团悲催了:第一大股东腾讯放弃投资"负面文章层出不穷,这些文章以唱衰美团为基本论调,歪曲事实、诋毁诽谤。虽然美团和腾讯方面的高管及时出来发文辟谣,但这还是对美团声誉造成了一定影响。

互联网时代,企业除了拼技术、拼运营、拼内容外,做公关也是在竞争中存活的撒手锏,部分企业为了求得生存空间,铤而走险故意抹黑行业竞争者,特别是行业老大,严重伤害了公关传播秩序,破坏了行业竞争生态。面对愈演愈烈的"黑公关",国家须出台相关的法律法规以保证被黑企业的利益,同时企业也需要不断通过各种媒体平台,特别是自媒体平台发声,积极构建企业形象,以实际行动打击行业"黑公关"。

(三)媒介接触习惯碎片化降低企业公共关系传播效率

媒体的泛化、碎片化,使得公关活动正逐步向全媒体平台演化。受众注意力的分散,是影响公关活动传播声量、销售转化量的关键因素。如何有效地把活动主题高效传播给受众,是企业目前公关活动普遍面临的难题。

企业打造高话题度的公关活动需要注意以下几个方面。其一,不可盲目追求热点,将品牌理念与社会热点结合是公关活动传播成功的要素之一,化妆品牌OLAY洞察到刚生完孩子的新妈妈们普遍对自身缺乏自信,而社会对

她们的鼓励和关注也极为缺乏，于是OLAY在母亲节发布了"OLAY告诉你此刻你在他眼中最迷人"的短片，呼吁社会大众关注新妈妈议题，引发了社会共鸣，OLAY也在天猫上的销量取得了全网美妆类销售量第一的成绩。

其二，需要进一步细分意见领袖，打造多方位的传播体系。明星、网红、段子手或者垂直领域内的意见领袖都能在不同的公关活动中发挥着巨大影响力。细分意见领袖，寻找与企业高度契合的意见领袖能够帮助品牌根据具体的传播目标，分阶段渗透到各种圈层的人群中，形成大量的有效互动。

专题篇
Specific Reports

B.3
2016~2017国内外公共关系学术研究综述

余明阳 胡毅伟 孟竹*

摘　要： 中国公共关系行业在数字科技的推动下迎来崭新的发展契机与巨大的变革挑战，中国公共关系学术界更是在这一轮新的科技浪潮中应势而动，从研究视角到研究方法，从研究理论到研究实务都有了新的动向、新的热点、新的思潮。本次研究系统梳理并盘点2016~2017年国内外公共关系学术研究走向、研究特点，发现整体呈现如下态势：国外公共关系学研究日渐增长，国内却有小幅度下滑；发表论文时选择国内杂志较多，但在国外杂志上发表的论文质量较高；研究内容上

---

* 余明阳，中国公共关系协会常务副会长、学术委员会主任委员，上海交通大学安泰经济与管理学院党委书记、教授、博导；胡毅伟，上海交通大学安泰经济与管理学院硕士研究生；孟竹，上海交通大学安泰经济与管理学院硕士研究生。

国内外学者基本趋同。本文着重聚焦公关理论、公关历史、公关战略、公关传播、公关应用、国家公关、企业公关及危机公关等8个近年国内外学术界热门的研究维度并逐一展开分析，认为：公关领域的学术研究将更关注资本市场，与相关学科进行交叉研究，并将进一步指引公关实务发展。

关键词： 公共关系　公关学术研究　公共关系研究分类　公共关系研究趋势

引　言

2016年注定是不平凡的一年。

特朗普当选美国总统，英国公投决意脱欧，我们惊叹世界的风云变幻。杭州G20峰会顺利召开、"一带一路"深入推进、Papi酱的一夜蹿红、天猫"双十一"的全网刷屏、百度贴吧门、携程假票事件……无论是大国崛起之路上振奋国人的里程碑式事件，还是自媒体时代迅速走红的草根偶像，抑或是屡见不鲜的危及企业形象的公关危机事件，都令人目不暇接。这都展示了公共关系在世界、在中国发展中不可小觑的作用。

我们震撼于新媒体井喷式发展带来的巨大传播空间。"互联网＋"趋势下数字营销业务发展迅猛，已占据半壁江山，与传统营销形成分庭抗礼之势。在新媒体时代，信息海量裂变式传播是主旋律，无门槛的传播平台是助推器，让网络成为公共关系最大的舞台，也成为公共关系研究者最青睐的研究阵地。

我们惊讶于行业与资本对接如此迅速。继蓝标之后，宣亚国际于2017年2月在创业板上市，中国陆续有20余家公关公司登陆新三板，公关行业内的兼并重组已成为行业新常态。借助资本的力量做大做强，是在激烈竞争中公关公司的选择，也是巨变媒体环境下公关行业积极革新的真实写照。

我们欣慰于"一带一路"倡议引领下公关行业迎来的崭新发展契机。G20 峰会向世界传递中国力求合作、发展、共赢的负责任大国形象;"一带一路"向世界展示中国企业从过去"低廉价格、埋头干活"的项目实施到"高质领先,共同成长"的国际品牌布局。大国的责任,让中国的企业更加关注国际行业发展的趋势,更加珍惜国际品牌形象,更加重视公共关系不可替代的作用。

面临快速变革的大环境对公共关系行业提出的新要求、新期望,中国公共关系学界一直不停地在进行自我学习、自我提升,站在国际公共关系发展的前沿,用前瞻的眼光、严谨的态度,推动着中国公共关系学界的发展,也以学界的研究指导着不断奋进的中国公共关系实务。所谓问渠哪得清如许,为有源头活水来。公共关系学术研究领域层出不穷的创新理论与方法为政府、企业等公关主体提供了重要的方向指引。

本文中,笔者对 2016 年以来国内外公共关系学术研究进行学理化的研究,系统地梳理公共关系理论及实践发展现状,总结这一时期公共关系研究领域重点内容与重要成果,并据此探索中国公共关系学研究的未来发展方向。

一 2016~2017年公共关系学术研究整体情况概述

为了解 2016 年以来国内公共关系学术研究整体情况,笔者在中国知网和 Elsevier Science Direct 数据库以主题词检索的方式,检索了 2016 年 1 月 1 日至 2017 年 7 月 31 日发表的 2597 篇学术论文。

首先,笔者在中国知网上以"公共关系"或"公关"为主题进行检索,总计检索出 1518 篇,其中被中文核心期刊收录 149 篇,CSSCI 收录 90 篇,共同收录 154 篇。其次,以"公共关系"或"公关"为篇名进行检索,总计检索出 751 篇,其中被中文核心期刊收录共 44 篇,CSSCI 收录 26 篇,共同收录 46 篇(详见表1)。

表1 2016~2017年中国知网上"公共关系"相关期刊论文检索数量统计

检索词	检索条件	收录期刊	2017年1~7月	2016年
"公关"或"公共关系"	主题	全部	442	1076
		核心期刊&CSSCI	46	108
	篇名	全部	217	534
		核心期刊&CSSCI	13	33

其次，笔者对同一期间在Elsevier Science Direct数据库中收录的相关期刊文章进行检索，该时间段发表的"Public relations"相关的英文论文共1079篇，其中收录在SSCI（Social Science Citation Index）和JCR（Journal of Citation Report）中的约400篇；对2016~2017年7月末在Web of Science数据库中收录的相关期刊文章按篇名进行检索，该时间段发表在SSCI收录期刊中的篇名带有"Public relations"的英文论文共119篇。（详见表2）

表2 2016~2017年国外相关期刊"Public relations"论文检索数量统计

检索词	检索条件	检索数据库	2017年1~7月	2016年
Public relations	Abstract, Title, Keywords	Elsevier Science Direct	504	575
	Title	Web of Science, SSCI	43	76

研究发现：

其一，国内外对公共关系的研究热度有所差异，国外对公共关系学的研究成果日渐增长，而国内的研究却有小幅下滑（详见图1）。

对比过去5年国内的论文发表数据可以发现，2015~2016年，论文发表总量下滑8%，核心论文比例下滑3.6%。而国外公共关系领域的研究成果却呈现稳步上升的趋势。2013年起每年发表的相关论文500余篇，收录在 SSCI 和 JCR 的每年约 200 篇，篇名带有 Public relations 的收录在 SSCI 中的文章每年 70 余篇。2017 年 7 个月发表的论文总量就占 2016 年的 87.7%，超过 2013 年以及之前两年全年论文发表量。

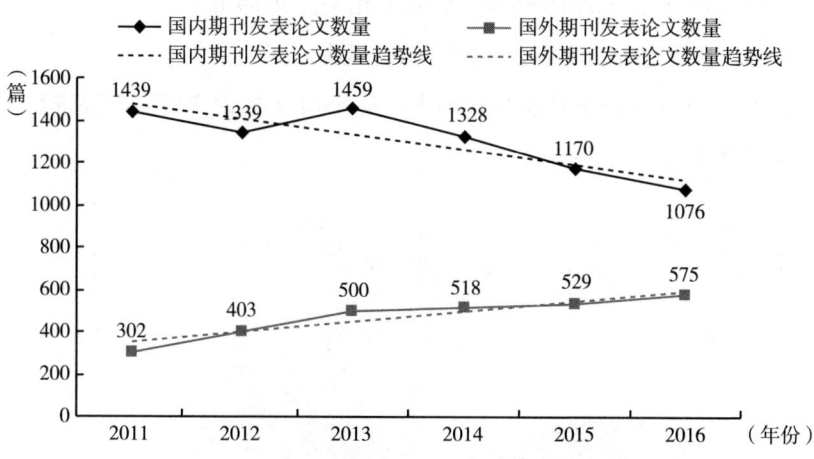

图1　2011～2016 年国内外公共关系学术论文发表情况

其二，论文发表在国内杂志远比在国外杂志要多，但从论文发表的质量看，国外要比国内高得多（详见图 2）。

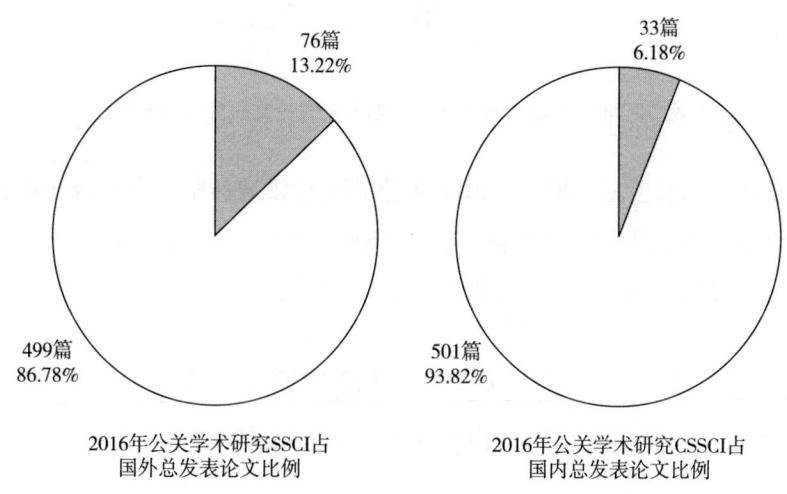

图2　2016 年国内外核心期刊论文占总发表论文数量比例对比

国内论文被收录的主要期刊包括《公关世界》《国际公关》等,被收录的核心期刊主要包括《商场现代化》《国际新闻界》和《青年记者》。而国外论文主要集中在 Public Relations Review 和 Public Relations Research 上。仅 Public Relations Review 2016 年至今就收录相关论文 89 篇。

其三,从研究内容上看,国内外学者基本趋同。

笔者对 2016 年以来发表在 CSSCI 以及 SSCI 上的论文研究内容进行了分类梳理(详见图 3)。

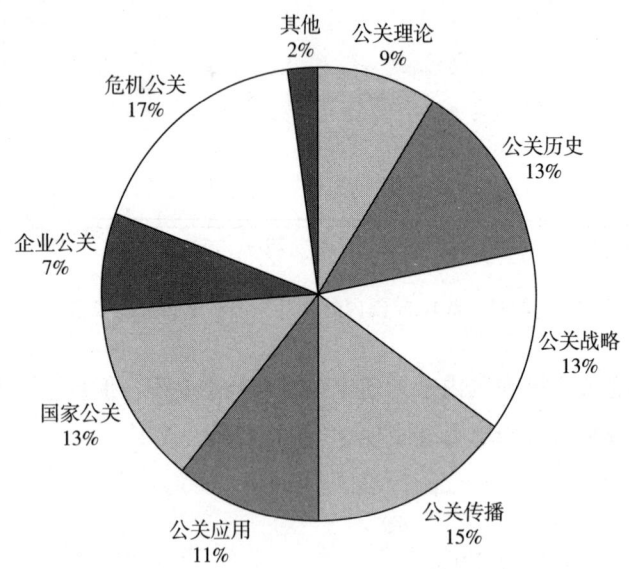

图 3　2016 年以来国内外核心期刊发表论文研究内容分布

从研究内容上看,2016～2017 年公共关系领域的学术研究成果中,国内外学者着重聚焦的领域包括:公关理论、公关历史、公关战略、公关传播、公关应用、国家公关、企业公关及危机公关。

二　公关理论研究:理论体系日臻完善,研究方法日趋丰富

2016 年以来,公共关系学术理论更加丰富,学者从不同角度切入,深

挖公共关系的内涵。

学者在已有的公共关系理论基础上梳理了公共关系的伦理与哲学思考。胡百精和高歌[1]整合了哈贝马斯、乔姆斯基等批判学者对公关提出的舆论操纵、驯化公众、规治越轨等指控，并总结了伯内斯、格鲁尼格等学者对公关指控的回应与救赎方案，提出了要结合哈贝马斯与乔姆斯基的观点，通过"改造语言和交往拓展人之认知和创造力，确立多元主体之间的平等对话关系，遵守对话的理性规范"来"促进组织与公众之间的利益双赢和价值共创"。

公共关系学科作为一门新兴的应用社会科学学科，虽然与现实密切联系、能够引起广泛关注，但目前的理论探讨仍有待深入挖掘，实践探究也有待充分验证。Jelen-Sanchez[2]对现有公共关系学科的主题、视角和研究方法进行了分析，认为现有的公共关系研究中欠缺对公众参与的研究，现有文章大多通过定量方法从管理、职能与关系的角度对"组织"进行分析，缺乏动态、连接、参与、对话和公众互动视角的分析。学术界普遍认为公共关系学科的边界是模糊不清的，因而部分学者对公共关系作为一门学科存在的合理性存在疑问。杨石华和陈卓[3]从科研、教学、误构三个不同角度切入，探讨中国公共关系学科的合法性问题。

研究方法是公共关系学科发展的重要一环，决定了学科的科学性与系统性。作为一门社会科学学科，调查法、内容分析法和实验法是公共关系学科最主要的定量研究方法。Toledano[4]呼吁运用"网络志"的方法研究公共关系，他提出在对被访者进行调查时，网络志的方法会提供重要的额外证据和洞察力。

---

[1] 胡百精、高歌：《公共关系的哲学批判与回应》，《现代传播（中国传媒大学学报）》2016年第6期。

[2] Jelen-Sanchez A., Engagement in Public Relations Discipline: Themes, Theoretical Perspectives and Methodological Approaches [J]. *Public Relations Review*, 2017.

[3] 杨石华、陈卓：《中国公共关系研究反思：一个知识合法性视角》，《新闻界》2016年第10期。

[4] Toledano M., Emergent Methods: Using Netnography in Public Relations Research [J]. *Public Relations Review*, 2017.

三 公关历史研究：系统梳理公关历史，公关视角解读历史

笔者发现，近年公共关系领域的学术研究正逐渐向系统化、理论化的方向发展，学术界更加关注公共关系的历史进程，也有更多学者从公共关系视角剖析历史事件。

在公共关系的历史进程方面，Rodríguez-Salcedo[①]运用比较史学的方法，研究1945～1950年的南欧与东欧，探究独裁统治下公共关系的发展，他们发现公共关系仅在民主国家运作的观念受到挑战。王晓乐[②]提出全面抗战时期的国际宣传战实质上是对国际公共关系的处理，是中国现代公共关系实践的重要开端。王永顺和易剑东[③]探究了美国全国赛车联合会（NASCAR）公共关系的发展历程，并以此分析公共关系演进的历史经验。

在公共关系的历史应用方面，学者通过公共关系视角探究历史事件，从创新、独特的视角关注历史问题以获得经验与启示。Xifra[④]探讨了17世纪的托马斯·霍布斯与公共关系学起源的关系，提出虽然托马斯·霍布斯从未使用过公共关系学的概念，但他是第一个从冲突的角度来看待社会关系并认为声誉是由冲突带来的风险的思想家，为公共关系学开辟了新的视角。卢暄[⑤]研究了20世纪英阿马尔维纳斯群岛海战前后多种公共关系手段，探讨

---

① Rodríguez-Salcedo N., Watson T., The Development of Public Relations in Dictatorships—Southern and Eastern European Perspectives from 1945 to 1990 [J]. *Public Relations Review*, 2017, 43（2）：375-381.
② 王晓乐：《中国现代公共关系实践之发轫——对全面抗战时期国际宣传的历史考察》，《新闻与传播研究》2016年第10期。
③ 王永顺、易剑东：《美国全国赛车联合会公共关系的历史审视》，《体育学刊》2016年第6期。
④ Xifra J., Recognition, Symbolic Capital and Reputation in the Seventeenth Century: Thomas Hobbes and the Origins of Critical Public Relations Historiography [J]. *Public Relations Review*, 2017.
⑤ 卢暄：《公共关系视角下的现代海洋争端处理：应用、经验、启示——以英阿马尔维纳斯群岛海战为例》，《理论月刊》2016年第10期。

了现代公共关系对军事斗争战果的影响。傅敏①研究了蒋廷黻在1957年雇用莱特公司开展公关工作对地区的宣传运作与形象建立的影响。

四 公关战略研究：公关策略呈差异化，评价体系显系统化

随着公共关系在实践中的普遍应用，公共关系学已经成为受各大组织青睐的"显学"，有关公关战略的研究是公共关系研究理论联系实际的最好嫁接点。

不同公关应用主体所研究的公关策略有所不同。徐佳②着眼于高校的公共关系研究，提出用新媒体创新开展高校公共关系维护工作的正面舆情引导策略。王彦霖和刘成新③提出，在新媒体所形成的网络信息环境下，品牌的危机公关应当做到"及时高效的真诚沟通""主动营销赢取情感支持""转移舆论指向"以及"建立危机预警机制"。Brunner④认为公共关系应该走在建设公民社会和为公众服务的最前线，他提出公关策略的核心是公共关系从业者为了公众利益而接受专业精神。刘爽⑤结合公共关系策略与媒体应对策略，指出企业面临突发性事件时的四大公关策略，即"完善预防体系""设置媒体信息处理中心""建立健全媒体沟通机制"以及"重塑企业形象"。

在公关策略不断完善的基础上，公关评价体系及公关管理体系的建立与应用是公共关系在"互联网+"时代的研究新方向。龚花萍等⑥提出企业危

---

① 傅敏：《蒋廷黻与台湾当局的国际公关魅影"莱特公司"》，《江淮论坛》2016年第4期。
② 徐佳：《高校新媒体公共关系策略研究》，《新闻爱好者》2016年第11期。
③ 王彦霖、刘成新：《新媒体语境下的品牌危机公关策略探析》，《电视研究》2016年第2期。
④ Brunner B. R., What is Civic Professionalism in Public Relations? Practitioner Perspectives—A Pilot Study [J]. *Public Relations Review*, 2016, 42（1）: 237-239.
⑤ 刘爽：《企业突发性事件的危机公关与媒体应对》，《新闻战线》2016年第10期。
⑥ 龚花萍、高洪新、孙晓：《基于竞争情报的企业危机公关管理体系评价研究》，《现代情报》2016年第5期。

机公关管理体系的构建要基于竞争情报,并提出了建立评价指标体系的具体方法及步骤。

五 公关传播研究:立足网络公关传播,聚焦微博传播效果

新媒体是在数字技术和网络技术基础上延伸出来的各种媒体形式,与传统媒体相比,新媒体的"新"不仅体现在技术上,也体现在形式上,利用新媒体可以提升公关传播的内容到达率,可以使得公关传播更具个性化,更具亲和力,可以使得公关传播危机处理更便利。因其便捷性和互动性上具有明显优势,学术界对新媒体在公关传播中的运用持积极正面态度。随着新媒体传播的迅猛发展,有关于新媒体公关传播的研究在2016~2017年较往年明显增多。

余平(2016)对新媒体视阈下的公共关系范式进行研究,他提出新媒体带来的不仅仅是技术上的改变,还有传播思想和思维方式的革新,将公关信息的传受模式重新构建,从长远看,新媒体给公关注入活力并代表公关未来发展的趋势。互联网思维使公关意识更加符合"公共性",媒体形式的多元融合极大丰富了公关的传播手段,受众的碎片化加速了公关行业的细分[1]。Fredriksson 和 Pallas[2] 提出"媒体化"的规范、理念和价值观约束了公共关系活动并让公共关系活动从属于媒体,使公共关系的自主性和影响力大大降低。

网络公关是公关传播研究的重要分支。近年来社交网站与"双微"等网络传播新形式的普及推动网络公关成为公共关系领域的一大研究热点,2016年来学界的研究延续了这一态势。姚曦和李娜[3]提出公共关系的核心内

---

[1] 余平:《新媒体视阈下的公共关系范式研究》,《新闻知识》2016年第8期。
[2] Fredriksson M., Pallas J. Much Ado about Media: Public Relations in Public Agencies in the Wake of Managerialism [J]. Public Relations Review, 2016, 42 (4): 600-606.
[3] 姚曦、李娜:《认同的力量:网络社群的公共关系价值探析》,《南昌大学学报》(人文社会科学版)2017年第3期。

涵是社会认同，网络社群基于广泛链接的社会网络使个体主动参与到社会认同的构建中，个体间信息流动逐渐形成了超越个体认同和群体认同的无边界、分布式延展的社会认同形式。苏忠林等[1]提出了"网络公关异化"的概念，界定了网络公关异化的三类表现形式，提出五步判定法，为政府治理网络公关异化和网络公关行业自律提供参考。

微博是现阶段国内学者研究最多的新媒体网络传播媒介。黄鸿业[2]研究政府危机公关中的民间抗争性话语在微博上的传播机制，发现传播实体与其话语抗争程度并不显著相关，但传播效果与其固有影响力高度相关。夏静[3]从高校官方微博角度出发剖析公关传媒的话语建构，探讨校园微博在传媒公关视角下存在的问题与解决对策。高艳艳等[4]对群体性突发事件舆情在微博中的传播进行研究，将群体性突发事件主体归为网民群体、事件指向群体和微博自媒体组织三类，结合强弱联系理论发现舆情传播的关键者和两个阶段特征。

值得一提的是，与国内关于网络公关及社交化媒体传播的研究百花齐放相比，国外相关研究则显得凤毛麟角。

六 公关应用研究：理论应用广泛渗透，交叉研究不断深入

在公关理论探讨不断深入的过程中，公共关系与其他话题的联系与作用逐渐被学者注意与研究，交叉研究成为公共关系研究中的重要研究方法。

---

[1] 苏忠林、李志刚、王亚文：《网络公关异化：内涵、表现和判定方法》，《电子政务》2016年第5期。
[2] 黄鸿业：《政府危机公关中的民间抗争性话语传播机制——对"百色助学网性侵"和"马山骗领扶贫款"事件微博话语的考察》，《新闻界》2016年第14期。
[3] 夏静：《从云南师范大学官方微博看公关传媒的话语建构》，《新闻研究导刊》2016年第15期。
[4] 高艳艳、李梅、许阳、高月：《群体性突发事件舆情在微博中的传播研究》，《未来与发展》2017年第1期。

在不同的交叉研究中，公共关系与资本市场是学者关注的焦点。王木之与李丹①的实证研究关注公共关系与企业上市的关系，他们发现拟上市公司的媒体公关费用越高，其被曝光的负面新闻也就越少，并且拟上市公司的媒体公关费用与其上市速度呈显著的正相关关系，因而公司媒体公关干扰了资本市场的上市秩序。范琳等②的落脚点在公共关系与企业业绩上，发现公关对公司业绩短期正相关，长期负相关，并且该关系在非国有控股企业中更加显著。Gregory 和 Halff③关注近期资本市场的热点——共享经济对公共关系的作用，认为共享经济对传统的公共关系功能提出了挑战，但共享经济成为组织内的元交流能力，为公共关系交流提供了实现潜力的机会。

公共关系与心理学也是交叉研究的热点话题。丁柏铨④发现重大公共危机事件在很大程度上改变社会心理，因而在公共关系处理时要注意对社会心理进行引导。王婷⑤指出将积极心理学融入企业公关是提高企业心理素质的有效方法。Seiffert-Brockmann 和 Thummes⑥在进化心理学的理论基础上提出在特定的条件下自我欺骗可以成为公共关系中的一种基本机制，因为它可以缓解真实的规范性期望和具有欺骗性的实际诱惑两者的相互冲突。

七 国家公关研究：G20引爆大国公关，国家形象再成热点

重大事件以其在传播过程中的辐射度和影响力，对城市乃至国家品牌

---

① 王木之、李丹：《资本市场中的媒体公关：来自我国企业 IPO 的经验证据》，《管理世界》2016 年第 7 期。
② 范琳、金宇、苑泽明：《媒体监督、危机公关与企业业绩》，《财会月刊》2017 年第 12 期。
③ Gregory A., Halff G., Understanding Public Relations in the "Sharing Economy" [J]. *Public Relations Review*, 2016.
④ 丁柏铨：《新媒体语境中重大公共危机事件舆论与社会心理关系研究》，《中国地质大学学报》（社会科学版）2016 年第 5 期。
⑤ 王婷：《积极心理学在企业公关中的应用探析》，《中国市场》2016 年第 46 期。
⑥ Seiffert-Brockmann J., Thummes K., Self-deception in Public Relations. A Psychological and Sociological Approach to the Challenge of Conflicting Expectations [J]. *Public Relations Review*, 2017, 43 (1): 133–144.

形象的塑造具有先天的无可比拟的优势,重大事件的公关是推动区域发展的绝佳契机。2016年公关热点事件之首当数在中国杭州举办的G20峰会。作为近年来中国主办的级别最高、规模最大、影响最深远的多边经济会议,杭州G20峰会在创新增长、结构性改革、贸易投资合作、发展议程等多方面取得积极进展,峰会展现了中国的国家软实力与大国形象,提升了中国的国际地位。

由G20引发的研究议题源源不断。宋观[1]从城市公关、议程公关、传播公关三位一体的角度立体剖析了G20峰会对中国彰显国家形象的作用,认为杭州G20是国际政经大格局中出现的"令世界与龙共舞"的崭新格局。陈晓冬[2]提出中国在实施"大国公关"战略的过程中要注重文化输出与软实力的提升,在不同环境中展现不同国家形象。洪长晖和谭心仪[3]认为G20峰会杭州系列城市形象宣传片是一次堪称成功的对外传播实践,对杭州城市形象的建构及国际传播有非常好的促进作用。陈利云[4]提出要通过创新的方式,将主场优势化为有效传播,产生涟漪效应,在国际舞台上发出响亮动听的中国声音。李国威[5]也认为应该开启中国的主动公关时代。

2016年来,与国家形象及国家公关有关的话题再次成为学界研究的热点。Dodd和Collins[6]认为国家大使馆的推特账户是公共关系和外交途径之间的重要联系。Barnett等[7]提出,利用网络测量数据能够揭示国际关系、推

---

[1] 宋观:《杭州G20:令世界与龙共舞》,《国际公关》2016年第5期。
[2] 陈晓冬:《中国国家形象与"大国公关"战略》,《国际公关》2016年第5期。
[3] 洪长晖、谭心仪:《城市形象塑造与对外传播——以杭州G20宣传片为例》,《公共外交季刊》2016年第4期。
[4] 陈利云:《让主场成为有效传播阵地——人民日报G20杭州峰会报道的启示》,《新闻战线》2016年第18期。
[5] 李国威:《开启中国的主动公关时代》,《国际公关》2017年第1期。
[6] Dodd M. D., Collins S. J., Public Relations Message Strategies and Public Diplomacy 2.0: An Empirical Analysis Using Central-Eastern European and Western Embassy Twitter Accounts [J]. Public Relations Review, 2017, 43 (2): 417-425.
[7] Barnett G. A., Xu W. W., Chu. J., et al., Measuring in Ternational Relations in Social Media Conversations [J]. Government Information Quarterly, 2017, 34 (1): 37-44.

断公众对国际关系的看法,且国家的中心地位与它所接收的新闻报道的数量和公众关注度有关。翟韬①研究了美国的公共关系,他认为美国"华人的美国梦"这一外宣主题反映了国家对外宣传的内容从推广自由、民主价值观转向推销国家的生活方式与消费主义的趋势,体现了20世纪50年代中期之后美国对自身形象的新认知,折射出美国人的身份新认同。

八 企业公关研究:国内案例研究盛行,国外研究更偏理论

对于企业公关的实务性探讨依旧是企业公关学术研究领域的重点。2016年以来,笔者发现国内企业公关领域的研究更加关注企业品牌形象的塑造,着力探究"互联网+"时代下企业如何更好地进行公关传播。姜新和姜明娜②指出新媒体环境下企业公关营销具有感官化、投资化的趋势,企业需要加强信息化管理、突出商品个性特点、提升营销人员素质水平以进行有效公关传播。曾卉洁③认为新媒体环境下,企业应建立精准化的营销定位,借助网络聚合力增强用户互动,整合营销渠道实现利益的最大化,重视品牌形象的塑造,强化营销危机公关机制。

有关企业公关的学术研究中,案例研究是一大特色与亮点。鲜活的企业实践案例给公关行业和企业品牌的塑造提供了理论指引和实践指导。贺颜④和孙晴⑤分别以携程"泄密门"事件和三星 Galaxy note7 "爆炸门"事件为例,基于危机公关四阶段理论和5S原则探讨新媒体时代企业在危机公关时

---

① 翟韬:《"华人的美国梦"的叙事与美国国家形象的塑造——兼论20世纪五六十年代美国政府对华侨的宣传政策》,《美国研究》2017年第2期。
② 姜新、姜明娜:《研究新媒体语境下的企业公关营销战略》,《中国管理信息化》2016年第2期。
③ 曾卉洁:《新媒体环境下企业营销策略研究》,《现代商业》2016年第19期。
④ 贺颜:《基于5S理论的企业危机公关分析及策略研究——以携程"泄密门"风波为例》,《中国市场》2016年第46期。
⑤ 孙晴:《企业如何进行危机公关——以三星 Galaxy note7 爆炸门事件为例》,《视听》2017年第3期。

应采取的策略;李鹤尊等[1]以链家房源风波为契机,从管理控制视角研究了成长性企业的公共关系危机管理;肖凝[2]以支付宝圈子事件为例分析企业处理危机事件的公关手段的效果。

国外有关企业公关方面的学术研究则更强调理论层面,从宏观全局角度思考企业公关的理念与策略。Mogensen[3]提出企业的"公共关系"理念应当发展到"公共外交"理念,他认为公众阻力会阻止企业项目获得国外直接投资而无论当地政府多么支持该项目,因而企业公共外交的重要性在于企业能够在公众的支持下达到可持续的双赢状态。Saviè[4]认为企业应当将媒体逻辑整合到公司自身的媒体实践和通信结构中,在公共关系实践中,公司要通过自有媒体转变为拥有媒体和媒体内容的生产者,与利益相关者进行沟通,积极改变公司公共关系的角色。Cardwell 和 Williams[5]发现企业的内部关系管理是公关人员成功以及与公众建立互惠关系的前提。

九 危机公关研究:不同主体侧重不同,危机主体趋多元化

恰当的危机公关能够削弱危机的负面影响,减少危机主体在财物和声誉上的损失。关于危机公关的研究始终是公共关系学术研究领域的重点。

Soehner 等[6]指出,当灾难或危机发生时,与公众和媒体的沟通是减少

---

[1] 李鹤尊、卢闯、刘俊勇、杨棉之:《成长型企业的公共关系危机管理:链家房源风波的案例分析》,《会计研究》2017 年第 2 期。
[2] 肖凝:《当代中国企业危机公关研究——以支付宝"圈子"事件为例》,《中国商论》2017 年第 2 期。
[3] Mogensen K., From Public Relations to Corporate Public Diplomacy [J]. *Public Relations Review*, 2017.
[4] Saviè I., Mediatization of Companies as a Factor of Their Communication Power and the New Role of Public Relations [J]. *Public Relations Review*, 2016, 42(4): 607 – 615.
[5] Cardwell L. A., Williams S., Pyle A., Corporate Public Relations Dynamics: Internal vs. External Stakeholders and the Role of the Practitioner [J]. *Public Relations Review*, 2017, 43(1): 152 – 162.
[6] Soehner C., Godfrey I., Bigler G. S., Crisis Communication in Libraries: Opportunity for New Roles in Public Relations [J]. *Journal of Academic Librarianship*, 2017.

谣言和错误信息的必要条件。即时通信被认为是保持"可信"的举措，因为其能积极地传播有关危机的事实。Toni[①]的研究表明，当一个组织经历危机、进行公关处理时，来自新闻媒体、公民和员工的压力对组织与利益相关者的沟通关系存在负面影响，而管理层的压力存在积极影响。因此在危机的初期阶段会出现基于管理水平的组织隔离现象。

不同主体的危机公关研究重点不同。政府层面的公关主要关注现状问题及解决对策。单文盛和黄丹[②]采用个案分析法，对新媒体环境下的政府危机公关策略提出建议，即"建立严格的问责制度和奖惩制度""及时发布信息和做好网络舆论引导工作""完善新媒体环境下危机公关管理体制"和"加强新媒体环境下政府工作人员的能力建设"。

企业层面的危机公关则更加注重公关传播策略。林梦彤[③]认为，在网络环境中，企业进行危机公关应当"洞悉媒体与企业的矛盾统一""把握'黄金4小时'法则""坚持责任诚信原则""创建网络传播平台和信息发布机制"以及"建立舆情监测系统和危机预控机制"。

此外，危机公关的主体日趋多元化也是2016年以来危机公关学术研究领域的一大亮点。除了传统意义上的政府和企业公关危机外，还有关于其他主体的公关危机研究。赵梦琳和何岑成[④]对比分析了针对上海某高校投毒案件和北京某高校教师吃空饷事件采取的危机公关策略，结合新媒体时代突发事件特点，提出高校应对突发事件的危机公关策略。曹荣荣[⑤]剖析了中国影视明星危机现象，并对明星危机的处理方式给出建议。

---

① Toni G. L. A. van der Meer, Verhoeven P., Beentjes H. W. J., et al. Communication in Times of Crisis: The Stakeholder Relationship under Pressure [J]. *Public Relations Review*, 2017, 43 (2): 426–440.
② 单文盛、黄丹：《浅析新媒体环境下的政府危机公关——以"青岛大虾"事件为例》，《传媒观察》2016年第4期。
③ 林梦彤：《网络环境中企业危机公关的困境与应对》，《青年记者》2016年第8期。
④ 赵梦琳、何岑成：《新媒体时代高校突发事件危机公关策略——以两所高校为例》，《经营与管理》2016年第2期。
⑤ 曹荣荣：《明星危机与危机公关策略探析——兼析中国影视明星危机现象》，《新闻知识》2016年第1期。

十 研究未来展望

2016年以来国内外公共关系学术领域研究延续了本领域近几年的发展趋势，研究的数量与整体水平保持稳定。公共关系理论体系日臻完善，研究方法日趋丰富，公关研究重实务轻理论的态势正逐步改变。公关历史相关研究不断涌现，对20世纪初起步发展至今已有百余年历史的公关行业进行系统的梳理，用公关视角解读历史事件也是别有新意。公关战略因主体不同而表现出差异化的特征，随着研究的深入，对公关评价体系与管理体系也有进一步的研究。公关行业与资本市场对接是2016年以来鲜明的行业特征，公关领域的学术研究紧扣热点，关注资本市场相关研究；对与公共关系相关的学科进行交叉研究则是另一大研究热点。新媒体盛行让传播方式发生改变，如何运用好新媒体传播、做好网络公关是亟待各公关主体思考的重要议题。随着G20的召开，大国形象传播与国家公关再度成为学术界关心的热议话题。顺应时代潮流做好公关宣传是每个企业在竞争激烈的行业中脱颖而出的关键，而时有发生的危机事件则如一颗定时炸弹，时刻考验公关主体的危机公关能力。

新的科技革命带给我们新的发展机遇。以大数据、智慧城市、云计算、移动互联为代表的"大智云移"所带来的科技革命，必然给我们公关界带来重大变化。新媒体带来的传播方式改变、消费升级带来的消费者需求体验变化，都意味着公关实务界将面临巨大的挑战。

此外，随着中国形象的对外传播及中国经济地位的不断提高，公共关系已经上升到国家战略层面，无论是大国形象传播还是城市品牌传播、企业品牌塑造，对公共关系都有了更高层次的要求。在新型全球化进程中，如何讲好中国故事，如何令国家、城市和企业品牌开展跨文化传播，这些都是公关实务界面临的新课题。

当然实务的发展离不开学术研究的指引。对照近年来欧美学术界对于公共关系的研究，笔者认为公共关系实务领域的研究在广度和深度上都有待进一步拓展，期待未来研究能将对于本领域实务方面的热点追踪上升到理论构建层面，继而提出高屋建瓴的、具有普适性和系统性的建议。学术研究与公关行业环境相结合，与公关实践相促进，与各行业发展相融合。随着资本的涌入，公关行业将迎来新一轮跨越式发展，期待未来能有更多高质量、前瞻性的公共关系研究成果如雨后春笋般不断涌现。

B.4
媒介变迁视角下的中国公关营销三十年变革

蓝色光标传播集团*

摘　要： 作为中国公关行业整体发展的见证者和主要推动者，蓝色光标在推动中国公关营销模式变迁方面做了大量开创性工作，在行业发展史上极具代表性。本文将在中国公关行业整体发展脉络的大基础上，以蓝色光标的发展轨迹为主线，重点阐述各个不同阶段内中国公关行业的整体发展状况，并通过具体案例来研究中国公关营销手段的变迁，同时分析推动行业发展与变迁背后的驱动力量，包括宏观经济、商业环境、媒介环境以及科技进步等。

关键词： 媒介变迁　公关营销　变革

国外专业化的公共关系活动最早可以追溯到20世纪早期，在过去的一百多年里，学界与业界对于公共关系的定义也一直在不断地演进，而这种定义的演进主要受如下两个因素影响：一是不同时期公共关系在当时社会活动中所扮演的角色和地位的变化；二是实施公共关系管理活动的技术手段的变迁。近三十年来，随着社会变革尤其是科技变革的同步推进，公共关系与市场营销之间的概念边界已经变得越来越模糊，公关公司、广告公司、市场营

---

* 执笔人王晓华，即蓝色光标传播集团数字第七事业部总经理。

销策划公司之间也出了现业务高度重合的趋势。而今公关活动与市场营销活动二者已经成了一个不可分割的整体,因此有学者提出了"公关营销"的概念。所谓公关营销,即以公关为主要工具的营销,也是以公关为导向的营销传播。公关营销是传统市场营销概念的一次升级,相比而言:传统营销重近利,而公关营销重远利。

随着技术与媒介的变革,公关营销实务本身也是在不断进化的。如果从媒介变迁的维度来研判中国公关营销的变革,那么从1984年首家公关公司在华诞生至今,国内的公关营销至少经历了四个不同的发展阶段,而且巧合的是每个发展阶段之间的时间跨度均为10年左右:传统营销时代(1984~1997)、网络营销时代(1997~2007)、数字营销时代(2007~2016)以及今天的智能营销时代。

本文将在中国公关行业整体发展脉络的大基础上,以蓝色光标的发展轨迹为主线,重点阐述各个不同阶段内中国公关行业的整体发展状况,并通过蓝色光标的具体案例来研究中国公关营销手段的变迁。需要指出的是,讨论公关营销离不开三个维度:目的、内容、媒介。蓝色光标集团首席策略官郭耀峰曾引用一个公关营销领域的质能方程:$E=MC^2$,E可以被理解为传播效果(Effect),M代表媒介(Media),C则代表内容(Content)。在这个公式里,公关营销的目的似乎被忽略了,但实际上企业公关营销无外乎两大目的:产品营销和品牌营销。相对而言,公关营销的目的是不变的,而变的只是内容策划与媒介选择。在接下来的关于四个不同时代公司营销变迁论述中,本文也将依据这个"变"与"不变"的原则,依次展开讨论。

一 传统营销时代(1984~1997)

(一)概念

现代职业化公共关系管理最早萌芽于19世纪初的美国,以全球第一家公关公司——伟达公关的诞生为标志,但职业公关管理的概念正式传入中国,则是在改革开放之后的80年代中期。1984年,伟达在中国设立办事处,这是我国现代公关行业正式的发源点,也是国内公关营销的起点。

从1984年一直到1997年国内新闻门户网站的诞生,这一时期我国的信息生产与流通格局一直处于高度垄断状态,传统官方媒体全面主导社会舆论,公关营销与传播处于一种单极化舆论格局中,这也是本文所定义的传统公关营销时代,这个时代是中国公关行业面向传统官方媒体展开产品与品牌营销的时代。

(二)行业发展及驱动因素

传统公关营销时代是中国公关行业的起步阶段,不仅国际公关公司在华开始快速发展业务,纯本土公关企业更是大量诞生。行业数据显示,该时期北京、上海、广州等地一些中资公关公司呈批量诞生并快速发展之势。到1997年不少本土公关公司已形成一定规模,其中9家中资公关公司的员工人数已超过30人,多家公司的年营业额逼近或超过2000万元人民币,年均增长率超过30%,有的甚至高达60%之多。蓝色光标于1996年3月在北京成立,不久即获得了包括实达和APC在内的重量级客户,次年在上海开设办事处,迅速成为当时中国公关行业的重要参与者。

从首家外资公关公司在华落地到包括蓝色光标在内的本土公关公司如雨后春笋般诞生,公关营销在中国的萌芽与发展主要有两大推动因素。

一是公共关系管理概念的传入与渗透。随着1978年改革开放的推进,我国各行各业开始与国际接轨,尤其是国外企业在华设立经营分支机构之后,国外先进的公共关系管理概念也由此开始进入中国。1984年伟达公关在成立之初,主要就是为外企服务的。

二是对于公关服务的需求与日俱增。随着改革开放的深入,我国经济快速发展,无论是政府机构还是企业组织,对于公关服务的需求也与日俱增,这在客观上也催生了公关行业在中国落地。政府层面上,如何对外推广中国改革开放的全新国际形象、促进招商引资、加快国内的经济建设,本身就是

公共关系蓝皮书

一个国家层面的巨大公关工程；企业层面上，通过公关传播活动进行产品营销，实现企业自身商业利益的最大化，成为推动公关行业快速发展的主导性力量。在这样的时代背景下，包括蓝色光标在内的大批本土公关公司应运而生、快速发展。

（三）公关营销特点

传统营销时代，中国绝大部分公关公司在专业服务方面尚处于学习和摸索阶段，无论是该时代末期刚刚诞生的蓝色光标还是其他本土公关公司，都受制于当时的技术手段和媒介生态限制，因此公关营销手段都相对简单，对公关营销的基本认识还停留在通过新闻传播来驱动产品销售的层面。

一方面，在传统公关营销时代，国内的媒介形态比较简单，主要由各种官方报纸、广播电台、电视台及少量的行业类平面媒体（报纸、期刊）组成，这是当时公关营销所能依赖的主要媒介传播渠道；另一方面，由于传媒行业处于较低发展水平，当时国内社会化公共信息和内容的生产供给处于供不应求的状态，上述媒体是公众获取外部信息的重要通道，因此报纸新闻报道、广播电视新闻在公众中的传播效果要比广告强得多。在这样的时代背景下，蓝色光标等本土公关公司在传统营销时代掀起了一股"新闻营销"热。

"新闻营销"热在当时导致了这样一种行业现象：绝大多数的公关公司唯一的业务，就是借助其所掌握的媒体资源帮客户发稿。从某种意义来讲，当时公关公司的核心竞争力，并不在于内容的创意和策划能力，而在于其所掌握的媒体资源：媒体资源丰富、发稿渠道通畅的公关公司，往往在竞争中处于优势地位。而且，受传统营销时代媒介技术的限制，当时的内容形态也较为简单，主要是单一的平面内容（文字和图片，平面媒体）、视频（电视台）和声音（广播电台），各种内容形态之间不能很好地实现多媒体融合，这也大大限制了公关营销传播手段的创新。

此外，在内容传播方面，传统公关营销时代主要集中于向消费者传递基本产品信息以驱动产品销售，当时绝大部分企业和公关公司在公关传播上并未体现出较强的品牌形象塑造意识,其品牌营销的基本诉求是以提高企业媒体曝光率和企业知名度为目标的。

二 网络营销时代(1997~2007)

(一)概念

从1997年开始,新浪、网易、人民网等新闻门户网站开始相继诞生,电子邮件也逐渐普及,国内的信息生产与流通格局开始出现变化,传播渠道发生变迁,令国内的公关营销进入一个新时代——网络营销时代。

所谓的网络营销,是指主要借助各种网络媒体平台(包括但不限于新闻门户网站、企业官方网站、博客和社区论坛等)进行产品与品牌营销的公关传播活动。网络营销时代一直持续到2007年第一代苹果手机的发布,即移动互联网革命大幕拉开之前。

(二)行业发展及驱动因素

网络营销时代是中国公关行业规模快速膨胀的时代,行业报告显示:到2007年时,中国公共关系服务市场(不包括港澳台地区)年营业额估测为108亿元人民币,这是该项数据首次破百亿元;当年,中国公关公司TOP 20的入围门槛为年度营业收入3000万元人民币,而2007年度TOP 20公司年平均营业收入达到5820万元。

在公关行业快速发展过程中,蓝色光标的表现尤为突出。1998年3月,蓝色光标牵手联想,开始了与联想长达近20年的相互支持、共同成长的历程。此后蓝色光标的发展进入快车道,连续赢得思科、AMD等国际巨头的服务合同,到2001年时蓝色光标已经成长为全国TOP10的公关公司。2007年,蓝色光标的营业收入超过1亿元人民币,取得历史性突破,其世界500强客户数量也在当年达到15个,此时蓝色光标也已经进入了上市的筹备阶段,巨头雏形渐显。

推动中国公关行业快速扩张和蓝色光标高速发展的动力,主要在于国内经济的持续高速发展和全球一体化进程的加速。1997年的香港回归,标志着我国的改革开放进入深水区,随着改革开放的深入,中国经济在克服了1998年亚洲金融危机的短暂影响之后,进入新的高速发展通道,国民经济规模连续超过意大利和英、法等老牌资本主义发达国家后,于2007年即网络营销时代的最后一年,成功地超过德国进入全球前三。经济的高速发展,为中国公关行业创造了巨大的市场需求,直接推动了中国公关行业的扩张。

与此同时,随着改革开放的推进,中国经济和企业的全球化程度不断加深,尤其是在2001年加入WTO后,这种趋势更为明显。"入世"给中国公关行业的大发展带来了前所未有的机会,同时中国公关行业也借着全球化的东风,加快了与国际化标准接轨的步伐,由此推动了中国公关行业的专业性进程。

(三)公关营销特点

网络营销时代,国内的信息生产与流通格局开始出现明显变化:一方面门户网站的横空出世,改变了原有的信息流通格局,网络媒体开始在内容传播中占据着越来越重要的地位;而另一方面,进入网络时代后,大量的市场化媒体也相继诞生,媒体生态开始变得复杂,社会化内容信息的生产也得到较大程度的丰富。因此,该阶段国内的公关营销不仅面临着传播渠道的变迁,更面临着内容的升级。此时的中国公关营销虽然仍旧处于以新闻驱动为主的阶段,但在蓝色光标等行业巨头的带动下,其理念已经与传统营销时代有了很大变化。

在媒介渠道方面,由于网络时代的开启和媒介市场化程度的提高,网络营销时代的蓝色光标与联想在传播渠道上开始了多元化布局,除了维护好与传统媒体关系之外,还明显加大了对网络传播渠道的布局,门户网站、公司官网、个人博客和网络社区、论坛、逐渐成为蓝标及客户重要的内容传播渠道。总体而言,虽然网络营销时代的网络媒体并未完全取代传统媒体,但已经呈现非常明显的此消彼长势头,蓝色光标在网络不断普及的过程中连续加大对网络渠道的投入,而且越到时代后期这种资源倾斜越明显。

与此同时,由于市场化媒体的遍地开花,舆论环境更加多元化,舆论监督成为这个时代的一个典型特征。媒体内容对于各个行业覆盖的深度与广度空前拓展,这给公关行业带来的最直接的变化是企业危机公关需求也开始增加,蓝色光标也及时洞察到这一市场变化,和联想一道开启了早期的危机管理,这也是网络营销时代的一个特色。

在内容传播方面,传统营销时代产品营销的重心是强调产品性能和实用性,但到网络营销时代则过渡到强调产品的"性能+品质",蓝色光标与联想开创性地将概念打造引入产品营销中,开始打造各种产品概念,如联想在1998年就首次提出了"家用电脑"的概念,这种概念打造在 IT 业界还是第一次。而且更重要的是,网络营销时代,企业已经开始把产品与品牌真正结合起来,通过对外增强品牌影响力和企业行业领导力来强化产品的竞争力,这种变化对于公关营销实务而言是一个重要的进步。

此外,值得一提的是,网络营销时代的内容形态也相较传统营销时代发生了重要变革。由于网络媒体的崛起,原来相互独立、难以整合的平面语言、音频和视频之间已经可以进行自由整合,实现了多媒体传播,网上活动(如活动倡议、签名征集等)也成为网络公关营销的重要手段。

(四)案例回顾

在案例方面,无论是在网络营销时代还是此后的数字营销时代,蓝色光标与联想间的合作都堪称一个绝佳的研究标的。自 1998 年至今近二十年来双方一直保持密切合作关系,联想的公关营销史,完整见证了两个不同时代中国公关营销形态的变迁轨迹。

1998 年,蓝色光标接手联想后的第一个重大议题就是龙腾世纪运动,龙腾世纪是蓝色光标和联想共同发起、以普及消费级 PC 为目的的大型市场运动。在龙腾世纪活动启动之前,国内的 PC 市场主要消费者是企业客户,单机价格在 20000 元以上,当时的普通消费者很难承受,而龙腾世纪活动将这个门槛降到 9998 元,这让 PC 走向千家万户有了可能。

公共关系蓝皮书

龙腾世纪刚刚启动的1998年,大致处于传统营销向网络过渡期,当时国内媒体的内容生产仍然处于不发达水平,信息生产与市场需求处于不对等状态。蓝标与联想深知在这种信息生产供不应求的时代背景下新闻内容在驱动产品销售中的威力,因此通过一系列的策划手段向大众媒体主动"制造"和"输送"新闻素材。例如,为了更好地把PC变成一种大众级消费产品,联想首次创造并提出了"家用电脑"的概念,这在国内的PC行业还是首次概念打造尝试;此外,为了给活动造势,联想在第100万台消费级PC下线的重要时间节点专门做了媒体发布活动,此举也引发了后来其他行业或企业的效仿。

在龙腾世纪活动中,蓝标和联想没有放过任何可以成为新闻的元素,主动向媒体源源不断地输送大量的新闻素材,以此引导新闻传播,同时通过网络和传统媒体平台对广大消费者大搞"饱和式攻击",最终成功地帮助联想打开了消费级市场,该活动也成为联想的一个重要成长节点。

在网络营销时代,蓝标和联想将新闻营销功能发挥到极致。龙腾世纪之后,随着市场化媒体大量诞生,蓝标和联想又顺水推舟,有策划地向各种媒体"定制"推出了符合这些市场化媒体口味和时代背景的新闻素材,通过各种"产业联盟"或"行业联盟"概念的打造,将联想的品牌影响力和业界的领导力推上了一个前所未有的高度。

三 数字营销时代(2007~2016)

(一)概念

2007年6月29日,第一代苹果手机正式上市,既给传统的手机行业带来颠覆性的变革,也开启了移动互联网时代;随后2008年微博、微信也相继诞生,大众传播媒介和工具遭到颠覆性变革,中国的公关营销形态也从网络营销进化到数字营销。

所谓的数字营销是指借助于互联网络、电脑通信技术和数字交互式媒体来实现营销目标的一种营销方式。数字营销在 2007 年后逐渐成为公关营销的主流业务形态。从时间跨度来看，数字营销时代一直持续到 2016 年人工智能和互联网大数据的普遍应用。

（二）行业发展及驱动因素

如果说中国现代公关营销前面的二十多年一直处于学习和追赶状态的话，那么到数字营销时代，中国的公关行业已经开始出现创新与超越的势头。

报告显示，数字营销时代，中国公关行业市场规模从 108 亿元迅速扩张到超过 500 亿元，这一数字也让公关行业在整个国民经济体系中成为一个独立的、不可忽视的市场。此外，2016 年，TOP30 公关公司平均年营业额 4.91 亿元，平均员工人数 438 人，管理团队平均人数 42 人。

在数字营销时代的 10 年间，蓝色光标营收规模扩张百倍，成长为全球公关行业巨头，在此过程中，蓝色光标经历了以下几个关键性的发展阶段：

2010 年 2 月，蓝色光标成功挂牌创业板，成为中国公关行业第一股；2012 年 8 月，蓝色光标成为亚洲最大公关公司，其行业霸主地位确立；2013 年 4 月，蓝色光标完成了首起跨国并购，将业务触角延伸到海外市场，这是中国本土公关公司迈向国际化的开端，也是整个中国公关行业发展的重要里程碑。

到 2016 年，蓝色光标总营收达到 120 亿元，首次进入中国 500 强企业名单；同年，蓝色光标旗下核心公关业务规模也打进了全球公关行业前十强，成为一家国际化的行业巨头。

北京奥运会、互联网革命、国内经济和商业文明大发展以及中国资本市场的发展共同推动了数字营销时代中国公关行业的空前繁荣和蓝色光标的裂变式扩张。

一方面，2008 年北京奥运会在中国公关业发展中同步扮演着市场催化剂角色。中国国际公共关系协会（CIPRA）的报告特别强调，中国公共关系市场在北京奥运巨大商机的带动下出现井喷式的增长。奥运公关商机、兼

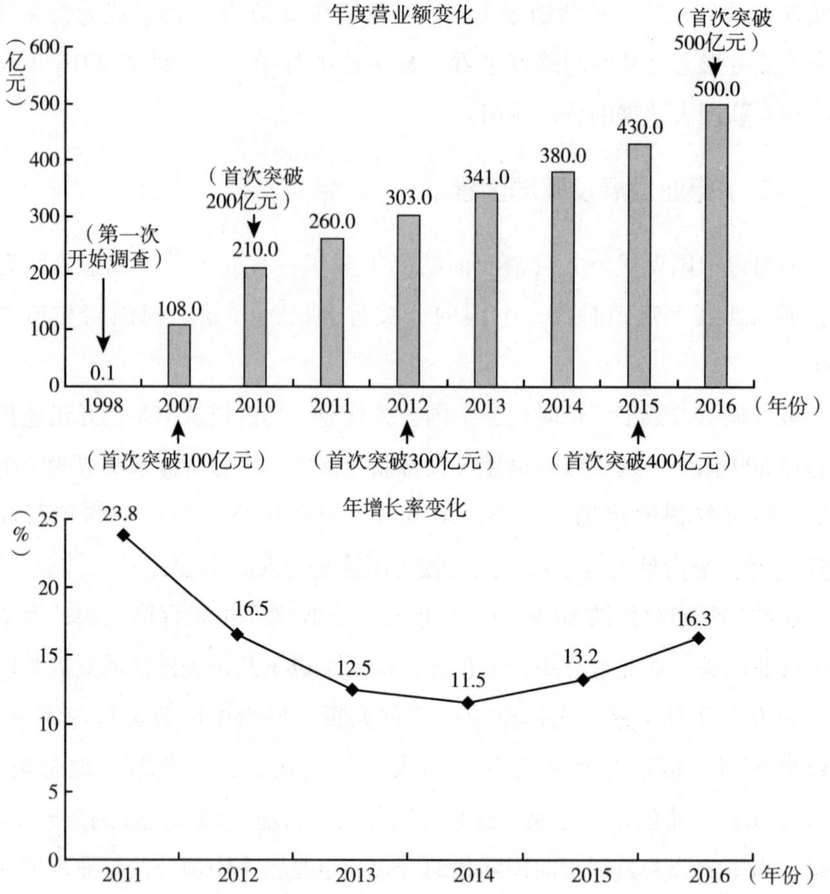

图1　数字营销时代的行业规模扩大过程

资料来源：《中国公共关系业2016年度调查报告》。

并收购整合、新媒体传播技术、人力资源开发和新型服务手段成为当时市场最为关注的五个议题，这五大议题直接影响到未来市场发展的格局。

另一方面，数字营销时代所处的2007～2016年，正是国内乃至全球范围内互联网革命高速推进的时期，而在此期间，第三代和第四代移动通信技术分别在国内商用，为互联网技术的革命提供了充分必要条件，也为公关营销创意的大发展提供了空前的良机。

此外，在数字营销时代，中国经济发展再上一个新台阶，国民经济规模超过日本，成为仅次于美国的全球第二大经济体。经济的快速发展，为中国公关行业的持续发展提供了充分的市场保证。

更为重要的是，经过数字营销时代信息大爆炸的持续发酵，中国国内的商业文明和消费文化取得了空前的大发展，各种价值观和文化观开始定型与成熟，企业纷纷将公关营销的地位提升到一个前所未有的高度。因此，商业文明和消费文化的大发展，也是数字营销时代推动中国公关行业发展的重要力量。

另外一个不可忽视的因素是中国资本市场的成熟与发展，2009年中国创业板正式推出，短短不到半年的时间，蓝色光标即登陆中国创业板。随后，蓝色光标借助资本市场的东风发起一系列国内外横向并购扩张，并最终成就其在行业内不可动摇的巨无霸地位。因此，资本市场因素也是推动中国公关行业大发展的重要驱动力。

（三）公关营销特点

相比传统营销时代的信息缺乏和网络时代的信息逐渐丰富，数字营销时代的公关行业处于一种信息爆炸的高度复杂的社会环境中。信息爆炸的结果就是内容同质化严重，此时的蓝色光标已经开始意识到：新闻营销的传播效果将明显减弱，这就要求未来数字营销内容的制作与传播更加精细化，以提高数字营销的效果。因此，数字营销时代实际是一个高度精细化的内容策划与传播策划的时代。

在媒介渠道方面，数字营销时代的传播渠道高度多元化，蓝色光标已经将内容传播的渠道全面从传统媒体向新媒体转移，以微博、微信为代表的自媒体平台和社交媒体平台在内容传播投放中的比例越来越高。据不完全统计，2016年蓝色光标IT类客户在新媒体与传统媒体间的媒体购买比例已经达到2∶1，即向新媒体平台的投放规模已经达到传统媒体平台的两倍，这是一个颠覆性的变化。

从内容方面来看：在品牌营销传播端，蓝色光标已经将内容重心从品牌影响力塑造和企业行业领导力提升，逐步转向了更为细致的品牌声誉传播、

企业社会责任传播、企业文化和价值观传播；在产品营销端，数字营销时代的蓝色光标已经从网络营销时代强调产品品质和打造产品概念，转向了消费体验升级和消费文化引领，即通过具有文化符号的概念塑造来创造新的消费空间。

更为重要的是，数字营销时代的内容形态也较网络营销时代发生了更大的变化，除了网络时代的多媒体内容形态之外，数字营销时代的内容形态可以更加多元化，甚至连App、小程序、小游戏等都可以成为数字营销创意内容的载体，这意味着数字化时代的内容已经大大超越新闻的范畴，走向了"泛内容"阶段，这种高度的数字化为创意策划提供了充分的施展空间。从某种程度上来说，数字营销时代就是一个创意营销的时代。如果说在传统营销时代和网络营销时代媒介资源是公关公司的核心竞争力，那么到数字营销时代创意才是公关公司的真正的灵魂所在。

（四）案例回顾

1. 联想企业声誉管理的演进

品牌营销传播作为公关营销的重要一环，从传统营销时代到数字营销时代的20年间，经历了显著的传播重心与理念的变迁，这种变迁在联想品牌传播策略上表现得尤为明显：从品牌影响力提升和行业领导力的打造，到以文化和价值观传播为导向的精细化企业形象管理，这正是联想在过去20年品牌营销上所经历的。

网络营销时代，为了塑造联想在IT产业的领导力形象，蓝标与联想共同策划了一系列气势宏大的产业新闻传播案例，借各种产业联盟的成立（如液晶电脑产业联盟等）进行大规模的企业形象传播，将联想成功地打造成一个在IT行业具有重大影响力和号召力的全球性领导者形象。这种行业领袖形象的塑造在当时体现了很强的前瞻性，直到今天，行业领导形象的打造仍是企业品牌形象传播的重心。

到数字营销时代，在蓝色光标的介入下，联想企业声誉与企业形象管理的理念和重心开始转向了更为精细化的价值观引导，在这个转变过程中，联想的两大开创性动作对此后的中国企业品牌形象建设和公共关系管理产生了深远的影响：一是舆情监测系统的上线；二是企业社会责任专项报告的发布。

2007年到2008年，联想先是率先采用了蓝标提供的舆情监测系统服务，这是联想在品牌声誉管理方面做出的一次具有开创意义的尝试，也是舆情监测系统首次在中国公关业正式大规模地商业化和产品化应用，它的上线，为企业的品牌声誉管理和传播，尤其是危机公关提供了巨大便利。此后至今，舆情监测系统在国内大面积普及，并最终成为全国各大公关公司的标准服务内容和产品。几乎就在舆情系统上线的同时，联想又于国内率先发布了专门的年度企业社会责任报告，这在中国企业界同样具有开创意义。报告的发布，让CSR（企业社会责任）的概念开始在国内启蒙并迅速传播，成为所有企业的公认价值准则。此后，中国企业的品牌形象管理开始逐步转入以价值观为导向的精细化管理，以传播积极向上的企业文化和价值观来树立良好的社会公众形象。

此外，值得一提的是，除了公关营销手段外，在近二十年不间断的合作过程中，蓝标与联想还开创了多种在中国公关业界具有标志性意义的新服务模式。

首先是In House服务模式，这是一种直接将乙方工作人员常驻到甲方公司的一种服务模式，蓝标是首次将In House服务模式引入国内的公关公司。据悉，在服务联想期间，有的蓝标员工在联想总部长期工作达两年之久，甚至在北京奥运会火炬传递中，蓝标的员工还随联想总部团队一起登上了珠峰。

其次是区域公关模式，2007年，针对联想在全国各地的23个分公司，蓝标相应地设置了23个办事处，以更好地适应当地媒体和消费环境，做到传播效果的最大化，这在蓝标内部被称为"推广下沉"，这种区域公关模式也是后来蓝标客户服务网络全国化的开始，蓝标此后的全国23家分公司或分支机构也是以此为雏形建立的。

同时值得一提的是，在联想早期与蓝标合作时也采用了部分外资公关公司的服务。由于联想业务高速扩张，对内容传播有着非常高的要求，而内容的传播策划本身又有着非常高的时效性要求,这种快节奏与原本的公关传播服务管理制度之间产生了诸多冲突,例如:当面对一些突如其来的绝佳借势推广机会时,如果一切按制度流程来进行,尤其是预算审批环节,可能不等流程走完最佳传播机会早就错过。为了应对这种情况,蓝标极大胆调整管理架构、缩短决策链条,在关键时候为了不错过推广传播机会敢于替客户垫资。这样的调整果然收到很好的传播效果,凭借这种灵活的客户服务机制,蓝标成功地成为联想独家公关营销传播顾问机构直至今日。

从现在中国公关行业的服务模式来看,蓝标在服务联想过程中所做的开创性尝试,不仅成就了自身的高速成长,奠定了其在行业内的领导地位,更对后续整个中国公关行业的客户服务模式变革与进化产生了深远影响。

2. 百度技术还原震后加德满都

在2015年4月25日,尼泊尔加德满都遭受了8.1级大地震,90%的古建筑遭遇灭顶之灾。世界各地的人们都在想方设法为古迹的复原和重建施以援手。为了帮助人们实现这个愿望,蓝标帮助百度发起了"重现Campaign":利用视觉技术和社交网络,创建了一个尼泊尔震后古建的数字化还原平台,让这个平台成为百度技术的展示平台。在这个平台上,各个参与者都可以将自己存储的加德满都相关建筑物的照片上传,在收到参与者上传的相关照片后,百度后台将利用AI技术对各个照片都展现出来的细节进行计算分析,最后根据结果整合输出完整的相关建筑物3D数字化模型,将那些在地震中消失的建筑通过人工智能数字化技术重新展现在公众面前。

该项活动上线仅8天,PV浏览量超20万,收到来自海内外网友上传的尼泊尔古迹相关照片42108张,成功地对尼泊尔地震损毁的8座古迹进行数字化复原。活动的核心是借助公益性行动使百度的技术创新形象更加丰满,提升外界对百度技术的感知力,扩展行业内外对百度技术前景的想象空间。

尼泊尔是著名的佛教圣地及热门旅游国家,8.1级大地震损毁的不只是当地久负盛名的古建筑,更引发了大家的怀念、遗憾。蓝色光标和百度通过大数据分析,运用百度"全景照片游"技术能够从各个方向、角度的照片中,计算出该照片场景的拍摄地点分布和最佳展示路径,进而从离散静态的图片自动生成连续动态的三维效果视频,以恢复出真实场景的每个细节。百度技术需要从实验室走向公众视野,需要让大众可感知、可触及,其技术通过一次次的落地实践来逐步建立和强化。这个创意以技术为驱动,以众筹为机制,在社交平台上创建了一个尼泊尔震后古建筑的数字化还原平台,通过激发全民的关注、参与和分享,百度在极短时间内实现了尼泊尔古建筑的虚拟修复,完成了一次"技术+公益"的品牌升华,拉近了百度技术与社会公众的距离,令科技从高冷走向了温暖。

在具体的传播执行层面,蓝色光标做了如下策划:

(1)微信作为当前普及率最高、使用频度最高的移动社交平台,是吸引用户参与互动的核心阵地。蓝色光标选择在此首先发声,宣告活动开始,并制作活动H5,供网友上传照片,了解活动进展。

(2)借助百度自身媒介平台的优势,通过百度新闻、百度贴吧等百度明星媒介产品将项目内容全面铺向PC端、移动端用户。

(3)重点沟通摄影、旅游界资源进行口碑传播,同时联合垂直科技类网站进行活动内容传播,令其直达科技爱好者。

从最终的效果来看,这项创意数字营销无疑是相当成功的,表现在如下几个方面:

(1)收获网友广泛关注和支持。活动上线8天有超过20万的PV,收到4万余张网友上传照片,顺利完成8座古建筑复原,活动效果超过预期。

(2)虽然活动主要面向国内受众,但在国外社交媒体也有广泛自发性传播,国内外数家媒体产生自发性报道,传播范围超过预想。

(3)跨界意见领袖自发性支持,摄影师、寺庙、宗教界领袖参与活动并推动活动传播,传播在垂直领域渗透效果超过预期。

(4)行业内外对此活动零差评,在国内外技术营销案例中难得一见,好评率超过预期。

(5)国内外媒体积极联系百度对活动进行报道,媒体及社会公众对于百度技术的兴趣空前高涨,技术传播效果超过预期。

值得一提的是,本项创意获得诸多项国际国内行业大奖,包括:

2015 大中华区艾菲奖全场大奖

2015 大中华区艾菲奖企业声誉与专业服务类 - 金奖

2015 金投赏代理公司组 - 公关服务 - 金奖

2015 金投赏代理公司组 - 创意服务 - 整合服务 - 金奖

2015 ONE SHOW 中华创意奖年度最具创新奖 - 红铅笔

2015 ONE SHOW 中华创意奖产品与服务创新奖 - 金铅笔

2016 ONE SHOW 国际创意奖 Interactive - 铜奖

2016 PR Awards Asia Greater China PR Campaign of the Year-Bronze

3. 克莱斯勒—魔兽世界整合传播

克莱斯勒是蓝标的第一个汽车客户，于 2008 年和蓝标合作。双方最近合作的一个经典案例就是 2016 年全新 Jeep 自由侠借势电影《魔兽》整合传播营销案例。

《魔兽》是根据超高人气游戏《魔兽世界》改编的电影。魔兽世界用户注册数超过 1 亿，活跃用户超过 5000 万，且中国是这款游戏最大的市场。在魔兽公众号发起的阵营对战，有 274 万人浏览，75 万人参加，70% 的为"85 后"年轻人群，全新 Jeep 自由侠的目标人群正是"85 后"的 SUV 首购群体，魔兽游戏玩家与自由侠目标人群高度契合，且新车上市时间（5 月 28 日）和电影上映时间（6 月 8 日）只相差十天，提供了美妙的借势时机。但问题是自由侠并未出现在《魔兽》电影中，Jeep 也并未冠名赞助电影，如何在目标人群形成高关注度，让目标用户产生关联、加深记忆呢？

首先对这些人群进行分析，了解他们是怎样一群人，找到 Jeep 和魔兽的内在连接：魔兽世界，十余年的现象级全民网游；Jeep，75 周年的领导级 SUV 品牌，"情怀"二字，就是两者内在的联系。魔兽人群因情怀而聚，因一场电影再次唤醒心中那份热血和青春的回忆，渴望寻回现在失联很久、当年通宵打副本陪伴日日夜夜的队友；Jeep 自由侠为情怀买单，专业级实力 SUV，邀请高起步玩家共赴一场独一无二、量身定制的首映礼，为玩家寻找当年最让 TA 牵肠挂肚的神队友。由此，自由侠的营销思路可以概括为紧贴 6 月最热 IP《魔兽》、覆盖"85 后"年轻人群、通过多样化的内容话题和有效的人群覆盖渠道（包括时下最火的直播平台等）渗透魔兽核心圈层。此外进行电商引流，迎合"85后"受众购买习惯，缩短消费者决策路径，加速从上端关注度到下端购买的转化。

具体而言，自由侠以两款魔兽限量版车型作为通关 Hook，进行魔兽圈层传播 Campaign，4月20日北京车展预热－宣布预售，两款魔兽限量版首次实车亮相宣布预售，当天垂直类媒体通发魔兽限量版新闻，累计影响人群5亿，引发车展高关注度，在众多车型脱颖而出；5月23日官网上线，5月29日网站广告上线，启动9城高起步观影礼的招募；5月23日到6月期间内容持续曝光，PR、Social 订阅号、BBS、KOL直播、KOL朋友圈持续曝光活动和产品信息，曝光魔兽限量版不断被炒热，"起点专业级，人生高起步"不断被刷屏，全国33城市的影院贴片，万达/金逸/中影全线覆盖，影响突破800万人；6月8日《魔兽》首映礼当天，魔兽世界男女冠军到场助阵，300余位魔兽核心粉齐聚上海新天地，魔兽竞技比赛世界冠军、斗鱼主播等重量级 KOL 纷纷到场，单日300万人在线观看了直播，覆盖人群1亿，"自由侠"用户百度搜索指数蹿至历史最高单日69000次；6月18日，百辆魔兽限量版电商抢订，十大魔兽冠军开团助威，721秒售罄；146万在线观看 KOL 直播，当天覆盖542万魔兽圈粉丝，成为圈中热事。

2017年上半年，全新 Jeep 自由侠在社交平台展开了一系列受年轻消费者关注和喜爱的轻量化、社会化传播活动。让大家领略了 Jeep 品牌带来的鲜活生活方式，更见识了自由侠的高回头率、高性能、高安全与专业级全路况能力。通过覆盖当下年轻人最关注的娱乐、音乐、旅行等泛兴趣圈层以及阵地，通过轻量化的病毒事件如视频、朋友圈广告、试驾活动等吸引关注，打开全新 Jeep 自由侠上端知名度。与此同时，通过生活场景化、大佬媒体口碑箴言、创意小视频等辅助方式，宣传全新 Jeep 自由侠的产品特点，提高消费者在市场层面对于车型的关注度，提高购买考虑度。

4. 京东"618"消费文化节传播

"618"消费文化节的成功推广，也是蓝色光标在服务京东集团的过程中创下的又一个数字营销时代的经典案例——618消费文化。618是京东发起的全民网络狂欢节,因为每年6月是京东的店庆月,每年6月18日是京东店庆日。在店庆月京东会推出一系列的大型促销活动,以"火红六月"为宣传点,活动持续一整个月,其中6月18日是京东促销力度最大的一天。后来,随着活动的开放,"618"最终成为一个公共的消费文化节品牌,不只是京东,其他平台也可以使用"618"的名义促销。

在推广"618"的过程中,蓝标和京东面临的最大挑战,就是阿里的"双11"这座大山问题,早在京东提出"618"之前,京东的最大竞争对手阿里就已经提出"双11"的概念,并成功地将其打造成一个消费文化符号品牌,所以摆在京东面前很现实的问题是如何翻越"双11"这座大山。

对此,蓝标给京东提出的解决方案就是:将"618"的概念开放,让它变成一个全民共享的消费文化概念。因为在"双11"推出后不久,阿里就把它申请成了一个具有阿里专属标志的知识产权符号,"双11"成为阿里的独家商标,这意味着除了阿里外,市场上其他任何一方都不得使用"双11"这个概念进行电商促销,这使得"双11"在概念推广和传播上具有一定的局限性。蓝标和京东反其道而行,让"618"变成一个开放、共享的概念,提出了"全民618"这样的口号,所有商家都可以拿"618"当主题来做推广,所有的品牌方所有的消费者都可以以"618"来做促销和年中狂欢。在蓝标看来,"618"应该成为一种公共资产,有必要把它开放给更多人进行赋能,因为别人在使用"618"时也能驱动消费者对自己品牌的认知,更容易拉动消费,这样更利于"618"这个消费文化符号的推广与普及。最终,在蓝标与京东的努力下,618被成功地定义成为一个公众型的且足以与阿里"双11"抗衡的消费文化标签,或是一种生活方式,而不是只有京东来做的一个购物节。

值得一提的是,为了增强618的影响力和传播效果,蓝标还建议京东在"618"之际做一个具有研究机构属性的消费排行榜:比如哪些品牌厂商最受消费者欢迎,哪些是在这个行业里具有领先创新性等,这些都完全可以通过"618"的活动反馈来做成排名榜,呈现给媒体和公众,基于这些排行榜媒体和公众也可以做相应的趋势判断。从后面的传播效果来看,这个排行榜大大增强了京东在消费领域的话语权，也助推了"618"这个消费文化符号品牌的推广与传播。

四 时代：2016——智能营销时代

（一）概念

数字营销时代虽然实现了信息的精细化生产与流通，显著地提升了公关营销内容传播的效率，但这种效率的提升仍然是有限的，直到2016年人工智能和大数据技术的成熟，数字营销才开始迎来了真正意义上的效率革命，推动公关行业从数字营销时代的精细化向智能营销的精准化过渡。

所谓的智能营销，是指借助最新的科技手段，包括大数据技术、云计算技术以及人工智能技术，通过互联网平台乃至将来的物联网平台，将公关传播的内容精准地传递到目标客户群体中去。

（二）行业发展及驱动因素

蓝色光标创始人兼董事长赵文权曾明确宣布，未来智能化和国际化将是蓝色光标的长期发展战略，蓝色光标也成为业界第一家明确提出要向智能营销转型的公关公司，因此这也是国内公关营销开始转向智能营销时代的重要标志。从目前的技术发展趋势来看，智能营销已经成为未来公关营销的主流方向，而推动公关营销向智能化方向发展的驱动力量，在于人工智能和互联网大数据技术的发展。

2016年，从谷歌"Alpha Go"战胜人类最顶尖的围棋选手开始，人工智能技术就已经被公认开始趋向成熟，而大数据分析技术的成熟也大致处于同一时间段内，尤其是后者从2016年开始已经被应用于数字营销领域，这其中的一个标志性事件就是腾讯和阿里两大互联网巨头已经开始将大数据技术应用于互联网电商广告领域。

一方面，需要指出的是，无论是人工智能还是互联网大数据技术的发展，都离不开移动通信技术的支持。这也意味着，一旦未来的5G技术商用，人工智能与互联网大数据技术将迎来更大的施展舞台，届时物联网概念将走出纸面迎来真正应用时代，而这些势必给中国乃至全球的公关传播和数字营销行业带来更深层次的变革。因此，人工智能、互联网大数据和移动通信技术的不断演进，将长期对未来公关行业产生持续影响。

另一方面，从当前的商业竞争环境来看，如同信息爆炸所引发的传播内容高度同质化问题一样，如今的商品世界同样处于明显的过剩和爆炸状态，产品与服务的同质化问题同样十分严重。当产品创新的速度并不能满足人们的市场需求的时候，数字营销的质量将对未来的商业和市场格局产生举足轻重的影响。尤其是在产品生命周期大幅缩短的今天，企业必然会对数字营销服务提出更高的要求，这些都是推动公关传播和数字营销向精准化时代迈进的市场因素。

（三）公关营销特点

智能营销仍然继承了数字营销的主要业务形态，只不过跟数字营销时代相比，智能营销时代的科技色彩更加突出。未来借助科技手段的应用，智能营销的效率相较上一代的数字营销将取得革命性的进步，实现真正意义上的"精准营销"，这也正是赵文权和蓝色光标所倡导的智能营销的真正内涵。

一个最简单的智能营销过程大致可以分为三步：第一步，根据数字营销的目标对终端客户人群实施精准细分和定位；第二步，根据第一步的结果，针对定位后的细分客户人群的需求特点，制作定制化的数字营销内容信息；第三步，通过人工智能和大数据技术，对第一步中锁定的目标人群进行精准识别，并把第二步中准备好的定制化数字营销内容信息精准地传递到这些目标人群中去。大数据和人工智能技术，能够通过用户人机交互记录来深度分析用户习惯，精准确定用户的年龄、性别、职业、收入、消费需求等各种信息，并根据这些信息推送个性化、定制化的信息内容，实现数据营销内容的精准到达，最大限度地排除信息干扰。

蓝色光标所倡导的智能营销时代的公关传播，与数字营销时代相比，最核心的变化在于内容信息传递效率的变化,也就是信息流通端的变化。这种变化实际上是一种效率革命,它极大地提升了数字营销的效率,使得数据营销的内容,能够既快又精准地传递到目标群体去,这不仅能够帮助客户节省份场营销的成本,更能为客户在未来更加激烈和残酷的商业竞争环境中赢得宝贵的时间和空间。

　　智能营销时代的数字营销效率革命,是建立在云计算、人工智能和大数据技术运用基础上的,因此过程可控、效果可见。尽管从目前来看,云计算、人工智能和大数据技术在公关营销传播中的应用尚处于初级起步阶段,却为未来整个行业的变迁与发展指明了新方向。可以预见,在未来的公关营销领域科技将扮演越来越重要的作用,成为推动公关行业变革的主导力量,这将对未来的公关公司提出更高的技术性门槛要求。未来的公关公司即便不是技术型公司,至少也是技术应用型公司。经过前期一系列的横向并购,今天的蓝色光标集团旗下已经汇聚了一大批数字整合传播领域的平台及技术应用和拓展型子公司,并开始深度尝试利用互联网技术改善传播效果,为未来的全面智能化营销转型打下了坚实基础。

表1　四个营销时代在传播内容、媒介渠道、传播对象方面的对比

		传统营销	网络营销	数字营销	智能营销
传播内容	产品营销	产品性能	产品性能+品质,制造消费概率,渲染消费趋势	传播消费体验,引领消费文化	消费体验、消费文化
	品牌营销	追求曝光度,提高知名度	塑造品牌影响力,打造行业领导力	企业声誉传播、企业社会责任传播、公司文化和价值观传播	公司文化和企业价值观深度传播
	内容形态、符号	新闻为主:文字、图片、音频、视频之间不能融合	新闻为主:文字、图片、音频、视频可整合成多媒体	泛内容:多媒体,App、游戏、小程序	泛内容:多媒体,App、游戏、小程序等
媒介渠道		传统媒体	网络媒体和市场化媒体	移动社交互联网平台、自媒体平台	移动社交互联网平台、自媒体平台、物联网平台
传播对象		广义消费者	初步细分目标人群	高度细分目标群体	精准识别高度细分目标人群

B.5
思维的转折点：2016年度公共关系数字传播环境审视与洞察

潘建新*

摘　要： 随着我国经济环境的整体趋稳和技术创新的潮流涌动，数字传播环境出现了颠覆性的变革升级，对公共关系行业都产生了巨大影响。因此，本文在原有数字营销分析和研究的基础上，从公共关系角度调查和审视了数字传播环境的变化与现象。基于现实状况，本文认为应彻底打破原有公共关系思维框架，从对媒介的理解到公关实务的创新，从产品设计到营销传播渠道的使用，从对品牌体系的再认识到营收的构成方式……任何两点之间，都需我们建立以网状为基础的思维方式，甚至从更高的维度来建立新的思考模式，以应对数字传播环境下颠覆性的变革升级。

关键词： 公共关系　数字传播　数字营销

2016年，社会文化、媒体环境已经发展成了繁复的多元化景象，而对整个社会来说，公共关系也因此发生了巨大变化，包括基本的认识与思维层面，也包含了公共关系的行动变迁。总体来看，多元化的发展趋势，对公共关系的发展产生了实质性的影响。这种多元化，并不意味着更多元的社会分

---

* 潘建新，华扬联众数字技术股份公司CIO、华扬数字营销研究院首席研究员。

层,更是包含了社会经济文化、价值观、代际关系、职业的多元,也包含了个人的兴趣、在地发展、亚文化群落、消费习惯、娱乐消费选择等多重元素的多元化。因此,其带来的便是信息的多元和碎片化的多元。这一趋势既是一个广阔的人口大国带来的,也是经济和社会环境高速发展带来的,更是当今中国互联网技术发展在直接、间接影响下促成的。另外,全球化格局的反复无常、国内消费心理的升级意愿、国家发展意志的强势引导等因素,不断推动着社会利益攸关者在趋势和现实间徘徊。

基于这样两个基本的现实状况,我们的洞察是:是时候彻底打破原有公共关系思维框架了。从对媒介的理解到公关实务的创新,从产品设计到营销传播渠道的使用,从对品牌体系的再认识到营收的构成方式……任何两点之间,都需我们建立以网状为基础的思维方式,甚至从更高的维度来建立新的思考模式。也许,在谈了多年的公共关系变革后,眼前正是真正让旧思维死去、新理念成长的好时候。

基于此,本文在原有数字营销分析和研究的基础上,从公共关系角度调查和审视了数字传播环境的变化与现象。希望我们的洞察,能为中国公共关系学者们带来更深层次的思考研究和更有现实意义的参考。

一 数字传播宏观环境观察

在经历上百年磨难之后,中华民族此刻正在走向复兴。从高铁、路桥、填海造田等世界领先的超级工程,到使用一个手机应对生活各种需求,社会内外都已发生巨变。而尤其值得关注的是——中国人的自信心得以重建。

我们发现,这短短的几年时间中不论是品牌商还是消费者,他们的眼界变得愈加宽广,对事物也更加包容,并且也意识到自身的优势所在。有实力的国民品牌坚定地走向海外,国货品质渐渐不输于进口产品,也常常见到消费者从内心萌发出真正的民族自豪感。这是大时代的机遇,也是中国的未来。尽管中国经济的增长速度有所放缓,面临的困难和问题也繁多复杂,但我们内在实力的提升,以及网络和新科技应用在国内高速的普及和成长,仍给中国的数字营销带来激动人心的变化。

(一)1.0经济环境

总体而言,2016年国际形势出人意料,国内经济所面临的困难并不少,但发展机遇依旧明显。目前的互联网企业正在活跃成长并引领着各领域的商业变革,越来越多的传统企业也选择主动转变思维,紧跟新趋势和迎接新时代的挑战。

1. 经济增长趋稳,消费升级是机遇

随着中国经济规模的扩大,以及多种红利因素的消退,中国超高速的增长时期已告一段落。2016年,中国国内生产总值(GDP)增长率继续放缓至6.7%,出现企稳趋势。2016年还迎来了30多年来最重要的一项人口政策变化。从2016年1月1日起,二孩政策全面放开,全年出生人口比上年增加131万人。新生人口带动的消费需求,将是一项持续的直接红利。

面对消费需求升级,品牌有不止一种发展对策。除了少数行业在宏观调控下进行刚性的"供给侧改革",更多行业的问题是"如何在更市场化的环境中向消费者提供更好的体验"。在其升级过程中,提升产品品质是一条出路,将产品需求转化为服务需求也是一种选择。比如,在出行服务可以更便利或更经济的时候,有些消费者就愿意放弃购买私家车,转而使用网约车或租车服务。

2. 进军海外,战略机遇窗口开启

国力的整体提升,正在为中国品牌走向海外创造更多机遇。"一带一路"的倡议已经在世界上引发广泛影响,而国务院《关于积极推进"互联网+"行动的指导意见》也鼓励企业向海外发展。根据《2015年度中国对外直接投资统计公报》数据,中国2015年对外直接投资量达到1456.7亿美元,开始实现资本净输出,并超过日本成为全球第二大对外投资国。

相比传统行业,中国互联网企业出海的优势已经凸显。互联网没有物理边界的特性，今日中国在世界的地位和影响力则让它们更容易"走出去"。许多互联网企业已经从过去的 Copy To China 的学习/模仿模式中逐步"走出去"，在中国特色的市场环境中发展壮大，开始用创新反哺世界。

3. 互联网"下半场"，思路请更新

第三届世界互联网大会，让互联网发展"下半场"这个新词进入人们的视野。它的重点在于提醒业界——新时期需要新思考，不可再简单照抄旧模式。

互联网"上半场"，主要以改变资源配置的方式来产生效益——网络新闻改变资讯传播的资源配置方式，电子商务改变商品流通的资源配置方式，网络支付改变现金流通的资源配置方式等。这一阶段，互联网的规模化普及提供了粗放发展的红利，更多的创新和实践产生在各个行业的实用领域，影响和改变了我们的生活。例如，"共享经济"模式在出行、住宿服务等领域的实践，就大大促进了这些行业的资源配置能力和资源使用效率的提升。

进入"下半场"，互联网不但会继续改变资源配置方式，还将进一步深度改变资源产生的方式。互联网与传统行业将深度结合，"线上"和"线下"将越来越难以区分，也可能将逐渐融合为一体。

如果说"上半场"的竞争重点在于"跑马圈地"，那么"下半场"的竞争，则将转向深度融合与跨界重构。所谓"跨界"，实际上是针对"旧的边界"。在"互联网+"经济模式下，行业之间的"边界"将按照新逻辑重构。在互联网巨头建造生态圈的同时，中小玩家也必须思考如何从中抓住向深度发展的机遇。

（二）2.0科技环境

技术创新涌动，巨头也不可安寝。如今，现代科技足以引发传统行业产生本质化的变革升级，下一代的颠覆性技术呼之欲出，这种你追我赶、推陈出新的进步，使变革越发迅速。毫无疑问，人工智能等技术一旦实用化，人类文明将进入一个新的"奇点"阶段，现有商业格局与发展模式极可能被

再次颠覆。革命性技术所带来的动力，不论是应用在商业层面还是社会层面，都将形成超常的发展加速度。如果说"弯道超车"是"萧条期"的机遇，那么"直道超车"则是如今以"创新进取"决定输赢的时代主题。

1. 网络人口的表层红利消退

表面上看，中国互联网的人口规模增长红利正在消退。据CNNIC《中国互联网发展状况统计调查》数据，2016年中国互联网普及率达到53.2%，比2015年提高2.9个百分点，增幅已连续三年低于3个百分点。

换个视角看，互联网红利已经转向了移动端的多元化及深层应用上。CNNIC数据表明，2016年中国新增网络用户中有80.7%都用手机上网，年龄也向高龄和低龄两极分化。移动端覆盖持续向全年龄人群扩散，对社会场景的覆盖愈加全面，也更有益于应用的多元化创新。

同时，传统互联网应用的渗透率趋于稳定，新兴应用渗透率大幅提升。例如，即时通信、搜索引擎、网络视频等多数传统互联网应用的渗透率，比上年增加不到2%；但手机网上支付却从57.7%升至67.5%，网上订外卖更是从16.5%上升到28.5%。

移动互联网经过发展，已经形成海量的用户规模，也培育了基础观念和使用习惯，这对未来进一步的创新渗透是个很好的基础。实际上，与许多发达国家相比，中国用户对互联网新事物的态度往往显得更为积极和大胆，也更乐于跟风。这也是中国移动支付、O2O服务在短短三四年内能够快速普及并世界领先的原因之一。

2. 移动支付铺路，数字营销闭环渐行渐近

对于银行业而言，支付业务不是一个赚大钱的生意，因此历来不太受重视；但对互联网行业而言，它却是用户金融大数据的入口。将现金交易数据化，覆盖并逐步深入用户生活场景，对构筑营销生态颇有价值。

移动支付规模越来越大，竞争也在激化。中国的移动支付在2014年破局，2015年暴增3.79倍，规模达到108.22万亿元。随着移动支付场景的渗透和细化，线下移动支付也迅速普及，从打车、发红包、聚餐AA分账到菜场买菜，即使身上不带任何现金，只要一部手机我们都可轻松应对。根据央行数据，2016年的移动支付规模达到157.55万亿元。

尽管支付宝与微信支付两家独大的局面并没有根本上的改变，竞争也依然激烈。而苹果、三星、华为、小米、中兴等手机厂商，也纷纷推出了自己的支付工具并加以推广。

在数字营销生态中，移动支付扮演"铺路者"的重要角色。网上购物，是移动支付起步的冰山一角。如今，它已经真正开始渗透线下交易环节，覆盖的场景越来越全面，在"去现金化"的方向上迈进了一大步。从培养用户习惯开始，移动支付正在以用户为中心，连接购买、体验、分享、沟通等营销生态的各个环节。

在营销前段，品牌可以通过第一方、第二方和第三方大数据进行潜在客户资源挖掘，促成首次交易。而在后段，客户使用微信等移动支付方式时，可以自动关注商户的公众号，成为商户会员，在二者之间建立持续沟通的通道。品牌通过后续的内容服务、营销，维系和拓展客户关系，形成新的营销沟通闭环。而我们也已经越来越习惯这些新的生活方式。

3. 新技术的追捧与迷茫

科技发展、社会进步是不变的共识。但是，是否应该紧跟新技术？VR/AR、自动驾驶、人工智能如此种种，会怎样改变沟通与社交？它又会怎样影响社会发展？这些都是目前尚未完全清晰，仍有着迷茫的问题。

VR/AR等一些新兴技术在业界的追捧中，已经开始真正得到应用。使用虚拟现实（VR）技术，我们能够将真实或者虚拟的现实场景体验，远程传递给用户，从而具备转移、创造场景的能力。增强现实（AR）技术则能够在真实场景中，帮助用户强化他们的能力和体验。换句话说，VR/AR等技术让我们有了创造、传递和改变场景的能力。

比如，中青旅遨游网在京30多家直营连锁门店通过引入VR设备，在几分钟之内就可以为客户提供一场"沉浸式"的爱尔兰真实景点旅游。"双十一"期间，淘宝BUY+也试着用VR将原本是网页平面视觉的电商购物界面转变为"虚拟实景"。借助VR设备，用户可以轻松体验在美国梅西百货、日本松本清药妆店、澳洲Chemist Warehouse药房等7个目的地现场购物的

公共关系蓝皮书

感觉。

2016年初,高盛在《VR与AR:解读下一个通用计算平台》报告中提出,2025年时VR和AR市场将变得比TV市场还大,规模达到1100亿美元。

2016年,以深度学习为基础的人工智能技术,以一场"人机大战"的形式进入大众视野。1997年,IBM超级电脑"深蓝"依靠硬记和强算击败国际象棋大师卡斯巴罗夫,19年之后Google AlphaGo依靠的却是与人相似的学习能力。人工智能到底将使世界怎样变化,即便是在专业人士眼中,也是众说纷纭。乐观派认为人类将进入高度文明的新历史时期,悲观派则认为人类可能会因此作死自己。2016年11月18日,深圳高交会上一个名叫"小胖"的机器人自行打破展台玻璃、砸伤路人的事件,在互联网上被八卦为"全国首例机器人伤人事件",吸引了不少关注。2016年,"人工智能"关键词的百度搜索指数均值比2015年上升了52%,人工智能的发展和应用,也引发了广泛的思考和讨论,热度至今仍在持续走高。

二 失控的新世界:大众心态与行为年度洞察

过去几十年,人们一直习惯于快速发展,并不断致力于生活品质提升,然而2016年,更多的忧虑也随之出现。

一方面,个体力量借由网络凸显其影响。世界不再是简单的单极、多极格局,而是正在成为数十亿鲜明态度博弈的产物。各种让人"看不懂"的观念和行为不断涌现,挑战脑洞。在娱乐、消费等多个方面,这种偏好的分化也越来越明显。

另一方面,经济上的玩法也越发复杂,大众如坠云雾。迷幻的楼市、股市,品类繁多的理财产品,烧钱补贴的免费经济,速胜速衰的O2O等看不懂的走向,让许多人不再笃定未来的美好,在现实生活的安全感也变得越发缺失。

对未来更大的不确定性,源自科技层面。人工智能和更多新技术,正在一次次刷新人们的想象力,生活方式也面临着彻底改变。人们一直期盼科技的发展能带来更好的未来,但对科技双刃剑的担心,也在越来越加重,也意味着更多的不确定和消极影响,会真真切切地发生。

我们正在进入一个新的时代——世界出现许多新的运行规则,过去的主流逻辑已经失控。如何与这个新世界共处?这是每个人都要面对的问题。

(一)1.0整体环境解读

1. 失效的传统方法

社交网络让每种不同的声音都能找到归属,他们拒绝"被代表",传统方法已无法准确地了解大众的真实意愿。

英国全民公投脱欧、特朗普当选美国总统,两大"脱轨"的国际政治事件引发大量的思考与争论,在百度搜索国际大事件排行榜中名列前茅,影响力达到极盛。传统民调的一次次预测都与最终结果相去甚远,令世界惊愕。在感慨主流媒体、社会精英难以统领民意的同时,也警示着传统方法与思考方式的失效,人们已不能过度依赖既有经验。

2. 看不懂的"小目标"

消费升级成为年度主旋律,"如何读懂消费者"成为营销人面对的一大挑战。

2016年,许多传统产业遇冷,但这并非消费者吝啬所致。实际上,他们正在变得更舍得花钱,不但买得更多样、更高价,也愿意为体验、颜值、时间付费。消费习惯上的千差万别,任性程度的提升,让人看不懂的消费现象频出。网上秒杀百万豪车,为了几毛钱的优惠红包彻夜守候,都可能让他们兴致盎然。如今的消费不仅是为了满足需求,还成为新的游戏方式。而过去那些常规、理性的逻辑,将难以理解和预判他们的下一步行动。

3. 奇葩斗网红

全新的内容格局初具规模,新的娱乐领袖、新的表达方式、新的审美取向不断涌现。

(1)新领袖:Papi酱、艾克里里、回忆专用小马甲、谷大白话等新老

"网红"赚足了存在感,也收获了极大的个人价值。自媒体蓬勃发展的大背景下,个体在娱乐世界中的影响力愈加凸显,更多普通人披上网红、意见领袖的外衣,成为用娱乐内容影响消费者的新势力。

(2)新表达:方言演唱、走音歌王也能成为节目卖点;观众愿意花半个小时看别人直播吃饭;除了精剪的节目外,收视体验不佳的粗剪素材也成为独立的内容产品流传于网络。互联网环境中,传统、单一的娱乐视听语言规范已经失效,在重新建立规则的实验期,更多奇葩的内容表达方式喷薄而出。

(3)新审美:"贱萌""宅腐基""污"等元素粉墨登场,成为年轻观众的最爱。2016年问鼎谷歌电影热搜榜的《死侍》就带有此类气质,国内的《吐槽大会》《火星情报局》等节目也让人高呼"辣眼睛",而影响力和话题度却居高不下。

4. 卷入科技新秩序

智能科技快速进入大众消费领域,人们被快速卷入其中,甚至来不及思考其利弊就已成规模。

2016年,AlphaGo为人工智能披上娱乐的外衣,博得大众关注。网站的内容推荐变得更加"善解人意",App利用机器学习技术修图美颜,AR/VR开启"真实+虚拟世界"体验,无人驾驶汽车也与我们越走越近。

在后发先至的科技变革中,国内受众被快速卷入其中,以微信支付为代表的支付方式进化为例,就是最好的案例和代表。2015年春节,首波微信红包引爆社交网络,除夕当日红包收发总量达10.1亿个,成为年度最具影响力的事件之一;而两年后,2017年除夕当日微信红包收发量已达142亿元,较两年前增长13倍。

(二)2.0大众的5种典型新心态

1. 反叛

不少人已经厌倦了简单定义"正确/错误"的主流逻辑,他们反叛"传统与权威",以自身观念和利益决定行动取向。

2016年,"后真相"(post truth)问鼎牛津词典年度热词榜首。它描述了一个态度比真相更重要的时代,人们不去考证,也懒得关心所谓的真相,不论正确与否,他们只任性地选择相信与自己立场相符、亲缘相近或表演"更得朕意"的一方。这是人们对"正确"与"权威"的反叛。极度分化、混沌的世界中,正确的标准和科学的逻辑变得模糊,每种态度都能找到自己的生存空间。在这种趋势和习惯之下,有些人已然放弃对正确与规范的执着,活得更加随性自我,也放弃了对权威与真理的崇拜,一味寻求生活的趣味与刺激。同时,"后真相"态度的盛行,拉低了品牌反叛传统规则的成本,只要拥有鲜明的立场,总能找到趣味相投的受众。

(1)打破旧传统:2016年,美国潮牌HBA与成人网站pornhub合作,将联名系列推上了纽约时装周。此前,牛仔时装品牌Diesel也曾在该网站投放广告,打破广告与成人色情内容关联的禁忌。而在澳大利亚,澳新银行(ANZ Bank)在同性恋游行日推出了"gAyNZ Bank"活动,不仅喊喊口号、打打广告,还将银行的内部装修设计得Gay风满满。这些打破常规的大胆举动在社交网络中引发转发和讨论,不少消费者以拥护潮流领袖的心态支持这些叛逆的品牌,将它们看似出格的举动作为坚守自我价值取向的典范加以标榜。

(2)追求刺激、有趣:流传于美国代表性论坛"4chan"上的"蛤神",在大选期间成为街头巷尾热议的话题。在该论坛上,网友自创出一套"蛤神"的神谕原则,根据帖子编号决定行动方向,编排故事、恶搞调侃,用社会事件肆意取乐。他们不计后果地将事件推向更有意思、更刺激的进程当中,甚至编造出一整套关于大选的阴谋论,迷惑主流媒体与相关政府机构,制造轰动的社会效果。类似的现象在国内也早已有之,2016年流传于微博的"王思聪阴谋论""赵薇阴谋论",便是其中的代表。

(3)无须"正确":相较于行走江湖多年的心灵鸡汤,"黑鸡汤"也成为众多网友追捧的内容形式。"没有钱包的充实,哪来内心的宁静""多照照镜子,很多事情你就明白原因了"……这些无情的嘲讽不掩饰灰色的现实,不粉饰真相,不一味传递"正确"价值观,甚至还有些搞笑的意味。

但这些,依然获得了普遍的传播。

(4)反思进步:人们对主流成长方式的反叛意识也达到高峰。反科技、反社交类型的集会在世界各地涌现;有机生鲜、家庭菜园模式在大城市首先兴起;《小森林》《三时三餐》《向往的生活》等表现田园生活的影视内容被消费传阅……在大众对科技化、工业化未来的憧憬中,一部分消费者选择反其道而行,回归田园与质朴。

2.平行

大众对"自我"的关心不断膨胀,他们沉浸在自己的小世界中,更愿意发现、了解自己,而懒得理会那些"与己无关"的事物。

如果要挑选一些热门概念、产品概括过去的2016年,设计界可能会首推"性冷淡风",网红界当数"傅园慧",表情包领域"葛优瘫"无人能敌,音乐圈的代表是"感觉身体被掏空",流行语里的"本宝宝"风头正劲。这些被网友捧红的概念无一例外地传递着消费者的新取向:自我信仰、自我褒奖,将更多精力留给自己而非花花世界。

(1)摆脱压力:JOMO(Joy of Missing Out),柯林斯词典评出的2016年度十大热词之一,它讲述人们享受自我步调的生活状态,不在意在社交、信息上落伍。

生活中FOMO(Fear of Missing Out)现象普遍,人们手机不离身,没事儿就刷朋友圈,形成了一种无形压力。有些人开始厌倦随时随地被别人找到,不愿不断更新或者尝试新的科技设备,更不愿意被朋友圈逼着前进,消耗大量精力去获取自己并不真正热爱的体验。这与国内所说的"社交失踪人口"异曲同工。他们在繁多的信息中辟出个人空间,摆脱压力,慢慢地思考、体验,不急于知道和行动。与其被逼着前进,不如来一场舒适的"葛优瘫"。

(2)遗世独立:网络流行语爆发速度愈加惊人,在傅园慧首次亮相后的两天内,相关机构监测的24万个微信公众号数据显示,提到"洪荒之力"的微信文章多达1.3万篇,该词条百度指数热度两天内上涨335倍。

但并非所有人都热衷追逐流行,不少人会选择"遗世独立",不用流行语,不追风参与朋友圈里那些游戏互动,甚至对此颇为反感。百度年度流行语第一位的"蓝瘦香菇"就引发不少质疑。"难道网络时代跟风造词已经没有基本的审美和认知底线了吗?"一位网友如此评价,也道出不少人的心声。

(3) 爱护本宝宝:自称"本宝宝"的人越来越多,其中不乏年过30的男女。在他们口中,"宝宝"并不仅仅是基于网络流行语的调侃,还代表着不想长大的一代对自己的爱护。他们拒绝压力,渴望关怀,一边高喊着"感觉身体被掏空",一边投身享乐型消费,力争对自己更好一点。

(4) 经营小世界:在消费升级的大潮中,人们不仅买表、买包、买配饰这些"外用展示品",更将注意力投入居家生活用品上。或许这些东西不会成为炫晒的素材,却能切实地提升生活品质,带来小世界中的美好体验。

比如,与睡眠相关物件的流行。越来越多的都市人开始关心"睡眠友好型"装备,如优质寝具、助眠App、提升睡眠质量的工具等。厨卫用品是另一个升级的方向,更高端的吸尘器,品类极端细分的锅、铲,智能化的厨房家电等成为消费者的心头好。

(5) 缅怀青春:2016年,承载着大众记忆的"星战""魔兽""七龙珠"再登大荧幕,与其说消费者看了一场电影,倒不如说在缅怀自己的青春。类似的现象也出现在手游领域,基于热门IP宠物小精灵的PokemonGo下载次数超过5亿,马里奥跑酷手游首日全球下载量达到千万次,手游"贪吃蛇大作战"雄霸岁末的App排行榜。而在体育圈,一场科比的谢幕战炸出了无数潜水篮球迷,推动搜索、社交指数飙升。

可见,青春作为具有"大众认知共识"属性的内容类型,在推动集体型消费上总有机会发挥出影响力。

3. 搅和

对于那些与自己无关的事儿,大众不会付出过多理性思考,积极围观、快速忘却是他们的主流心态。

大众加入社会生活的状态变得更多样。他们对事件的态度不一定源于理性的支持或反对,更多是看热闹的围观心态。在一波又一波的热潮中,他们

快速跟进、快速忘却，与世界的互动并不严肃，更像是在游戏中寻找刺激与乐趣。

（1）吃瓜群众："××观光团"是近年来迅速壮大的群众组织，在广受关注的社会事件爆发时，网友会自发加入"观光团"，发现、"游览"事件各相关人员的社交主页，写下风格统一的留言权当"到此一游"。作为"吃瓜群众"的典型表现，他们围观社会事件，从事不关己的视角指指点点，在"吃瓜群众"的群体中寻找归属感与存在感。2016年8月，王宝强事件"0时差"引爆，一夜间迅速飙至关注度巅峰，"吃瓜群众"功不可没。

（2）迅速忘却：如今，悬而未决的事情越来越多，旧的热点会被新的热点快速淹没。你是否还记得"引力波"是哪年被证实的？"冷暴力也算家暴"是哪年立法的？Papi酱是哪年爆红的？都是2016年呀，朋友们！

不妨再看看热门手游PokemonGo的速胜速衰。Axiom Capital公司的统计显示，这款7月初发布的游戏在当月中旬的日活量达到顶峰，逼近4500万，但短短一月后，该游戏日活用户已骤减至3000万。从经验上看，网友的热情通常不会持续超过一周。从腾讯浏览指数上看，上年颇为热门的王宝强事件，在爆发后1~3天内归于平寂，社交微指数的热度也未超过10天。

（3）花式炫晒：华扬数字系列报告多次提到的"社交撩骚"（vaugebooking）"晒伤"等社交行为，分别指"发布语焉不详的内容引起好友好奇进而追问"，以及"通过晒受伤、晒生病获得他人关心"的社交手段。在社交信息膨胀，获取关注难度越来越大的背景下，不少社交用户选择别出心裁、晒出花样。"A4腰"等话题也正因此爆红一时，成为互动百科评选出的2016年上半年十大热词之一。

作为公众与世界互动的主要方式，社交的媒体化、游戏化愈加明显，有些人分享的不再是无谓的日常生活点滴，而是经过精心编辑、修饰的内容。他们通过这些内容参与网络社交这个游戏中，塑造、提升个人形象，而在好友间的人气则成为游戏的终极奖赏。

4. 购买

消费升级是2016年度热门话题，随之而来的还有消费品类与偏好的细分，以及从免费到付费的消费观。

2016年，国人在衣食住行、吃喝玩乐等方面提出了更高的要求。他们对品质与品牌的底线不断提升，进行更多个性化的消费，愿意花钱买时间、购买虚拟产品，并习惯了随时随地的购买服务和体验。

同时，"购买"已经从简单的"交易"，变成大众获得乐趣的途径。2016年，淘宝网宣称自己不再是简单的购物网站，而是帮助消费者消磨时间的工具。一些小金额、高频次的消费体验，成为消费者体验生活乐趣的有效方式。

（1）付费才是真爱：购买视频网站VIP会员资格、付费收听网络音频节目、打赏有趣的微信公众号原创文章、购买虚拟礼物送给视频直播的主播……消费者正在为自己所喜爱的事物，逐渐养成付费的习惯。让用户为稀缺付费，为时间付费，为便利付费，为体验付费，为态度付费，许多原来立足于免费的互联网商业模式，对收费的探索也初见成效。

艺恩《2016年中国视频行业付费市场研究报告》显示，截至2016年底，中国有效视频付费用户规模已突破7500万，2016年，我国网络视频付费用户增速达241%；付费网络剧239部，同比增长560%；付费网络电影2500部，增长260%。

网络音频方面，QQ音乐宣布其数字音乐专辑模式在不到两年的时间内实现累计销售额破亿元。2016年推出的知识付费平台"分答"，上线半月打造出20余位收入破万元的用户，排名榜首的王思聪在1小时内便获得了超过22万元的回报。

（2）实现一个小目标：波士顿咨询公司（BCG）2016年度中国消费者洞察显示，婴幼儿用品、消费电子产品和金融服务在消费升级意愿中排名前三，个人护理产品及旅游度假产品的排名提升，汽车和耐用品的排名下降。排名的变化，体现出在经济环境不确定性增强的背景下，消费者选择延迟高价品类的升级，而聚焦于更易实现的小目标上。

大城市的消费者尤其如此，纵使手中握有百万元资金，却仍无法高攀穿破脑洞的房价。因此，将更多资金用于自我形象提升、自我价值投资与

自我享乐成为主流选择。BCG报告显示,大城市中产阶层及富裕消费者最愿意升级消费的品类是旅游度假和美容护肤品,在生鲜产品上也愿意花费更多。

(3)从升级到细分:消费升级意味着消费得"更好"和"更多",这必然导致产品和服务的进一步细分。以女性洁面后护肤品来说,从以前的"香香",升级到"水、乳、精华",再升级到现在的各色面膜、眼膜、鼻膜、防晒霜、隔离乳液、妆前乳,仅粉底液一个步骤,又细分为功效各异的AA、BB、气垫BB、CC、DD、EE、SS霜。

另外,生活场景的丰富也是消费细分的一大推手。两点一线的乏味生活已成为过去时,在多样的情境下会产生多样的消费需求。有些人不仅会区分职场与居家服饰,还会为了小概率的年会、夜店、相亲、旅行场景专门购置服饰。为了在黄沙碧海中展示女神气质买一件比基尼外搭白纱裙衫,为了睡衣主题聚会购入动物连体睡衣睡帽,为了玩网游的时候更有融入感穿上一套Cosplay服装之类的情况也越来越常见。部分潮牌已经开始将针对场景细分的产品设计作为卖点。

同时,家庭消费向个人消费的演变值得关注。过去以家庭为单位消费的产品,现在为满足每个人的具体需求而分化。家中成员各自使用不同的洗发水,各自选择中意的座驾等情况已经司空见惯。

5.囤积

在信息过载与结局未知的世界中,消费者不断搜索、扩展、获取、囤积知识与资源,以备不时之需。

"先M再看"流行于社交网络,意思是先转发、收藏某个帖子,方便之后查找、阅读。当然,嘴上这么说,但未必真的返回头看。有时候这也是"惧怕缺席"(Fear of Missing Out)的表现。世界快速发展,值得焦虑的事情越来越多。消费者渴求知识与经验,借此寻找适合自己的生活方式,为未来的不确定做准备。

(1)打破围墙:消费者的视野前所未有的开阔。不论是与自己切身相关还是吃瓜八卦,世界的热点动态都尽收眼底。英国脱欧引发汇率波动,特朗普当选当日黄金价格上涨，泰国国王去世导致旅游线路受到影响，Running Man 宣布停播周一的午饭可怎么吃……

他们拥有接触海外的便利条件。2016 年初，"帝吧出征"事件沸沸扬扬，让人意识到原来围墙并非国内网络用户的边界，他们的触角早已遍布网络世界各处。他们使用海外社交网站、海淘，观看视频，囤积学习、娱乐、社交资源。

（2）搜索狂人：面对信息爆炸的世界，消费者的心智已经疲于奔命，互联网所延展出的云端"外脑"成为他们的救星。CodeFuel 和尼尔森共同发布的全球网络内容消费问卷调查结果显示，用户更多通过搜索渠道获取内容，比例高达 36%，其次才是常用网站与社交媒体。

除了百度等综合搜索，及地图、图片、社交等垂直搜索渠道外，还有知乎、果壳、分答等知识搜索分享社区，搜索形式和内容越来越多样。"周边有什么好吃的餐馆""第一次相亲穿什么聊什么""最近流行的'蓝瘦香菇'是什么意思"，从求医问药，到周边寻路，再到体验分享、经验共享，他们不断通过搜索获取答案，利用搜索渠道囤积的知识帮助他们快速了解与融入社会生活，少走弯路，提升内心的安全感。

（3）体验狂人：随着数字技术的发展，互动形式的创新升级，弹幕、直播、AR/VR 等媒体形式的用户暴增。CNNIC 数据显示，截至 2016 年 12 月，网络直播用户规模达到 3.44 亿，占网民总体的 47%；国家广告研究院发布的《2016 上半年中国 VR 用户行为研究报告》显示，我国 VR 重度用户 237 万，轻度用户 2700 万；另外，通过人工智能将照片转化为插画，利用 AR 技术实时美化拍摄效果的 App 也成为消费者的心头好。

喜新厌旧的消费者在这些新鲜的形式中得到全新的刺激与乐趣，并通过不断囤积的体验，寻找到适合自己的数字工具与舒适的网络生存空间。

（4）松鼠病：要过冬的松鼠，喜欢囤积大量的坚果，坚信某天会用上它，但最后吃掉的总比囤积的少很多。这种囤积成瘾的症状普遍在现代人身上存在。2016 年，日本流行起一个新造词"積ん読（tsundoku）"，专指买大量书但从不阅读的行为。在世界各地，这种行为都很常见，"买书如山

倒，读书如抽丝"，亦是国内网友的心得和真实现状。

实际上，无论是否真的使用，囤积行为本身能给消费者带来心理安慰，缓解恐慌。也正因如此，有关有效整理、分类的内容也能成为热门，帮助人们整理资讯收藏的App、插件不断涌现。

三 机会与挑战

应该从哪些维度来洞察数字传播的发展趋势？

2014年，华扬数字在《中国数字营销行动报告》中提出了"移动""社交""数据""内容"和"整合"5个关键词，时至2017年，再更新为"数据""内容""场景""整合"和"社交"。

数据：无论是消费者端，还是企业的生产运营过程，以及商品流通和营销沟通过程，海量的数据资源搭配适合的工具，有助于打开"黑箱"，精准、敏捷地提供实时体验。

内容：营销沟通的效果，不仅依赖媒介触达，更取决于沟通体验，而"内容"是决定"体验"的关键因素。让好内容为营销所用，将营销信息转化成用户所需的内容，都是应该关注的焦点。

场景：移动互联网构建了"全时空"互联的基础环境，消费者行为也在物理场景和虚拟场景中愈加分化。在营销中结合场景因素，能够使沟通适时、适地、适情、适景。

整合：全渠道营销时代已经到来。媒介、内容需要有机整合，形成"协同体验"。从品牌视角观察，消费者是完善的多面体；从消费者视角看，品牌也具有丰满而一致的个性。

社交：营销沟通不再限定于品牌与消费者之间，个人、品牌、企业、政府以及更多其他角色都卷入社交平台中。社交属性也在改变营销的内容、形式和关系。

数字传播领域年年精彩、目不暇接，从上述5个关键视角观察，纷繁而又有序。

（一）品牌与效果之间的新路径

大众的消费决策路径的变化，引发了营销中对目标设定的新思考。媒体触点、销售转化无缝衔接的生态环境正在形成，"做品牌还是做效果"的单选题，变成了可以组合的多选题。

在传统营销过程中，广告的品牌传播取向和效果转化取向通常难以兼顾，因此才有了品牌广告与效果广告这两种相对独立的划分。事实上，这恰恰导入了公共关系思维。

2017年的数字营销调查中，65.6%的营销人更认同一条新思路，即在新的消费者决策路径下，二者常常有兼顾的可能。其结合的方式主要是：品牌广告活动兼顾效果转化（28.1%），以及品牌与效果同时兼顾（28.1%）。而2016年营销生态的走向，也为品牌与效果兼顾的新路创造了更多机会。

虽然，在大多数营销报告中，"广告"依旧在词频上占主导地位，但是，不得不重视的一个趋势是：公共关系思维、方法乃至行为，已经全面开始渗透。

1. 媒体营销资源的生态化

为了充分挖掘用户价值，如今的数字媒体已经不再拘泥于内容的传播，而电商等营销转化渠道也不再局限于商品的销售服务。

内容资源与销售服务资源正在相互衔接、渗透和融合，形成整合的营销资源生态。这样可以应对缩短的消费决策路径，更高效地满足消费者购买需求。"内容"与"营销"之间的界限可以变得模糊，"品牌"与"效果"之间的界限也不像过去那么清晰。这一点恰恰就是从传播的广告导向走向了公共关系导向。

比如，在媒体资源的打通方面，这种导向已非常明显和颇具效果。在阿里系内，视频平台优土、社交平台微博，都在和电商平台打通，围绕用户数据的整合，也使品牌广告向效果的转化更为顺畅。又比如，在原有角色上做相关延展，搜索引擎类媒体传统上更受效果类广告青睐，而如今，百度已在定制化项目、信息流广告等方面积极推进，补充媒体在品牌方面的能力。

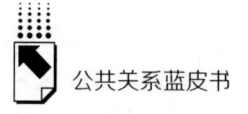

2. 多屏同源数据的推进

业内第三方公司正在积极推进"多屏同源数据"的搭建，主要包括跨终端的同源样本库和跨终端的识别算法两种方式，其目标均是实现不同网络环境下广告传播、公共关系传播、媒体行为和购物行为的数据分析，从而对品牌与效果之间的转化实现追踪和测量。

（二）持续火热的IP内容与营销困惑

2015年被称为"IP元年"，2016~2017年IP继续成为内容营销的重要资源。IP内容应该如何用于营销？这只是冠名、植入和强插广告吗？

1. IP内容继续大热，类型更加丰富

在IP内容扎堆的视频领域，《老九门》《微微一笑很倾城》《幻城》《爵迹》《鬼吹灯》等一批IP影视作品陆续成为流量和话题担当。据不完全统计，2017年备播的IP剧已达74部，占主流视频网站备播剧目数量的59.7%。

IP内容不只在游戏、文学、影视剧、综艺、动漫等作品中孵化。2016年以来，Papi酱、同道大叔等一批具有个人色彩的IP，正在得到资本市场的认可，IP的范畴更加广泛，而能包含的也日趋丰富。而IP资源的丰富也带来新困扰，识别有价值的IP成为品牌主需要学习的新本事。

2. IP内容在传播上下游延展、深化

在IP粉丝价值开发方面，强IP与付费会员的紧密绑定正在凸显机会。2016年，爱奇艺、优酷、腾讯的付费会员数均已突破2000万，各家均开始在会员生意上动脑筋。以爱奇艺的会员商业伙伴计划为例，通过会员定向商品推荐、专属活动等回报深化了IP内容用户价值的开发。

在IP内容的创制和衍生开发方面，阿里娱乐宝和京东众筹正在撮合版权方和品牌方更早的合作，从剧本创作阶段就开始研究受众群体的需求，并进入衍生品的开发领域。

这些新动向使业内对IP营销传播抱有更多期待，超过40%的营销人希望在2017年运用IP时能在上下游发力，比如参与内容创制和周边产品的开发及运营。

3. 大IP的内容营销中声量远不是唯一

拼声量的策略在IP营销中并不完全适用，这在大IP上尤为突出。除了冠名的大金主之外，很多合作品牌都感到"声音被淹没"，这并不仅仅因为卡司不够、投入不够、音量不够，而营销方式单一或过于相似，缺乏新意，才是问题的症结。

（三）广告产品的内容化趋势突出

在2017年的广告资源预售中，"原创帖""创意中插"等内容化广告产品非常抢手。从改变形式到关联内容，广告与媒体内容正在发生化学反应，以更加原生的方式进入受众的视线。甚至可以说，此类的广告形式正在渐渐变成公共关系的内容和形式。

1. 内容化广告成为热门

2016年，《老九门》再掀"盗墓"热潮，同时新养道、探探App等一系列由剧中原班人马出演、内容紧贴剧情的内容化广告也令人大感新鲜、大呼有趣。

截至2016年底，五大视频媒体公布的内容化广告产品数量为17个，表示关注内容化广告产品的营销人达到81.2%。内容化产品在形式上融于一体，内容上强关联，使品牌的信息既潜移默化地影响受众，又保护了媒体的播出环境，这正是媒体和广告主都期待的结果。

2. 广告的内容化方向

以公共关系为导向的靠近内容、走进内容，成为近几年广告产品创新的重要方向。2017年，大部分营销人关注的内容化方向是以媒体资源和大事件为核心的产品、内容深度植入产品、信息流广告和结合剧情的创意广告产品。

未来，内容化广告产品将在创意方面继续发力，并与用户的场景需求更加紧密地结合。同时，由于曝光量只能代表其内容化价值的一部分，业内对内容化产品的广告价值评估也提出了新挑战。

（四）直播机遇待探

2016年，直播无疑成为传媒领域的大热门，其快速走红的速度让大家有些措手不及，如同尚未跟上节奏的相关法律法规一样，直播究竟为营销传播带来什么，还需"边看边走边思考"。

从2016年的直播事件传播实践来看，虽然王菲演唱会的直播让大家泪流满面，品牌靠着明星和网红的影响力确实创造了好的互动和销售成绩，但大部分借势直播的品牌还只是停留在凑热闹上，仅是用形式和硬件的新鲜感制造噱头。因此，直播真正的机遇还未完全显现，希望以下初步的思考能够带来更多深入的讨论。

1. 对沟通方式的改变

如同几年前的微信，直播必将带来一对一、一对多、多对一的传播、沟通方式的改变。比如去中心化、即时传播的加强，更直观的沟通等。

2. 对内容创制的改变

直播将使内容的创制呈现伴随性、个性化、互动性、场景化的特点。比如海外代购直播，主播推荐、代购的产品，伴随着他（她）逛商场的脚步一一呈现，用户的实时互动也成为直播内容的一部分。

3. 角色的多元

直播不仅是媒体平台，也成为商品售卖的渠道，还在会议、在线教育、还原幕后、私人沟通等场景中充当工具，对更多角色的开发是对其价值探索的重要方向。

4. 不确定性和风险

对于一个还处于野蛮生长的领域来说，政策的不确定性是最大的风险。同时在内容产出、合作方式、变现方式上也存在很多不确定性，而这正是未来创新的空间和机遇。

（五）社交营销困局：热闹背后留下的寂寞品牌

社会化营销是广告主重视且普遍应用的数字传播方式之一，如何在层出不穷的社交热点中积累品牌效应,是目前困扰品牌主的主要问题。

1. 对社会化营销的高度重视

调查显示,有68.7%的营销人表示会多用社会化营销。来自媒体的数据也发现,微博2016年认证企业账号达130万个,较2015年增长35.0%。微信公众号数量超过1200万个,相比2015年增长46.2%。

2. 社交狂欢背后的品牌困惑

62.5%的营销人希望将社会化营销的重点放在官微/公众号的运营上,但自创热点内容是个难题。

(1)孤独自嗨:某粉丝70万+的微博号,每天发高清图、制造话题,也只有几十个评论和转发(很可能还是自己人的贡献),这恐怕是很多微博运营的实际情况。能否借势社会热点和事件获得更多关注?是的,有68.8%的营销人都希望这样。

(2)错失热点:社交热点活跃周期短,比如"友谊的小船说翻就翻""洪荒之力""蓝瘦香菇"等微博十大流行词的微指数均在一周内跌至50%。爆点事件"宝强离婚"的微指数半衰期也只有4天。极端点说,如果白天没有踩上点,就陷入晚上要不要发一篇跟进的尴尬。

(3)疲于跟进:40.6%营销人对疲于跟进社交热点、难以积累品牌效应感到很困惑。中国女排在奥运会夺冠迅速成为热点,此后4个多小时之内,仅汽车行业就有46个品牌发布了63张海报(来源:中国汽车要闻),营销人加班赶的热点,是否真的能对品牌产生有效的贡献?

(4)引火烧身:有一些社会热点在爆发时真相并不清晰,比如"罗一笑捐款"事件,文章刷爆朋友圈,但很快就被指出是营销炒作,一片哗然。如果品牌跟进这样的热点,有时可能反而会引火烧身。

3. 社会化营销的目标是什么?

而上述困惑多源于品牌缺乏清晰、合理的社会化营销目标。社会化营销与个人化的社交一样,目的并不一定是记住品牌,在大热点中刷刷存在感、在不同的热点中展现品牌的多面性、维系与用户的沟通接触,都对品牌有正面价值。

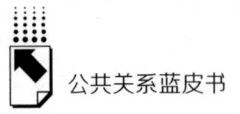
公共关系蓝皮书

（六）大数据的应用渗透

在营销领域，"大数据"不再是新鲜概念，数据开放和应用正在发生实质性的进展，但应用的广度与深度仍参差不齐。

波士顿咨询的研究发现，传媒行业每创造100万美元的收入，需要使用760GB的数据，数据用量仅次于银行业。大数据在营销中已经真正进入实战。例如，以往谈到大数据的应用往往是第三方数据，而2016年的调查显示，运用第一方、第二方、第三方数据资源的营销人比例均超过70%。

1. 第一方数据的应用

第一方最主要的数据是现有用户数据，目前的应用主要体现在聆听客户反馈、客户价值分析、个性化推送、优化等级定价方面，用以帮助企业提高客户忠诚度、缩短销售周期、改进产品服务等。而在定制化的合作项目中，第一方数据往往会和第二方、第三方数据打通以获得更多维度的洞察。

2. 第二方数据的可喜进展

第二方数据是指来自合作伙伴的数据。比如合作媒体和代理公司，这将是广告主能够应用、值得应用的数据。

（1）媒体平台内部数据的打通：以阿里系为例，2016年11月底，阿里妈妈正式发布了Uni Marketing全域营销方法论，此后在阿里生态系统中，每一个Uni ID将用来标记唯一的真实消费者。而以往在消费数据上有所欠缺的腾讯，也在2016年下半年联合京东公布了数据对接的最新解决方案——"京腾智慧"，提高数据驱动营销的能力。

（2）平台之间数据开放的松动：2016年，爱奇艺DMP与独立视频投放平台ReachMax对接合作，开启了大规模的数据出站应用，而阿里妈妈也可以为天猫客户提供腾讯视频的广告投放服务。虽然数据孤岛仍将长期存在，但局部的开放也成为可能。

3. 第三方数据多源打通

第三方数据供应商正在通过收购、交换、采购等方式拓展大数据的丰富性，比如跨屏的媒介数据打通，移动端行为数据和线下商圈、门店数据的打通等，为更加整合的营销策略奠定基础。

（七）数据的透明度和可信度

2016年9月底，微信系统升级，揭开了公众号刷量的遮羞布，许多"10万+"大号一夜裸奔，数据的透明度和可信度又一次被推到风口浪尖。

数据可靠性的问题由来已久，随着数字营销重要性的提升，这一挑战变得更加突出。调查数据显示，有75%的营销人希望能够提升数据的公正和可信度，这也成为大家在2017年对效果评估的最大期待。

1. 数据黑箱

2016年9月，Facebook承认两年来大幅高估了其平台上的视频广告平均观看时间，虚高程度可能达到60%~80%，原因是对计算视频指标的设定存在错误。

数据指标定义和发布都由媒体方提供，就像自己给自己的作业打分，这引发了业界对"数据黑箱"的进一步忧虑。更多品牌主和代理公司呼吁提升数据的透明度，希望媒体开放与第三方公司的数据对接。

2. 人为作弊

微信刷流量并不是什么秘密，广告，特别是效果广告更是人为作弊的重灾区，手段也五花八门。比如：针对CPM/CPC结算的广告，刷监测代码、频繁变换用户身份、放iframe造假展示、使用"肉鸡"等都是常见手法。针对CPA/CPS结算的广告，更有运营商弹窗、落地页劫持、Cookie Stuffing、刷机墙、下载归因、淘宝代销等多种手段。

从技术层面上讲，反作弊不仅仅是DSP、第三方公司的技术活，广告主和营销人也要加强修炼，因为很多作弊手段并不高明，通过参考终端信息、看数据分布等方法就可以发现猫腻。当然最根本的还是人，当那些不可能完成的KPI顺利完成时，确实需要留心其可信度。

（八）新技术的营销转化

世界正在进入以人工智能与物联网为代表的新时代。2016年，智能机

器人、VR/AR、生物识别所代表的新技术集群也引发广泛的社会关注。不论是作为基础应用还是内容噱头，新技术都可成为营销创新的一种重要驱动力。

在2016年的报告中，华扬数字曾提出基于营销应用视角的新技术发展三阶段：炫酷期、普及期、后成熟期。现在有许多新技术正在经历由炫酷期向普及期的迈进，有望成为2017年营销创新的机遇，未来还可能引发营销方式的变革。

1. 炫酷期技术

（1）VR/AR技术：无论是从《纽约时报》的VR阅读到王菲演唱会的VR直播，还是从艺龙的VR看房到阿里的"Buy+"购物系统，还是从火爆全球的PokemonGo游戏到支付宝AR实景红包，2016年VR硬件驱动的效果明显，2017年则有望在内容和应用程序方面快速跟进。专家预测，VR/AR普及还需要3~5年时间，但它"感知现场"的新方式对营销充满诱惑。有53.1%的营销人认为，VR/AR技术值得在2017年应用到营销传播实战中。

（2）智能人机交互：目前虚拟个人助手、智能机器人在提升互动乐趣方面有一定效果，在营销中常被作为噱头引发关注。譬如，搭载了"Alexa"的亚马逊Echo音箱2年中以500万台的销量实现了商业落地①。

Gartner公司预测，未来的十年内几乎每一款应用程序、服务都将包含一定程度的AI技术。对于营销传播而言，升级个性化服务与需求预测将是其落地的方向。

2. 普及期技术

（1）机器辅助创作和智能分发：腾讯写作机器人Dreamwriter已上岗一年多，在今日头条的带动下，智能分发带来个性化资讯的大火。个性化推荐、对话式呈现、定制化生产，更多的原生营销内容将沿着这条路径抵达用户。

---

① CIRP，2016年11月。

（2）认知识别技术：2016年11月，搜狗、百度和科大讯飞几乎在同一时段宣布了各自中文语音识别准确率达到97%，人脸识别也在金融、安防、用车、户外广告等方向正式商用。在营销实践中，通过语音/图像/人脸等一系列认知识别技术，不仅可以增加用户互动的意愿和乐趣，而且可以获得更加丰富的场景信息和用户数据，实现更精准的沟通。

四 数字传播行动升级之洞察

如今，数字传播多方面都处在由量变到质变的临界区。比如，传播的内容化趋势越发显著，更接近公共关系传播的内容化广告产品走红，便是表现之一。视频直播的火爆也与内容化有一定关联。敏锐的品牌在直播中探险，脑热的品牌随之跟风，都试图借助场景化内容创造与实时沟通互动，让营销变得更有魅力。

而大数据营销的基础仍有待夯实。数字传播如何接过ROI的接力棒，是知名品牌主宝洁抛出的问题。这不仅需要升级营销传播思维和方法，还必须有效遏制数据黑箱及造假等问题。新技术涌动：虚拟现实（VR）将场景直接带给用户，增强现实（AR）则在真实场景中强化用户体验，人工智能（AI）让用户更加省心省力。无人机、自动驾驶，都以产品形式开始走进现实。同样，现在许多技术驱动因素在传播中也变得不可忽视。

（一）基础行动升级洞察

1. 让品牌变得人格化和有内涵

特朗普的当选让我们看到大众对"政治正确"的厌倦。而消费者也越发对口号式品牌形象无感，他们越来越关注品牌内涵，契合"三观"、扮演恰当角色的品牌才能深入人心。

首先，个性化、层次丰富的人格化品牌，才能体现出鲜活的生命感。其次，代际更替、产品价值的演变、消费升级的趋势，都使得品牌要重新审视与消费者之间的关系，以及与他们价值观的一致性。最后，保守的"政治

正确"已成套路,略出格的表达虽有风险,但也是凸显品牌个性的机遇。

(1) 用公共关系的方法与代言明星共建品牌人格:明星代言是体现品牌人格的通用做法。品牌不仅要考虑明星人气,还要更多考虑明星的专业水准,在公众面前的人物设定,以及和品牌共建内容的能力。

(2) 留心年轻人的"平行哲学":针对"90后"代表的年轻群体,华扬联众在传播策略上提出了"平行哲学"的洞察。对于那些与自身利益和兴趣无关的事物,他们常以"平行"心态应对,虽然有着极高的包容度,却不为所动、拒绝相交。因此,打破"平行"状态,才会成为真伙伴。在别克威朗GS与美食电商ENJOY合作推出的"带感餐桌"营销传播活动中,品牌在摩天轮下午茶、剧场餐桌等场合与年轻人交流,不端着、不迎合,也不过度传播,与年轻人愉快地玩在一起。

(3) 略出格让品牌更有个性:出格,可以是与众不同,也可以是超越常规。品牌不出格当然更安全,但也会失去一些体现个性的重要机会。

2015~2016年连续两年的"黑色星期五",当所有线上线下的零售商都在奋战时,美国户外商店品牌REI却关闭了所有门店,此举在社交媒体上引发爆炸性的新闻和公共关系传播。REI也专门上线了一个网站,为大家规划登山路线,号召大家拥抱大自然,体现品牌真正的诉求。

2. 聚焦内容价值

罗振宇在2017年的跨年演讲中提出,"国民总时间趋于稳定,时间会成为商业的终极战场",而内容则是时间之战的核心竞争力。

首先,要聚焦输出快乐的内容,比如娱乐节目、生活垂直内容、娱乐自媒体,帮助用户更愉快地消费时间。其次,聚焦有意义的内容,比如知识性内容和引发思考的剧情类视频,帮助用户从时间消费中获取更多的价值。最后,聚焦工具性的内容,比如比价、推荐等,能够帮助用户节省时间精力。

(1) 简单快乐和高级快乐都好用:综艺节目的花式口播,网红们对品牌内容的娱乐化表达,都令用户感到最简单、直接的快乐。而Airbnb携手"一人食"拍摄的旅行美食短片,则让用户体验到把时间浪费在美好事物上的高级快乐。其实快乐不分高低,捧腹大笑和会心一笑的内容,都会赢得用户的喜爱。

（2）用知识性内容赢得用户尊重：奥迪是2016年第一批入驻知乎机构账号的企业品牌。作为亮相，它用最标准的知乎姿势回答了一个2014年的老问题："为什么说奥迪是灯厂？"本来这是一个有点黑奥迪的问题，但奥迪认认真真地回复了一篇详细而有趣的科普帖。从1913年讲起，全文3579个字，配图23张，吸引很多读者花了9分钟时间来阅读。对于用户来说这是一次有价值的时间消费，回答共获得了4108个赞，成为品牌知识性内容传播的经典范本。

（3）与场景结合的工具性内容，更高效地解决用户问题：对于订机票旅行的用户来说，不能预订最优惠的机票总是让他们耿耿于怀。Google的机票预订平台Google Flights加入价格变动提醒功能，根据用户选定的出行日期，告知机票价格是否会上涨/下降，变动时间是在何时，帮助用户来应对这一困扰。

3. 玩转 Outstream Video Ads

非视频网站或非视频环境播放的视频被称为Outstream Video Ads，近两年，它以植入信息流、内文、网页侧边栏广告位等形式流行起来。新闻、社交、门户都正在成为投放视频广告的新选择。

首先，要充分利用好社交平台，激发更大范围的二次传播；其次，要与媒体、代理商不断切磋，开发新型广告的营销空间。

（1）从内容到形式吸引用户注意力：信息流视频广告目前是Outstream Video Ads的主要播放平台。Wi-Fi环境下自动播放是吸睛的技术手段，标题党、传播素材的内容性是效果的重要保障。比如，金立手机在今日头条投放其微电影《手机芯战》的预告片，并通过开屏广告与信息流视频的呼应，对用户形成更有效的提示。

（2）在社交平台将视频广告玩得更有趣：投放社交平台的视频广告，重点要发挥平台的互动性和二次传播的价值。百威啤酒在投放陌陌信息流视频广告的同时，还附带了H5换装游戏为它的万圣节礼品装造势。SK-II在投放"知乎日报"的时候，干脆就为这一则英文广告招聘起了中文字幕组，得到用户的更多响应。

4. 捕获社交热点的势能

借势是社交化传播中常见的手法。2016年，借势传播更注重发挥热点的势能，以及如何在热点中积累品牌效应。

首先，借势要考虑热点的内容容量和周期性、品牌相关性和可发挥的空间等，不盲目追热点；其次，多借可预料之势，重点项目需要充分搭配资源，放大品牌效应；最后，要深层次挖掘热点，别具一格、丰富立体的内容才能脱颖而出。

（1）在热点中挖掘360度内容：可口可乐是奥运会的长期赞助商，在借势奥运营销方面可谓颇有心得。2016年里约奥运会，可口可乐推出"此刻是金"的传播策划，分别聚焦运动员、明星、素人的"金牌时刻"和他们背后的支持者，其中"小狗篇"选择了孙杨与小狗的故事，展现了有趣的赛场外花絮。在社交领域，品牌继续借势"金牌"热点，利用"点赞双瓶"完成更大范围的品牌社交分享。

（2）在大势之中制造品牌事件：2016年5月底，正值"万科宝能"之争的热点期，金蝶云之家将品牌发布会的事件融于大势之中，提前沟通代言人王石在微博上发布"下周一，一起迎战"的悬念，引爆社交热点。

随后，云之家官方发声为事件正名，并利用微信、新闻稿集中爆发，将悬念聚焦到品牌发布会上。这次成功的借势营销，不仅让品牌发布会信息获得高曝光和高关注，并通过王石的名人效应和个性，更多传递出品牌的态度。

5. 媒介生态整合应用

大众的消费决策路径正在发生变化，各种接触点也在营销传播实践中形成更多连接、延展、整合的方式。媒体和渠道，线上和线下，媒介生态的整合，已成为普及性的传播策略。

首先，要沿着大众的决策路径，组合媒体和渠道群落；其次，要利用不同接触点的角色延伸和连接，缩短用户决策链条；最后，要善用大生态平台的围墙花园，发挥其数据整合、用户转化、客户管理等多重价值。

（1）媒体与渠道无缝对接：媒体和渠道都在各自的角色上努力延伸和对接，2015年的实践是视频电商，2016年则是电商直播的兴起。明星奶爸吴尊在淘宝直播的策动下进行了一场奶粉主题直播互动。淘宝说，在60分钟的直播时间内，奶粉单品交易额达120万元，转化率达36%。今天，类似的大小网红、明星直播活动，淘宝每天有近5000场。

（2）O2O营销新思路：嗨Milk是蒙牛旗下的电商高端常温奶品牌。在与百度外卖合作的冬日下午茶试饮活动中，嗨Milk通过高客单价商铺的定向派发，锁定讲究生活品质的办公室白领，进入他们享受生活、Social分享的下午茶场景，并通过分享继续为好友送牛奶。活动将线上派发、线下体验、线上线下分享有机结合，形成有效的消费闭环。

（3）深度定制平台整合资源：2016年，雀巢将纪念150周年的营销活动与阿里平台紧密绑定，推出量身定制的"喵巢星计划"。通过阿里旗下资源，品牌获得了新闻发布会、VR视频广告、优酷视频资源、微博社交平台等全方位的媒体传播，并在三天的"天猫超级品牌日"活动中获得了过去一个月的销售额，实现了品牌建设与销量转化的双丰收。

（二）进阶行动升级洞察

1. 探索内容营销升级

对于那些数字传播更高段位的品牌来说，内容营销应该更注重公共关系导向，必须在其策略中占有战略级的地位，不只是在内容中"贴牌"，需更加注重品牌自身内容创制、运营、分发的能力。

首先，要尽早进入IP内容的创作和运营，更多关注深度合作、粉丝运营、周边产品等深层次的IP价值；其次，要侧重社交平台的视频内容营销，短视频、内容化广告都是玩法升级的方向；最后，要结合大数据洞察用户的内容需求，通过智能分发实现内容上的千人千面。

（1）100个短视频讲一个故事：据亚马逊说，它的智能家居硬件Echo有3000多个功能点，为此亚马逊制作了上百个的10秒短视频，称之为"Alexa moments"。每个视频都包括用户跟Echo的搞笑问答，展现使用过程中许多有趣的场景，而很多创意就来自4万多条的Echo产品评论。

（2）像粉丝一样让IP发光：品牌运用IP营销，更多是希望坐享其商业价值。如果换成用户的视角，真正与IP合作，并帮助TA越走越好，更能赢得粉丝的心。

2016年，蒙牛酸酸乳改变了代言人营销的模式，联合TFBOYS粉丝共同发起了"TFBOYS守护星计划"——与全球首个星星命名机构International Star Registry公司合作，将一片星系永久命名为TFBOYS星系。活动在音乐平台、社交平台赢得高曝光，并与粉丝形成深度互动。同样是借助TFBOYS的IP价值，蒙牛酸酸乳的合作实现了品牌与IP的双赢。

2. 利用微型意见领袖以小博大

那些在同伴中有较强发言权的普通受众正在受到品牌关注，他们被称为微型意见领袖（Micro-influencers），他们的粉丝规模不大（万级），并且不依靠商业推广生存。微型意见领袖的口碑传播虽然广度有限，但他们能使商业信息更有说服力地影响到目标受众。

首先，要识别微型意见领袖的影响力水平、专注的领域等信息，搭建资源库；其次，要用相关性激励与微型意见领袖建立更紧密的联系，比VIP待遇、新品试用和独享活动；最后，要选择内容策略：微型意见领袖创制、品牌创制及共建。

（1）发掘微型意见领袖：根据传播目标选择微型意见领袖的来源，比如忠诚度计划成员、电子商务CRM、新闻订阅、社交媒体用户或员工。

意见领袖营销平台Markerly的经验是借助社交数据工具建立微型意见领袖数据库，比如Moz的Ninja Outreach和Followerwonk，通过领域关键词寻找粉丝数在1万至10万之间的影响者，并在粉丝数量和粉丝的参与度之间做出平衡。

（2）与垂直领域的微型意见领袖共建内容：品牌提供主题方向，微型意见领袖创建自己的内容，是相对安全又突出个体影响力的策略。

电商品牌Revolve曾通过代理商与1400个时尚购物领域的微型意见领袖达成合作，请他们根据Revolve的商品来创作内容。最终这些内容在微型意见领袖的粉丝中传播开来，触及 20 万个 Revolve 的目标顾客，影响力波及 80 多万人。

3. 社交内容的形式化创造

继 Emoji、H5 之后，Cinemagragh 和短视频成为 2016 年热门的社交传播形式，很难预测 2017 年的下一个热门形式是什么，不过从很多成功案例中可以看出，基于已有的社交表达方式仍可找到形式化创造的新路。

首先，要用内容与形式的混搭激发用户传播的兴趣，比如严肃与娱乐、传统与现代；其次，要关注垂直化平台，用区隔化的社交表达和目标人群拉近关系；最后，要注重用户体验的形式化创造，能帮助用户创制、分享内容。

（1）极致形式主义：2016 年彩虹室内合唱团火了。一首《感觉身体被掏空》在社交媒体上疯传，错位混搭带来的戏剧化效果使之成为新的神曲。虽然彩虹不是一个商业品牌，但其"娱乐内容＋严肃化包装"的极致手法非常值得借鉴。

（2）用二次元的表达进入年轻人的世界：上海通用汽车别克威朗 GS 为了和"85 后"、"90 后"的二次元消费者玩到一起，与 B 站合作推出了互动游戏"带感合体"，将高达等动漫形象、弹幕吐槽等二次元文化的表达融于其中，而人机合体的瞬间就是他们的"燃点"，将品牌潮酷的形象成功带出。

（3）给社交分享一个理由：你吃过"一笼小确幸"吗？哦不，应该说你去过"一笼小确幸"并拍照发过朋友圈了吗？这家网红餐厅，不仅环境小清新到爆，而且菜品颜值高，更是在饭前提供了暖心小礼物——签语饼干，如此文艺的表达，难怪得到用户在社交网络上的追捧。

类似的案例在旅游行业更常见，比如双廊的白椅子，已经成为拍照神器。这些形式化的"道具"不同于以往到此一游式的地标，而是为用户在社交中情绪化表达提供了载体。

4. 创意的技术进化：程序化创意＋动态创意优化

经过几年的发展，程序化创意、动态创意优化正在得到传播界的关注。在营销传播实战中用好"程序化创意＋动态创意优化"，可以使创意得到数

据和自动化的双重支持，并以更加个性化的方式呈现，获得更好的用户体验和效果。

首先，在创意领域，品牌主和代理商们应尝试数据化思考；其次，要利用技术优化跨媒体或多版本的投放，提高传播创意的适配性和个性化；最后，对传播创意的方案评测不必再靠拍脑袋，利用程序让受众投票选择。

（1）创意组合的智能化优选：在泰康人寿与今日头条合作的案例中，品牌准备了多套创意素材，根据媒体的用户兴趣特征数据库，算法自动选择文章标题与配图创意组合进行投放，后续根据CTR数据的反馈优化投放方案，实现效果最优。

（2）多版本适配一次完成：马自达的一组短视频需要针对全球23个区域市场进行投放，配色方案、字幕语种等需要体现区域化特色。通过程序化的帮助，每个视频中约10个元素会被动态优化，包括文案、背景影像、Call to Action提示、字幕等，但创意人无须事先算计好各种排列组合的可能性，只需要制作出百十来个版本的视频，程序平台会在传播时自动完成优化组合。

5. 让智能化、技术化元素在传播中真正落地

噱头只适用于炫酷期的技术。普及期的技术应用，则需要在传播转化中真正发挥技术的核心价值。比如LBS技术几年前还用于炫酷，现在已经成为基于地理位置的传播场景营造标配。

首先，要理解技术的核心价值是应用的前提；其次，在传播内容和形式中运用一些新技术可以带来酷炫、震撼的效果；更升级的做法是，将新技术应用于产品和服务中，带来真正的创新。

（1）不拘泥于形式的技术应用：比如虚拟现实技术，其核心价值是以较低的成本，帮助用户全方位体验实景。

2016年戛纳获奖案例"让我们去火星吧"，就是通过校车上的沉浸式虚拟体验设备，以视频的方式带领孩子们"身临其境"地体验火星之旅，从而激发他们参与国民创新教育计划的兴趣。

（2）新技术推动个性化服务：比如2016年兴起的会话式营销，正是运用了 AI 技术为用户提供更具个性化的社交场景营造服务。以社交即时通信工具 Facebook Messenger 为例，在一段对话场景中，时尚电商 ShopSpring 的聊天机器人可以了解用户的时尚偏好，提供个性化的商品推荐，且用户可以在 Messenger 平台内完成下单付费，整个对话直到营销全过程都很自然，也很有趣。

6. 场景机会发掘

社交沟通和效果转化所受场景因素的影响正在变得越来越大。将传播内容和形式与适合的场景相关联、整合，成为传播创新的机会点。每个品牌都可以通过选择与自身特征相符的机会场景，形成差异化的沟通策略，达成影响受众或者促进销售转化的目标。

首先，要捕捉受众决策路径上重要的场景，比如 Google 提出的微时刻，适时出现并提供有用的信息；其次，要关注规范缺失或失衡的混合场景，帮助用户重建规范；要注意的是，那些被用户忽视却蕴含潜在机遇和风险的场景，正是产品、服务现身的好时机。

（1）适时出现很重要：Red Roof Inn 发现美国平均每天因航班取消而滞留的旅客人数达 9 万人，对于这些滞留旅客来说，他们最迫切想知道的就是"今天住哪儿"，通过实时跟踪航班延误情况，Red Roof Inn 快速锁定滞留机场的群体，推送机场附近的酒店信息，解了用户燃眉之急。

（2）利用场景引发重视：戴着耳机听音乐过马路是一件非常危险的事，在泰国每年有数以百计的人因此丧生。为此，一家泰国保险公司推出一款 Safe & Sound Music Player 音乐播放 App。根据内置地图，App 可以在用户接近街道时自动降低耳机的音乐声量，从而使用户关注到周围环境的声音，避免事故发生。

（3）为新场景创造规范：时空位置的转移，常常会打乱用户的习惯行为，产生新的陌生场景。比如在异国的餐厅里点餐时，菜单上的生僻词组总会让人不知所云。

为庆祝谷歌翻译十周年，他们在纽约开了一间特殊的餐厅，请来不同国家的厨师为纽约市民提供服务。而场景中的重要元素——菜单，完全由他国文字写成，顾客点餐需要借助翻译软件。通过模拟习惯失衡的场景，谷歌翻译让用户意识到，它的角色有多重要。

7. 数字传播与传统媒体传播整合

从用户视角看，线上线下的行为都是相互关联的。但还有不少品牌，其传统媒体传播和数字传播从预算、策略到活动落实，却都还相互割裂。

首先，要通过数字的方式将传统的营销方式升级，包括提升精准性、互动性和传播性等；其次，围绕内容和消费决策路径，传统和数字在同一目标下各司其职；最后，在工作流程上，要促成数字营销与传统营销的合作和整合。

（1）会员营销的价值提升：六福珠宝有60万会员，如果用传统的会员营销方式广撒网，投入产出比很低。借助大数据的挖掘和微信卡券的数字沟通方式，六福珠宝在会员中锁定社交活跃的"种子用户"定向发送优惠券，而"种子用户"的线下消费又可将优惠券在朋友圈中传递。数据和数字平台，使传统的会员营销更高效，而且还带动了新客的开发。

（2）内容是整合的核心："充电5分钟，通话2小时"，这两年OPPO R7、R9系列所有传播活动的整合，都是为了让用户记住这句话。请当红的明星代言，购买热门的电视和网络节目资源，通过TVC+口播反复洗脑，这是传统的方式；OPPO又在社交平台彻底把这句话"玩坏"，一个解说员口误的段子"充电2分钟，通话5小时"令社交网络上笑翻一片，这就是数字化的传播方式。以内容为核心，数字和传统的结合并无违和感。

人类的科技正在以摩尔定律描绘的速度飞速前行。日新月异的互联网、数字技术深度运用，更催生了人类社交、沟通方式的高速更替。如果，我们依然用印刷、电子媒体时代的思维方式去诠释今天的公共关系，无疑就是抱残守缺。

变革，早已开始，未来已来。

B.6 我国公关新形势下的企业社会责任透视

中国传媒大学媒介与公共事务研究院公益传播研究所*

摘　要：　通过梳理我国公共关系和企业社会责任的关系、发展特点和主要问题，用实例分析企业在声誉管理、危机公关、利益攸关方关系处理中企业社会责任的践行途径，提出我国企业积极履行社会责任是可持续发展的命门，是企业作为社会公民应具备的道德和良知，并尝试对企业社会责任进行新的阐释。对中国企业在当前新形势下如何结合社会上的热点问题，做好企业公共关系，履行社会责任；如何与国家的"一带一路"倡议相呼应、如何与中国传统文化精髓相结合、如何与中国公益慈善行业结合等提出了一些思考与建议。

关键词：　公共关系　企业　社会责任

一　企业社会责任再诠释

（一）我国企业社会责任发展回顾与总结

企业社会责任（Corporate Social Responsibility，CSR）这个词的定义最

---

* 执笔人：吴浣苓，中国公共关系协会常务理事、企业社会责任研究中心主任，中国传媒大学媒介与公共事务研究院公益传播研究所所长；陈春娟，中国传媒大学媒介与公共事务研究院公益传播研究所常务副所长；李建峰，中国传媒大学媒介与公共事务研究院公益传播研究所副所长。

早于1924年由英国学者谢尔顿提出。近百年来随着社会的变迁与进步，企业社会责任逐渐形成了一个学科，有各种学派和理论。

1. 努力探索和实践企业社会责任的理念

改革开放三十多年来，在华的跨国企业将企业社会责任的理念和实践带到中国，给中国的学界、企业、公众、媒体以极大的启发。不仅产生了很多理论研究专著，更重要的是涌现出一大批在实践中领悟出"社会责任"真谛的企业，为国家的腾飞注入了更强的活力。

2006年被公认是中国企业社会责任的元年。我国国有企业国家电网发布了首份中央企业社会责任报告。同一年深交所颁布了《上市公司社会责任指引》，鼓励境内上市企业以此作为依据积极主动发布社会责任报告。据统计，2006年我国有32份企业社会责任报告公开发布。从2006年中国企业社会责任元年到2015年，企业发布社会责任报告的总量从最初的32份增长到1703份，反映出企业社会责任理念被越来越多的企业接受，并用于实践。

2. 行业标准和政策要求

2010年11月社会责任国际标准ISO26000正式出版。可以说，ISO26000是社会责任发展的里程碑和新纪元，它将企业社会责任延伸到具有广泛意义和形式的社会责任，在全世界范围统一了社会责任的含义，明确了企业践行社会责任的原则，鲜明地指出组织履行社会责任的核心宗旨，同时描述了以可持续发展为最终实现目标，将社会责任嵌入组织发展战略和日常活动的途径和方法。

我国于2015年6月2日发布并于2016年1月1日实施《社会责任指南》GB/T36000-2015，这项标准与GB/T36001—2015《社会责任报告编写指南》和GB/T36002—2015《社会责任绩效分类指引》是共同支撑社会责任活动的基础性系列国家标准。为组织制定社会责任发展战略提供了行业执行标准。

"十三五"期间我国企业社会责任的实践进入了新的发展阶段，可以归纳为：顶层设计，创新思路，政策指引，标准先行，开创实践，沟通无限。

3. 发展特点和现实问题

由社会科学文献出版社出版的企业社会责任蓝皮书：《中国企业社会责任研究报告（2016）》一书中，黄群慧提出，我国企业社会责任在近十年的发展特点为："政府部门、社会团体、企业、研究机构、社会公众和新闻媒体等多方力量积极推动中国企业履行社会责任，逐渐呈现企业社会责任力量社会化、社会责任报告发布常态化、社会责任标准及评价本土化、社会责任关注议题广泛化、社会责任管理专业化等发展趋势。"

随着互联网的飞速发展和传播方式的革命性变革，企业社会责任在新形势下不仅是企业和社会各界甚至公众共同参与议论和关注的话题，也是企业管理的核心与灵魂。随着中国的改革开放和"一带一路"倡议不断深入人心，中国企业近十年来在高度认同企业必须履行社会责任的同时，正在以多种创新形式承担社会责任，更加注重年度企业社会责任报告的持续披露。但同时我们也看到中国企业在社会责任实践方面还存在如下问题：有些企业依然缺乏社会责任意识或责任意识淡薄；有些企业甚至把履行社会责任看成一次简单的公关活动和一种公关手段，甚至等同于慈善捐助行为；企业社会责任实践带有明显的被动性，发布企业社会责任报告更多是政府硬性规定而不是企业的主动自发的行为，还有大量企业没有发布社会责任报告。在问题频发的生产安全、产品质量和安全、环境污染、员工权益等领域我国企业社会责任缺失较严重。中国企业社会研究中心于2009年9月发布的15个社会责任"缺失案例"中，三鹿集团的"三聚氰胺重大食品安全事故事件"被列在榜首。以乳制品行业为例，2004年被媒体披露的安徽阜阳劣质奶粉事件，导致"大头娃娃"；2008年，三鹿奶粉的三聚氰胺含量严重超标，造成重大食品安全事故，导致出现很多"结石宝宝"。在一再被曝光的建筑行业，楼宇、桥梁垮塌等重大质量安全事故频繁发生，"豆腐渣"工程是社会各界声讨的重点。中国的加工制造业，一直是假冒伪劣产品的重灾区。这些事件在中国乃至全世界都产生了恶劣的影响，使人们对中国企业的产品质量严重质疑。

4. 发展新动向与面临新挑战

由社会科学文献出版社组织课题组自2009年至今连续七年编写了《中国企业社会责任研究报告》，并发布中国企业社会责任发展指数，每年评价中国企业的社会责任管理状况和社会、环境信息的披露水平。评价信息为企业主动、公开披露的社会、环境信息，满足主动性、公开性、实质性、时效性要求。我们从2016年的报告中选取了国有企业100强社会责任发展指数前20的企业社会责任报告，对报告中涉及的报告名称、反腐倡廉、社会公益与精准扶贫等进行数据分析。

分析发现，尽管我国有企业在实施企业社会责任战略、履行社会责任方面取得了显著的进步，逐渐缩小与发达国家在责任理念和实践层面的距离，但是仍然处于起步阶段，尤其是社会责任实践方面还处在较低的水平。具体有以下几方面的问题。

（1）企业社会责任报告的名称不统一和规范，有的称"企业社会责任报告"，有的称"企业可持续发展报告""企业社会价值报告""环境报告"等。20家企业中只有11家企业的报告名称中有"社会责任报告"，8家为"可持续发展报告"，1家为"社会价值报告"。

（2）20家企业在社会责任报告中大部分涉及了反腐倡廉方面的内容，然而和企业在经济指标、业务发展等方面的描述相比较，字数和案例普遍很少，甚至只是一笔带过。其中6家企业有具体的反腐结果和数据，13家描述了反腐制度，有1家公布了因公出国经费的下降数据（见图1）。

（3）20家企业在社会责任报告中全部对社会公益方面的公益捐赠、精准扶贫进行了详细的描述和案例讲解。其中对外捐赠和精准扶贫在社会公益中占比58%，在灾难援建、志愿者服务、员工帮扶方面的占比有所增加，相比以前企业把承担社会责任简单化为慈善捐赠有了长足的进步。

（4）在指数排名前20的企业中18家企业投资并开展了海外业务，企业在当地开展业务的同时积极履行海外社会责任，在灾难援建、教育、医疗领域的公益项目的投入逐年提高。将社会责任理念国际化和本土化。

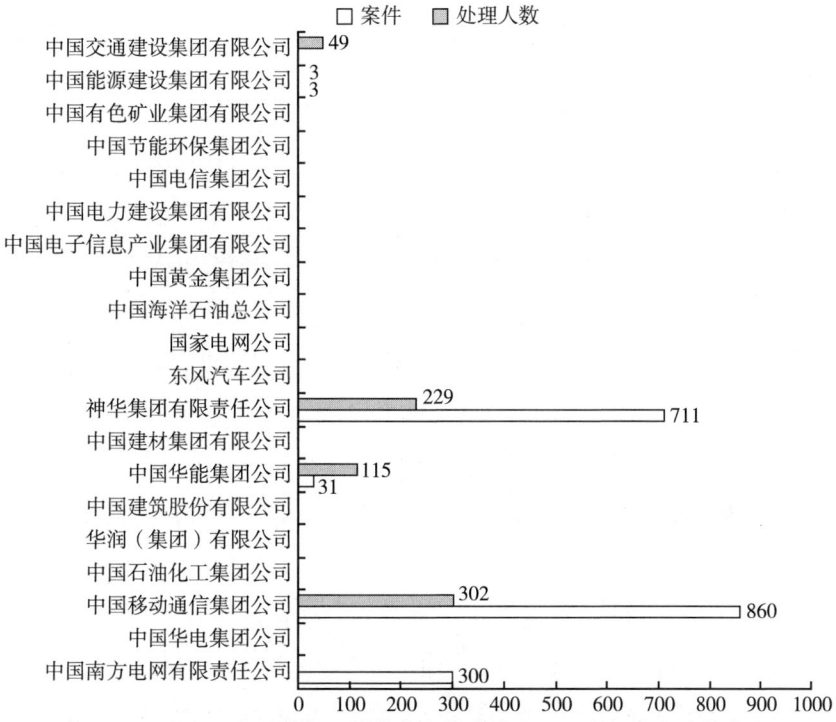

图1 20家企业在社会责任报告中大部分涉及了反腐倡廉方面的内容

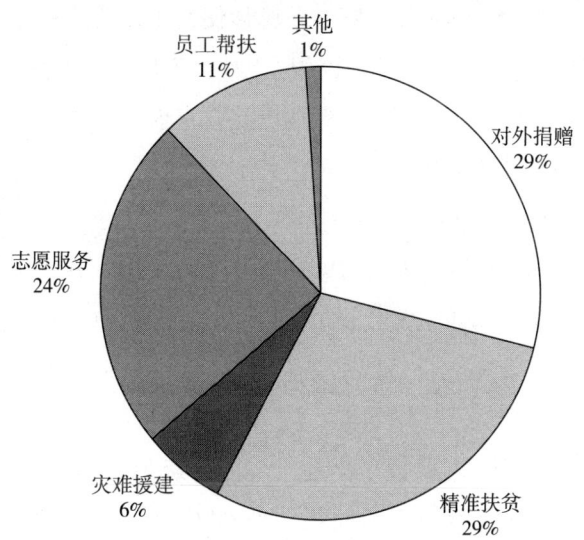

图2 20家企业在社会责任报告中全部对社会公益方面的公益捐赠、精准扶贫进行了详细的描述和案例讲解

（二）企业社会责任与公共关系在中国的现状

1. 企业社会责任成为公共关系研究中的一个重要议题

联合国全球契约曾将有效的企业社会责任双向传播沟通定义为成功的"最基本的、实质性的关键"，这与公共关系管理学派的代表人物詹姆斯·格鲁尼格教授的"卓越公关"的定义不谋而合，成为公共关系和企业社会责任的有机结合点。中国的实际发展也印证了这个论断。

《国际新闻界》是我国大陆发表相关学术文章最多的传播学期刊。该刊在2009年11期开辟了一个"公共关系与社会责任"的专栏，并邀请了公共关系和新闻传播等领域内的多位专家来撰写相关的论文。涉及的主题包括"危机公关中的社会责任""理论研究述评""企业社会责任传播""灾难中的社会责任""公关责任的履行路径"以及"儒家文化与公共关系"等。其中前两个的主题文章相对多。可以发现公共关系正是在对企业"社会责任"的认识和实践过程中发展和完善起来的。王志乐在2006年提出："正是现代公共关系的产生，唤醒了组织的社会责任感，在社会责任理论的引导下，公共关系的概念开始变得越来越清晰，不断地促使企业政策和行为向为社会需求负责的方向发展。"2009年陈先红说："社会责任是公共关系的伦理基础，正是现代公共关系的产生，唤醒了企业的社会责任感，使得卓越企业对社会责任更加敏感，并推动了社会责任理论的形成。"

2. 我国公共关系的新形势

公共关系作为一门新学科于1984年被引入中国，在中国经历了33年的发展历程。作为自由市场经济的产物，公共关系在中国最早出现在商业领域，是为满足企业树立自身产品品牌和企业良好的形象、开拓市场关系的需要而产生的。"十三五"期间，随着中国经济社会的发展，中国企业逐步迈向国际化，移动互联数字化技术不断升级换代，智能终端传播形态持续演化与变革等，使我国公共关系的外部环境产生了剧烈的变化。随着新媒体时代的变革，公共关系面临智能移动端、去中介化、媒介融合等诸多新技术带来的挑战，我国公共关系发展面临新的问题。融媒体时代背景下,公共关系主、客体的身份交融,信息交流更加充分和便捷,传播渠道、传播内容及形式逐渐趋于全媒体化。企业公共关系的环境也发生了深刻的变革,尤其是企业公关环境中的不可控因素逐年增加,成为公共关系新的挑战。

公共关系作为企业的软实力越来越在企业竞争中发挥着关键和不可替代的作用。企业的管理者和利益攸关方需要学习适应公共关系新形势,树立危机意识,需要用创新的公关理念和方法迎接这些挑战和变化,以使自身在这些剧烈的变革中练就一身钢筋铁骨。公共关系围绕企业社会责任这一核心议题与利益相关方的互动将成为必然趋势。当企业社会责任被合理地放置在企业的公共关系中并以此管理企业对外的九大关系时,公共关系将成为企业与利益相关者之间开展良性互动的桥梁和纽带。

(三)新形势下企业社会责任的诠释

1. 企业社会责任的核心是"责任"

新华字典对"责任"一词的定义:一方面是指分内之事,另一方面是指没有做好分内之事而该承担的惩罚。吴浣苓说:在企业社会责任中的"企业""社会"是"责任"的定语,关键词是"责任"。"责任"是一个企业应该做且必须做的事,责无旁贷。社会责任,不是一项"任务",更是一种"理念和战略",也是一种"精神和情怀",归根结底是"道德和良知"。企业社会责任不是做一件简单的事情。一个企业想要基业长青,应将企业社会责任理念贯穿于企业全方位的管理和日常运营之中。

2. 有社会责任的企业是"可信"的企业

吴浣苓还指出:企业树立的良好形象不仅要被外界感知,还应得到相关利益者的认可。企业最基本的社会责任首先是对企业内部的股东承担责任。同时对内部员工权益给予保护和重视,如:要给员工最基本的保障,建立合理的薪酬体系、享有一定福利和培训、重视员工发展等一系列应承担的责任,以使企业人员满意与稳定。另外,还要维护企业其他利益相关者的权益,以提高他们对企业的尊重和信任,特别是消费者和用户以及供应商、合

作伙伴对企业的忠诚度,才能使企业在激烈的竞争中立于不败之地。

"责任"只有起点没有终点,企业社会责任的内涵是跟随社会发展而不断丰富和延伸的。一个"好企业"与一个"伟大企业"之间的距离就是"责任"。因此企业应当把"社会责任"作为一种"理念"和"战略"从始至终地贯穿于公司的日常工作中,植根在每一位员工的心里。这是一个长期的、耳濡目染的感知,是润物细无声的过程,只有这样企业才可以与时俱进、可持续发展。

二 公共关系中的企业社会责任

随着科技的进步和智能终端与新媒体技术的飞速发展,人人都是"记者",可以随时随地发布信息、进行传播。企业的一言一行受到前所未有的关注。企业对社会责任越来越重视,社会各界和广大公众对责任意识的呼唤和期待,促使企业在确定公关战略和思路时产生必要的连锁反应。公共关系的实践者和学者也主动回应了这种要求。我们发现正是现代公共关系的产生,唤醒了组织的社会责任感,而在社会责任理论的引导下,公共关系作为企业软实力的价值体现也变得一目了然。

公共关系是企业投资成本中重要的组成部分,公共关系中企业社会责任的价值体现得多或少,深刻地影响着企业在社会上的信誉度和知名度。可以毫不夸张地说每一个企业公关危机的背后都是社会责任缺失的体现。

(一)危机公关中的企业社会责任

美誉度对企业来说是生命,公共危机则是企业的致命伤。企业建立危机意识应以社会责任理念为导向,社会和公众的利益始终是第一位的,应尽到基本职责,提供让公众满意的产品和服务。当企业面对突发的公共危机时,尤其是在企业利益与公众利益发生冲突时,企业应毫不犹豫地牺牲企业利益,最大限度地维护社会和公众的利益,这才是具有社会责任感的现代企业应有的担当。

1. 海底捞危机公关事件

2017年8月下旬，一向以服务优良著称的海底捞遭遇了最大的一次食品安全危机。有记者到北京的两家海底捞店，卧底4个月，发现海底捞的后厨存在严重的食品安全问题：老鼠在后厨地上乱跑；装垃圾的簸箕和餐具同池混洗；将提供给用餐者的火锅漏勺去挖下水道。令人瞠目的场景被记者曝光，不仅让那些不惜排长队等着吃海底捞火锅的忠实客户，也让那些赞誉过海底捞的人伤心和纷纷吐槽。随着事态的发展，舆情的转折值得深思，海底捞官方的致歉信及处理通报发出后，少部分网络舆情从愤怒转为谅解，还有不少网友与自媒体为其危机公关处理"点赞"。经过危机事件后海底捞的企业整改是实做还是虚做、真改还是遮掩，只有实际行动能证明一切。对每一个行业、每一家企业而言，用户利益都应被摆在第一位。如果说餐饮企业品牌宣传表象是客户服务的话，那企业的产品质量一定是"良心"，是落到实处的责任，尤其是餐饮行业的食品安全更一定要过硬。食品卫生安全是企业的生命，更是用户核心利益之根本。如果无法保证食品卫生安全，就丢掉了企业最基本的责任，服务水平再高，都可能成为无源之水、无本之木。

我们认为企图用高超的"公关技巧"和试图用"水军"转移公众对食品安全的忧虑和对企业社会责任意识缺失的讨伐是永远行不通的。企业只有回归到本质的责任观念，才能从根本上解决危机。

2. 丰田汽车召回门事件

2009年，美国交通部连续收到43份与丰田汽车的车辆突然加速有关的致命撞车事故报告。但是并没有引起丰田的高度重视，没有立即采取有效措施。2010年2月17日：丰田汽车刹车缺陷已致美国34人身亡，投诉数量飙升，在美国被迫召回数百万辆汽车，丰田汽车面临一场严峻的公共危机。一度的全球汽车销量冠军丰田汽车陷入全球信任危机。在危机四伏的情况下，用户的质疑声和不信任加速扩大，最终迫使丰田在全球范围内进行车辆召回。这个事件不仅动摇了丰田在汽车行业的霸主地位，还产生了蝴蝶效应，影响了消费者对日系车的信任。

企业要想在激烈的竞争中获胜就必须善待用户，保障用户的权益，切实

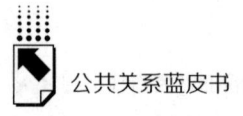
公共关系蓝皮书

履行经营者的各项义务，及时对用户关注的问题做出反应和调整，满足用户的需求，特别是在降低生产成本和交易成本的同时，千方百计为用户提供更多的安全保障，践行品质承诺。只有这样，才能让用户对企业产品及服务产生信心、增加信任和忠诚度。

企业自觉承担对用户的社会责任既是确保用户合法权益、避免发生公关危机和信任危机的基础，也是企业占领市场份额、赚取利润的经营策略之一。履行对用户的责任是促进企业提高技术水平、提高产品质量的重要途径之一，企业只有不断满足用户的需求，才能立于不败之地、不会被市场淘汰。

（二）声誉管理中的企业社会责任

在新的形势下，在日趋激烈的市场竞争中，企业的声誉作为一种宝贵的无形资产，在推动经济和社会的可持续发展上发挥着不可替代的作用。企业强烈的社会责任感是通过长期的努力一点一滴、润物细无声地培养起来的。企业的声誉管理能力，是企业跻身世界前列取得成功的决定性因素之一。企业应把声誉管理放到赢得顾客、培育顾客忠诚度的战略高度来对待。无数案例告诉我们，声誉管理对当今企业具有重要意义，声誉管理能力越强、企业竞争力越强，企业越能不断开拓市场、不断发展壮大，而企业社会责任是声誉管理的灵魂，那些主动承担社会责任的企业会赢得更好的声誉和口碑。良好的声誉和口碑也会为企业赢得更多的客户。

1. 英特尔中国的创客创新实践

英特尔的"创客创未来"项目将企业社会责任和科技创新很好地结合在一起，激发了青年人的创新热情，为企业搭建了和科技、教育界合作的桥梁，促进了创新人才的培养，实现了企业与社会发展的双赢。该项目在助力中国科技教育发展的思维逻辑和成绩上是值得我们点赞的。英特尔始终如一地推行"生根中国，绽放世界"的发展战略，积极支持中国的自主创新，与产业伙伴携手推动智能设备创新，解决在环境、医疗、交通等方面的重大问题，积极履行企业社会责任。

英特尔将"创新"融入企业社会责任，实现从推进技术创新到推动产业创新、从推进责任创新到催化社会创新，将履行企业责任提升到新的高度。用"企业社会创新"这一更可持续发展的模式，升华了企业社会责任内涵。通过推进创客运动、培养创新人才、激励人人创新等措施，助力中国"大众创业、万众创新"，在中国和全世界都有极好的口碑。

英特尔在"2016年50家改变世界的公司"榜单中位列第12名，在全球财富500强的排名也一直攀升。

主动承担企业社会责任有利于提升企业声誉和口碑，实现经济效益和社会效益双丰收。

2. 奇正藏药践行社会责任

奇正藏药是一家2009年在深交所中小板上市的现代藏药企业，着眼于责任管理理念，其口号是：做中小企业可持续发展的推动者。从患者关爱、科技创新、员工发展、文化传承、资源保护五个方面积极践行企业社会责任。截至2015年底，公司已累计投入9000余万元用于藏区和西部医疗、教育、扶贫等公益事业。特别值得点赞的是奇正藏药在文化传承和资源保护方面的努力与探索。

在资源保护方面，始终关注生物多样性保护，注重调研，在藏药材保护、藏药材种植及藏药材野生抚育三个层面进行研究，并建设保护基地。

奇正藏药扎根民族地区20年，深深体悟到扶持，特别是传承、抢救西藏传统文化对于公司的可持续发展、促进地区经济繁荣具有重大意义。公司将"文化传承：与当地社区共同进步"作为企业可持续发展的核心议题之一，纳入公司可持续发展规划中。并于2007年成立了"西藏文化保护与传承"专项基金，旨在促进西部地区经济、教育、医疗、卫生及文化等社会公益事业和社会文明的进步。

奇正藏药关爱用户，进行科技创新，注重员工发展，传承藏药文化，加强资源保护，为医药行业特别是中药/少数民族药品行业履行社会责任做了很好的示范和带头作用，树立了行业标杆，赢得了社会各界的一致认可和高度评价。

3. 蒙牛食品安全事件

从三聚氰胺、霉斑酸奶再到检出黄曲霉毒素，2008～2012年五年时间，蒙牛被媒体曝光的就有六大食品安全事件。当有用户提出乳业国际标准的时候，蒙牛以我国有特殊国情作为挡箭牌，当专家呼吁乳品应具有丰富营养的时候，蒙牛说不能背离中国的"行业实际"，引起用户不满，导致了蒙牛的声誉一落千丈。作为中国乳业双雄的蒙牛和伊利在业绩方面曾经不分伯仲。但是近几年，蒙牛被伊利超越而且差距不断扩大。尽管其中的原因是多方面的，但是我们认为社会责任的缺失不能不说是其中最重要的致命伤。在公众眼里，一个屡屡失信于用户的企业，它的公信力是要大打折扣的。在普遍的信任危机之后，蒙牛不是把产品的质量放在第一位，靠奋发图强来洗刷耻辱、重树品牌，而是托词推诿、逃避责任，致使企业失去用户信任。这是企业社会责任缺失导致声誉管理失败的典型案例。三鹿、蒙牛等乳业企业罔顾用户利益的行为不仅害了自己，而且几乎毁了整个中国乳业。从2008年至今九年过去了，中国的乳业人做了种种努力，用尽了各种可用的办法，但是至今仍然不能走出寒冬，用他们的话说："九年了我们已经这么努力了，为什么消费者还不买账？"这种无奈背后三鹿等始作俑者难逃其责。

企业声誉的建立、维护、提升和管理不能仅靠公关宣传来实现，企业由公共危机引发的声誉下跌不能单靠危机管理来解决，企业要赢得利益相关方的长期信任，进而实现可持续发展，需要企业对声誉进行系统的管理。归根结底要时刻紧绷"社会责任"这根弦。

（三）利益相关方管理中的企业社会责任

埃尔金顿于1997年提出三重底线理论模型，该理论认为企业行为首先要满足经济底线、社会底线和环境底线的要求，再追求经济、社会和环境价值的平衡；首先要把利益相关方的诉求放到第一位，企业活动应减少对利益相关方造成的负面影响。换句话说，企业必须承担三项基本的责任：经济责任、社会责任和环境责任。企业不仅需要报告经济、社会、环境方面的业绩，还要考虑利益相关方与广大社会公众的期望，及时回应关切，同时控制企业行为对于社会和环境造成的负面影响,从而达到经济、社会和环境价值的和谐一致,实现可持续发展。

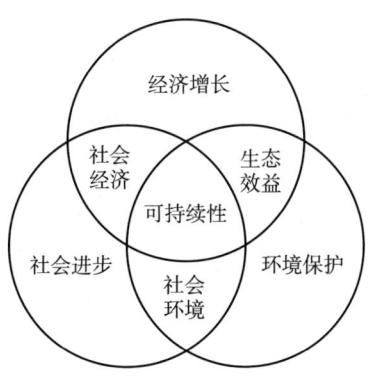

图3 "三重底线"理论模型

1. 企业与社会的关系

文化是社会与经济发展的重要基因,也是社区特性的重要组成部分。

佳能(中国)利用企业的优势和特长,联合社会多方力量,与教育主管部门、学校等关键利益方合作,形成一个资源共享的公益平台,鼓励和号召更多的伙伴参与和贡献各自的力量。坚持数年的"佳能影像之桥"项目值得借鉴。该项目以中国的希望小学为中心,辐射范围涉及印度、菲律宾、中国台湾、中国香港、日本、新加坡、泰国、越南、马来西亚等亚洲十几个国家和地区,为企业通过公益活动连接中国与世界提供了一条可参考的成功之路。

佳能(中国)还开展了"非遗影像文化保护"项目。佳能组织专门团队走访了四川、贵州、云南等地,从保护濒危的羌族文化开始,记录了9个民族、21项非物质文化遗产技艺,拍摄7万多幅照片,录制视频1000多小时。佳能用影像技术,记录我国少数民族独特的非物质文化遗产技艺,制作大量的影像数据库,保存了大量鲜为人知而又弥足珍贵的中国传统文化影像资料,为后期文化的研究、保护和传承提供了基础素材。佳能通过影像传播唤醒了更多的公众参与"非遗"保护,促进了企业发展与社会和文化发展的同步共生。

2.企业与环境的关系

地球是人类赖以生存的场所，为人类提供生产和生活资料。因此，保护环境对于人类社会和企业发展具有重要意义。保护环境是企业承担社会责任的重要组成部分。

传统的治疗哮喘的吸入剂对空气中的臭氧层有破坏的作用，在2007年诺贝尔和平奖获得者、政府间气候变化专业委员会科学家保罗·莱特（Paul Wright）博士和阿斯利康的科学家的不懈努力下，终于找到不会破坏大气臭氧层的吸入剂，从而减少了治疗哮喘的过程中可能对臭氧层的破坏，将环保做到极致。通过技术创新，阿斯利康不仅降低了生产各个环节对环境可能造成的污染，而且降低了能耗、节约了成本、增强了产品的市场竞争力。在履行企业保护环境的社会责任方面，阿斯利康做出了典范。阿斯利康名列美国新闻周刊（News Week）2007年全球企业社会责任榜榜首。阿斯利康（中国）也入围"2007 CCTV 最佳雇主调查"20强，并荣获"最具领袖气质企业"及"最具环保意识雇主"特别大奖，成为唯一同时获此两项殊荣的制药企业。

企业的可持续发展与企业承担保护环境的社会责任息息相关。如果企业致力于研发环保产品、实现产品类型和功能多样化，肯定有助于企业开拓更广阔的市场，为企业获得更多利润，进而促进企业可持续发展。

企业应树立以责任理念为导向的危机意识，提供让公众满意的产品和服务，最大限度地维护社会和公众的利益。企业在考虑经济效益的同时，还要考虑利益相关群体与社会公众的关切，同时控制企业行为对于社会和环境可能造成的负面影响，从而达到经济、社会和环境价值的和谐一致，实现企业全方位的可持续发展。

三 新形势下对企业社会责任与公共关系的思考和建议

公共关系是将企业社会责任外化为公众可视、可闻、可感的具象的途径（不是空洞的理论和口号）。前文已经指出企业社会责任的内涵是随着社会的发展、时代的进步而不断延伸、丰富和完善的。在习主席治国理念引领下，中国开始了爬坡过坎全面深化改革、全面建成小康社会的新征程。以社会责任为导向的公共关系在企业里的作用是无价和不可替代的，只会加强而不能削弱。企业不能无视公共关系更不能没有公关危机的预案和管理流程。切实履行社会责任，用谦卑、严谨、真诚的态度处理好企业与九个利益相关方①的关系是企业科学管理并防止公共关系危机、为企业可持续发展保驾护航的不二法门。

几点思考与建议如下。

（一）中国企业的企业社会责任理念要与国际接轨

改革开放30多年来中国企业在公司的治理、管理、会计制度、市场营销、人才培养、科研开发等方面已逐步与国际接轨，取得了长足进步，但是在企业社会责任的观念意识及具体实践上与国际相比还有比较大的差距，还有很多误区和迷思。建议中国企业做好责任管理（SA8000，ISO26000）由企业的主要负责人亲自抓，专门的团队时时抓、事事抓，全体员工参与共同抓，使社会责任的理念成为企业文化的基因、成为每个成员自觉行动的动力。

（二）"走出去"的中国企业要将企业社会责任"本土化""在地化"

在"一带一路"倡议的推动下，越来越多的中国企业走出国门。毫不夸张地说，企业的经贸活动在"一带一路""共商、共建、共享"中扮演着最重要的角色。走出国门的中国企业，不管是国企、民企，是上市公司还是非上市公司，都是国家名片。中国企业要在目标市场立足，可以借鉴跨国企业在华三十年的经验。将社会责任"本土化"，形成组织化、制度化、本土化的社会责任管理模式。逐步融入目标市场，将"入侵者""外来户"变成目标市场的一分子。更具体一些说，就是去掉"救世主"的心态，去掉

---

① 九个利益相关方：客户、媒体、政府、社区、员工、法律、投资者、合作伙伴和竞争者、NGO。

"投资者""大国"的优越感,放下身段,真诚地对待所在地的民众、合作伙伴、媒体、政府(甚至是在野的政治派别)。尊重当地的法律法规、民俗民风、历史文化……只有这样才能在海外走得更顺、更快,才能和其他国家一起探索和建立新的国际秩序,打造人类命运的共同体,这是时代赋予中国企业的社会责任。

(三)"中国制造"要改变"低端廉价"的印象必须注重公司美誉度和品牌的建设与管理

没有品牌的商品只是一个没有生命力的物体,没有美誉度的企业绝对不可能基业长青,而公司美誉度和品牌不能靠广告吹,不能靠广告发文点赞,也不是捐几次钱、搞几次公关活动就能一蹴而就的。美誉度和品牌需要科学地设计、打造、管理、保护,更需要的是企业在履行社会责任的过程中,在和利益相关方互动的过程中,让公众和媒体用户感受和认知,是日积月累沉淀下来的,只有这样才能逐渐培养出具有品牌意识的消费者,才能使自己的产品脱颖而出。

(四)加强我国内地与港澳台在企业社会责任方面的联动有助于人心的凝聚和国家的认同

在"台独""港独"冒头的今天,加强我国内地与港澳台的交流合作,特别是人文历史的交流是很有必要的。可以尝试用中国传统文化的一些学说为现代的企业社会责任理念注入中国元素或者说用现代的公共关系为中国儒家仁、义、礼、智、信的道德规范做出新的解读,以使今天的年轻人更好地理解中国文化的博大精深。以"仁"为例,说文解字说"仁"从"二"从"人",讲的就是人与人之间的关系,讲的就是将心比心对待他人,就是要用善良、忠厚的心为人处世。中国从孔子开始就将"仁"放在道德的最高点。有了仁爱之心,人世间的和谐相处就有了基础。今天的企业以仁德之心善待公众、回馈社会、关爱消费者,消费者也会以"仁"来回报企业,成为忠诚的顾客。这对当今的企业处理好与利益相关者的关系具有启发。我国内地与港澳台都有不法商家生产黑心产品，用假冒伪劣产品坑害消费者，有关方面可以就企业社会责任这一议题组织论坛，请我国内地与港澳台的企业共同讨论有关的问题，共同制定企业社会责任报告书的内容与规范，甚至共同制定行业标准，让港澳台和大陆在"企业社会责任"方面尽快统一。

（五）反腐倡廉是企业社会责任的重要内容

十八大以来，中纪委一再出重拳，大虎小蝇都不放过，赢得国内外很高的评价。令人遗憾的是企业在撰写社会责任报告时，比较少触及惩治腐败这一内容。我们认为企业也应该和政府一样构建起不敢腐、不能腐、不想腐的有效机制和在经营活动中不行贿、不受贿的严格规定。特别是"走出去"的企业绝对不能将行贿送礼作为敲门砖。员工，特别是高管行贿和收受回扣会引发严重的公关危机，会令一个企业的美誉毁于一旦，会让企业多年来在市场营销等方面的努力和成果大打折扣，元气大伤。

（六）精准扶贫、建立全面小康社会中的企业社会责任

扶贫是攻坚战，主导的是政府，助攻的是企业，这是企业和政府良性互动的一种形式，也是企业政府关系的一个方面。企业发挥自身在技术、资金、人才等方面的优势，在许多公益项目中为政府的精准扶贫做了很好的补充。公益活动是体现企业社会责任的重要形式，但是一些企业将做公益活动等同于企业社会责任，这是一个误区。公益活动的关键在其公益性，需要的是雪中送炭。

公益活动是企业公关活动的重要内容，对企业的责任形象和品牌有积极正面的影响。但是如果出发点是为了赚吆喝、吸引眼球，那么公益秀就会起到反效果。"公益"不是出现公关危机后的灭火器，也不是有了污点后的"漂白剂"。"公益"是企业履行社会责任的重要一环。不管是国内还是海外，企业在策划公益活动时一定要注意：

——尊重并符合当地的国情和民俗，避免好心坏慈善（比如某美国组织曾捐赠一百万件T恤给非洲某地区，导致很多经营服装的小店铺倒闭，

引发当地的不满)。

——发挥企业自身的专长和优势，促使更多员工参与（而不是公关部门的专责）。在企业内部打造扶危济困的公益慈善氛围，将乐善好施变成个人的修养与习惯，在社会上形成助人为乐的好风气。

——尽量做"授人以渔"的项目而不是简单地"送人以鱼"，将输血变成帮对方造血，只有这样才能帮到点子上，才有可能使受助对象拔掉"穷根"。助力消灭城乡教育的鸿沟，不让农村孩子输在起跑线上，各个企业都大有可为。

（七）企业从创业之始就要将社会责任理念嵌入公司发展的战略

在政府"双创"利好政策的带动下，全国每天有超过一万家新的企业涌现出来。百年老店之所以不倒有各自的原因，但是有一点是共同的就是负"责任"，对利益相关方都履行了责任，并且很好地管理了企业与社会和环境的关系。因此企业创始人必须保持清醒的头脑，以"社会责任"为己任，遵循企业社会责任的原则对待所有利益相关方。必须指出的是，大部分初创企业都不重视公共关系。在生存压力面前公司只盯着产品和市场，而没有想到公共关系是企业生存、发展、成长的利器。持有专利技术产品的公司更要从开始就树立品牌意识——铸造品牌，保护品牌，不断丰富和提高品牌的内涵与价值，这对吸引人才、投资方、用户，扩大市场有不可估量的作用，这些都需要公共关系。

（八）企业高管的媒介素养是公共关系的重要组成部分，与企业的"责任"形象正相关

全媒体时代，企业在舆论场上的任何闪失都有可能给企业带来灾难，这就要求企业的管理层具有良好的媒介素养，除了新闻发言人之外，企业高管也要会说话，要有应对媒体的技巧。除了按习主席的要求说"真话""实话"，不说空话、套话、假话外，还要掌握说话的分寸和策略，面对镜头能恰当"表演"。只有这样才能既当好公司的领军人，又能当好企业的形象大使，将企业最好的"责任"形象展示给公众和媒体。

四 结语

企业社会责任是企业在处理公共关系即与九大利益相关方互动的过程中被总结、提炼和升华出来的。它将企业公共关系的范畴从经营、把控、管理企业与利益相关方的关系延伸到企业与自然环境和社会的关系。

社会责任是企业生存和发展的命门，撰写与发布企业社会责任报告是企业的必修课，是规定动作而不是选项。撰写企业社会责任报告是全面梳理企业和社会、企业和环境两大类关系，全方位检视企业可持续发展的过程，不是个别人和部门的事，而是整个企业由下而上的动作。发布企业社会责任报告是企业与利益相关方互动的重要形式，是宣传引导企业社会责任理念、展示企业"责任"形象的重要工具。

我们希望中国企业更加重视公共关系，在履行社会责任的实践中将企业做大做强，为中华民族的伟大复兴，为实现辉煌的"中国梦"做出更多贡献。与此同时，用好、用足企业社会责任报告撰写与发布的过程，将新常态下的中国公共关系推向新的高度，向世界展示中国企业的情怀与担当。

附表 企业社会责任报告名称使用情况

序号	企业名称	企业社会责任报告名称	名称是否准确
1	中国南方电网有限责任公司	南方电网2016企业社会责任报告	是
2	中国华电集团公司	中国华电2015可持续发展报告	否
3	中国移动通信集团公司	中移动2016可持续发展报告	否
4	中国石油化工集团公司	中国石化2016可持续发展进展报告	否
5	华润(集团)有限公司	华润社会责任报告	是
6	中国建筑股份有限公司	2015可持续发展报告	否
7	中国华能集团公司	华能集团2016年可持续发展报告	否
8	中国建材集团有限公司	中国建材2016可持续发展报告	否
9	神华集团有限责任公司	神华集团2016社会责任报告	是
10	东风汽车公司	东风汽车公司2015社会责任报告	是
11	国家电网公司	国家电网2015社会责任报告	是
12	中国海洋石油总公司	中海油2016可持续发展报告	否

续表

序号	企业名称	企业社会责任报告名称	名称是否准确
13	中国黄金集团公司	中国黄金社会责任报告2015	是
14	中国电子信息产业集团有限公司	中国电子2016年社会价值报告	否
15	中国电力建设集团有限公司	中国电建2016社会责任报告	是
16	中国电信集团公司	中国电信2016社会责任报告	是
17	中国节能环保集团公司	中国节能社会责任报告2016	是
18	中国有色矿业集团有限公司	中国有色2015年可持续发展报告	否
19	中国能源建设集团有限公司	中国能源建设2016社会责任报告	是
20	中国机械工业集团有限公司	国机集团社会责任报告2014	是

B.7
媒体关系：善待媒体，善用媒体

中国石油化工集团公司*

摘　要： 媒体关系管理是企业公共关系的重要组成部分，中国石化曾经持续成为社会舆论关注的焦点，品牌知名度很高，美誉度却很差。经过上下共同努力、系统施策，企业系统打造了"五连环工程"，实现了负面舆情"五连降"，其中媒体公共关系是重要一环。企业通过正确认识媒体关系，建立起网格化、全覆盖的媒体沟通渠道，并"以他人为目的"真心诚意做好媒体服务，逐渐与媒体建立起良性互动关系，为中国石化建设世界一流能源化工公司营造了良好舆论环境。

关键词： 企业公共关系　媒体关系　管理沟通

一　正确认识企业与媒体的关系

中国石化是上中下游一体化的国际化能源化工公司，目前是中国最大的成品油和石化产品供应商、第二大油气生产商，是世界第一大炼油公司、第二大化工公司，在2016年《财富》世界500强企业中排第三位。也正是因为这种特殊的地位，中国石化曾经持续成为社会舆论关注的焦点，品牌知名度很高，美誉度却很差。但如今中国石化已经通过媒体关系实践工作，逐渐

---

* 执笔人：吕大鹏，中国石油化工集团公司新闻办公室主任、新闻发言人；任宁宁任职于中国石油化工集团公司宣传工作部新闻处。

与媒体建立起良性互动关系，为其建设世界一流能源化工公司营造了良好舆论环境。

（一）企业发展离不开良好的舆论环境

在中国石化成长历程中，曾十分偏重生产经营和效益，却忽视了媒体关系。部分企业高级管理人员，平常不愿接受媒体采访，更有甚者对媒体充满偏见，将媒体放在了对立面，认为媒体就是专门给企业制造麻烦的，提出"防火、防盗、防记者"。

但不愿和媒体打交道，并不代表永远和媒体没有交集。由于多年来长期失语、不语甚至乱语，中国石化吃尽了苦头，被推上了社会舆论的风口浪尖，舆情集中爆发。特别是2012年，关于中国石化的信息总量达到55万条，但其中42.6%的是负面信息，平均每天639条，中国石化一家企业的负面舆情就占了国资委总负面舆情的18.7%。甚至有同事曾说："我上班搭车，跟出租车司机都不敢说到中国石化大楼，只说到外交部对面的楼。"若一个企业的员工没有荣誉感、没有自豪感，这个企业无论如何都发展不好。

事实上，提升企业形象和增加经济效益同样重要。甚至可以说，企业形象也是效益，也是生产力，对企业未来的发展甚至国家的经济制度安全和社会经济整体发展都起到至关重要的作用。很多企业倒下不是经济效益不好或是竞争力下降，而是由于声誉和形象遭到破坏，有的被解体了，有的从大企业、强势企业衰落下去了。

痛定思痛，经过上下共同努力、系统施策，中国石化新闻办系统打造了"五连环工程"，实现了负面舆情"五连降"：从2012年的42.6%降到2016年的6.2%，企业形象得到有效修复，品牌美誉度得以大幅提升，而处理好媒体关系就是"五连环"中的重要一环。

（二）企业应善待媒体并与之良性互动

在媒体业态大丰富的背景下，企业不可避免地要和各种媒体打交道。企业的新闻宣传工作，对内凝心聚力，对外塑造形象，是增强企业软实力、提升企业品牌价值的重要途径。

习近平同志指出，各级领导干部"要提高同媒体打交道的能力，尊重新闻舆论的传播规律，正确引导社会舆论，要与媒体保持密切联系，自觉接受媒体舆论监督"。其实企业与媒体的关系，既非朋友，也非敌人。企业需要媒体平台传播信息，媒体需要企业提供新闻线索，二者彼此需要、相互依存，二者之间应该建立起一种良性的互动关系，这种关系既不是刻意去拉关系、走后门，也不是敬而远之、无可奉告。

企业的每一个领导干部都要适应时代发展要求，充分认识新闻舆论的重要作用，要善于通过新闻宣传推动实际工作，热情支持新闻媒体采访报道，要充分认识媒体的新变化、熟悉媒体的传播规律、发挥媒体的重要作用，培养自身对媒体信息的快速反应能力和良好的思考判断力，努力把握新闻报道规律和舆论传播规律，以尊重和坦诚赢得媒体和广大社会公众的理解和支持。

积极、主动、坦然面对媒体是建立媒体关系的良方。要做到这一点首先要克服不良心理和错误做法，做到对媒体不畏惧、不躲避、不藐视。媒体的责任在于通过记录和报道，向公众传播社会正在发生的事情，其目的并不是成为"麻烦的制造者"。同时，减少媒体主观故意或客观失误抑或谣言的最好办法，也不是避之而后快，而是让自己成为媒体的第一权威信源：及时联络媒体、主动发布信息。

"善待"是一种态度，也是一种能力。学会与媒体打交道，关键要做到尊重、满足和宽容，需要增强为其服务的意识，需要充分尊重新闻传播规律，需要学会换位思考、宽容以待，只有这样才能使双方在平等、信任、尊重的基础上，彼此支持，良性互动。

二　中国石化媒体关系实践

企业只有建立畅通的媒体渠道，及时与媒体保持沟通，才能增进了解，进而有效传播信息，只有信息传播到位，才能消除信息不对称，构筑共同行

为的常识基础，才能消除误解，传递理性，增加理解和信任，才能矫正负面形象，强化客观正面形象。

对于企业而言，沟通渠道的重要性不亚于销售渠道。

（一）网格化覆盖式管理，全面建立媒体沟通渠道

中国石化新闻办从机构设置、制度管理等方面建立了网格化覆盖式的多种信息沟通渠道，从组织层面保障媒体沟通渠道的全面、畅通。机构设置方面，由新闻处对接中央及行业性的报纸、杂志、广播、电视媒体；由新媒体处对接网络媒体及各类新媒体；由海外处对接国际媒体，并借助国际知名公关公司的力量实现与外媒的无障碍沟通。制度管理上，有牵头人单位机制，总部新闻办负责与国家有关部门、中央媒体、大型商业网站以及境外重要媒体的沟通联络工作，公司总部指定的各省份对外宣传工作牵头单位负责与所在地方政府相关职能部门及当地主流媒体的沟通联络工作，另外还有详尽的《中国石化外宣管理考核办法》等行之有效的管理机制和体系，以此建立覆盖全面、决策科学、运转有序、指导有力的对外宣传工作体系，及时、主动、准确、权威地宣传集团公司改革发展情况，建立并维护与媒体的良好关系。

1. 建立牵头单位机制以提高沟通效率

为了更好地畅通媒体沟通渠道，中国石化新闻办于2010年建立起媒体沟通牵头单位制度，制订《中国石化新闻宣传牵头单位管理办法》。办法规定，集团宣传部（新闻办）负责联系协调中央部委和全国类媒体，在各省区市指定1户牵头企业负责联系协调当地部门和省区市类媒体，地市级以下媒体由所在地企业牵头负责。通过强化牵头单位属地管理责任，大大提高沟通效率效果，总部和下属企业可以各自发挥优势、集中精力、有所侧重。

新闻宣传牵头单位工作思路明确：围绕建设世界一流能源化工公司的总体目标，以"一盘棋、一条心、一股劲"为原则，充分发挥牵头单位的沟通协调作用，调动区域内所有企事业单位及其新闻宣传机构、专职宣传人员

以及网络宣传员的工作积极性，主动维护好区域内的中国石化品牌形象，为打造"世界一流"营造良好的舆论环境。

牵头单位主要有五项职责：协调沟通、公共关系、正面宣传、舆情应对、队伍建设。其中公共关系职责重在强化沟通，进一步巩固和提升媒体关系。

近年来，牵头单位按照"一盘棋、一条心、一股劲"的原则，根据片区实际和特点，整合企业、媒体资源，积极配合新闻办做好区域内对外宣传各项工作，不断强化各省份驻地企业在对外宣传上的整体合力，积极推进媒体公共关系管理、正面宣传策划、负面舆情应对与处置等各项工作，在捍卫中国石化形象方面发挥了独特的作用，为建设世界一流能源化工公司营造了良好的外部舆论环境。

牵头单位强化与媒体基于价值认同的信任关系，不断寻找和发现媒体和公司在新闻传播方面的价值共同点，做到善用媒体，不断完善更新各种媒体联络人员"信息库"，牵头整合区域内驻地企业的媒体资源，建立起同各个层次、各个方面，包括记者、编辑、总编、社长，主流媒体、非主流媒体，专家、分析员，甚至意见领袖等沟通联络的"路线图"。

不断加强日常沟通联系，主动结交朋友，密切保持同媒体从业人员等的日常联系，通过点点滴滴的工作不断积累感情，构建起长期信任关系。

通过举办媒体高端恳谈会、联谊会、媒体论坛、媒体开放日等活动，搭建各种与中央驻地媒体、当地主流媒体有效的沟通交流平台，加强联络、增进了解、储备媒体资源，努力创建和谐的舆论环境。

目前，中国石化总部层面经常联络媒体87家，记者近200人。牵头单位层面经常联络记者超过千人。

2. 新闻发言人成为有效沟通的桥梁

新闻发言人是公司的代言人，是沟通公司与利益相关者的桥梁，是公司形象的展示窗口，也是整个对外宣传队伍的核心力量。中国石化在完善总部新闻发言人制度的基础上，建立起二级新闻发言人制度，加强各企业新闻发言人制度建设，充分发挥企业新闻发言人以及地市新闻发言人的工作主动性和积极性，保证企业有专人对外权威发声，媒体遇到问题有人可询。

《中国石化对外宣传管理办法》对新闻发言人职责有明确要求，一是代表本单位对外发布信息；二是按照审定的新闻发布内容，审阅新闻通稿，确定宣传口径，向媒体通报信息；三是要正面、准确、有效地传播公司的声音，引导媒体正面宣传、报道公司情况，积极维护公司良好形象；四是组织重大新闻宣传报道活动；五是做好新闻危机处理工作；六是配合新闻办公室及各应急小组做好突发事件的新闻应对工作。

在当今媒介生态环境下，媒介的诉求已经市场化，新闻发言人通过传统的宣传方式实现舆论引导的效果将大打折扣。因此，新闻发言人必须提高自身素养，适应媒介商业化、全球化的形势，做舆论的引导者。

在实践中，大家不断摸索，总结出新闻发言人的三个境界："盾牌型"发言人平时不发声，一遇到攻击时，被动地应对，是道歉专业户。"喇叭型"发言人极富责任心，对企业忠心耿耿，平常千方百计地想办法多说企业好话，传递企业的好声音、正能量，这种境界已经做到化被动为主动，可以称之为积极的、负责任的新闻发言人。"桥梁型"发言人的定位是千方百计创造社企沟通的机会，能让社会了解企业，也让企业了解社会，既能扭转社会对企业的误解，增进了解，更能通过传递社会公众的意见来改进工作、改良企业文化。

桥梁型发言人可以培养。新闻办每年举行新闻发言人培训班，邀请权威培训机构对各级新闻发言人进行轮训，课程设置上既有理论讲解，又有仿真演练，越来越多的中国石化二级发言人逐渐成熟起来，面对媒体时能够应对自如、表达准确、恰到好处，真正成为一座座有效的沟通桥梁，发挥独特的作用。

此外，中国石化将发言人手机号向社会公布，并保证24小时开机，随时接受媒体垂询。总部发言人手机每月平均垂询量在10次以上，遇有重大事件时发言人手机被"打爆"也是常有的事。但不论是正面的还是负面的提问，中国石化发言人始终遵循"知之为知之，不知为不知"的准则，讲求真诚和真实，确保给记者提供的每个答案都准确可靠。

谣言止于智者，如今，媒体记者甚至会主动联系新闻发言人进行证伪，避免了很多不实信息的二次或多次传播，有效净化了舆论环境，这种媒体与发言人良性互动后发自内心的尊重和信任，对新闻发言人是一种极大的肯定和鼓励。

3. 持续"请进来"，扩大沟通范围

接受媒体采访是企业向公众传递信息、沟通情况、展示观点、树立形象最直接、最有效的途径。新闻记者作为社会的瞭望者，在不停地寻求着各种信息的来源，他们喜欢到第一线调查研究，到现场收集第一手信息资料。企业正好是新闻信息的"富矿"，可以利用这一特点，加强与社会公众的交流，扩大组织的影响。

围绕公司生产经营中心工作，中国石化组织了一系列"走进中国石化"活动，邀请媒体记者走进企业、了解企业，宣传中国石化带动当地经济、履行社会责任、造福社会百姓的重大举措和有效实践。持续的"请进来"活动，让中国石化报道了"好声音"，增加了"好朋友"。

企业在"走进中国石化"活动流程上积累了如下丰富的经验。

活动前精心策划、周密准备。在目前国际油价大跌的背景下，页岩气开发已经不是油气行业热点，如何挖掘新闻点、激发记者深入报道的兴趣成为活动面临的第一大挑战。为此，中国石化新闻办与油田事业部、江汉油田等多次对接，选取了中国石化开发页岩气凸显中国向清洁能源、绿色能源转型这一角度，吸引了记者的报道兴趣；随后，将关于涪陵气田的历次新闻通稿作为参考资料，提供给记者以便提前消化。除此之外，新闻办还协调多方制定了详尽细致的采访活动手册，为活动的顺利执行提供了参考。

活动中精细实施、贴心服务。登机、接机、入住、餐饮、车辆、采访路线、现场协调、送机，新闻办按照采访手册精细实施各个采访环节，不放过一个细节，力求使活动流程更加顺畅，细致周到的服务为良好的媒体关系打造奠定了基础。

活动后积极跟踪、确保效果。采访活动结束后，为确保采访获得积极成果，新闻办及时跟进，根据记者要求提供现场漏记的信息，补充细节材料，核实并校正现场获取的数据信息等，直至各媒体公开发表相关报道。

邀请国内媒体走进企业已不新鲜，但很多企业谈海外媒体而色变，大抵是因为海外媒体报道视角多以负面批评为主。其实外媒记者并不可怕，他们也有新闻职业道德，跟他们建立良好沟通关系，不仅有助于企业海外形象的传播，甚至有利于国家海外形象的提升。

2016年4月，荷兰《人民报》驻京记者致函新闻办，希望采访中国石化涪陵页岩气田。新闻办借此机会共邀请了4家国际媒体（《华尔街日报》《彭博商业周刊（中文版）》、法国《回声报》、荷兰《人民报》）8名记者赴涪陵页岩气田进行实地采访。有关中国石化成功开发涪陵页岩气的报道也陆续发表，涉及4家国际媒体的多个版面，包括《华尔街日报》亚洲版头版、美国版财经头版、网络版，《彭博商业周刊（中文版）》六个整版，法国《回声报》一个整版、两个网络版，荷兰《人民报》两个版等。报道内容积极正面，特别难能可贵的是，全世界影响力最大的财经报纸《华尔街日报》用3个版发表了中国石化成功开发页岩气的报道，内容非常积极正面，且配图有明显的中国石化标志。这是近年来中国石化在国际顶尖媒体上为数不多的专题正面报道，在国际同行中也不多见。此外，在美国大选期间中国经常"躺枪"的背景下发表，尤为难能可贵，提升了中国的国家形象。

如今"国际媒体看石化"采访报道活动已成为新闻办一项常态内容，深受外媒记者欢迎，目前已成功组织了7次活动。

2012年8月，中国石化和中国青年报社联合打造了一项全新的品牌活动——"全国大学生记者训练营"。活动面向海内外高校，通过海选方式选拔大学生记者深入中国石化基层一线岗位。五年来，活动先后组织了国内外87所高校近200名大学生记者深入中国石化一线进行体验走访，这个活动既传播了中国石化员工的苦乐与追求，也正面影响了年青一代的认知。从

“全国大学生记者训练营”中走出的青年学子，有的进入了新华社、中央电视台等媒体机构，有的加入了文化部、网信办等国家机关，他们正逐渐成为影响舆论的一股坚实力量。他们因为训练营的经历，必然对中国石化、对中央企业有更深的理解和更加深厚的感情。

4. 主动“走出去”引导媒体舆论

在做好“请进来”的同时，中国石化兼顾“走出去”，主动走访重点媒体，进行信息对接。这种主动拜访，使中国石化与媒体建立起了良好的互动关系。

中国石化是座新闻富矿，虽有负面舆情，更多的还是正面素材。新闻办定期会与媒体主动对接企业重要新闻线索，既了解媒体的报道计划和需求，也主动释放企业重大信息和独家新闻线索，吸引媒体的注意力，通过主动提供重要新闻线索，方便媒体早策划、早动手，多做好节目、多写好报道，帮助其提升价值。

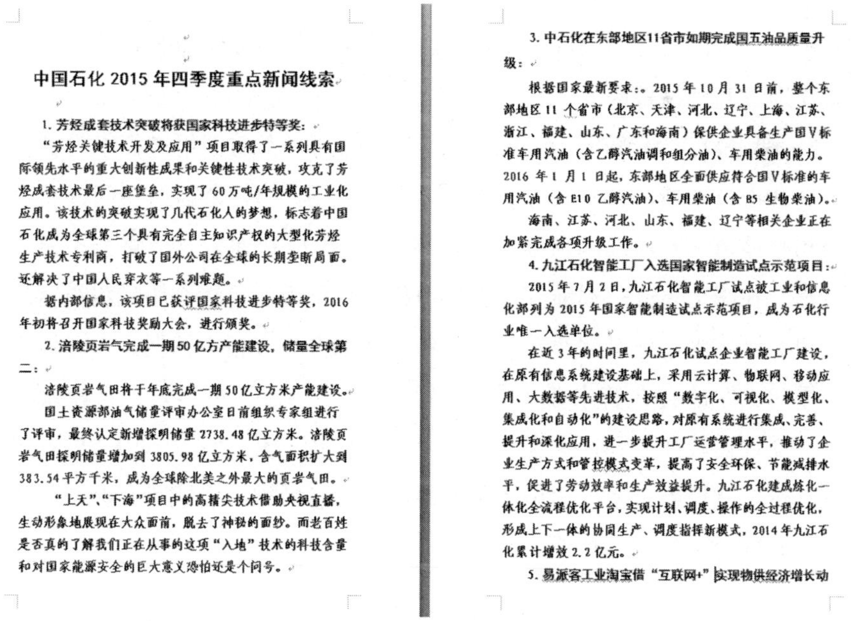

中国石化 2015 年四季度重点新闻线索

1. 芳烃成套技术突破将获国家科技进步特等奖：

“芳烃关键技术开发及应用”项目取得了一系列具有国际领先水平的重大创新性成果和关键性技术突破，攻克了芳烃成套技术最后一座堡垒，实现了 60 万吨/年规模的工业化应用。该技术的突破实现了几代石化人的梦想，标志着中国石化成为全球第三个具有完全自主知识产权的大型化芳烃生产技术专利商，打破了国外公司在全球的长期垄断局面。还解决了中国人民穿衣等一系列难题。

据内部信息，该项目已获评国家科技进步特等奖，2016 年初将召开国家科技奖励大会，进行颁奖。

2. 涪陵页岩气完成一期 50 亿方产能建设，储量全球第二：

涪陵页岩气田将于年底完成一期 50 亿立方米产能建设。

国土资源部油气储量评审办公室日前组织专家组进行了评审，最终认定新增探明储量 2738.48 亿立方米。涪陵页岩气田探明储量增加到 3805.98 亿立方米，含气面积扩大到 383.54 平方千米，成为全球除北美之外最大的页岩气田。

“上天”、“下海”项目中的高精尖技术借助央视直播，生动形象地展现在大众面前，脱去了神秘的面纱。而老百姓是否真的了解我们正在从事的这项“入地”技术的科技含量和对国家能源安全的巨大意义恐怕还是个问号。

3. 中石化在东部地区11省市如期完成国五油品质量升级：

根据国家最新要求：。2015 年 10 月 31 日前，整个东部地区 11 个省市（北京、天津、河北、辽宁、上海、江苏、浙江、福建、山东、广东和海南）保供企业具备生产国Ⅴ标准车用汽油（含乙醇汽油调和组分油）、车用柴油的能力。2016 年 1 月 1 日起，东部地区全面供应符合国Ⅴ标准的车用汽油（含 E10 乙醇汽油）、车用柴油（含 B5 生物柴油）。

海南、江苏、河北、山东、福建、辽宁等相关企业正在加紧完成各项升级工作。

4. 九江石化智能工厂入选国家智能制造试点示范项目：

2015 年 7 月 2 日，九江石化智能工厂试点被工业和信息化部列为 2015 年国家智能制造试点示范项目，成为石化行业唯一入选单位。

在近 3 年的时间里，九江石化试点企业智能工厂建设，在原有信息系统建设基础上，采用云计算、物联网、移动应用、大数据等先进技术，按照“数字化、可视化、模型化、集成化和自动化”的建设思路，对原有系统进行集成、完善、提升和深化应用，进一步提升工厂运营管理水平，推动了企业生产方式和管控模式变革，提高了安全环保、节能减排水平，促进了劳动效率和生产效益提升。九江石化建成炼化一体化全流程优化平台，实现计划、调度、操作的全过程优化，形成上下一体的协同生产、调度指挥新模式，2014 年九江石化累计增效 2.2 亿元。

5. 易派客工业淘宝借“互联网+”实现物供经济增长动

图 1　中国石化重点新闻线索

除了国内媒体，新闻办还通过拜访路透社、彭博社等国际媒体驻华代表处，加深了解，加强交流，引导境外媒体舆论。

近年来，中国石化新闻发言人吕大鹏主动拜访了彭博社、路透社、《金融时报》等新闻机构驻京办事处，参加了外交部组织的新春招待会等活动，和《南华早报》《日经新闻》、KBS、《联合早报》、法新社、美联社等新闻机构建立了联系。

2014~2016年，中国石化新闻办答复国际媒体询问近300人次，举办7次"国际媒体看石化"活动，邀请到50余名外媒记者参加媒体沟通会或新闻发布会。中国石化初步建立起涵盖60家驻境内和香港的国际媒体总编、编辑和记者的关系网络。

5. 用好微信群缩短沟通途径

新闻办积极利用新媒体途径广交朋友，碧水蓝天合唱团微信群目前拥有行业专家、跑口记者200余人，是新闻办受理媒体采访申请、推送报道线索和传播亮点、发布新闻通稿和素材、加强同媒体记者的日常联络沟通的一条重要渠道。中国石化借助其主动向记者"喂料"，积极传递企业信息，受到记者欢迎，互动性极高。

"一带一路"高峰论坛前夕，新闻办考虑到峰会前期报道需求，提前向相关企业下发了新闻素材收集通知，收到各类素材60余篇，新闻办将其按照公司整体情况及沿线国别分别编辑了8期63篇新闻素材，踩准节奏，借势传播，在峰会召开一周前开始在群里推送，记者发完稿会主动将链接分享在群里，既扩大了作品阅读范围，又便于新闻办掌握报道情况，一举两得。

平时大家还会在碧水蓝天合唱团群里分享信息、过生日、送祝福、答疑，互动性比较高。利用这个新媒体平台，中国石化大大方便了媒体报道。现在，这个微信群已经成为记者依赖的获取信息的方式，成为企业与媒体间的一座有效的信息沟通桥梁。

（二）"以他人为目的"做好媒体服务

清华大学李希光教授曾说过，要学会为记者服务，给记者提供帮助也是在帮助自己，相反妨碍记者也就是在妨碍自己。企业要学会利用二者间的需求关系，借助媒体平台说自己想说的话，做自己想做的事。

1. 让专业的人提供专业的服务

掌握新闻特征和写作技巧，进行精准叙事，对新闻传播至关重要。如果外宣人员能够了解编辑和记者眼中的新闻是什么样子，就能为公司的新闻策划和传播提供指引，以新闻工作者的思维方式去组织新闻素材、撰写新闻稿件，就能更准确地投其所好，更容易引起编辑和记者的注意，使其按照有利于公司的框架进行报道。

新闻办是中国石化重要信息的集散中心和传播枢纽，是中国石化的新闻发布大厅，肩负集团层面新闻活动策划、新闻通稿撰写与发布、舆论引导等重要职责。精通新闻才能胜任新闻处的工作，因此，在人员配备上，中国石化选拔了一批拥有深厚学科背景和丰富实践经验、懂新闻传播规律、有较强新闻敏感性、熟悉集团业务流程和企业概况的工作人员，大大降低了媒体与企业的沟通成本，在为媒体提供精准服务的过程中发挥了重要作用，受到媒体记者的好评。

2. 以高质量的新闻通稿主动"喂媒"

核心信息质量高，才能引导舆论，高质量的新闻通稿及素材是成功传播的基础和关键。媒体记者最需要的是有价值的新闻，这点对企业来说并不难，项目合作签署协议、重大项目开工、重要节点、科技创新突破、节能环保模式等都能做出好新闻。重点和难点是新闻通稿的撰写和新闻素材的准备。

并不是所有的媒体都有行业条线的跑口记者，并且每个记者身上肩负的采访任务繁重、时间和精力有限。因此，企业新闻通稿的质量，直接关乎记者会不会、愿不愿意编发，所以新闻办非常重视新闻通稿的准备，力争把标题、副标题、导语、段落小标题都当作重点来做。具体来说有以下五点：①想方设法起个好标题。②精心提炼小标题。③让专业问题深入浅出。④提炼观点金句便于传播。⑤新闻素材丰富翔实。

图2 中国石化"混改"的系列通稿标题被媒体原题引用

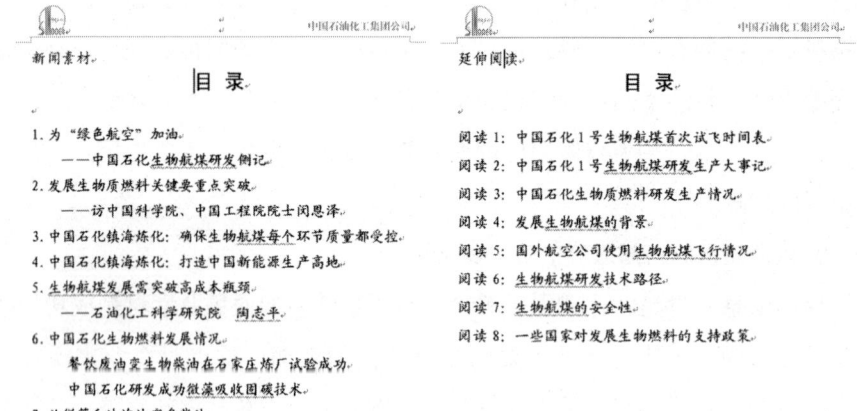

图3 新闻办准备的丰富翔实的新闻素材和延伸阅读

（三）与媒体良性互动实现互惠共赢

一段良好关系的本质在于共赢。企业和媒体可以选择更深层次的合作，共同策划企媒合作。企业可以为媒体提供独家、优质新闻线索和首发优势，也可以利用企业丰富的新闻和专家资源帮助跑口记者多做好节目、多写好文章，成为专家型记者。

1. 善于同媒体共同策划

不同类型的媒体性质不同、定位不同、内容要求不同、发布形式不同，因此媒体的关注点就不同。在"善待媒体"的基础上，新闻办逐步探索"善用媒体"的方式。根据不同媒体的特点和优势，创新媒体合作方式，甄选出有策划实力的媒体深度合作，效果良好。

根据不同事件，新闻办结合媒体属性和强项，有针对性地为媒体设置议题，进而有针对性地提供信息、线索并一同做好新闻策划和独家发布。由于中国石化的行业地位，很多信息都是行业层面甚至国家层面的重大信息，媒体愿意参与这种策划。通过这样的合作，企业的重大信息得以深度、全面发掘，媒体拿到独家信息，发挥了自身优势，企业和媒体在这种合作中获得双赢。

（1）用好犀利的财经媒体。在中国石化"混改"项目传播中，新闻办考虑这次重组改革备受国内外资本市场高度关注，就充分发挥财经证券类媒体的独特传播优势，策划专题、深度解读。在引资重大节点之前提前沟通、安排专访，还协调了财经媒体对海尔、嘉实基金等合作伙伴的采访，效果非常好。

（2）利用新技术实现移动互联网病毒式传播。2017年"情暖驿站"公益活动期间，中国石化新闻办全面升级传播方案，结合互联网传播新形势和新技术，沟通联系《新京报》、光明网、人民网、南方网、触电新闻和壹直播，进行航拍和直播，实现6平台同步直播、全面覆盖，在线观众超过1300万。其中《新京报》进行了三天上万千米的跟拍，对活动进行滚动视频直播，在线观众超过750万。

中国石化新闻办还联合中新网、新华网、人民网、南方网等新闻门户网站，利用其新媒体平台发布小视频、感人图片等温暖人心的冲击性镜头，覆盖人群达到5000余万，其中"父母骑摩托带女儿返乡，出发前的这段视频看哭了"小视频播放量达1453万，实现活动的软性传播。

新闻办还积极利用微博、微信、H5等新媒体进行活动预热、传播，开展"爱心接力""感人瞬间·温暖回家路"等随手拍征集等线上互动活动，

图4 财新《新世纪》周刊封面文章截图

并通过短视频、H5等新媒体方式,进一步扩大活动影响面,受到网民欢迎。据统计,与活动有关的微博2万多条,吸引了超过22万网友参与,阅读量过亿,极大提高活动的参与度和影响力。

2. 沟通会帮助跑口记者快速成长

媒体沟通是一个组合拳。当企业没有明确交流主题,只是想邀请媒体探讨各自需求,比如企业需要怎样宣传,媒体需要怎样的新闻信息,这时可以组织媒体恳谈会。当企业想要向媒体透露已开展或准备开展的工作,请求媒体在新闻宣传上予以指导和帮助,可以邀请媒体来参加媒体通气会。还有中国石化新闻办创新实践的一种——媒体沟通会。

如果媒体不了解企业,公众更不会了解。中国石化新闻办通过召开沟通会，帮助媒体了解公司，为媒体提供更广阔的视角和报道格局。考虑到记者采访任务重，人员更替频繁，年轻记者较多，文科背景为主等特点，新闻办主动迎合媒体记者对热点、难点问题的关切，不回避、不躲闪，每月策划媒体沟通会，回应记者关切，利用系统内的专家资源，邀请专家进行专题讲座，坦诚交流。中国石化新闻办事先跟记者约定好不做报道，这个规定既保证了专家在讲解时没有后顾之忧，又帮助记者丰富了背景知识储备，为其关注重大事件和热点事件提供了有益借鉴和专业视角，提升了专业素养，对媒体客观、理性了解和把握行业发展的客观规律，长远影响公众认知、增进理解和信任、客观理性传播做了有益铺垫，受到媒体热烈欢迎。

在实践中，新闻办不断完善沟通会，既邀请系统内的相关专业人士讲解，也邀请了外部资深人士参与沟通会，这样既保证了对问题解读的专业性和权威性，也确保了观点的客观性和全面性，形成了"石化问题，专家解读"的第三方视角。会上专家、评论员、记者之间往往会碰撞出思想的火花，收到意想不到的沟通效果。

三 借助媒体监督改进工作、改善管理、改良文化

如何看待媒体监督，认识不同、思路不同，结果大不一样。以前，中国石化或是"两耳不闻窗外事，一心闭门办企业"，或是把媒体监督放到对立面上，"兵来将挡""水来土掩"，双方都很辛苦。要解决这个问题，首先要转变观念，要真诚地欢迎媒体监督。

企业既要经得起媒体的表扬，更要能听得进媒体的批评。关上门办企业的时代一去不复返，自媒体时代，企业要转变理念，要习惯在舆论监督和约束下工作，不惧怕批评和指责，而要善于借用媒体的力量、媒体的批评来改进工作、改善管理、改良文化，不断提升公司服务社会、服务人民的能力和水平。

（一）召开年度媒体座谈会与记者恳谈

春节前后，中国石化会把新春联谊会、意见征求会合在一起召开一次媒

体年度座谈会，一是感谢媒体记者的支持，二是征求媒体记者对中国石化改革发展和传播工作的意见和建议，并以此推动公司的改革发展。这是全年规模最大的媒体座谈会，更是与媒体记者进行情感沟通和寻求价值认同的良好机会，新闻办会邀请公司董事长和分管宣传工作的党组领导出席座谈会并为媒体颁奖。

座谈会以表彰社会新闻媒体中的"十大最具影响力报道""十大最具建设性报道"和请媒体记者对中国石化改革、管理、文化和形象塑造"提意见、提建议"的"双提"活动为主要内容，达到以开放胸怀和低调姿态欢迎媒体记者对中国石化积极批评监督，从而以外部监督促进内部改革提升的目的。

来自人民日报社、新华社、中央电视台等近50家媒体的记者参加座谈，并从石油石化行业和新闻传播专业角度，就中国石化可持续发展、改革管理和形象塑造等提出宝贵的意见和建议。而中国石化集团公司领导也会同记者进行诚恳交流，并对媒体对中国石化的关心、监督、帮助甚至批评表示感谢。

忠言逆耳利于行，良药苦口利于病。批评并不可怕，很多时候，恰恰是"旁观者清"的媒体提出了宝贵的批评意见，才使企业发现了问题，进而避免了更大更多问题的发生。

（二）舆情闭环管理使监督发挥实效

近两年，中国石化深化"七分舆情处置、三分制度改进"的理念，多措并举做好舆情处置工作，并探索利用舆情管理来"改进工作、改善管理、改良文化"，实现"毒药变良药"，使舆情管理服务于生产经营中心工作。

中国石化按照"信息界定分类、舆情分级反馈、事项逐级批转、问题逐步改善"的流程，对舆情信息进行科学分类，将确实对公司管理有效的监督、建议类舆情纳入闭环管理流程，并分成"企业、宣传部（事业部）、党组领导"三个层级分发、处置，企业和部门对批转事项改进落实情况及时反馈，最终实现通过舆情推动公司管理持续改进的目标。

舆情闭环管理工作表单					编号：08-09	
舆情名称	保定市工商局抽检加油站车用尿素不合格			应对口径	及储存环境有关，实际情况以第三方出具的权威检测报告为准。此次抽检不合格发生后，河北石油和悦泰公司一直在向工商部门申请复检，目前还正在沟通中。	
时间地点	2017年8月16日 河北保定	涉及企业	河北石油 悦泰公司			
舆情类型	产品质量类	风险评级	一般级		备用：天津悦泰石化科技有限公司对此高度重视，给消费者带来的不便深表歉意。经了解，此次抽检的车用尿素水溶液不合格为偶发事件，与工艺及储存环境有关。河北石油和悦泰公司已经向当地工商部门申请复检。同时，针对该批次车用尿素及其他车用添加剂，中国石化销售公司已经要求各相关加油站通过第三方进行抽检，防止同类情况再次发生。	
舆情描述	保定市工商局于今年4月对全市流通领域车用尿素、燃油宝、车用机油进行抽检，河北石油公司保定兴昆高速定兴服务区东加油站被抽检的标称天津悦泰石化科技有限公司所生产的车用尿素水溶液不合格。8月16日，中国网报道了抽检保定加油站车用尿素抽检不合格的情况。在网络媒体少量转载。如不及时处理，受"2+26"政策影响，将导致舆情升级。					
				处置情况	舆情曝出后，涉及范围小，传播在可控范围内，未出现恶性事件。制订口径备用，未回应。	
				批示情况		
实际情况	受"2+26"政策影响，保定市工商局于今年四月对加油站尾气处理液检查中，发现车用尿素不合格的情况，河北石油和悦泰公司高度重视，一直在与政府部门进行沟通处理。经初步了解，产品出现质量问题为偶发事件，或与工艺			闭环管理效果	销售公司向全系统下发《关于加强尾气处理液质量控制的通知》(8月21日)，要求各省非油品部门和悦泰公司对各站尾气处理液进行全项检测，加强仓储、存放管理，从管理上杜绝同类事情再次发生，起到很好的闭环管理效果。	

图5 中国石化舆情闭环管理表单

此外，中国石化新闻办每月对企业舆情进行分析研究，整理需要重点解决的问题，为党组分管领导决策提供参考，推动相关部门落实整改；同时做好年度分析研究，通过数据化分析，找准利用舆情工作"闭环管理"中存在的倾向性、关键性问题，报送党组分管领导决策参考，推进问题的解决。

四 结语

通过持续地座谈交流、参观采访、合作研究、日常微信群交流等各种形式的沟通，媒体已经越来越理解中国石化，也为企业发展提供了很多有价值的意见和建议。

在公司成立三十年的报道中，媒体主动与中国石化新闻办联系沟通，在7月12日当天各家的重要版面上，刊发了一系列文章，和石化人一起见证了中国石化30年的骄傲与荣光；在普光气田获国家科技进步一等奖、渤海战冰凌、生物航煤首次试飞成功，炼化工程赴港上市的传播中，媒体不断在企业公司前进的征程上呐喊助威、点赞加油。在碧水蓝天计划和油品质量升级的传播上，媒体围绕遍布全国的中国石化各家炼厂、加油站的碧水蓝天计划和成品油质量升级，声音此起彼伏，凸显了公司高度负责任的企业形象；在雾霾天气与油品质量的舆论中，主动站出来客观公正地写文章。尤其是在"11·22"黄岛输油管道爆炸事故中，很多媒体能够客观冷静地探究事实真相，追问事故疑点，表现出很高的职业素养，令人敬佩。

随着媒介环境的变化，融媒体、人工智能、中央厨房等新生事物对媒体和企业都提出了新的要求，企业需要在调适中寻求新的平衡点，媒体关系管理没有最好，只有更好。

B.8
企业政府关系：国之重器，共担共赢

清华大学新闻传播学院*

摘　要： 企业是国民经济的"细胞"，良好的企业政府关系，可以改善企业在政府中的形象，争取政府的认可、好感，进而获得政府对企业的政策支持和资源倾斜。本文结合中国建筑工程总公司的政府公共关系实践，梳理并总结了中国建筑企业政府关系的现状、发展趋势和特点，提出企业尤其是央企，作为国之重器，应当积极共担相关社会责任，构建企业与政府间的双向共赢关系。

关键词： 企业政府关系　公共关系　共担共赢

一　国之重器，与政府部门责任共担，利益共赢

（一）政治责任引领、经济责任立本、社会责任立德，中国建筑勇担三大责任赢得政府认同

中国建筑工程总公司（简称"中国建筑"）正式组建于1982年，是我国专业化发展最久、市场化经营最早、一体化程度最高、全球排名第一的投

---

* 本文主编为胡钰，清华大学新闻传播学院党委书记、教授。执笔人：邵华冬，中国传媒大学广告学院危机管理研究所所长、副教授；周静，中国建筑工程总公司企业文化部副主任；吴琦，中国建筑工程总公司企业文化部高级经理；李智，中国建筑工程总公司企业文化部业务经理。

资建设集团，也是我国建筑领域唯一一家由中央直接管理的国有重要骨干企业。居《财富》"世界500强"第24位，中国500强第3位，全球品牌价值500强第44位，国务院国资委连续7年经营业绩考核A级。获得标普、穆迪、惠誉等国际三大评级机构信用评级A级，为全球建筑行业最高信用评级。在房屋建筑工程、基础设施建设与投资、房地产开发与投资、勘察设计、国际工程承包五大领域居行业领先地位。中国建筑致力于成为最具国际竞争力的投资建设集团。

中国建筑通过政治责任引领、经济责任立本、社会责任立德，勇担三大责任赢得政府认同。

首先，在政治责任、经济责任、社会责任三大责任承担中，中国建筑确立了政治责任引领的核心原则。作为中央企业，中国建筑必须确保政治责任的优先担当与践行。近年来，中国建筑积极响应国家提出的新城镇化建设战略，打造可持续智慧城市；积极融入建设长江经济带等区域发展战略，带动区域和地方经济快速发展；全力践行"一带一路"倡议，拓展海外市场业务，海外市场业务占比稳步增长；河北雄安新区战略提出后，中国建筑以实际行动积极响应政府号召，践行央企应尽的政治责任；更圆满完成了杭州G20峰会会场、敦煌文博会主场馆、俄罗斯中共六大会址古建修复等党和国家交付的重要任务，获得国家、地方政府和国际社会的高度赞扬。

其次，作为企业，中国建筑还需要以践行经济责任为根本，切实创造经济效益，履行基本经济责任，为促进国家经济、产业良好发展做出切实贡献。2017年，在全球经济复苏乏力、中国经济进入新常态的情况下，中国建筑克服种种困难，积极开拓创新，实现了新签合同额、营业收入、利润总额等主要经济指标全部同比增长，尤其是基础设施、海外业务取得大幅度增长。

最后，中国建筑作为深受党和人民重托的中央企业，始终注重在政府关系建设中，立德明道，主动承担符合企业发展特色的社会责任，实现企业、社会、政府之间的共赢。中国建筑以"品质保障，价值创造"作为企业核心价值观，以诚信、创新、超越、共赢的企业精神，实现"拓展幸福空间"

企业政府关系：国之重器，共担共赢

中共"六大"会址常设展览馆（修复前）

中共"六大"会址常设展览馆（修复后）

图1　中建一局修复俄罗斯中共六大会址获得俄罗斯政府高度赞扬

的企业使命，并以《中建信条》为载体，从"责任根植文化、文化引领责任"的视角构筑企业责任文化，积极践行企业社会责任（参见表1）。

（二）作为党和国家最可依靠的力量，中国建筑担当政治责任，以主动作为践行国家战略

2017年4月，国家建设雄安新区战略一提出，中国建筑积极落实习近平

表1　中国建筑企业社会责任相关绩效

类别	指标	2014年	2015年	2016年
社会	员工总人数(人)	238079	241474	255878
	女性员工比例(%)	21.4	21.5	20.3
	女性管理者比例(%)	20.3	21.5	20.3
	合同签订率(%)	100	100	100
	员工流失率(%)	6.8	7.2	6.6
	残疾人雇用率(%)	1.7	1.7	1.7
	社会保障覆盖率(%)	100	100	100
	带薪休假制度覆盖率(%)	100	100	100
	工会建会率(%)	98	98	98
	员工入会率(%)	99	99	99
	员工培训投入(亿元)	2.3	2.7	3.3
	员工培训人次(人次)	487586	507658	517819
	大客户合同履约率(%)	100	100	100
	分包商培训投入(万元)	22850	22323	23918
	分包商培训人次(万人次)	122	119	120
	国际专利授权(项)	2336	2723	2927
	亿元产值死亡率(%)	0.003	0.002	0.003
	对外捐赠金额(万元)	4262	4800	>4800
	志愿者活动次数	>3300	>3500	>3600
	累积志愿服务时间(万小时)	>10	>10	>10
环境	环保总投入(万元)	3179	3678	4180
	新建项目环评通过率(%)	100	100	100
	环保培训人次	>5000	>7500	>7000
	万元营业收入综合能耗(吨标煤)	0.070	0.067	0.0501
	万元增加值综合能耗(吨标煤)	0.2371	0.2987	0.3074
	大宗材料绿色采购比例	100	100	100

总书记的讲话精神和中央决策部署。中国建筑认识到，河北雄安新区是以习近平同志为核心的党中央做出的重大历史性战略选择，是继深圳经济特区和上海浦东新区之后又一具有全国意义的新区，是千年大计、国家大事，对于集中疏解北京非首都功能、探索人口经济密集地区优化开发新模式、调整优化京津冀城市布局和空间结构、培育创新驱动发展新引擎，具有重大现实意

义和深远历史意义。中国建筑作为中央直接管理的国有重要骨干企业和我国投资建设领域排头兵,力求抓住这一千载难逢的历史机遇,着力发挥自身产业链条完善,资源要素齐全,能够为我国新型城镇化建设提供一揽子服务的比较优势,责无旁贷、全力以赴深度参与雄安新区建设,将其作为当前及长远一项重大政治任务切实抓紧抓好、抓常抓长。

作为第一家与河北省主要领导商讨参与新区规划建设的建筑央企,中国建筑主动拜访河北省委省政府,就加强雄安新区战略合作进行会谈。表示以企业最高端资源、最优秀产能,在供给端全面对接好新区规划建设需求,深度参与雄安新区建设并勇为主力、争当先锋。充分体现央企的政治高度和政治自觉。获得河北省委省政府高度赞许,表示欢迎和支持中国建筑参与雄安新区建设。中建各子企业相继在雄安新区建立总部,紧跟、融入、服务国家重大战略,积极投身雄安新区建设的重要部署。

此外,PPP 是中国新一轮城镇化建设中的重大改革举措,2013 年中国政府明确指出,推广 PPP 模式是适应国家治理现代化要求、适应市场起决定性作用要求、适应加快转变政府职能要求、适应建立现代财政制度要求和适应推动城镇化健康发展要求的一项重大改革举措。同时,PPP 特许经营方式已成为如法罗里奥、万喜等国际知名大承包商业务常年保持稳定增长的关键因素和主要利润来源。

中国建筑作为建筑行业唯一一家中管企业,同时作为全球最大投资建设集团,积极紧跟国家政策导向,融入和服务国家发展战略,担当政治责任,充分发挥自身资源优势,以全产业链能力提供全领域、全过程、全要素服务,投资建设了一大批关乎国计民生的重点 PPP 项目。2016 年中国建筑年度投资额约 2000 亿元,"十三五"期间计划投资额逾万亿元。其中,中国建筑作为国内管廊建设领跑者,投资建造了中国 1/3 的城市综合管廊,其中包括国内总公里数最长、单笔投资额最大、智慧程度最高的西安城市综合管廊 PPP 项目。近年来,中国建筑在城市轨道交通、国家及地方高速公路、新型城镇化建设、棚户区改造、工业园区建设、生态环境综合治理等领域投资建造了一大批代表项目,完善了当地基础设施,有效带动地方经济发展,彰显央企责任担当。

（三）经济新常态下，中国建筑主动融入国家发展战略，力保增长以夯实基本经济责任

在经济新常态下，企业运营压力增大，中国建筑积极响应国务院国资委从"保增长"到"稳增长"的战略调整，主动融入国家发展战略，中国建筑继续保持健康快速的发展势头，以优异的经营业绩为国民经济健康发展和地方经济持续繁荣做出积极贡献，夯实企业基本经济基础。2016年中国建筑实现"十三五"开门红，全面超额完成上级下达的稳增长任务，在102家中央企业中，营业收入名列第4位，利润总额名列第5位。与同业央企相比，继续保持全面领先。这得益于中国建筑在改革发展中，始终担当政治和经济责任，主动融入国家发展战略，紧紧围绕党中央国务院的相关指导要求、外部宏观经济走势和当前社会投资热点等制定企业发展战略。

2013年"一带一路"倡议提出以来，中国建筑响应号召，明确提出要做践行"一带一路"倡议的代表者和领先者，成为实现投资、建设、运营一体化价值链的组织者和领导者。2016年，在"一带一路"倡议带动下，中国建筑海外营业收入首次突破百亿美元，海外经营又上了一个大台阶。

（四）响应政府号召，立德明道，积极践行企业社会责任

随着我国深化改革的持续推进，转变经济发展方式成为可持续发展的关键点，我国政府逐步认识到以往唯GDP导向的发展思维已经禁锢了经济发展方式转变，政府的GDP核算方式也经历了传统GDP、绿色GDP到可持续发展GDP的演变过程。① 在可持续发展GDP导向的影响之下，政府的公共利益诉求适应时代发展发生转变。在经济增长之外，政府将能源、资源、气候、环境等自然因素与人民群众的物质文化生活需要、幸福指数等人文因素纳入可持续发展GDP考核范围中来。中国建筑在处理与政府的关系中充分

---

① 李辉：《GDP核算方式的演变——从传统GDP、绿色GDP到可持续发展的GDP》，《内蒙古科技与经济》2006年第23期。

认识到这一变化，不仅努力保证自己在经济增长上的贡献，还积极响应政府号召，立德明道，持续加大自身在环保、公益慈善等社会责任履行上的贡献。近年来，中国建筑积极探索绿色产业链体系建设，把绿色建造理念延伸到员工、项目和利益相关方，全力打造企业的"绿色竞争力"。2016年环保总投入达到4180万元。中国建筑还建立了环境管理组织体系，成立以主要领导为组长、相关部门负责人为组员的环境管理领导小组，设立市场与项目管理部为环境主管部门，配备专职环境管理人员；建立完善的制度体系，制定节能管理办法与手册，规范公司环境管理行为；将环境目标纳入年度经营管理考核项目，通过激励与惩罚推进环境管理工作。

世界上最长的山地自行车健身道及旅游公路贵州遵义赤水河谷旅游公路，中建四局在建设过程始终按照最大限度保护、最低限度破坏理念，坚持生态保护、资源节约。在建好的山地自行车道和汽车公路两旁，对施工中"不得不被揭开的植被"，以及原来裸露的地表部分，进行"绿化建设"，美化当地生态环境。据不完全统计，项目共计清理砾土35万立方米，种绿草面积70万平方米，栽花200多万株，栽植竹子12000笼，栽种榕树、黄桷树、红叶李、桂花树、乔木、红枫等树6万余棵（株），耗资约3亿元。

中国建筑还积极开展环保宣传，提升公众环保意识，引导公众绿色消费。以地球一小时"为蓝生活"主题活动为例（见图2）。2016年3月11日，中国建筑下属中海商业地产整合旗下中海系运营中甲级写字楼、环宇城购物中心项目，全面参与地球一小时"为蓝生活"主题活动，以地球一小时公益行动为主轴，先后在北京、沈阳、济南、青岛、上海、南京、武汉、西安、成都等九座城市举办环保接力与联动活动，通过开展城市环保象征物征集、写字楼环保回收站试点、垂直公益跑、环保众筹、环保公益站、环保画展、环保问卷调查等一系列活动，向合作伙伴、客户及公众宣传环保、低碳、可持续的工作及生活方式，吸引了超过200家媒体报道转载。

2017年，中建六局参加国务院国资委与西藏自治区人民政府共同举办的"央企助力富民兴藏"活动，积极投身西藏经济社会建设，进一步加大

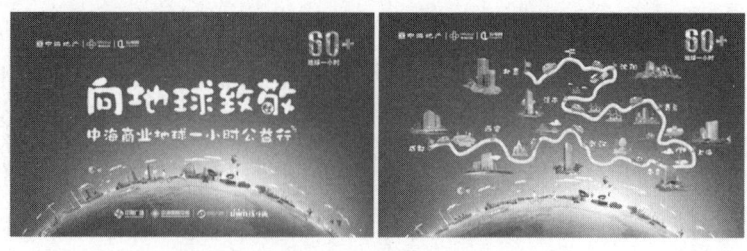

图2　中国建筑旗下中海地产的"向地球致敬"活动

援藏建藏的力度,同时,全力抓好项目落地,继续承担社会责任,在"助力精准扶贫""带动产业发展""促进观念转变"方面为西藏持续健康发展做出贡献。

"消除贫困"一直是党和国家高度重视的问题,中国建筑公司领导高度重视精准扶贫工作。公司党组于2016年初通过《关于推进定点扶贫工作的议案》,明确扶贫工作方向。在实践上,中国建筑形成了自身扶贫工作的四大特色:第一,教育为先,扶贫须扶智。通过捐建学校、提供学习设施和用品等方式,帮助贫困地区儿童提升文化水平,减少贫困代际传递的现象。2016年,公司为甘肃省康乐县城南村援建城南小学,解决当地适龄儿童入学难问题。第二,文化扶贫,打造精神家园。中国建筑以文化建设为突破口,出资56万元,为卓尼县纳浪村修建文化广场;投资60万元,为康县大水沟村修建村民活动中心,开展精神扶贫工作。第三,产业扶贫"输血"兼"造血"。根据贫困地区自然人文条件,投入旅游扶贫资金,推动当地旅游产业发展。2016年,在康县王坝镇何家庄村投入218万元建设景观桥、人工湖、景观水磨、廊亭等旅游设施,为发展旅游产业打下基础。第四,民生为本、重在惠民。从老百姓"所急所需所盼"入手,在扶贫项目选择中向民生工程倾斜。2016年,在卓尼县木耳镇吾固村投入300万元,建设河堤、道路、停车场等基础设施,建设村级综合服务中心、厕所等公共服务设施,扶持农(藏)家乐等富民产业。同时投入资金91.26万元在康县开展"救急难"医疗救助扶贫工作,救助因病致贫特困人员169人。

二 中国建筑"内外共襄"助力政府关系建设

在通过政治责任挂帅、经济责任立本、社会责任立德，积极开展与政府部门的关系建设中，中国建筑还通过"内外共襄"推动政府关系建设。其中，对外，以把握政府需求、践行民心工程为根本，以配合协会工作、与行业权威与社会贤达建立广泛联系沟通为补充；对内，以提高员工就业和相关福利待遇为根本，带领500万农民工及家庭奔小康，加快推动政府关系专业队伍建设。

（一）积极践行民心工程、促进和带动地方经济发展，建立良性政府关系

企业有效建设政府关系的核心是谋求"政府需求"与"企业需求"的双赢。中海地产作为中国建筑旗下企业，充分发挥自身房地产开发专业优势，以北京市石景山区北辛安棚户区改造项目为契机，在项目发展的全过程，心系民生，倾力创建和维护与政府的高效合作关系，取得了丰硕的成果。因项目开发规模巨大，整体项目规划复杂，项目业务链条涉及一级、二级开发各环节，所以项目审批推进过程中与政府搭接环节繁多，涉及区级、市级、政法系统等三十余家政府部门。

项目开发周期长，项目体量大，在政企关系管理上，中海地产注重策划，以求得对项目整体的前瞻性、系统性管理。在具体管理行为上，中海地产注重以民生为出发点推进各项工作开展。政企合作心系民生，将北辛安棚改项目打造成让政府放心、百姓满意的民心工程、精品工程，是政企合作成功的纽带和焦点。在前期的征地工作中，石景山区政府积极履行政府服务民生职能，与企业共同解决复杂的土地纠纷与历史遗留问题，每周与中海地产召开相关工作专题协调会，合力推进项目问题的解决。在项目整体规划设计工作中，中海作为整个项目的实施主体，主动融入海绵城市、绿色建筑等先进理念，并以全面升级提升片区产业水平、人居水平为

出发点,充分考虑未来项目建成后市民的商务、休闲、购物、换乘等各方面综合需求,彰显了中海作为央企的企业社会责任担当与全程实施方的差异化优势。

（二）顺应政府柔性服务角色转化,积极建言献策,推动产业健康发展

在现代治理理念下的政企关系中,政府部门也开始了从"为民做主"到"为民服务"的思维转变,从强调管理和控制的家长式思维走向注重理顺关系的柔性服务思维。2016年5月9日,李克强总理在《政府工作报告》中提出持续推进简化政权、放管结合、优化服务,不断提高政府职能的意见,并在2017年6月全国深化简政放权放管集合优化服务改革电视电话会议上继续强调,本届政府紧紧围绕处理好政府与市场关系,始终抓住"放、管、服"改革这一牛鼻子,坚韧不拔地推进这一"牵一发动全身"的改革,加快政府职能转变。①

政府职能的这一转变,给中国企业建设科学、规范、健康的政府公共关系提供了更加宽松、有利的外部环境。中国建筑也在适应政府职能转变,积极同相关政府部门就建筑产业领域发展的现状和问题进行沟通、汇报,为政府顺利实现柔性服务角色转换提供支持。如中国建筑旗下的中建方程公司,其本身是一家新型城镇化投资公司,但其在开展业务运营的同时,还结合实践经验,发挥智力优势,申报并完成"国家'十二五'科技支撑计划"和"国家高技术研究发展计划（863计划）"下的"绿色住宅产品化数字开发技术""公共机构新建建筑绿色建设关键技术""城镇住宅建设全产业链开发模型"三项城镇化建设专项课题,出版专著,编制国家级标准,牵头落实中国建筑与中共中央党校新型城镇化科研课题,为国家新型城镇化建设积极建言献策,在促进企业业务水平

---

① 李福森:《李克强谈"放管服"改革:用政府权力减法换取市场活力乘法》,http://www.china.com.cn/news/2017-08/07/content_41359888.htm,2017年8月26日。

提升的同时，也为地方政府的新型城镇化发展提供了专业的支持，实现了企业与政府的共赢。

（三）积极配合行业协会工作，建立良好关系，以之作为政府关系的有益补充

2015年底，国务院办公厅印发了《国家标准化体系建设发展规划（2016～2020年）》，部署推动实施标准化战略，加快完善标准化体系，全面提升我国标准化水平。2015年8月，住建部标准定额司发布《深化工程建设标准化工作改革的征求意见稿》，鼓励行业协会参与制定行业标准，发挥社团标准作为市场自主制定标准的优势，根据行业发展需求和技术创新趋势，制定工程建设团体标准，以及具有创新性、竞争性的高水平团体标准。中国建筑装饰协会召开建筑装饰行业技术标准编制会议，提出建设新时期建筑装饰行业技术标准编制事业，行业大型企业要发挥制订企业标准并参与行业标准编制的带头作用，要从行业发展和工作大局出发，实现资源共享、降低成本、提高效率。

中国建筑积极响应政府部门及行业协会号召，主动承担了相关标准编纂、核定、调整的一系列工作，为推动行业健康、良性、规范化发展承担责任。2016年中建装饰承担了《超高层建筑幕墙施工技术标准》《既有建筑幕墙维保改造技术标准》等五项标准制订的相关工作。这些标准的制订有力推动了行业规范化、专业化发展，也减轻了政府监管负担，且从专业角度设置相关标准规范，起到良好的引导产业发展的作用，有力分担了相关政府部门引导行业发展的相关责任。

中建钢构建立中国首个也是唯一以建筑钢结构和桥梁钢结构为主题的博物馆，免费向全社会开放，呈现了中国钢结构行业的发展历史，以实物、实物模型、图片、文字、多媒体等为展示手段，集收集、展览、研究、教育、交流于一体，融科普性、学术性、趣味性、参与性于一身，来参观的观众可以了解世界钢结构的发展历程。引发政府相关部门对钢结构行业的关注，为钢结构行业发展营造良好氛围。

（四）积极构建同行业权威、社会贤达的沟通交流，作为同政府沟通交流的有益补充

通常，企业的政府关系建设往往只停留在同政府部门相关领导与工作人员的沟通、互动上。但实际上，企业的政府关系活动还应该拓宽视野，积极建构同行业权威、社会贤达的沟通交流。在很多涉及产业发展、企业运营的专业问题上，企业同政府的沟通交流是必要的，但很多行业权威、社会贤达对相关问题的意见、建议往往也会影响到相关政府部门对该类问题的看法和意见。中国建筑非常注重同相关领域专家的沟通与交流，在平时就做到勤汇报、常沟通，搭建起有效沟通的桥梁，作为政府关系沟通的有益补充。2016年11月10日，由中国工程院土木、水利与建筑工程学部和中国建筑联合主办，中建五局承办的"地铁绿色建造发展论坛"在长沙召开。周福霖、钱七虎、叶可明、龚晓南、肖绪文、杜彦良、郑健龙等7名中国工程院院士参加论坛。近两百位来自全国建筑行业科研院所、高校的专家学者和业内科技工作者出席会议。通过论坛，中国建筑与各界深化交流合作，分享彼此成功经验，为造福一方百姓，不断拓展幸福空间、建设美丽中国贡献力量。

中建七局连续四年冠名主办"中建海峡杯"海峡两岸大学生实体建构大赛。活动邀请两岸建筑专家学者共同探讨了大陆和台湾目前建筑行业发展的环境及趋势，鼓励建筑学生注重环保、人文、实用的功能设计，服务社会大众。

（五）增加就业及员工相关福利待遇，带领500万农民工及家庭奔小康，紧密政企关系

在政府关系建构中，增加就业和为员工提供相关福利待遇，是中国建筑打好自身基本功、满足政府相关需求的根本。中国建筑关注软实力，鼓励出人才，2017年重塑勘察设计类子企业的考核导向。新考核办法下，对勘察设计类子企业的考核导向进行了调整，在战略引领类指标中，取消了"人均营业收入"等财务指标，而是根据人才（大师及院士）、资质、科技和奖

项四个维度设置考核指标。鼓励企业"出大师、出精品",积极提高设计能力和品牌知名度。但同时,公司也强调,勘察设计类子企业当期运营绩效依然重要。运营绩效、品牌知名度、高端人才是一个有机的整体,不可偏废。

除此之外,中国建筑业务以建筑相关产业为核心,因此农民工占据项目人员相当大比例。依托良好的经营业绩,中国建筑积极承担社会责任,中国建筑平均每年为120万农民工提供就业机会,相当于带动约500万农村人口奔小康。2017年5月11日,由中国建筑业协会建筑企业经营和劳务管理分会主办、中建三局承办的全国建筑劳务用工研讨暨建筑工人实名制管理平台上线发布会召开,标志着全国建筑工人实名制管理平台和建筑劳务管理网正式上线启动。至此,建筑行业农民工所参与过的技能培训、从业历程、工资支付情况等,无论如何流动,都可以实现"一卡通"。该平台可以实时记录农民工进出工地、考勤、工资支付等信息,发生劳资纠纷时,这些信息可作为真凭实据;借助于实名制管理平台,建立工资专户,实行银行代发工资制,防止发生欠薪;还能显示农民工技能水平等信息,相当于为其制作电子简历,有助于流动频繁的农民工找到合适的工作。中建三局作为全国仅有的两家建筑劳务实名制试点单位之一,不断推动建筑劳务用工的系统研究和创新实践,全面应用建筑工人实名制管理平台,不仅为企业发展做好劳务资源保障,同时为新型建筑产业工人队伍建设、为行业转型升级做出重要贡献。

中建二局把工会工作放在振兴实体经济、维护产业工人合法权益和实现产业工人全面发展的高度,要求工会保障职工生命安全和健康权益,把农民工纳入工会管理,拓展工会工作新局面。2017年8月29日,中建二局"三送"巡访慰问活动走进六盘水,为千余名农民工送清凉、送文化、送安康。活动除了精彩的文艺表演之外,还为六盘水市一线建设者发放了电子书卡以及牙膏、牙刷、毛巾等日常用品。

(六)政府关系岗位、员工配备日益专业、规范,同咨询机构、高校研究机构等专业支持机构合作以提升政府关系管理水平

近年来,日益严峻的外部环境对企业的公共关系建设管理水平提出了更

高的要求,所谓"让专业的人做专业的事"。企业设立专门的公共关系岗位以配合相关领导开展与政府之间的公共关系建设及沟通工作正在成为趋势。首先,有专人负责,有助于保持与政府部门沟通的迅速有效、专业规范;其次,依靠个人关系建立起的政府关系常因企业员工或政府官员职位变动而变动,不能沉淀为企业的资产。中国建筑近年来除了不断加强企业文化部公关专业团队建设,还注重同专业的公关公司或咨询公司开展合作,邀请高校研究机构作为第三方专业力量检视企业相关政府关系工作,为企业建言建策。

三 发展趋势及特点

(一)"急事特办,超常规不超程序",努力打造共赢共担、双向互动的新型政企关系范式

建设服务型政府,是坚持党的全心全意为人民服务宗旨的根本要求,是深入贯彻落实科学发展观、构建社会主义和谐社会的必然要求,也是加快行政管理体制改革、加强政府自身建设的重要任务。服务型政府更加有利于企业集中资源优势,高效发挥产业链效率。作为企业来说,要最大限度摆脱政府的干预,成为真正的法人实体,把以前政府单方面的目标转变为政府和企业共同的利益目标,耦合目标取向,进而形成一种关联的、平等的合作关系。

敦煌文博会项目的建设是服务型政府与企业合作的一次探索。2015年11月13日,国务院正式批准甘肃于2016年9月举办丝绸之路(敦煌)国际文化博览会。这是全国唯一以国际文化交流为主题的综合性博览会,是"一带一路"建设的重要载体,承载着重要的国家使命。盛会将至,可是要用8个月完成原本需要两年半完成的场馆建设任务成为摆在甘肃省面前的空前难题,适逢2015年11月甘肃省政府与中国建筑签署协议,联合设立甘肃丝路交通发展基金。受甘肃省委省政府之托,中建八局以EPC总承包模式承接了文博会场馆建设任务。中国建筑承担此项建设任务时,文博会场馆还

停留在设想阶段。项目可研、环评等报告尚未出具,建设用地尚未征迁,设计方案、施工方案更是一片空白。为有效推进项目建设,甘肃省委省政府工作前移到敦煌现场办公,酒泉、敦煌两级政府积极协调,竭力打造服务型机构,甘肃省委省政府与中国建筑成立联合指挥部,高度融合了业主、投资方、建设方的各项职能,缩短了决策链条,极大地提升了效率。

通过敦煌项目,中国建筑与甘肃省达成了新型政企合作关系,甘肃省给予了中国建筑最大限度的信任,中国建筑则向甘肃省交付了满意工程、精品工程。政府转变政府职能、深化项目组织实施方式改革,由政府部门牵头明确建设中的各方责任、义务,政府提供"一站式"服务,从行政命令干预企业到转变作风服务企业,"让专业的人做专业的事";企业在政府服务的基础上,最大限度发挥自主权,集中优势资源,形成高层良性互动,极大地提高决策效率。两者在互利共赢的基础上,达成共同的利益目标,共同获得最大利益。这种合作关系为双方后续的合作奠定了良好基础。2017年5月,甘肃省先后与中国建筑就G341线白银至中川段一级公路PPP项目、中川机场改扩建工程、庆阳海绵城市项目达成了合作,总承包方中建八局也斩获了兰州中央大道及G341线白银至中川段部分施工标段等基础设施项目。

(二)注重"亲"和"清"的新型企业政府关系建设

国家主席习近平用"亲"和"清"两字表述中国特色新型政企关系应该有的状态,"亲亲热热"但是"清清白白"。企业与政府的关系正逐渐从过去庸俗短视的"拉关系""走后门"走向合法合规、专业科学的关系。

一方面,近年来政府加大了反腐力度,政府部门加强防范权力对金钱的寻租,提高对金钱腐蚀权力的警惕。自恃关系深厚而一门心思"走后门"的企业,终究会断送在"关系"上。[①] 另一方面,事实上许多政府官员相

---

① 丁兆威:《企业如何进行"政府公关"》,《中国公共安全》(综合版)2007年第1期。

较眼前的蝇头小利，更看重政绩，若项目总是问题不断，即便没有受贿也有口难辩。因此，企业若想和政府"亲"，不如首先谋求稳定的业绩增长和稳健的税收贡献，提供更多的就业与加强员工福利建设，这是良好的企业政府关系建设的坚实基础。2017年上半年，中国建筑新签合约额13179亿元，同比增长35.4%。在国务院国资委管理的央企中，其营业收入、利润总额均名列第四位。2016年中国建筑纳税总额达到816亿元，相比2014年的742.3亿元，2015年的796.6亿元，实现了稳健增长（见表2）。而在员工福利待遇方面，2016年中国建筑工程总公司发放困难员工慰问金90万元，保障残障人员平等就业、同工同酬等合法权利，不断加大对残障人的保障力度，2016年残疾人雇用率1.7%。中国建筑扎实的运营业绩和在纳税、就业、员工福利待遇保障方面的成绩，为其打造"亲亲热热"的政府关系夯实了基础。

表2　中国建筑企业营收情况

年份	2014	2015	2016
营业收入(亿元人民币)	8000	8806	9598
利税总额(亿元人民币)	742.3	796.6	816.0
利润总额(亿元人民币)	433.4	477.0	521.1
归属上市公司股东的净利润(亿元人民币)	225.7	260.6	298.7
年末母公司可供股东分配利润(亿元人民币)	65.5	71.6	187.0
建筑业务新签合同额(亿元人民币)	14190	15190	18796
年度施工面积(万平方米)	92181	100624	107547
年度新开工面积(万平方米)	29320	22803	26193
年度竣工面积(万平方米)	9925	13441	14030
年度施工图设计面积(万平方米)	9507	10395	10484
年度地产业务合约销售额(亿元人民币)	1203	1550	1896
期末土地储备(万平方米)	6800	6656	7704
资产负债率(%)	78.6	77.8	79.1

企业与政府间的关系除"亲亲热热"外更要"清清白白"，依法合规建设非常重要，要从法治、廉洁从业着手，坚强自我审查，避免企业与政府关系步入腐败公关、庸俗公关的歧途。2016年中国建筑贯彻落实《关于全面

推进法治央企建设的意见》，积极推进企业法治建设，公司获评中共中央宣传部、中华人民共和国司法部"2011～2015年全国法治宣传教育先进单位"，5人被评为"2011～2015年全国法治宣传教育先进个人"。此外，中国建筑还制定了《中建总公司党组关于持之以恒落实中央八项规定精神的实施意见》等制度，形成部署、检查和考核的闭环管理，建设长效机制。发挥"一点一线"廉洁文化教育宣传主阵地作用，推进党委、纪委对照两个责任书全面开展检查、自查。选派业务骨干参加中央纪委、中央纪委驻国务院国资委纪检组举办的业务培训班。组织纪检监察业务培训，提升纪检干部能力和监察队伍整体业务水平。

（三）凭借良好信誉，从与政府项目合作向建设性长期战略合作转变

在中国改革开放的大潮下，中国的政府和企业都担起了拉动经济发展的责任，企业与政府之间的互动方式也从早期简单的招商引资走向建设性、长期性的战略合作。企业与政府逐渐发展为互利互惠、共进共赢的合作伙伴。企业可凭借良好的信誉加深与政府的合作，良好的政府关系也可帮助企业拓展业务。如此前中建华东公司高质量完成徐州三环北路高架快速路等项目，完善了徐州高架快速体系，使立体交通功能得到更大发挥，中国建筑得到徐州市政府、百姓及社会各界的认可。而来自政府部门及社会各界的认可也帮助中建华东公司于2016年11月分别成功中标2.78亿元的徐州市首个综合管廊项目–新淮海西路综合管廊项目（试验段）和22.69亿元的206国道徐州改线段工程、426省道京台高速贾汪互通连接线工程PPP打包项目，促使中国建筑与徐州市政府的合作广度与深度更上一层楼。同时中国建筑也凭借在徐州良好的履约形象和品牌声誉，积极开拓了周边市场。中国建筑通过中建华东公司的对接，与江苏省、安徽省13地市主要领导就城市轨道交通、公路建设、综合管廊、海绵城市、特色小镇等基础设施项目的投资建设进行深入交流并建立了良好的沟通机制。并于2016年12月中标7亿元的安徽省宿州市人民路与拂晓大道地下综合管廊建设工程设计、施工总承包项目，于

2017年2月20日中标10.12亿元的宿迁市宿城区公路交通工程PPP项目，于2017年5月11日中标10.2亿元的江苏省宿迁市347省道洋河段建设工程PPP项目。中国建筑在江苏省及其周边投资建设的项目达到9个，投资总额达462亿元，涉及轨道交通、高架快速路、国省道公路、机场航站楼、地下综合管廊5个类别。

良好的工程质量和企业信誉在国内外都是优质的背书。在国家"一带一路"倡议下，中国企业在政府的"顶层设计"下迎来了历史发展机遇。中国建筑在过去的"走出去"中，市场在非洲、东南亚以及美国、中东、新加坡等国家和地区，随着"一带一路"倡议的持续推进，中国建筑在丝绸之路南线北线都有很大的拓展。数据显示，自2013年"一带一路"倡议提出至今，中国建筑境外累计签约601亿美元，完成营业额337亿美元，占公司海外经营30多年来整体指标的44.4%和39.2%。[1] 中建阿尔及利亚分公司以增进中阿友谊为己任，艰苦奋斗、创新开拓，打造出"中国建筑"品牌名片。历经阿尔及利亚内战、大地震等艰难险阻的洗礼，中国建筑在坚守中赢得商机，先后承接特莱姆森万丽酒店、阿尔及利亚国家会议中心、嘉玛大清真寺等一大批具有国际影响力和标志性意义的大型公建项目，成为在当地最具影响力的中资企业。

（四）以投资者身份介入，积极构筑政府、企业、社会之间的共赢同盟

在中国建筑与各地方政府的合作中，当期财政投入压力大、预算不足是很多地方政府开展城市建设的难题。中国建筑及时捕捉政府需求特点，在战略角度以投资者身份进入市场，减轻政府部门负担，与政府部门、业主、市民建立利益共同体和命运共同体，增强理解、整合资源、多方联动，优势互补、共破瓶颈、整体提升，实现社会价值、企业价值的最大化。

---

[1] 姚冬琴：《中国建筑总经理：把中国高度和中国标准带到一带一路》，http://finance.sina.com.cn/roll/2017-05-15/doc-ifyfeius7969522.shtml，2017年8月26日。

中国建筑在开拓华南轨道交通市场中,以投资者身份进入深圳地铁轨道交通市场,以投融资优势带动总承包管理,互融互促;策略层面以成立南方投资(二级机构)专项平台整合资源与轨交市场无缝对接;日常管理以绿色智能标化的精品履约、党组织和员工属地化管理、与政府部门和广大市民多方联动共建共享共赢、以互联网+全媒体构建大宣传平台、以志愿者服务和履行社会责任等多方面获得社会和市场认可。

在履约过程中引入光导管技术、体现海绵城市还绿于民、在国内首次应用预埋滑槽技术、采用无触点逻辑控制技术、以盾构切桩137根创国内地铁施工之最,开创了地铁地下施工与地表生态同时修复的施工模式,充分保护红树林生态体系,打造国家级地铁施工的样板线,引领绿色施工技术的发展。经过四年鏖战,9号线于2016年10月28日提前2个月高质量开通,获得国际隧道协会最佳隧道提名奖,彰显了中国建筑品质保障、价值创造的品牌影响力。

针对地铁带状施工与房建点式施工的差异,通过四年的创新实践,形成了"三融三联"党建共建体系,与政府部门、街道办、业主、各参建单位、广大市民、优势互补、资源共享、服务双向、互助互建,通过签订合作备忘录和开展"市民探营""媒体试乘"等特色活动200余次,多方联动、坚定信心、赢得理解、突破瓶颈,助推了工程进展和公司发展,如文锦站新疆一条街,进场围挡施工涉及敏感的民族问题,中建南方公司主动与轨道办、地铁集团一起,通过和罗湖区重建局、新疆驻深圳办事处多方联动做了大量的工作,多次上市秘书长会议进行协调,历时数月最终完成进场。把中国建筑"拓展幸福空间"的企业使命融入"党建共建"工作之中,通过群众工作联做、社会公益联办,积极参与社区建设管理、服务社区居民、服务弱势群体等活动。南方公司更以文化的力量、责任的担当,代表中国建筑牵头"光明抢险"救援工作,优质高效圆满完成了抢险救援,彰显了央企责任和中建力量,受到广东省、深圳市的主要领导的高度赞誉,评价中国建筑"讲政治、反应快、专业强、秩序优、效率高",进一步增强了企业的社会影响力,强化了与政府公共关系的维护提升。

（五）企业政府关系沟通形成主动沟通、分层沟通与配合传播三大特色

良好的企业政府关系始于双方的交流互动，尤其是增进政府方面对企业的了解，这体现了公关活动的本质属性——主客体间的互动交流即公关活动的起点。中国建筑在与政府部门的沟通上，体现出主动沟通、分层沟通、配合传播的三大特点。

第一，主动沟通。2017年，中国建筑与中央部委、各级地方政府等积极开展业务对接，出席天津市与中央企业落实京津冀协同发展战略恳谈会、央企入赣投资合作洽谈会等，与山西、辽宁等地签署战略合作协议，"十三五"期间在当地投资建设规模不低于1000亿元。中国建筑相关领导相继拜会天津、广西、河北、湖北、重庆、云南、吉林、陕西、四川、山西等省份主要领导，介绍了公司近几年生产经营、转型升级等方面的情况以及在该地发展的基本情况。表示中国建筑作为中央直接管理的国有重要骨干企业和我国投资建设领域的排头兵，将认真贯彻落实中央有关要求，一如既往履行好央企社会责任，积极落实国家"一带一路"倡议，创新投融资模式，在高端房屋建设施工、基础设施建设、地产开发、建筑工业化等优势领域进一步深化合作，为当地"十三五"期间社会经济发展做出新的更大贡献。各地方政府对中国建筑长期以来为当地社会发展和城市建设做出的贡献表示感谢，并欢迎中国建筑继续发挥投资、建造、运营等全产业链优势在当地投资发展。希望中国建筑在基础设施、新型城镇化及"一带一路"倡议下，在周边国家基础设施建设等领域进一步加大投入力度，助力当地经济腾飞和社会发展，实现共建、共享、共赢。

第二，分层沟通。在中海地产北京市石景山区北辛安棚户区改造项目的政企关系建立、沟通和维护中，采用了分层沟通的策略安排。分层沟通确保信息量对等的人员更易有效沟通，决策权对等的人员沟通决策更快；分层沟通涉及评价下级时，严谨把握客观尺度，而非过于主观评价，以实现下情上传。从效果看，这些做法使工作推动更有效，也使政企关系更健康、更长

久，更有系统性。

第三，配合传播。中国建筑在与政府部门的互动中，不局限于二者之间的沟通，还经常相互配合，面向公众积极传播，建构双方良好形象。由国家住建部主办、北京市住建委、中国建筑共同承办的全国建设系统安全咨询日活动，连续两年分别在中建一局天坛医院项目和中建一局三利大厦改扩建项目举办（见图3）。通过《工程项目施工人员安全指导手册》《北京市建设工程施工现场安全生产标准化管理图集》和《北京市建筑施工企业安全生产标准化考评手册》《建筑施工安全常识》、远程监测控制系统、安全危险源识别模拟系统等各类安全生产展品向公众宣传建设系统安全知识，不仅分担了相关领导部门的工作，也树立了中国建筑注重建设安全的良好企业形象。

图3　2017年全国安全生产宣传咨询日活动

参考文献

1. 〔美〕约翰·斯坦纳：《企业、政府与社会》，人民邮电出版社，2015。
2. 郑砚农：《新常态下，企业的政府关系管理新思维》，http://finance.jrj.com.cn/

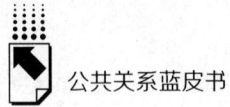

2014/12/24133218595082.shtml，2017 年 9 月 3 日。
3. 〔澳〕班纳吉：《企业社会责任：经典观点与观念的冲突》，经济管理出版社，2014。
4. 〔美〕戴维·奥斯本、特德·盖布勒：《改革政府：企业家精神如何改革着公共部门》，上海译文出版社，2013。
5. 肖红军：《企业社会责任议题管理：理论建构与实践探索》，经济管理出版社，2017。
6. 邵华冬：《企业公关危机管理研究》，中国传媒大学出版社，2012。
7. 陈明亮：《企业和政府客户关系管理》，浙江大学出版社，2009。

B.9 投资者关系管理：企业的一堂"必修课"

北京环智文化传媒有限公司*

摘　要： 随着国内资本市场的不断成熟，投资者关系管理日益成为企业的"必修课"。良好的投资者关系管理，对投资者投资决策以及企业治理提升都有良好促进作用。本文结合中国投资者关系管理实践，从发展趋势、操作原则、信息披露要点、舆情管理以及茅台案例分享进行梳理，提出作为公众公司应当积极看待与投资者的关系，以真诚真实的态度，构筑公众公司与投资者的良好互动。

关键词： 公众公司　投资者关系　公共关系

一　投资者关系发展趋势分析

投资者关系管理（IRM）最早诞生在美国20世纪50年代后期。伴随国内资本市场的不断发展及需要，上市公司的管理层对IRM认同度提高，国内投资者关系也经历了从无到有、从有到多的发展阶段。

根据中国证监会定义，投资者关系工作，主要是指公司通过信息披露与交流，加强与投资者及潜在投资者之间的沟通，增进投资者对公司的了解和

---

* 执笔人：林晨，环智传媒创始人、CEO；杨金霞，广州环智文化传播有限公司客户总监；张东泽，北京环智文化传媒有限公司高级客户经理。

认同，提升公司治理水平，以实现公司整体利益最大化和保护投资者合法权益的重要工作。

受国内资本市场特色、政策法规等因素影响，国内投资者关系属于资本运作中的均衡关系，并在发展中呈现自身独有的特征与趋势。

（一）投资者关系重要性凸显，整体发展仍然处在成长当中

投资者关系在国内起步较晚，与国内资本市场情况有很大关系，国内A股市场股票数量一直处在供不应求的局面，这几年虽然加大IPO力度，整体局面仍未发生根本性改变。这就使得国内上市公司不会像国外上市公司，为了争夺投资者开展投资者关系管理活动。

直到21世纪，国际国内证券市场相继出现一些虚假陈述的案件，对国内投资者产生了前所未有的震动，一些损害中小股东权益的案件曝光，导致股价大幅下跌，让上市公司投资者关系重要性浮出水面。

随即部分上规模的上市公司为了适应不同市场的监管，越来越多地开始主动开展投资者管理工作，取得了良好的效果，得到市场的认可。一些相关法律法规的同步出台，赋予了中小投资者对上市公司重大事项的发言权和表决权，提高了对上市公司信息披露的要求，也对投资者关系发展起到关键性的推动作用。这可以视为内外合力推动的结果。

截至目前，上市公司由被动式信息披露，已经转变为主动的信息披露，投资者反应也更加迅速，上市公司于是更有动力将发展战略和生产经营的更多信息传递给投资者，在持续的信息披露中，建立与投资者之间的信任，提高投资的忠诚度。不过，受多方面因素影响，在与投资者的沟通互动中，存在少数弄虚作假、误导投资者的情况。近年来，法律法规部门的监管工作也不断升级。

显然，伴随资本市场不断发展及监督环境的不断成熟，国内投资者关系管理必将越来越真诚、专业。

（二）投资者关系需要长期投入，外延处于不断攀升中

我国上市公司股权结构中，中小投资者对公司的决策话语权相对有限，

导致许多上市公司的管理层缺乏对投资者，尤其是中小投资者的重视和尊重。加上投资者关系管理是一项长期而烦琐的工作，需要上市公司长期投入，耗费大量人力物力，效果又难以量化或直观显现。上述因素都在一定程度上导致上市公司缺乏开展此项工作的内在动力。

对于一些大规模、公众关注度高的上市企业，投资者关系和消费者口碑一样重要。对于一些相对冷门的行业，不排除目前市面上仍有部分上市公司面对投资者关系更多是被动的、消极的，按照法律法规被动应对信息披露。并且，披露的形式单一、内容简单，多数是公告、年报等形式，没有形成完整的体系。

除了内在动力缺乏外，投资者关系管理专业机构缺乏，也是重要原因。在很多欧美国家，都有成熟的投资者关系管理的专业机构。相比较之下，国内大多数的投资关系服务内容有局限性，主要以股票发行、增发路演等为主。对于上市公司而言，最外显的投资者关系更多集中在公开舆论对于信息披露的解读上，但这还仅仅是庞大投资者关系网络的一部分。需要重视的是，投资者关系也不是单向的信息传递，而是沟通互动的。

事实上，投资者关系外延非常丰富，其一，知识涉猎面广，与金融、公共关系、市场营销等多个层面的专业理论知识相关。其二，涉及对象多，包括投资基金、证券公司、保险公司、信托投资公司、QFII等机构投资者，需要重点满足其不同的专业化、深层次需求。至于个人投资者，由于数量众多且个体之间差别较大，也需要给予足够的关心和重视。就目前国内投资者关系管理而言，显然还有更大的增长空间。

（三）投资者关系管理须平衡部门之间的协作关系

投资者关系管理，本质是将上市公司更多地介绍给投资者认识、理解，继而赢得其信任与支持的过程。因此，信息的传递，是搭建上市公司与投资者关系的桥梁，其中整个公司的运营要连接为一体，投资者关系的战略管理效能才能最大限度发挥，形成投资关系的良性循环与公司整体运作的良性互动。

公共关系蓝皮书

这给公司各部门之间的协作提出了更高要求，公司内部各个部门之间的信息共享与信息对称十分重要，须保证信息的及时性、互通有无。并且，同一家公司不同部门之间，通常都有着各自的一套系统化工作程序，需要将公司信息展现给外界，将有各自的一套评估系统。投资者关系需讲究客观公正，如此才能有上市公司与投资者的共赢，但在实际的投资者关系中，结合不同部门的特点，报喜不报忧的情况依然存在。当然，已经有越来越多的公司领导层，已经意识到须保证公司和投资者的双重利益，才能营造长久良好的投资者关系。

（四）移动互联时代沟通方式与形式呈现多元化

移动互联的时代，给各个行业带来冲击及革新，在投资者关系上亦不例外。现在互联网、新媒体等已经成为 IR 领域的信息传递者。对于上市公司和投资者来说，线上互动成为最有效、最便捷的信息交流方式，企业的形象的树立也得益于移动互联的各种平台。并且，移动互联时代带来的社交文化风格变化，让许多大品牌开始放下身段，变得萌萌哒。"80 后""90 后"一代投资人的崛起，也势必带来投资者关系的新变化。

此外，随着移动互联网时代的到来，人们的沟通联络平台与渠道不断丰富，为投资者交流互动提供了更多平台的选择。过去传统的交流互动方式主要有年报、电话、传真、信件、面谈、说明会、路演、广告、报刊等，现在各种移动互联沟通方式也在投资者关系中得以运用，便于与投资者、媒体以及中介机构之间，可以进行快速沟通。

二 投资者关系管理的核心事项

（一）投资者关系管理意义与日常内容

对于上市公司而言，好的投资者关系管理，有着积极的意义：首先，可促进公司与投资者之间的良性关系，增进投资者对公司的进一步了解和熟悉；

其次,有助于建立稳定和优质的投资者基础,获得长期的市场支持;再次,形成服务投资者、尊重投资者的企业文化,促进公司整体利益最大化和股东财富增长;最后,公司信息披露透明度,改善公司治理。

——对于投资者关系经营状况,需要注重:

构建上市公司行为规范体系;

梳理核心战略,合规信息披露并进行有效宣传;

建立投资者沟通平台及全面机构数据库;

同步建立媒体关系维护平台,最终合力塑造公司资本品牌形象。

——对于投资者关系管理应该注重充分披露、合规披露、投资者机会均等、诚实与平等的原则,在实际操作过程中主要有以下几方面内容:

整合内部信息流程,建立制度规范,确保各项工作顺利推进;

定期开展重大事项路演等活动;

官方投资者沟通渠道与投资者数据库等建设;

与监管、机构、分析师、媒体等的日常沟通及合作等。

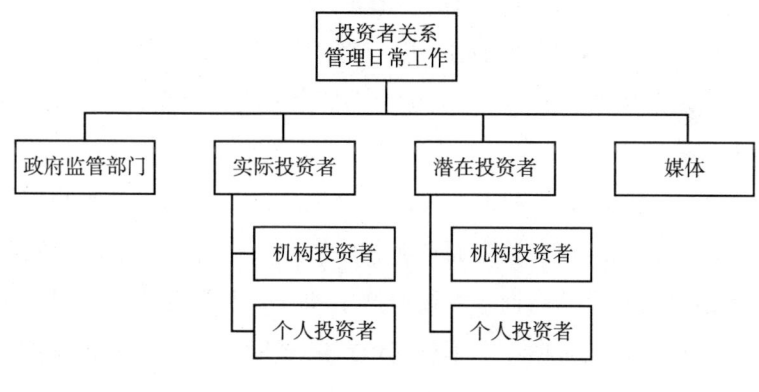

图1 投资者关系

(二)投资者关系沟通核心与董事会秘书

1. 投资者关系的六大核心内容

对于目前国内投资者关系工作,企业与投资者的沟通主要集中在以下

方面。

（1）公司的发展战略，包括公司的发展方向、发展规划、竞争战略和经营方针等，这一部分也是投资者通常最关心的内容，与企业领导人的经营理念密不可分。对于公司而言，一个清晰的发展蓝图，意味着决策层对公司发展的清晰逻辑，胜过无数堆砌的华丽辞藻。

（2）法定信息披露及其说明，包括定期报告和临时公告等。应当注意的是，对于法定信息披露的部分，应当内容完整、文件齐备，格式符合规定要求，不得有重大遗漏。同时，如涉及公司未来经营和财务状况等信息，应当合理、谨慎、客观。

（3）公司依法可以披露的经营管理信息，包括生产经营状况、财务状况、新产品或新技术的研究开发、经营业绩、股利分配等。这类经营信息，也是投资者衡量价值的重要参考指标。

（4）公司依法可以披露的重大事项，包括公司的重大投资及其变化、资产重组、收购兼并、对外合作、对外担保、重大合同、关联交易、重大诉讼或仲裁、管理层变动以及大股东变化等信息。

值得注意的是，信息披露前，应当将该信息的知情者控制在最小范围内，不得泄露公司内幕信息，不得进行内幕交易或者配合他人操纵公司股票及其衍生品种交易价格。同时，上市公司和相关信息披露义务人应当关注公共媒体（包括主要网站）关于本公司的报道，以及本公司股票及其衍生品种的交易情况，及时向有关方面核实相关情况，在规定期限内如实回复证交所就上述事项提出的问询，并按照规则和证交所要求及时就相关情况做出公告，不得以相关事项存在不确定性或需要保密为由不履行报告和公告义务。

（5）企业文化建设，这类信息虽然不会像重大重组、技术等相关信息，对公司经营有重大影响，但其体现出来的企业风貌，同样可以给投资者以参考，好的企业文化、办公环境与氛围，是公司经营状况、管理风格等的体现。特别是在新媒体时代，各大品牌越来越注重与人的交流，人性化、个性化已经成为趋势，可以让人在短时间对企业做出预判。

（6）公司的其他相关信息，类似参与行业社会活动、公益事业等，也是企业经营特色与实力等的重要体现，有助于投资者更全面了解公司，并且社会责任也越来越成为投资者衡量企业精神内核的指标。

2. 董事会秘书对投资者关系管理的作用

董事会秘书对于上市公司经营发挥着重要作用。其岗位目标是多重的，需要确保所有人遵守相关法律规定，并在协助监管机构规范公司治理的同时，兼顾实现股东利益最大化、保护投资者利益，通常是投资者关系管理的重要引领者（具体到不同公司治理会有差异）。这也意味着，董事会秘书往往是协调多方利益的中心。作为利益与信息的枢纽，董事会秘书对投资者关系管理而言，有着承上启下、内外通达的积极作用。

董事会秘书需要真正内外兼修。负责对内协调，对公司发展与决策提供意见参考，对外还需与监管部门、行业协会、交易所、券商、会计事务所、律师事务所等保持密切接触和沟通。

我们对董事会秘书的具体职责大致进行了分类：

董事会会议和股东大会的组织筹备；

确保公示董事会重大事项以及决策，严格按照规定和程序进行；

协调和组织公司信息披露事宜，包括建立完善的信息披露制度，知晓公司重大经营决策及有关信息，并对敏感信息进行保密，对突发事件的补救措施等；

组织和协调市场推介、来访接待等事宜，保持与投资者、中介机构、媒体的联系；

参与董事会相关事项的咨询、分析，提供决策意见和建议；

与证券监管部门保持联络，及时提供所需文件，接受相关任务并组织完成；

对股东名册资料、董事名册、大股东持股数量和董事持股等资料进行记录及保管；

其他培训等日常工作。

三 信息披露是投资者关系的互通枢纽

(一)信息披露是投资者关系的基石

投资者关系管理本质是沟通,而投资者关系的关键在于信息披露。

信息披露,主要是指公众公司通过内外部信息采集、分析,对披露内容进行策略性修正,通过法定信息渠道和主动披露的方式,使投资者更好地了解公司经营情况与价值。信息披露,可谓投资者关系管理的基石。

信息披露通常分为法定合规的信息披露和自愿性信息披露。法定合规的信息披露,主要指按照法律要求,对公司经营状况的主要信息强制性进行报告或公示的过程。自愿性信息披露,是公众公司为了让投资者和外界对公司了解得更为全面,在法律许可范围之内,进行信息披露。

对于投资者,信息披露制度能有效缓解证券市场信息不对称,保障了股东知情权,为投资决策提供依据。对于公众公司,信息披露可以提升公司治理水平,约束其相关行为;同时有利于公司树立良好的企业形象;并且,便于机构监管。

信息披露有相应的信息披露法律规则,公众公司需要在法律法规允许的范围内进行合理的信息披露。根据全国股转系统《信息披露细则》,信息披露包括定期报告和临时报告的披露。定期报告,包括年度报告、半年度报告、季度报告(挂牌公司不强制披露);临时报告是指定期报告以外的公告,类似股东大会决议公告、董事会决议公告、监事会决议公告等。需要关注的是,披露信息如果过量,会造成公众公司行政资源浪费与投资者决策成本增加,因此适度控制非常重要,事无巨细的信息披露没有必要。

(二)信息披露原则与注意事项

通常在信息披露过程中,要把握真实性、充分性、及时性、有效性的原则,但在具体操作中应该注重以下事项。

1. 不止于强制性披露信息

相关政策法律对于上市公司信息披露有着翔实的规定，这也导致部分上市公司在信息披露过程中，过于死板，严格遵照规定办事，除了必须说的，其余只字不提，仿佛信息披露只是为了给监管部门一个交代，忽视了投资者沟通的需要。事实上，除强制的信息披露以外，公司可主动适当披露投资者关心的其他相关信息。

2. 进行合法合规的披露

公司应遵守国家法律、法规及证券监管部门、证券交易所对上市公司信息披露的规定，保证信息披露真实、准确、完整、及时。在开展投资者关系管理工作时应注意尚未公布信息及其他内部信息的保密，一旦出现泄密的情形，公司应当按有关规定及时予以披露。

此外，披露过程中，对相关内容及所属行业、市场竞争、盈利前景及风险，都需要进行简要介绍。

3. 投资者获取信息机会均等

在实际的投资者沟通当中，公司应公平对待公司的所有股东及潜在投资者，避免进行选择性信息披露。

4. 信息应该客观、真实、准确

前文提到，对于披露的信息，需要做好公司内部协调平衡，避免不同部门之间不同的考核导致输出信息不一，公司的投资者关系管理工作应客观、真实和准确，同时避免过度宣传和误导。此外，公告的行文应该注重事实描述，意思表达尽量简洁明了，要通俗易懂地说明需披露事件，不能有广告宣传嫌疑、恭维、诋毁式的词句。

5. 甄选最恰当的沟通方式

出于不同需要披露的信息，需要选取不同的沟通方式，在把握投资者最佳沟通效果的前提下，充分考虑提高沟通效率、降低沟通成本因素。比如针对公司重大事项，短期内有必要针对投资者感兴趣的问题答疑，可以考虑选择媒体沟通方式。

6. 不只是做单向输出

在与投资者的沟通中，应该避免单纯的陈述以及自说自话式的汇报，公司应对投资者发自内心地尊重，应主动积极听取投资者意见和建议，从而达到公司与投资者之间的双向沟通、良好互动，让投资者从中感受到公司真诚、接纳、积极的态度。

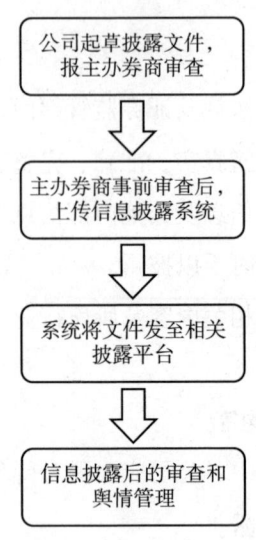

图 2　信息披露简易流程

值得注意的是，在具体的信息披露中，对于定期报告、重大事项、IPO阶段等都应有不同的应对。需注重与现状、媒体环境、及时性、复杂性等多因素结合，综合进行策略性的输出。比如，如果上市公司证券及其衍生品种交易价格变化，经判断会产生较大影响，可归为重大事件。在投资者尚未知晓的情况下，上市公司应当立即披露，对事件的起因、现状和可能产生的影响进行预判，供投资者参考。

（三）结合实际选择投资者沟通方式

伴随着移动互联网时代的到来，与投资者的沟通方式也越来越丰富。

一般来说，传统的投资者沟通形式仍然占据投资者关系运营的主流，比如以电话/视频会议形式，通常由企业邀请部分机构投资者参与电话会议，通过公司高管与机构投资者互动交流，解答投资者的疑惑。

反路演也是受欢迎的沟通方式，通常是通过邀请机构投资者、行业研究员、财经媒体到公众公司考察，这利于近距离和深入了解公众公司的经营状况与优势，认识公司的竞争力与远景规划。

微路演的形式，也是目前比较流行的沟通方式，从企业项目路演、融资对接等需求出发，利用现代技术，开发线上路演直播等，大大减少时间、精力等各项成本。

除了上述沟通方式外，一些公众性的活动也是很好的选择。各类投资峰会、社会性活动、路演研报推广、媒体说明会等，都是投资者沟通的可行性选择。相对静态呈现性的沟通方式还有：公司网站、广告和其他宣传资料等。

在新媒体时代，品牌有人格化特点，公司还可以通过微博、微信等互联网工具，与投资者进行互动，更好地拉近与投资者的距离，实现更人性、更有效的沟通。

对于公司来说，所有的沟通渠道都是服务于投资关系管理的，在强制信息披露的基础上，通过不同特性的沟通，多渠道多方式地加强投资者对企业的了解，有利于增强投资者对预期收益回报的信心。

四 舆情是衡量投资者关系的显性指标

所谓知己知彼，百战不殆。公众公司的舆情呈现，是投资者关系管理的重要衡量指标，也是投资者关系管理的措施之一，通过公众媒体完成信息披露，让更多投资者和社会各界更好地了解、认知、认同公众公司，同时对于公司潜在的风险与危机，也需要及时监督、反馈和化解。

值得注意的是，随着新媒体时代的到来，媒体环境发生了大的改变，给投资者关系管理中的舆情部分提出了新的要求。

（一）舆情呈现是投资者关系管理的一面镜子

积极了解媒体、投资者和外界如何看待公众公司，对于投资者关系管理有着重要参考意义。

通常来说，对舆情的内部和外部监控，有助于进行公司、行业相关信息的采集，通过相应的整理和分析，对企业把握机遇，防控危机有良好的作用。根据不同的舆情获知对象，舆情管理可以粗略分为两类：一般性舆情监测和投资类舆情监测。

在互联网时代，品牌知名度、美誉度日益成为投资人的重要考量因素之一，并且知名度高的公司自带舆论光环，在传播上更有优势，也更容易被投资者看见、获得认同。此外，公司公众信息披露，类似招股说明书、挂牌公告、定期报告、临时报告等信息披露，也会引发媒体、专业人士的判断与认知。针对这一类倾向于知名度与美誉度的舆情监测体系，我们称之为一般性舆情监测。

这一类舆情监测内容，主要包括企业关键词、政策环境、行业情况、对标企业等。监测范围随着移动互联网的发展，变得也越来越广泛，包括网站、公众号、股吧、电视、平面媒体、微博、KOL 等。针对这类舆情及其动态发展应及时掌握，并汇总分析媒体信息，形成监测报告，为宣传提供参考依据。同步，需结合资本市场情况，常规性、针对性地传递企业信息，让外界及时了解企业情况。

另一类投资类舆情监测，动态不一定很明显，需要时时监测，但会对投资者判断产生理性影响。其可以划分为几个模块：首先是市场多维度表现，包括市值排名、市盈率等基础数据表现等；从机构关系角度，原始股东中机构投资者持股比例及变化情况，分析师的关注度与沟通情况等；财经类媒体作为中小股东的监督平台，对企业的关注度与评价同样至关重要。这一部分内容，涉及公司经营治理与资本市场运作等各个方面，但也是投资者关系呈现的重要部分。

（二）媒体日常沟通的必要性与危机应对

1. 媒体营造拟态环境影响深远

媒体肩负着对资本市场的监督功能。对于公众公司，媒体营造的拟态环境，即通过传播媒介对象征性事件或信息进行选择和加工并加以结构化后，向外界展示的环境。不良的拟态环境，也会对企业价值造成影响。可见，媒体在投资者关系管理中属于重要组成部分。

保持与媒体日常顺畅的沟通，对于信息披露来说意义重大。可通过媒体关系管理，积极传播企业经营策划与特点、避免各种误解、争取舆论支持，从而建立良好的企业形象。

针对媒体关系管理工作，主要体现为：完善媒体沟通机制，建立新闻发言人制度，建立媒体资源库，并保持与媒体的日常沟通和特殊时期沟通（比如新闻发布会等形式），让媒体能够有效地了解企业，避免信息不对称从而产生错误解读，对市值造成影响。

2. 积极应对突发性危机

公关危机即公共关系危机，投资者关系也包含在其中。对于企业来说，它是指影响企业生产经营活动的正常进行，对组织的生存、发展有不利影响，使企业形象受损的一些突发事件。

危机公关的核心属于危机预警，这需要公众企业建立危机预警机制，及时监测危机信息，对可能导致的危机进行及时化解，避免造成难以挽回的效果和影响。通常来讲，危机来源并非无迹可寻，政策法规、资本市场动作、环境保护、高管声誉、行业竞争、内部矛盾等，都可能引发危机。

通过好的治理可以尽量避免或及时化解危机。危机产生的影响可大可小，包括对投资者信心、股价、品牌资产的不利影响，以及监管部门发函、限制法规出台，极端情况可能引发退市或者面临破产。因此，危机不容小视。

对于危机，公众公司需要有一套成熟的应对办法，在真诚、友好、诚实的原则下，对危机进行处理，并对外进行及时性披露，赢得外界理解与认同。在市场当中，化危为机的情况也是可能的。

对于挂牌企业和上市公司，外界关注度高，危机是经常可能会面临的一种局面，投资者关系管理也需要涵盖对这种局面的处理机制，包括积极应对。

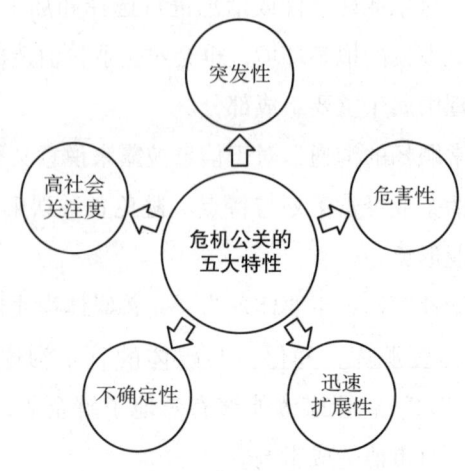

图3　危机公关的五大特性

（三）新媒体时代带来媒体环境变化

互联网的发展带来的是颠覆式改变，对媒体行业同样如此，带来新媒体与传统媒体的相对。传统媒体主要是指报刊、广播、电视等，新媒体则是利用数字技术、网络技术、移动技术，通过互联网、无线通信网、卫星等渠道以及电脑、手机、数字电视机等终端，向用户提供信息和娱乐服务的传播形态和媒体形态，因为实现了及时、广泛的覆盖，其影响力也急剧提升。

就国内来说，新媒体尤其是微信、微博平台，发展起一大批KOL，对公众公司资本品牌形象也有着非常重要的影响。

新媒体时代的到来，给投资者关系管理也带来了新的变化与挑战。

——媒体环境更加复杂，新媒体的即时性，已经改变信息传播格局，容易被放大、产生连锁反应。

——与传统媒体倡导的专业化不同，新媒体内容更加大众、浅显易懂，新媒体的语言影响了事项的表达。有新媒体的内容往往注重分析与判断，强调观点，对事实的探究相对弱。

——监管部门加强电子监管，现在银监会、保监会、证监会等都有实时的电子监控，新媒体的企业表现，也将对监管部门执法实践产生影响。

新媒体的及时性、大众化等特点，对投资者关系管理也增加了新的要求，如对粉丝的经营、对危机应对的策略灵活性等提出了更多更高的要求。

五 结语：资本品牌是投资者关系经营的投射

类似于市场与营销运营的关系，好品牌必须学会和消费者对话沟通，在资本市场同样如此。每个公众公司的资本品牌力表现，某种程度上都可理解为对投资者关系经营状况的投射。不管你认不认可投资者关系管理的概念，它都在那里产生影响。

投资者关系管理，需要做到知己知彼，即首先要了解投资者的需求与目标投资者的特点，同时根据公司的自身情况，进行相应的投资者关系管理方案制定；定期统计分析投资者和潜在投资者的数量、构成及变动情况，及时了解投资者动态变化，将其作为投资者关系管理的参考指标。

公司业绩（营收、净利润、规模、技术优势等）是决定公司在资本市场表现的核心要素，此外披露行业和投资价值和公司的基本信息，都有助于解答投资者的疑虑，有助于公司价值获得外界认可。

同时，要建立并维护与监督管理部门、行业协会、媒体以及其他挂牌公司和相关机构之间良好的公共关系，在信息披露过程中，可借助不同渠道让外界更好地了解公司。

因此，良好的信息披露，与投资者沟通互动，能有效提升公司治理水

平，促进公司加强内控制度建设、经济管理能力及改善治理结构。

总之，在移动互联时代，投资者关系管理，需有本身资本品牌建设体系、投资者关系管理一体化平台系统、完善的发声平台体系。每个体系的建设，都有着自身的独特性。例如发声平台体系，包括合规信息披露、新闻发言人、财经品牌传播、媒体沟通、危机公关等多个体系。这些体系的建设，虽然需要长期的投入，但对公司治理水平提升有积极作用，从而有利于实现公司整体利益最大化，保护投资者合法权益，可谓意义远大。

附录

投资者关系经营价值分析
发挥国酒茅台的名牌效应
茅台资本市场表现与治理方面的一些尝试

【上市背景】

贵州茅台酒股份有限公司经贵州省人民政府黔府函〔1999〕291号《省人民政府关于同意设立贵州茅台酒股份有限公司的批复》的批准，于1999年11月20日，由中国贵州茅台酒厂（集团）有限责任公司作为主发起人，并联合中国贵州茅台酒厂集团技术开发公司、贵州省轻纺集团工业联社、深圳清华大学研究院、中国食品发酵工业研究所、北京市糖业烟酒公司、江苏省糖烟酒总公司、上海捷强烟草糖酒（集团）有限公司共同发起设立。

早在2010年贵州省的远景规划中，白酒就是重点发展的支柱产业，茅台公司则被列为重大发展的白酒酿造龙头企业。中共贵州省委、省政府在关于实施西部大开发战略的意见中强调："酿酒工业要重点发展名优白酒、低度饮料酒和保健酒，发挥国酒茅台的名牌效应，组建酒业集团，扩大经营规模，增强市场竞争力。"

【资本市场表现】

在白酒行业进入深度调整期间,公司表现出了稳中有升、积极拥抱市场、改变营销策略、完成消费人群承接的特性,业绩维持高位平稳发展的态势。2016年以来,为认真贯彻习近平总书记治国理政新理念、新思想、新战略,公司董事会根据《公司法》《证券法》《公司章程》等法律法规规定,着力抓好董事会建设,严格执行股东大会决议,围绕董事会目标任务,坚持稳中求进,按照"十企战略",落实"九个营销",扎扎实实抓生产、保质量、稳市场、促增长,各项主要指标保持了稳中向好、持续向好的势头。

在股东回报上,公司坚持年年分红。公司上市以来现金分红总额为436.51亿元,是IPO募资净额(19.96亿元)的21.87倍。其中,中小股东共获现金股利157.93亿元,占派发总额的36.18%。高额的现金分红显示出公司在经济效益持续提升的同时,不忘回报投资者,坚持大额分红,不做铁公鸡,做有良心、负责任企业的态度,而这也恰恰让投资者更加青睐和信任茅台。

随着公司不断做强做优做大,企业活力、影响力、抗风险能力持续增强,有效实现了国有资产保值增值。截至2017年9月27日,贵州茅台股票收盘价508.21元,总股本12.56亿股,市值6384亿元,占A股19家白酒上市公司总市值的48.27%,在沪深两市市值排名第十位。

【治理】

公司利用发行股票并上市的机会,募集资金重点投向茅台酒生产技术改造和营销网络建设,加强管理创新、市场开发、人才培育和资产营运,充分发挥公司已有的品牌优势、环境优势、技术优势、质量优势、管理优势,立足主业茅台酒及系列酒的发展,同时慎重涉及相关产业,推行资本扩张战略,逐步形成多元化经营格局,增强整体实力、提升企业形象、维护国酒品牌、巩固行业地位,使企业成为业绩优良、管理科学、运作规范的上市公司。

■多渠道及时与投资者沟通互动

公司坚持"专业、规范、热情周到"的原则，做好投资者关系管理工作，及时、准确地发布公司相关信息，实时收集投资者、券商对国内白酒行业的看法和态度，及时倾听和回应投资者的意见和建议，积极参与投资者、券商组织的相关调研活动，了解市场动态。

（一）日常投资者调研接待

一是积极做好与投资者、股东的沟通交流、电话咨询等回复工作，并向相关部门征集不能及时答复的问题的回复建议，通过对咨询问题汇总归类，及时了解投资者关注的热点和预计走向。二是坚持"热情周到、有礼有节"的原则，做好到公司实地调研投资者的接待工作。

（二）利用网络途径积极回应投资者

及时通过上交所"e互动"、电子邮件等回应投资者密切关注的问题。积极参与贵州证监局每年举办的贵州辖区上市公司年度业绩说明会暨投资者集体接待日活动，现场回答并收集投资者问题，分类归纳后积极对接相关职能部门征集回复建议。

（三）实地走访投资者

由公司分管领导率队，实地走访北、上、深、港等地股东进行沟通和交流，在遵守信息披露等相关规定的前提下，汇报公司业绩，传递茅台声音，倾听意见和建议，促进境内外投资者对公司的了解、认同和支持，建立良性互动关系，增强投资者信心。

■扎扎实实做好信息披露工作

公司自上市以来严格遵守上市公司信息披露有关法律法规、《公司章程》及《信息披露管理办法》的规定，认真扎实做好信息披露工作，努力给投资者和市场一个公开、透明、真实、规范的公司。

一是定期报告和临时公告的披露。信息披露严格做到真实、准确、完整、及时、公平。编制公告过程中，精心准备，多部门联动配合，按程序送审，对公告内容反复校对、认真推敲，力争在内容上做到严谨、全面、准确，在语言表达上做到简练、易懂。为确保信息披露的及时性，在定期报告披露过程中,对接公司信息中心安排专人值守保障网络畅通。

二是遵守信披规定和履行信披义务。及时提醒和督促公司相关信息披露义务人遵守信披相关规定,协助相关各方及有关人员履行信披义务。利用参加公司董事会及专门委员会会议、股东大会、行政会议的机会,在会前、会中和会后向相关人员介绍、提醒或说明信息披露的相关规定。

三是信息保密工作。认真做好公司未公开重大信息的保密工作和内幕信息知情人登记报备工作,提醒和督促重大信息知情人员在信息正式披露前保守秘密。

四是舆情方面工作。随着媒体对茅台的关注度不断提高,各种报道不断增多,为确保投资者能真实、准确地了解公司情况,加大了对媒体报道的关注,安排专人负责,同时积极与公司信息、宣传等部门联系,主动向公司及相关信息披露义务人求证,及时披露或澄清,以减少对公司股票价格的影响,从而更好地保护投资者权益。

■ 形成完善制度与流程以应对重大决策

公司在重大决策时,依照《公司法》《证券法》《上海证券交易所股票上市规则》等法律法规和《公司章程》等公司规章制度,做到重大决策规范化、科学化、制度化。决策过程中,由分管领导和职能部门提起议案并提交公司党政联席会研究讨论,通过后按议事权限和程序分别提交公司董事会、监事会或股东大会审议。

为推动公司对重大决策、重要人事任免、重大项目安排和大额度资金运作(以下简称"三重一大")决策制度的贯彻落实,强化对企业决策的监督,促进企业科学发展,在公司决策重大事项时严格执行《中共中央办公厅、国务院办公厅关于进一步推进国有企业贯彻落实"三重一大"决策制度的意见》《贵州省国资委所出资企业重大事项报告管理办法》《贵州省国资委监管企业贯彻落实"三重一大"决策制度的监督检查暂行办法》等相关规定。

同时,公司制定有《股东大会议事规则》《董事会议事规则》《监事会议事规则》《董事会薪酬与考核委员会议事规则》《董事会战略委员会议事规则》《董事会审计委员会议事规则》《董事会风险管理委员会议事规则》《董事会提名委员会议事规则》《关联交易决策制度》《重大事项内部报告制度》等规章制度，并在实际工作中严格遵照执行。

一直以来，国酒茅台都是中国酒行业第一股，是A股市场绝对的标杆性个股。事实上，纵览A股历史，各种牛股不断涌现，但像贵州茅台般股价长年持续上涨的股票却并不多。此前有市场分析指出，A股大部分牛股依靠股价低、股本小、概念等特性，通常在短时间内热炒，从而达到股价暴涨，但往往不能持久，对投资者来说也存在着很大风险。与其他一些稍纵即逝的牛股不一样的是，贵州茅台有着强有力的业绩后盾作为支撑，因此获得券商的一再推荐。

对茅台来讲，这样的成就来自其在公司治理上做出的种种努力与尝试，与在投资者关系管理上的悉心与专业付出分不开，茅台公司也由此获得多项殊荣。2010年以来，贵州茅台酒股份公司相继获得"管理体系优秀认证企业"称号、上市公司年度信息披露奖，获选世界品牌500强、"国家名片"、全球最具价值品牌百强、"2015年度中国轻工业盈利能力百强企业"（位居榜单第一位）、"2015年度中国轻工业价值能力百强企业"（位居榜单第一位），获得历届国家质量金奖、全国企业最高奖——金马奖等一系列殊荣。

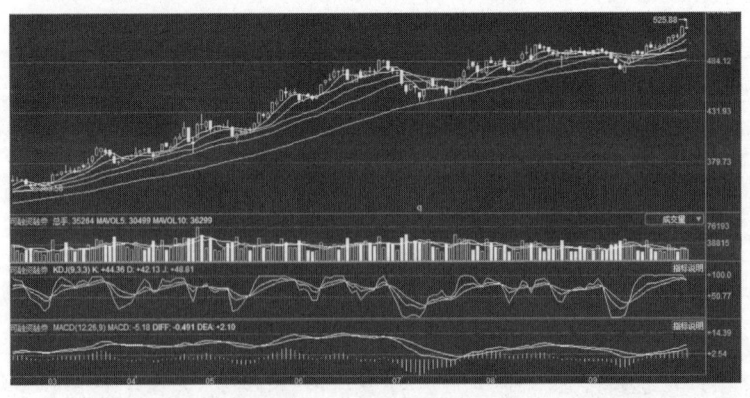

附图1　茅台股价走势

目前，国内上市企业投资者关系管理还处于发展期，存在很多不完善。但是茅台却用实际行动赢得了投资者的认可。茅台相关负责人表示，国内上市公司投资者关系工作是一个逐步发展、日臻完善的过程，随着我国多层次资本市场的快速发展，特别是对外开放的整体水平持续提高，我们有理由相信国内上市公司会搭建起与境内外投资者良心互动、有效沟通的桥梁，创造出富有特色、形式多样的投资者关系工作新方法新路径。

B.10
社群媒介时代的危机传播研究报告

吴宜蓁*

摘　要： 智能手机的普及带动民众进入了社群媒介时代，如今信息的传播速度更快、传播范围更广，叠加风险社会所带来的高度不确定性，因而企业所面临的危机更加复杂。本文就如何在社群媒介时代进行危机传播进行了较为深入的论述，希望企业面对社群媒体的挑战，能够以全新思维处理危机，在企业反应速度、执行长沟通能力、意见领袖维护和大众媒体应对四个方面进行提升。另外，面对传播环境的巨变，企业也必须重新检讨过去应对公共关系危机的流程与方法，建立起新的标准化作业流程。

关键词： 社群媒介时代　危机传播　公共关系

一　前言

谈到社群媒介时代的企业危机传播，必须先从三个大的社会趋势谈起。

一个是智能手机铺天盖地的普及率，带动民众大量使用互联网和社群

---

* 吴宜蓁，台湾辅仁大学传播学院教授、创院院长；曾受邀于清华大学、北京大学、中国传媒大学、复旦大学、厦门大学等新闻与传播学院演讲，曾任瑞士卢加诺大学访问学者，2017年度于日本立教大学担任讲座教授。

媒体;① 传统由上而下的传播模式转变成水平模式，网民通过社群媒体接收信息、表达意见，站在与企业平起平坐的高度，也取得更多的话语权。

另一个趋势是风险社会所带来的高度不确定性，加上中国经济高速发展，全国城镇化进程加快，社会面临复杂且深度的转型。于是，各种天然危机和被制造出来的危机（Manufactured Crisis）比以往更多更复杂，而且难以预测。②

第三个趋势是企业被要求善尽"企业社会责任"（Corporate Social Responsibility，CSR），做良善的企业公民。企业为履行这个经营获利以外的社会责任，必须更小心维护品牌形象、善待顾客及所有利害关系人（如股东、员工、小区、供货商或客户及消费大众）。以台湾地区来说，金融监督管理委员会从2014年起，强制规定上市企业每年必须缴交"企业社会责任报告书"，并且必须履行CSR报告书的内容，"以提升直接面对民众（B to C）公司之社会责任及重振消费者与供应链厂商对此类上市（柜）公司之信心。"③

这三大趋势交叉影响的结果是，公众权力意识更为增强，在社群媒体上勇于发声，勇于监督企业的社会责任表现，对企业危机处理的评价更毫不留情。企业面对社群媒体时代，在危机事件的处理上将更具有挑战性。

二 社群媒体下的新危机处理思维

面对社群媒体的挑战，企业应该以全新思维处理危机。以下是几点建议。

---

① 根据中国互联网络信息中心（CNNIC）2017年1月22日发布的《第39次中国互联网络发展状况统计报告》，截至2016年12月，中国网民规模达7.31亿，普及率达到53.2%，规模相当于欧洲人口总量。
② Lofstedt, R. E., 2006. How can We Make Food Risk Communication Better: Where are We and Where are We Going? *Journal of Risk Research*. 9（8），869–890.
③ https：//www.fsc.gov.tw/ch/home.jsp？id＝96&parentpath＝0,2&mcustomize＝news_view.jsp&dataserno＝201409180005&toolsflag＝Y&dtable＝News.

（一）反应快，还要更快

网络的实时信息发布、转载、分享，令过去危机处理所谓的黄金24～48小时宣告结束，危机处理时间变成以小时、分钟来计算。遗憾的是，许多企业管理高层现在仍然不知道（或不愿意面对）人人是记者，个个可直播的威胁性，自然也不会想到必须调整内部既有的公关危机处理流程。

（二）执行长要有站在第一线的准备

在传统媒体时代，企业发生危机事件，第一线通常是公关，第二线是公司高层（例如发言人），最后才是企业最高执行长。但是在社交媒体时代，危机事件对外的传播层级常常需要"扁平化"，也就是执行长要有马上站上第一线代表企业与公众对话的心理准备，让外界理解企业的诚意。

大部分执行长虽然精于管理，但是可能沟通表达能力不足，或是不喜欢直接站上沟通前线面对群众或网民。这时可以改用间接的沟通方式，例如文字公开信、预先录好的影片、专访或其他符合执行长特质的网络传播方式，传递企业或是执行长本人的立场。最基本的要求是，执行长要有网络素养（知道沟通环境已经发生变化），愿意站在第一线执行灭火任务，或是愿意授权给擅长与网络社群沟通的部属来处理。

（三）从素人到网红，掌握意见领袖

大众媒体时代，精英专家学者往往拥有较大的发言权，但如今则是素人与网络明星拥有相同的发言权，影响着公关危机事件言论风向。只要唤起网友共鸣，一夕之间就会形成社会主流意见。

（四）面对手机直播的自媒体时代

在大众媒体拥有言论主导权的时代，企业最重视"媒体关系"，因为一旦有公关危机，靠着与记者的沟通就可以大事化小、小事化无。如今网络自媒体百花齐放，网友人手一机随时可进行现场直播，企业已经难以掌控媒体

话语权和议题主控权，只能观察网络言论走向，顺势而为。因此，企业是否能同时应对大众媒体和网络媒体，就成为危机处理成败的关键所在。

表1 新、旧公关危机处理的面向比较

	大众媒体时代	社群媒体时代
黄金处理时间	24~48小时	1小时以下
执行长角色	公关第一线、发言第二线、执行长第三线	经常必须立即站上前线
传播模式	大众媒体有发言权	社群媒体言论发酵，大众媒体跟进
意见领袖	精英专家	素人、网红
对应舆论方式	深度经营大众媒体和记者的关系	自媒体、社群媒体

资料来源：吴宜蓁：《数字媒介时代的公关危机管理》，《哈佛商业评论》2017年6月号（采访整理：李郁怡）。

三 企业的公关危机SOP

传播环境出现巨变，企业必须重新检讨过去应对公共关系危机的流程与方法，建立新的标准作业流程。笔者认为企业至少要做到下列六点。

（一）说实话，展现诚意

网络世界最忌讳的就是"说谎"，因为"凡走过必留下痕迹"，网友的起底能力远超过企业的想象。此时应对的方式只有"说实话"，让消费者或公众感受到企业的诚意。

2016年，韩国三星Galaxy Note7手机频频发生爆炸事件，竟然导致全球航空公司下令禁止乘客携带Note 7手机上飞机，三星的品牌形象几乎要毁于一旦。三星立即启动全面的危机处理：（1）立即全球召回Note 7手机；（2）及时成立调查小组，之后通过媒体、网络平台等渠道，宣布出现爆炸的原因是锂电池缺陷；（3）在全球重要的机场设置服务柜台，Note7手机用户在进入安检区之前，可更换另一款三星智能手机并获得差价补偿，或是取得全额退款。

三星的诚意行动获得正面的评价，2017年推出的新机种，销售并没有受到太大影响①。

（二）道歉不难，贵在真诚

道歉策略的拿捏关键在于"责任多寡"，如果危机起因为外界栽赃诽谤或纯为意外事故，企业是不必立刻道歉的。②反之，如果错在企业本身且证据明确，此时真诚的道歉与补救赔偿是上上之策。尤其当消费者的知觉风险愈高，企业愈要采取"承认错误"策略。③不过在危机案例中我们经常发现，勇于真诚道歉的企业并不多见。

何以致之？主要有三个原因：一是企业低估了社群媒体公众言论的杀伤力；二是企业高层心存侥幸，能拖就拖，希望以沉默低调过关；三是认为"类似的事情以前也发生过"，过去经验形成了主导逻辑，反而忘了"犯错就应该道歉"的基本逻辑。

举十年前的例子：在三聚氰胺毒奶粉事件中，大陆的三鹿奶粉集团、台湾的雀巢集团与玛氏集团，对于毒奶粉风波始终采取被动甚至否认的姿态，直到媒体报道之后才采取因应措施，让消费者的观感相当负面。反观台湾的金车企业，不仅直接承认错误与道歉，主动召开记者会承认其产品被三聚氰胺污染，并且宣布金车奶粉全面下架、无条件让消费者退换货，损失金额超过七千万台币，但此举顺利挽救了金车品牌的商誉。④

到"人手一机"直播的时代，企业的道歉更是平息"视觉风暴"的关键，否则就会付出惨痛代价。2017年4月9日，美国联合航空（UA）发生

---

① 顾铭轩、曹婷婷、贾雨佳：《Galaxy Note7 爆炸事件危机公关处理》，《现代商业》2017年第13期。
② 蔡家宜、邵文泓：《道歉真的是最好的策略吗——基于比较道歉等危机处理策略的研究》，《时代金融》2013年第33期。
③ 邢姗姗、江韦荸、苏岑怡、曾凡嬿、黄郁善、刘梦婷、陈姿妤：《应用危机情境沟通理论（SCCT）探讨网络商店危机响应策略》，《北商学报》2010年第17期。
④ 夏康宁、林育则、刘懿娴：《从消费者态度探讨企业食品安全危机处理模式》，《传播与发展学报》2015年第7期；浦嘉怡：《从三鹿奶粉事件看企业危机处理能力》，《中国商贸》2011年第2期。

一位亚裔乘客被航警强拖下机舱的溅血事件。惊人画面经由机舱内其他乘客的手机摄影，并立即上传到 Twitter、Facebook 等社群媒体，现场景象不到几个小时就传遍全球，连《纽约时报》、CNN、BBC 等国际权威媒体都引用乘客的影片，大幅报道这起事件。UA 迅速被网络及传统媒体骂翻，而执行长奥斯卡·穆诺兹（Oscar Munoz）竟然还称许机组员依规定处理并无不当，此内部邮件被员工流出，引发全球消费者抵制。

一个号称"照着 SOP 走"①的危机事件，透过社群媒体影像直播，暴露出 UA 僵化的 SOP 制度、以企业利益为中心的文化以及对少数族裔乘客权利的藐视。UA 付出的代价是：股价一天之内重挫 6%（市值缩水约 8 亿美元），企业形象严重受损，执行长升迁之路中断，公司则付出高达 9.5 亿人民币的和解金。

（三）公关打形象，律师打官司

危机时，该听公关的，还是听律师的？这个问题一直困扰着企业。太快认错对后续法律诉讼相当不利；太慢道歉，又可能冲击企业声誉。2004 年，NIKE 邀请篮坛巨星迈克·乔丹来台湾与球迷见面，结果乔丹竟然只出现了 90 秒。就这起引发球迷公愤的"乔丹快闪事件"，台湾的代理商在总公司的指示下公开道歉，却强调"只对当时买票出席的球迷表示歉意"。这个切割论述，应该是法律顾问衡量事后赔偿金额多寡所给的建议，却引起台湾各界愤慨，扬言抵制 NIKE。此事件由台湾公平交易委员会主动立案调查合约内容，台北地检署也展开诈欺搜证，调查球迷会内容和广告是否相符，消费者基金会更主动表示要替球迷打集体诉讼。这些大动作促使台湾区总经理出面召开记者会，"向媒体、球迷及社会大众道歉"，愿意对"乔丹快闪事件"负全部责任——赠送乔丹绝版海报和乔丹第 1 代复刻球鞋、700 名球迷会球迷建立特别档、无条件接受乔丹球鞋的退货、认养台湾 30 座街头篮球场等

---

① 因为该航班超卖座位，但 UA 有四位员工必须搭此班飞机，UA 服务协议第 25 条规定列明："如果没有足够志愿者，乘客可能会被拒绝上机"，而航空公司发言人也认为此次事件中公司已"遵循正确的程序"，该乘客经抽签抽中必须下飞机。

具体做法。

NIKE加上前述UA的案例,说明"与其听律师,不如听公关"。因为如果商誉受到损害,可能还没有进入法律程序,就先付出了巨额的代价。

（四）以同理心,换位思考

企业发生危机,第一时间要维护的,自然是企业形象和股东的利益。不过,只是单向站在自身立场,从本位主义出发,没有顾及网友或公众的感受,就犯了社群时代的大忌。

2014年台湾手机品牌华硕（ASUS）被网友发现,Zenfone的新手机在大陆的规格比台湾版内存容量高出一倍,价格却更便宜。华硕高层说明台湾市场经营成本与中国大陆不一样,定价相同会亏本,但是因为其实没有读到网友在乎的是:台湾品牌对于台湾的消费者不够重视,觉得被亏待,而非表面的定价,所以对沟通无感。华硕不得不请出董事长、执行长、财务长暨发言人一起举办说明会,提出进一步的补偿方案,以消除本地消费者的怒气。

建议企业在进行网络沟通时,一定要去理解"社会主流民意是什么",同时以同理心换位思考,切勿只站在自己的立场去主张是非对错,更不要与社会主流意见作对。

（五）对应负评有方法

对应网络负评,通常危机公关专家会建议用"幽默"对应,或是用"创意"转移公众焦点。美国知名饼干品牌Honey Maid的广告在社群媒体引发争议,公司立刻快速做出一支互动多媒体影音,将网络负评与正评化为一个爱心影像,凸显出"正评在这个爱心占绝对多数",技巧性地回应网友:支持Honey Maid主张的人是多数。

不过要提醒的是,回应负面评价时千万不要让人觉得不诚恳。例如台湾知名的"全联超市",积极开拓年轻客群而且非常成功,却因为老总裁失言,在公开场合批评台湾年轻人爱玩不能吃苦,引起年轻人反感拒绝去全联消费,年轻客源大量流失,甚至最后以总裁辞职收场。在失言事件过程中,全联公司的脸书小编一度想靠搞笑转移焦点，此举反而让网友更为反感，惹来更多批评；之后竟然又犯了网络大忌，删除脸书负面留言，使事态更趋恶化。

对应负评，有赖平时企业对于自媒体和粉丝团的经营。美国 Tesla 电动汽车创办人马垂克，看到《纽约时报》批评 Tesla 续电力不足，立刻带着一群"铁粉"车队开车上路，证明 Telsa 长途驾驶电力绝对足够，反而将公关危机转为正向公共关系，就十分高明。

（六）内部教育训练

本文最后的提醒是，企业必须重新检视公共危机事件发生时的处理流程，而员工也必须接受社群媒体日新月异的变化，反复操练应对策略。从高层主管到第一线员工，都必须熟悉社群媒体生态，避免企业以傲慢的形象站在公众面前。其实，许多企业公共关系危机之所以发生，都与企业自身的价值观与公司文化有关。尤其如果企业受限于过去经验，忘了企业核心价值，就更容易将自己暴露于公关风险之下。网络媒体与社群媒介当道的今天，企业人的数字素养也要提升才行。因为在社群媒体时代，企业与网友绝对是平等的，只有审慎应对、真诚沟通、勇于认错，才能在社群危机事件中化险为夷、全身而退。

B.11
共识与行动：中国公共关系行业人力资源和教育培训的供给侧改革

王兵 孙玮*

摘　要： 中国公共关系行业人力资源和教育培训正在经历一场多元力量积极参与的供给侧改革，这是行业发展在不断地变迁与优化后，面对供给总量、能力与知识结构、队伍梯次，以及分布与流动失衡等问题，自身寻求不断突破的力量在主动探索变革与行业整体推动的双重作用下，达成的高度共识与实效行动。

关键词： 公共关系　教育培训　供给侧改革

和任何智业一样，人是公共关系中最基础也是最核心的要素。而人才瓶颈，也一直是制约中国公共关系行业发展的关键问题，供给总量不足和从业者能力结构与市场需求严重不匹配，是从中国现代公共关系行业萌芽的那一天起就存在并且伴随着行业成长而始终未得到根本解决的典型问题。

近几年来，互联网的普及和冲击，给公共关系业务带来新的挑战，加重了公共关系行业的人力资源和教育培训的困扰。人力资源供给在自身主动探索变革与行业整体推动的双重作用下，正经历一个前所未有的活跃期，多元力量积极主动参与复合型公共关系人才培养，成为这个时期最显著的特点。

---

* 王兵，中国传媒大学媒介与公共事务研究院企业传播研究所高级研究员，迪思传媒原助理总裁；孙玮，中国传媒大学媒介与公共事务研究院企业传播研究所助理所长。

共识与行动：中国公共关系行业人力资源和教育培训的供给侧改革

几乎与中国经济社会发展同步，中国公共关系行业人力资源和教育培训的供给侧改革，在高度共识与有效行动中，正加速反哺行业的良性发展。

一 流动：中国公共关系从业队伍的三次变迁

（一）第一次流动

中国现代专业公共关系服务，首先是从涉外酒店、IT等领域萌发的，早期的公共关系行业人力来源也与之存在紧密的近亲关系。

这个时期，拥有语言类、国际关系与对外贸易类、管理类等相关专业背景，市场、企划等相关经验，以及部分媒体从业经历的人士，构成了公共关系工作人员的主要来源。而且，在随后的10多年时间里，这种结构保持了一定的连续性，一批具有类似特点的后继者，跟随性地加入公共关系队伍中，从而形成了相应的梯队发展。

近年来，诸多企业的公共关系高级管理者、公共关系代理公司的创办人或高层，有相当一部分是从这些人中成长起来的。如现任华晨宝马汽车有限公司公共关系及企业社会责任副总裁杨美虹、和宣亚国际创始人张秀兵分别拥有江西师范大学和河北师范大学文学学士的专业背景；信诺传播董事长曹秀华毕业于北京第二外国语学院英语系并担任过新大都饭店公关部经理；国内最大的公共关系专业服务机构蓝色光标创始人之一高鹏，就曾经在长城计算机、海信计算机等公司连续多年担任市场方面的负责人；西岸公关创始人黄勇之前为媒体人；嘉利公关创始人李辂则有知名IT企业趋势科技公关经理的经历，他们和蓝色光标创始人赵文权、迪思传媒创始人黄小川、时空视点创始人刘方俊等交集于路村咨询策划，这家堪称中国本土公共关系专业服务公司"摇篮"的机构，当年服务客户的领域主要聚焦于IT行业。

而2010年11月加入沃尔沃汽车集团中国区任企业传播副总裁、2017年转任观致汽车市场与传播执行副总裁的宁述勇，毕业于山东大学外文系，有多年新华社的媒体从业经历，后在摩托罗拉（中国）与索尼爱立信（中国）等IT通信企业担任过公共关系与企业传播的中高级管理岗位；注意力机构董事长马苏格，在2003年创办公共关系代理公司前，从1994年开始在南方日报社担任编辑工作，后任《南方周末》副总经理，《信息时报》副总编、副社长，并参与创建《外滩画报》；灵思的创始人谭明的公共关系历程则酝酿于著名的IT研究机构赛迪，后从其旗下的《计算机市场》杂志市场经理顺势转身进入公共关系行业。现任微软亚太研发集团传播及公共事务总监商容，2006年底前在思科负责中国地区的公共关系事务及传播推广工作；现京东集团副总裁、公共关系负责人李曦，则从1997年开始，帮助索尼（中国）在华建立了囊括企业公关、产品公关、员工沟通、媒体关系管理、危机管理等在内的完整的公共关系体系，并于2009年升任索尼（中国）副总裁，负责公共关系、品牌标识和网站管理；现任日产（中国）投资有限公司传播管理总部副总经理、东风汽车有限公司总裁助理兼行政公关部副部长的沈激，在加入国内最早的合资公共关系公司之一中法公关公司之前就在长城饭店工作，其后在英特尔、惠普等IT企业担任公共关系部门的负责人；值得注意的是，沈激毕业于国际关系学院，同毕业于该校并深耕于公共关系行业，可以罗列出一长串的知名人士，如现任联合利华北亚区可持续发展与传播事务副总裁徐俊、曾担任罗德公关高级副总裁兼北京公司总经理与梅赛德斯-奔驰（中国）汽车销售有限公司副总裁的毛京波、2016年5月从通用电气（中国）公关传播总监位置离任创办闻远咨询的知名公关人李国威等，和宁述勇一样，李国威也曾在新华社工作多年。

直到今天，媒体人转型公共关系成为行业人力资源的一道独特风景线。"媒通研究院"公众号曾经发布一组媒体人转公关的名单，包括：海唐公关创始人、前《京华时报》记者段志敏；汇志传媒创始人、前第一财经编委翁宝；支付宝高级总监、前《南方日报》记者陈亮；宜信首席品牌官、高级副总裁，前财讯传媒市场副总经理吕海燕；爱钱帮联合创始人、前《财经》记者赵静婷；万达集团总裁助理兼企业文化部总经理、万达新闻发言人，前《京华时报》副总编辑刘明胜；资深媒体人苹果中国区公关总监、前《华尔街日报》编辑顾蔚；腾讯集团市场与公关部助理总经理、前《环球企业家》杂志执行主编岳淼等,由此也能对媒体人转公关的现象有更深刻的认识。

究其原因,可从公共关系的业务构成对能力结构的要求来发现:国内现代公共关系业务长期以媒体公关稿件策划撰写、媒体关系维护、媒体活动组织、公关稿件发布和代理等为主,因此,较强的文案策划、撰写能力、媒体沟通技巧、活动创意与运营能力等成为公共关系人才的必要条件,这是拥有媒体从业经历人士的一大优势,他们在发挥和促进行业对媒体的创新价值研究应用、公关内容创意水平提升等方面也可以起到积极作用,从而深受公共关系专业服务机构和企业公共关系部门的欢迎。另外,这些由媒体转型的公共关系从业人士,相当一部分获得了新的职业发展机会,并持续吸引着更多媒体人加入,对公共关系行业人力资源的完善形成了良性刺激。

(二)第二次流动

部分进入中国市场的外企客户本地化推广,对图文设计创意服务提出了新的需求,从而吸引了部分4A公司设计创意人才向公共关系行业的流动。这种流动既拓宽了公共关系服务机构的业务能力和收入,也丰富了公共关系队伍的人力构成,更重要的是,为行业带来新的思维和更专业化的管理方法,促进了公共关系在策略能力建设方面的提升,为其后国内公共关系行业由执行型向创意策略型转变,奠定了不可缺少的基础。如今,部分具有4A背景的人士,也成为公共关系行业高级管理人员,尤其是策略创意型人才的重要组成部分。

2003~2011年担任迪思副总裁的刘哲,就是一位广告老人,在加入迪思前先后在长城国际广告和北京电通担任中高层管理职务,该公司另一位与刘哲存在部分交集的副总裁曹黎明,加入迪思前则在麦肯光明有多年客户服务与领导创意团队的经验。而2005~2010年担任宣亚国际副总裁的陈智豪是位老灵智人,他于1998年加入北京灵智,从客户总监直至董事、总经理。作为本土专业公共关系服务旗舰品牌的蓝色光标更是有多位4A背景的业务骨干分布于各事业群组和不同层级,如首席策略官郭耀峰曾于奥美供职多年担任策略方面的负责人、首席创意官彭骏成之前则在灵智精实任职创意总监。

与媒体人转入公共关系行业有所不同，4A人转入公共关系行业后，尤其是转入公共关系专业服务公司的，出现过部分回流，即返回4A公司的现象。这当中反映出4A人在公共关系行业的不适应，原因也是双向的，既有4A人对公共关系行业的"看不上眼"，也有公共关系行业认为4A人"不接地气"。

但是，无论如何，4A人与公共关系行业的流动却没停止过，也客观上促进了公共关系与广告行业间的交流、融合，也对两个行业的人力资源队伍整体提升起到积极的作用。

当然，也有部分资深4A人转入企业或媒体担任市场、品牌、公共关系相关中高级管理职位的，相比之下，则有更多获得更稳定、长远发展的代表。比如现任腾讯集团高级执行副总裁、腾讯集团市场与全球品牌主席刘胜义，在2006年加入腾讯之前，曾工作于阳狮（Publicis）中国、天联（BBDO）中国、上海电通扬雅（DentsuYoung & Rubicam）和麦肯集团等，并担任执行合伙人、首席执行官等高级管理职位。腾讯的另一位副总裁郑香霖，在广告领域工作超过25年，曾于奥美、BBDO、李奥贝纳、盛世长城等公司任职，在加入腾讯前，系实力传播集团大中华区CEO。曾担任凤凰网高级副总裁的徐进，在2013年加入凤凰新媒体之前，是WPP旗下智威汤逊（JWT）北京董事总经理，再早则担任灵狮中国的首席执行官。2007年加入易车并担任其旗下新意互动总裁的吴孝明，此前自1990年至2004年，在台湾地区多家4A公司任职，并在北京奥美效力3年多；在易车整体上市后，他又先后出任宣亚国际首席战略官和迪思传媒首席数字官。

（三）第三次流动

中国互联网由门户向Web2.0的快速演进，在给公共关系行业带来大量业务机会的同时，也培养了又一批优秀的从业者。这批公共关系人才，与4A背景的公关人，共同激活并有力推动了中国公共关系行业向互联网时代的迈进。这些人，成为近几年来快速崛起的互联网公关和数字营销的主力，而且在不断探索公共关系与技术的创新融合方面发挥出独特的作用。

这个过程中一位标志性的人物，就是 1999 年加入好耶（ALLYES）任总裁，后在 2004 年创立 Chinabbs（大旗网的前身）的王定标。Chinabbs 于 2006 年更名为大旗网，开启了连接公共关系与互联网的重要通道，成为公共关系向互联网转型的重要节点，而王定标也是推动这一转型的关键人物之一，虽然大旗网于 2015 年被关闭。

不同于王定标和大旗网在公共关系互联网转型中的"脚踩两只船"，即打着创新媒体的旗号，做着公共关系的业务，身为搜狐网副总编辑的陈勇则和他的同伴们，直接投身创立了联华盛世，在这家公共关系服务机构里，除了陈勇本人外，还有多位拥有搜狐、千龙等互联网公司背景的中高层。

和联华盛世有类似特点的公共关系服务机构，还有联科安致，它是由拥有新浪背景的李东川创立的，李东川离开新浪创立联科安致之前，短暂经历了一家叫优嘉顾问的公共关系公司，而在 2007 年，李东川的联科安致整体加入了中青旅集团，更名为中青旅联科。这家公司如今已经成为典型的数字化公共关系服务机构，尤其是在文化旅游领域独具特色，这既源于中青旅的实业支撑，也和李东川团队早年的互联网公司积累有着千丝万缕的联系。

另一家具有强大互联网背景的公共关系公司叫太立德仁，它是由房地产行业背景深厚的易居中国创立的，主导这一公共关系公司的关键人物是易居中国联合创始人朱旭东。易居中国旗下的克而瑞则是中国房地产行业大数据应用的支柱型机构，它也为太立德仁在房地产领域的深耕，尤其是数字化拓展奠定了相应的基础。

如果说，联华盛世、联科安致和太立德仁的共同之处是由互联网向公共关系数字化服务的转型，那么，由范锋等创立的速途网络、徐扬等创立的微播易、赵充等创立的微梦、陈中参与创立的 WeMedia 联盟则将都选择了将新媒体矩阵和数字化传播资源平台作为转型公共关系服务的着眼点和立足点。

相同的是，这批关键人物几乎无一例外地来自互联网公司，范锋曾任天极传媒集团副总裁，速途网络的团队中有互联网公司经历的成员一直占较高比重；徐扬是百度的早期员工，2015年底加入微播易的徐志斌曾在腾讯微博开放平台效力8年；赵充曾分别在新浪、搜狐担任过多年的产品营销经理，微梦的核心团队中，也有多位有互联网背景的成员，如联合创始人黄蕊，先后在新浪和搜狐任职；陈中系原搜狐IT副主编、垂直博客平台Bianews的创始人之一，WeMedia联盟发起人朱晓鸣是微信FM创始人，并担任新浪地方站产品技术总监。

当然，无论是转向公共关系服务，还是聚焦于新媒体矩阵与资源平台，互联网公司的技术思维和基因，都对中国公共关系行业的数字化发展，带来了全新的推动力量。而这些拥有互联网背景的公共关系从业者不单是丰富了行业的人力资源结构，更重要的是，真正使得行业向着新阶段变革有了充分的动力与源泉。

事实上，中国公共关系从业队伍的这三次变迁，并没有严格的时间先后和阶段分隔。所以，更准确地说，是三股交织推进的人力资源流，形成了强大的复合知识、资源和变革力量，推动了中国公共关系行业队伍的壮大、市场发展和专业进步。

二　失衡：中国公共关系人力资源的四大困境

"一直由外来的和尚在念经"，这是中国公共关系行业从业队伍三次变迁、三股交织推进的人力资源流给人的总体感觉。整个中国公共关系行业，全是酒店人、外语人、企划人、媒体人、4A人、互联网人……的天下，公共关系人呢？

不可否认，从业队伍的这种混合特点，为中国现代公共关系行业的前二十多年繁荣提供了一定的人才保障。但是，随着行业的快速发展，公共关系的需求持续释放，市场呈现逐年高速增长的态势，新媒体变革加速互联网与公共关系的融合，这都与人才队伍不能自给自足的困境，形成了严重的失衡，尤其是近几年来，行业的进步越来越受此制约。

总体来说，中国公共关系人力资源失衡的困境集中反映在以下几个方面。

（一）整体供给量不足

公共关系的人才培养有鲜明的"门槛低、成长慢、周期长"特点，公共关系行业的基础人力来源，从一开始的语言类、涉外类专业，逐步延展到更多专业，以至于公共关系行业队伍的专业背景越来越泛化。

这当中深层次的原因，其实是中国的公共关系专业学科教育存在严重的发展滞后和数量不足。统计显示，截至2016年，中国高等院校设置了公共关系本科专业的仅仅20多所，而且还面临在"双一流"建设工程压力下，少数院校合并、取消该专业，如2016年中山大学取消公共关系本科专业，2017年大理大学公共关系专业暂停招生。

当然，也有不少院校看到公共关系人才市场的需求潜力后，加大公共关系专业人才教育的力度，将专业课程设置在新闻、管理、营销等院系或学科下，为公共关系输送了一部分基础人才。

即便如此，从总量来说，还远远不能满足多元主体——不仅有公共关系专业服务机构，还有跨国公司或合资企业，国有、民营与新兴的创业型企业，甚至包括政府、NGO（非政府组织）与众多媒体——更多的公共关系人才需求。

整体供给量不足，使得行业内的流动陷入恶性循环，频繁跳槽与恶意挖角事件成为常态，显著抬高人力成本，而部分从业者的知识结构、能力结构在新的环境下，加剧老化，更新又缺乏动力，以致裹足不前，以致行业人才队伍的"捉襟见肘"越发明显，制约了行业发展。

（二）知识与能力结构反差

公共关系具有典型的服务属性，因此从业者必须把自己的知识结构建立在相应的行业匹配度上，这既包括对相关行业的了解、深耕，也涵盖行业横向关联知识的准备与丰富，以及与新闻媒体、品牌传播、市场营销等多领域知识的融合与持续更新。

公共关系基础人才的知识结构本就相对单一，在公共关系实务中，这些

知识结构的形成，要经历漫长的坚持与积累，这与公共关系的高度实践性，形成强烈反差。

而实践性，即实操能力不足，是公共关系基础人才与行业实务需求存在的另一个反差，这是大学教育中实践性师资和实践经历不足造成的。虽说这不单是公共关系学科教育的问题，却直接导致相当比例的哪怕是公共关系专业毕业的学生也会因为缺乏实践基础而在走上社会后不能快速融入实际工作。从另一个角度看，实操能力不足加重了企业在公共关系基础人才招募时的顾虑，他们往往需要付出更多的额外成本去弥补学校教育在实践方面留下的缺失，甚至因此而不得不犹豫、削减对基础人才的招募计划。公共关系的服务属性，还有另一个必须严肃面对的挑战，即快速变化的外部环境，比如近几年新媒体兴起，大数据与人工智能等的应用，成为公共关系躲不开的新议题，公共关系基础人才在适应这一挑战上同样存在先天不足的知识脱节、能力结构滞后以及升级过慢的反差。

（三）队伍梯次断层现象越发严重

所谓梯次断层现象，主要表现为，能担当某项执行任务的基础入门型人才数量上占多，而具有全面策略创意与规划的高层次人才，与既能参与宏观的策略创意与规划，又能在管理运营上起到整体把控作用，还能对关键的项目执行确保落地质量的能力结构完整的中间层骨干人才缺口严重。

基础入门型人才的知识结构、能力结构完善速度又跟不上行业快速发展的需求，其中还有部分从业者出于各种原因转行流失，对梯次断层现象可以说是"雪上加霜"。

另一点值得关注的是，梯次断层现象在高层次人才上面临投入即人力成本，与产出即业务收入的不平衡。这个问题的根源在于，中国公共关系行业自诞生以来，就以媒介代理、项目执行等为付费依据，而策略创意与规划型业务虽然经历了从无到有、重视程度不断加深的过程，却仍处在商业付费无法被普遍认可的状态。

这也是相比于国际公共关系行业的业务结构，中国公共关系行业的一个本土差异，它让中国公共关系行业高层次人才不得不常常有"英雄气短"的感慨。受此影响，尤其是公共关系专业服务机构在高层次人才的配置上瞻前顾后，进而导致了高层次人才的尴尬，限制了行业人才队伍结构的优化。其中比较明显的是，部分中间层的骨干型人才缺乏专业进步动力，而更倾向于在小团队的管理空间挣扎与坚守，并因此既荒废了对项目执行细节的精益求精，又不能在策略创意与规划能力的完善上有所突破和升华，甚至于成为部分行业优秀人才提升的障碍，让人才梯次变得更加"青黄不接"。

（四）分布与流动不平衡

"我还是更想去大一点的公司""我还是想去甲方"，这是近几年来，公共关系行业，特别是中小型初创企业和部分专业服务机构的人力资源经理在招聘中一度遇到的最典型最感到无奈的问题。

此种无奈的背后，反映出公共关系行业人才分布与流动的不平衡：优秀人才正在加速向中大型企业、成熟的公共关系代理公司集中，初创型、中小型以及成长企业或者公共关系代理公司人才紧缺情况更为严重。

不单是成熟的、骨干型的行业人才呈现这样的分布与流动，甚至连功底扎实、潜力型的少数行业苗子，如应届本科生、硕士生，也成为不同机构争抢的对象，使得基础入门型的公共关系人才同样在向中大型企业和成熟的公共关系代理公司聚集。

在行业整体供给不足的情况下，优秀人才的聚集，对中大型企业和成熟的公共关系代理公司来说，是专业队伍和能力建设的必然趋势和要求。然而，从行业整体发展来说，与梯次断层现象相同，分布与流动不平衡，也不可避免地妨碍部分人才在专业领域知识结构与能力结构的完善，和对新环境的更新与适应，进而影响了行业整体变革与创新。

三　求变：中国公共关系人才培养呈现供给侧改革新生态

中国现代公共关系行业从一开始就具有极强的适应能力，这可以说来自改革开放以来中国经济社会发展的带动作用，也来自行业自身寻求不断突破的力量。因此即便面对人力资源的多重困境，公共关系行业的多元主体，包括高等院校、公共关系专业服务机构、公共关系行业组织，还有各类企业的公共关系相关部门，以及教育培训力量，仍然能在自身主动探索变革与行业整体推动的双重作用下，达成高度共识与实效行动，积极主动参与复合型、多层次公共关系人才的培养。

近几年来，互联网技术的发展，新媒体的渗透，为公共关系人才培养提供了更加丰富的资源和更加便捷的方式，公共关系教育培训获得了更有利的条件，从而在逐步改变行业人力资源失衡状况。

（一）灵活多样的人才训练营

作为公共关系行业的主体，专业代理机构，尤其是起到领军作用的蓝色光标、宣亚国际、迪思传媒、灵思云途、注意力等，在公共关系人才培养上无疑发挥了主力和先锋的作用。

这些机构的培训行为基本是从其诞生之日起就被列入最重要的人力资源事项，而2003~2005年，随着所服务的企业客户领域由比较单一的IT与融合通信行业，逐步扩展到消费品、汽车、金融、医药、家居等更多行业，跨行业背景人才的紧缺与匮乏，逼迫这些机构将对培训的重视提到一个新的高度，而部分媒体与4A背景人才的加入，让培训的内容得到相应的丰富。大约从2008年开始，主流的公共关系专业代理机构都陆续升级了新的系统性的人才培养计划。如蓝色光标的"Blue+计划"，将高潜人才的招聘与培养紧密融为一体，特别是传帮带的导师制度，可以有效夯实人才的基础与实践能力；灵思云途的"天阶计划"，联合20多家不同专业背景的高端培训机构，组建数十位不同关联领域的专业讲师团队，将培训内容分为16个大类、182个子类、安排了累计近2000课时的内容量，将员工分为15个不同层级的学员，提供全方位的培训支持；宣亚国际建立了分别面向校园招聘应届毕业生的"橙色新兵训练营"和面向社会招聘的"菁英训练营"两种不同层级内容体系的定制培养系统；迪思传媒坚持每年举办"重案大赛"，以项目实践为基础、以案例分享为输出来构建员工 PK 成长机制。

其后，为了适应互联网技术和新媒体环境的发展，各机构在人才培养的力度和投入上，都有明显的加大，在系统性的人才培养计划的内容和形式上也分别采取了有特色的完善行动。如蓝色光标增设"百一计划"和"BlueView 认证数据分析师培训"计划，以提升业务骨干的综合管理能力和面向大数据时代的技术思维与能力储备；迪思传媒的"创新大讲堂"、注意力的"加速计划"，则都是邀请外部多领域专家为员工补充跨界知识与技能。

此外，部分机构还采取"送出去"的方式，助业务骨干开拓视野。如海唐公关每年投入数十万元资金支持核心骨干与中层参加各类商学院学习，并为在职的中层主管考取 MBA 等承担学费。

经过 10 多年的积累，目前，大部分公共关系专业代理机构都已经建立了与自身发展状态相适应的人才培养体系或机制，并且初见成效，在一定程度上缓解了人力资源的困境。

（二）为高校人才培养的实践赋能

在这方面，作为最有建制、参与度逐年提高、成效得到持续积累，也是最有代表性的行业行动之一，大学生公共关系策划大赛堪称中国公共关系行业对高校人才培养进行实践赋能的一面旗帜。大赛主要面向在校大学生（含研究生），由一些代表性的企业出一些引领公共关系趋势的实战命题，高校公共关系或相关专业学生组队参与，结合对口教师的指导、命题企业宣讲，以及全国评选赛和现场提案总决赛等互动参与性强的方式，搭建业界和学界的互动平台，为参赛大学生提供难得的才华展示与实战机会，是公共关系理论教学与实践相结合的新模式，受到各方的一致欢迎。公开数据显示，截至 2017 年已经举办了六届的大学生公共关系策划大赛，规模最初仅覆盖几十所高校，不断扩大影响力后，如今已累计有数百所高校、上万大学师生直接参加。

大学生公共关系策划大赛的探索，反映出公共关系高校教育对行业实践赋能的渴望，和行业对高校教育的反哺作用，从而助推了更多有益的尝试。

如蓝色光标联手中国人民大学设立"未来传播学堂",计划累计斥资1亿元实施"未来传播英才培养计划",以创新教学内容和教学形式,积极推广翻转课堂、研究型课堂、案例教学和情境教学等,培养厚基础、国际化的精英传播人才;迪思传媒与中国传媒大学联合成立品牌传播研究中心,致力于通过产学研之间的资源互补和紧密合作,依托专业人才培养、品牌传播案例及数据等方面的优势和经验,为行业的发展提供助力。

除了机构层面与大学联合外,多个公共关系专业代理机构委派实践型高管专家团队,参与多所大学的案例研讨、实践教学或讲座分享,为高校教育开展形式灵活多样的赋能活动。部分高校也对来自业界的实践赋能采取了积极响应的态度,通过设立业界研究员、聘请客座教授或实践导师、输送优秀实习生等方式,切实弥补高校教育的实践短板。

(三)致力于公共关系素养提升的行业力量

相比于对高校实践赋能更侧重培养与完善公共关系基础性高潜人才,公共关系部分行业组织与高校则将重心放在了更高阶行业人才的培养与社会领域更全面的公共关系素养提升上。例如,中国传媒大学与中国公共关系协会共建的全国领导干部媒介素养培训基地采用创新实践教学,通过知识传授、系统训练、实践演练和案例研究等形式,近几年连续举办了上百期高规格、高层次的定制教学班,帮助政府和企业各级管理者提升新闻发布、公共关系战略、声誉管理与危机管理的能力。

参与公共关系中高层人才培养和素养提升的社会资源与力量,还有诸如清华大学、中山大学等多所高校的相关院所,部分地方性的公共关系协会或企业商业联合组织。

此外,部分大中型企业或创业孵化平台的商学院也把公共关系内容纳入最重要的课程体系之一,通过"走出去、引进来"相结合的方式,着力提升全员公共关系素养。如吉利汽车通过与苏秦会等机构合作,每年定期举办面向品牌、市场营销、公共关系部门,以及经销商的培训班;国投集团、中国核电集团、华侨城集团、京东集团、一汽-大众集团等企业,纷纷通过与中国公共关系协会、中国传媒大学共建的全国领导干部媒介素养培训基地合作，为中高层经理人、一线主管或经营管理决策层开展新闻发言人、危机管理、品牌营销等方面的实践训练；天虹商场商学院则不定期组织舆情与危机管理方面的全员培训，并通过在线系统分发到一线岗位。

（四）在线教育、翻转课堂与高端人才共享

借助云技术与远程教育，部分互联网思维更占优势的在线教育组织，如企鹅新媒体学院、微博政务新媒体学院、馒头商学院、插座学院、地心引力新媒体工场等，采取黏性和参与感更强、形式更轻松更灵活的模式，快速发力，成为包括公共关系相关能力，尤其是新媒体与公共关系结合应用的能力培训的重要组成力量。

其共同之处在于内容侧重于新媒体，兼顾理论、方法与可落地的实践能力培养，加上丰富务实、紧跟最新趋势的教学案例，将知识、能力与课程高度产品化，因其开放的社交属性和社群化特色，面向个人更容易实现裂变价值的释放，人才培养的质量与效率都远大于传统的方式。

创新传统人才培养模式的，还有在翻转课堂方面的实践尝试，如中国大学 MOOC、淘课网等，也涉及公共关系人才培养或者能力、素养的提升，有诸多有益的推进和成果。前者由网易与高教社携手打造"学校云"，承接教育部国家精品开放课程任务，向大众提供中国知名高校的 MOOC 课程；后者由阿里巴巴背景的团队创建，搭建知名讲师与企业间的共享通道，用公开课和企业内训等方式定制移动学习解决方案。

在移动互联网教育方面发力的，还包括得到、在行这类平台，其独特的地方在于深度连接行业高端人才，既强化和挖掘智库的知识分享属性，也能帮助高端人才实现流动价值，乃至 IP 变现，使人才的能力培养诉求和商业价值转化得到有机结合。

（五）公共关系学科发展的呼声

互联网与移动互联网在教育方面的诸多尝试，对包括公共关系学科在内

的学历教育产生了相应的倒逼和启发作用，引发了部分学界专家在公共关系学科教育方面的深度思考和积极呼声。

5月26日，有微信公号发文称，大理大学因该校的公共关系专业第一志愿率低、新生报到率低，校党委把"取消该专业2017年招生计划"提上了议事日程，引起全国公关界专家和学者热议。有专家专门就大理大学公共关系专业暂停招生撰文呼吁"应加快中国公共关系学科建设"。专家们纷纷指出，公共关系学是一门应用社会科学，具有很强的跨学科性质；高素质研究型公共关系人才更是全国最稀缺或者说是最奇缺的人才之一，通过壮大教育规模，提升教育水平，培养适合中国公关市场需求的高质量、高水准的公关人才，是中国公关学科建设亟须解决的问题。还有学者建议，把公共关系学科发展为一门独立的人文社会科学，使之形成独立的知识体系和理论体系，并成立独立的公共关系学院；并呼吁教育管理部门加强政策引导，给予公关学科发展更多的关注，促进教育资源的合理配置，加快构建现代公共关系教育体系。为此，有专家还提出了要强化教学、研究、咨询相融合的TRC（Teach-Research-Consultancy）公共关系研究生教育模式，并将之与本科教育、职业教育等构成完整的学科教育战略布局。

公共关系本科教育何去何从？有学者甚至认为，高校公共关系学专业的培养目标不清晰是公共关系学科教育的关键症结。因此，公共关系学本科专业应该强调的是专才教育，而不是通才教育。公共关系学本科专业作为一个应用型专业，其主要任务，不在于为高一等级的学历教育培养基础人才，而在于直接向公共关系行业输送合格人才，主要培养实务操作型人才而不是理论研究型人才，这是公共关系学本科专业具有不可替代性的价值所在。

在公共关系业界，包括专业代理机构和企业公共关系部门，对公共关系学本科的应用实践性培养表达了高度认同的同时，也有不同观点，认为应以更开放的态度，打破公共关系学科的边界，重点在融合性上发力，甚至不排除将公共关系视为基础教育学科的考虑。同时，建议主管部门和高等院校为业界积累的案例、工具和方法论进入公共关系学科教育提供更为便捷的条件。

这些观点，无论从何种角度出发，都无一例外地体现了中国公共关系行业对人才培养和教育的整体重视和集体呼声，正如全国人大常委会委员、全国人大教育科学文化卫生委员会主任委员、中国公共关系协会会长柳斌杰于2016年12月在《中国青年报》发表的署名文章《当前中国公共关系的十大主要任务》中所指出并强调的："训练有素的高素质公共关系人才极为缺乏，是公共关系事业发展的瓶颈。除了在高等教育方面扩大招生、提高层次、造就高素质人才外，还要做好培训工作，建立完善的公关职业培训体系，在党、政、企、事、社会组织中，有计划地培训一大批高素质的高级公关'通才'，使公关队伍不断壮大，理论与实际更好地结合。"

中国公共关系行业发展、学科教育、人才培养和素养提升，需要学界与业界，还有全社会更多人、更多力量的一致认同和切实行动来推动，唯此才能取得中国公共关系行业人力资源和教育培训供给侧改革的根本性成功。

实践篇
Practice Reports

B.12 中央企业公关传播话语体系变革

国务院国资委新闻中心*

摘　要： 随着我国国企改革的不断深化、新媒体技术的日新月异，中央企业在发展过程中遇到许多新挑战、新机遇。"国资小新"和中央企业新媒体团队积极探索利用新媒体，促进了中央企业话语体系变革。本文认为央企公关传播话语体系发生了理念、路径、话语的三重变革，而这些变革的发生与现实依据、外部环境和内生动力三种因素均有密切联系。同时，本文从形象策略、主体策略、渠道策略、受众策略、文化策略五个角度详细介绍央企公关传播话语的策略选择方法，为企业公共关系传播提供了有益借鉴。

关键词： 话语体系　国资小新　中央企业

---

* 执笔人：闫永、黄昭华、金冬伟、龚政、张灏然；闫永，国务院国资委新闻中心主任助理。

近年来，中央企业的新闻宣传坚持弘扬主旋律，服务改革发展大局，特别是在新媒体传播领域取得新的进展。随着新媒体技术与平台的日益勃兴，在国企全面深化改革不断推进的同时，中央企业的公关传播也面临着新情况、新挑战。如何借助新媒体平台，传播国企好声音，重塑央企新形象，拉近与公众的物理、心理距离，是必须要关注的时代课题。

基于此，国务院国资委新闻中心官方新媒体平台"国资小新"于2012年6月12日应运而生。"国资小新"有四重身份定位，即国资网上新闻发言人、国企形象代言人、微公益发起人和财经观察员。"国资小新"开创了全新的政务新媒体运营模式，成为"现象级"的政务新媒体账号。在"国资小新"的带领下，中央企业新媒体矩阵集群形成并不断扩大，该矩阵在央企集团层面集结了50个微博账号、75个微信公众账号、20余个客户端账号、10个分答账号。多年来，"国资小新"和中央企业新媒体团队积极探索新媒体，促进了中央企业公关传播话语体系变革。

那么，中央企业公关传播话语体系经历了哪些变革？促使其变革的原因有哪些？面对变革，应采取怎样的策略？对以上问题的思考和回答，对深化国有企业改革、促进可持续发展有重要意义。

一　从理念到话语：央企公关传播话语体系的三重变革

中央企业公关传播话语体系包含传播过程的多个环节，其变革与理念的转换、传播路径的变化以及具体话语转向密切相关。那么，中央企业公关传播话语体系究竟发生了哪些变革？

（一）理念变革

1. 从信息输出到价值共创，央企公关传播话语体系向重视社会公共福祉转变

与市场化企业相比，中央企业肩负国家和社会的公共职能，兼具营利功能和社会功能的二重属性，其公关传播活动亦体现出双重传播属性。在公关传播活动过程中，中央企业时常会面临经济利益和社会效益孰轻孰重的问

题。在传统的宣传理念中，企业宣传应服务于经济效益，为企业的经营生产活动创造实际价值。央企公关传播活动若囿于"利润第一"的目的，则会陷入"自说自话"式的信息输出"怪圈"，不仅不能达成传播目的，而且无益于企业品牌的塑造和成长。

近些年来，社会各界都已达成一种共识，即企业不仅是一个营利的组织结构，更应该成为造福社会的组织。央企更应起带头作用，主动承担和践行社会责任，努力实现自身利益与公众利益相融合。因此，中央企业公关传播话语体系的传播主旨，正在由单纯注重经济效益向重视社会公共福祉转变。在国资小新"小新益起来"微公益活动的号召下，越来越多的央企开始开展微公益活动并形成品牌。

2. 从"高高在上"到"亲民路线"，央企公关传播话语体系摆脱刻板印象

过去，央企在公众心中以"高高在上"的形象存在，神秘又难以接近。新媒体的出现，为央企拉近与公众之间的距离提供了新的可能，一种全新的对话方式已经形成。

以"国资小新"为例，它不仅是国务院国资委新闻中心的官方新媒体发布平台，而且是一个清新可爱的卡通形象大使。自2012年推出"国资小新"卡通娃娃以来，这个"有血有肉"的"小清新"就以拟人化的方式与公众进行真诚而平等的沟通。在"国资小新"的带领下，央企新媒体矩阵中诞生了一个又一个卡通形象，它们以人格化的"萌"势力亮相舞台。2017年6月12日，值"国资小新"成立五周年之际，一场热热闹闹的"谁是最受欢迎的央企卡通形象"网络推荐活动在微信平台开启。21家央企卡通形象济济一堂，掀起一阵投票热潮。截至活动结束，单条微信阅读量接近50万人次，共有近30万粉丝自发参与了投票。

在国资国企改革的大背景下，这场由"国资小新"牵头、中央企业和普通民众充分参与的集体"卖萌"具有开创性意义：国资系统要赢得公众的信任与尊重，就要积极探索一种"全民参与"的公关传播模式。通过人格化的运营思维，借助新媒体传播平台，央企一方面甩掉了背负已久的诸多刻板标签，渐渐脱去"高高在上"的外衣，另一方面则放低姿态，以更

图1 "国资小新"和央企新媒体矩阵的卡通形象

"亲民"的方式来输出信息,走"亲民路线"。

3. 从被动应对到主动沟通,央企公关传播话语体系实现创新性转型

过去,中央企业的公关传播相对被动,或者说,只是做好信息发布、危机应对处理、企业形象展示等常规工作,是信息的"搬运工",而不是"创新变革者"。

信息技术格局已经发生翻天覆地的变化,只有实现创新转型,才能推动国企形象提升。面对新局势、新变化,创新转型理念已深入人心,中央企业已由单纯信息发布和被动危机应对,转向"主动出击",适应甚至影响外部环境。

如今,中央企业已从危机的处理者、事件的传播者、形象的展示者、信息的报道者和新闻宣传工作者,转变为问题的预防者、价值的沟通者、关系的管理者、内容的分发者和生态环境培育者,从信息发布向信息服务、从微博问政向电子政务转型,在自身价值转型、功能转型的同时,也促使国企形象发生提升性转变。

（二）路径变革

传播技术的发展和新媒介形态的不断涌现造就了一个泛媒化的传播时

代——万物皆媒，信息无处不在。在当前的智能互联化时代，越来越多的企业开始借助新媒体平台化的方式实现路径转变，重构传播矩阵。

1. 从杂序到有序，央企公关传播活动形成了一套复合式传播体系

信息由生成到被受众认知，需要经过一个传播渠道系统，该系统由传播者、受众、传播组织机构等若干相互作用的成员构成。在传统的国企公关传播过程中，一种"杂序"状态长期存在，即渠道单一、缺乏合作、受众面窄、媒介关系松散无组织等。在泛媒体化的新移动互联时代，中央企业公关传播活动逐步形成一个日趋完善且成熟的传播路径系统。

有学者指出，传播路径系统有三种类型：垂直传播渠道、水平传播渠道、复合式传播体系。以"国资小新"及中央企业新媒体矩阵为例，在垂直传播系统上，充分发挥具有话语权的意见领袖、行业专家学者的作用，在特定传播议题上主导传播走势，掌握主动权。在水平传播系统上，建构一个整合资源、聚合传播、融合发展的一体化"大国资新媒体传播格局"，打造集国资微博发布厅、央企微信群、央企客户端于一体的国资央企新媒体矩阵，并聚合数家媒体资源打造中央企业"朋友圈"，集群发展、集体发声。垂直与水平两大传播系统相结合，构建了国资新媒体信息传播的复合式传播体系，使央企的公关传播活动、话语体系建构有章可依、有道可循，终结了"杂序"状态。

2. 从边缘到中心，央企公关传播话语体系与社会主流话语体系共融共生

在传统主流媒体占据传播主导权的很长一段时间里，中央企业的新闻宣传始终处于新闻传播领域的较边缘位置。以"人人都有麦克风"为标志的新媒体时代来临，宣告着一场"传播去中心化"的变革大幕开启。在媒介融合趋势下，传统的由主流媒体占据新闻传播制高点的生态格局已经重新洗牌。

一方面，面对新媒体的冲击，传统主流媒体在积极通过各类媒介融合战略，开发利用新媒体以提高自身影响力；另一方面，"两微一端"等新兴介质彻底改变了传统新闻的生产传播方式，从根本上变革了媒介生态格局和舆论场，成为名副其实的新型"主流媒体"。

这种媒体格局的变迁，使央企以传统主流媒体为中心的公关传播战略出现了明显的重心偏移。一方面，央企通过自建系统内新媒体的一级、二级传播矩阵，在新媒体平台上获得了发声自主权，甚至成为许多传统媒体转载引用的信源；另一方面，传播主体去中心化带来地位平等化，这为央企新媒体引进和充分参与社会主流话题提供了良好的机遇。近年来，央企新媒体与主流媒体基于同一话题的同频共振效应更加明显。例如，以电影《战狼2》为故事原型，"国资小新"与央企新媒体矩阵挖掘比《战狼2》"更燃"的驻外央企一线员工的故事，在社会上掀起一阵传播热潮，被中国主流媒体引用转载。央企新媒体与社会主流话语体系的共融共生，改变了自己所处的边缘化地位，生成了一条从边缘向中心靠拢的传播路径。

3. 从大众到分众，央企公关传播话语体系向分众模式转型

新兴媒介的出现为转型期的中国创造出更多的传播可能。新媒体使人人都有获取信息与传播信息的个性化权利，受众群体分化趋势愈加明显。根据不同的利益点和兴趣点，受众群体的需求无时无刻不在发生新的变化。媒介话语从未像今天这样呈现这么多差异化和多元化的信息需求。

以往的大众传播，信息发布面向大众，个体差异化的需求被淹没在单一渠道、单一内容的信息传播模式中。如今，受众群体的不断细分，使信息传播的抵达路径由大众模式向分众模式转变。以"国资小新"和央企新媒体矩阵为例，一方面，一部分信息面向大众传播，而另一方面，针对受众群体的不同需求，开启诸如"微招聘""央企人事调整""微服务"等专栏，以建立起兼具信息发布和信息服务的双向通道，满足不同受众群体的个性化需求。

（三）话语变革

大众传媒时代宣告着"我说你听"时代终结，新兴媒体逐渐形成具有强大支配性力量的话语体系，潜移默化地改变着人类的信息传播方式。以"国资小新"和中央企业新媒体矩阵为代表的政企新媒体平台，其公关传播话语体系也在内容、修辞、互动等层面，发生着深刻的变革。

1. 内容觉醒：央企公关传播开创多元议题时代

在传统媒体时代，无论是宣传业绩成就还是塑造典型人物，企业信息传播都以"成就报道"为主，着眼于企业本身，内容同质化严重。新媒体时代，以"成就报道"为典型代表的传统宣传模式正在被淘汰。一方面，移动互联网带来的碎片化阅读和娱乐化倾向使得传播信息需要在内容文案层面进行重新整合，如对接热点事件、开展借势营销等；另一方面，公众的媒体使用习惯与信息接收习惯已经成为公关传播活动需要考虑的重要参考指标，央企在输出宣传文本时，应将其纳入考量。

从传统宣传模式中"觉醒"的新媒体内容，开创了一个多元议题时代。在"国资小新"和央企新媒体矩阵的传播实践中，对重大议题的报道进行优化，强化了公众的角色作用，公众的兴趣点和基本需求被很好地纳入议题文本中。一是优化科技创新类议题。央企新媒体矩阵中，航天类、军工类央企在科技创新方面表现突出，此类议题在逐渐专业化的同时，也更加生活化、接地气，让老百姓感受到"神秘"的科技就在身边，切实感受到科技创新红利。二是优化社会责任类议题。社会责任是央企公共职能的重要内容，越来越多的央企新媒体成为"微公益活动发起人"，将公众话语及行动纳入议题的建构中，形成"责任共同体"，邀请公众成为企业社会责任的策划者、参与者、传播者和接力者。三是先进典型类议题。传统"歌功颂德"式的报道模式已经转向"润物细无声"的宣传模式，更加强调挖掘宏大叙事背后那些真正打动人的事迹，讲好"一线故事"。

2. 修辞转向：央企公关传播话语体系正在转向现代话语传播体系

大众媒介的平民话语和世俗化特性，开启了媒介话语多元化的时代，适应新平台的话语模式已经形成。

其一，央企新媒体正在积极转变旧有的话语表达体系，在修辞层面进行整合，引入网络流行用语的措辞以拉近和受众之间的距离。诸如"厉害了""友谊的小船说翻就翻""洪荒之力""小目标""一言不合就……""皮皮虾我们走""惊不惊喜意不意外"等平民化特征明显的网络用语越来越多地出现在央企新媒体内容的标题、内文中，甚至成为借势宣传的话题本身。而在新媒体兴起之前,此类通俗贴近热点的辞藻鲜见于传统报道文本中。

其二,现代话语传播体系正在探索中逐渐被确立。新媒体为公众赋权,使得对某一事件的解读往往存在"官方"与"民间"两种版本。民间叙事建构起自有的符号体系与叙事逻辑,加之长久以来形成的"塔西佗陷阱",往往与官方叙事产生不同程度的对抗。"国资小新"和央企新媒体矩阵不断探索现代话语传播体系。在新媒体平台上,人格化的话语表达不仅拉近了与公众的距离,成为打通两个话语体系的"法宝",而且对构建共融共通的话语空间、增信释疑强化互动功能、建立价值共同体等方面大有裨益。

3. 互动升级:受众话语逐渐成为央企公关传播话语体系的一部分

互联网的发展打破过去"传播者——受众"的单向传播模式,受众的主体性和社会化得到充分的彰显,可以说,企业公关传播活动的主体,不再是单一的企业本身,而是一个受众充分参与的混合性集合,受众的思维方式和话语表达,本身就已构成央企宣传话语体系的一部分。

例如,2016年12月26日,以"双微一端"为主阵地,"国资小新"微博平台@国资小新联合共青团中央官方微博平台@共青团中央,接连推出#中国制造日#、#如你所愿#、#我为中国制造代言#三个微博话题活动,发动18家中央企业、30余家民营企业以及网络名人、社会相关机构共同参与话题互动,引发一轮"我为中国制造代言"的转评热潮。一周内,#中国制造日#话题达到1.9亿阅读量,互动活动覆盖人群超5亿人次。

网友们纷纷留言互动:"厉害了我的国""看了今天的微博,感觉对我们国家的制造业了解得太少了,原来这么多大牛""伟大的祖国,满满的自豪"等。#中国制造日#微博话题互动活动成为一个集纳多方舆论共识、打通"两个舆论场"的现象级传播范例。

央企新媒体矩阵的多平台互动功能不断升级,从微博平台的转发评论,到微信平台的留言回复,无时无刻不体现公众的参与过程。新媒体平台对公众留言评论的回复和处理,也被纳入信息传播的过程中,成为话语的一部分。

综上所述,从传统宣传到多元表达,从单向宣传到互动对话,理念、路

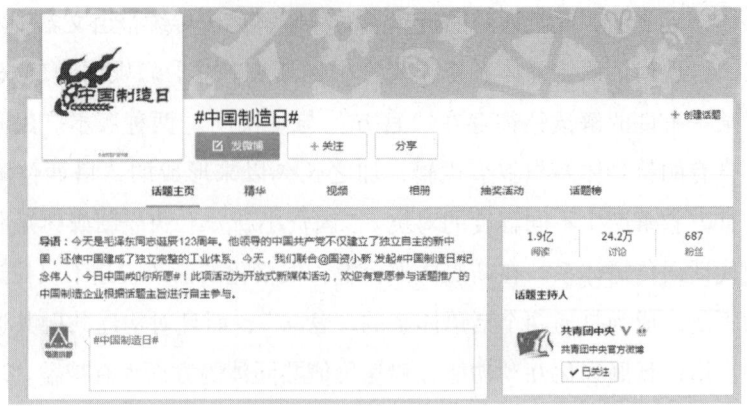

图2 #中国制造日#话题页面

径、话语这三重变革中的中央企业公关传播话语体系,已逐渐完成从传统话语体系向新媒体话语体系的转变。中央企业公关传播活动已逐渐成为加强国有企业宣传管理、提升国有企业宣传管理水平的重要环节,对深化国企改革、推进可持续发展具有重要意义。

二 从外部到内部:央企公关传播话语体系变革归因

中央企业公关传播话语体系为什么会产生上述三重变革?其现实依据、内部原因和外部环境是什么?以下,我们将探究其原因,为制定策略提供充分依据。

(一)现实依据

当前,社会舆论生态每时每刻都在发生变化,国企的公关传播活动面临许多新情况、新挑战。清华大学新闻与传播学院教授胡钰结合实际情况,提出当下国企形象传播面临的三大问题,构成央企公关传播话语体系变革的现实依据。

一是"打板子"问题。媒体是一枚"放大镜",国企存在的经营业绩、安全生产、环境保护、薪酬福利、廉洁自律等方面的局部问题,可能都会被设置成负面议题加以放大和突出报道，形成舆论热点。二是"抓辫子"问题。国企干部员工个别的不慎、不当言论，也可能被贴上"妖魔化"标签，强化刻板印象，造成不良的社会影响。三是"扣帽子"问题。新媒体带来言论多元化，有一些声音从理论基础上对国有企业公有制属性提出质疑，引起了小范围"论战"。

总的来看，现实环境给国企的社会形象建构带来了不小的挑战，加剧了不确定性。舆论环境存在价值判断居多、事实判断偏少的局面，国企的相关新闻报道中，标签化情况比较突出。鉴于此，想要更好地应对舆情风险、改善外部环境、掌握话语权，就需要构建一套完善的公关传播策略。

（二）外部环境

经济全球化的背景下，我国经济进入新常态，社会结构和人们生活的方方面面都在发生着深刻变化。互联网打破了时空界限，带来了新的价值观念，这些外部环境的改变，构成了央企公关传播活动发生变革的外因。

一方面，媒介产业发生了诸多剧变，展现出对社会结构的巨大变革力。新媒体的出现大大消解了媒体和受众之间的界限，信息的生产、传播、消费过程，以及社会权力结构之间的紧密关系在一定程度上开始出现松动。以话语权为代表，新媒介为社会底层赋权，使"草根"话语能够进入大众视野，使底层声音能够被放大，促进了社会层级之间的话语流动。越来越多的人开始关注一线人民的声音，他们的喜怒哀乐开始牵动社会神经，甚至成为决策者的决策依据之一。

另一方面，受众对媒介内容的接受模式也在发生着变化。在过去，在国企文化中备受推崇的无私奉献和甘于牺牲的精神，往往被用"悲情衬托高大、牺牲烘托崇高、苦难催生感动"的方式加以宣传。综观当前的媒介格局，新媒体时代的传受模式早已发生改变，传者不再是单一信息出口和唯一的传播渠道。与宏大的叙事方式相比，逆向思维、关注故事、细节、数字的叙事方式更易为新媒体时代的受众所接受。

（三）内生动力

中央企业进行新闻宣传和公关传播活动，不仅受到现实因素、外部环境等影响，也有企业内生的动力和需求。

一是提升国有企业社会形象，做强、做优、做大国有企业的必然要求。2016年7月4日，习近平总书记在全国国有企业改革座谈会上提出，国有企业是壮大国家综合实力、保障人民共同利益的重要力量，必须理直气壮做强、做优、做大它，不断增强其活力、影响力、抗风险能力，实现国有资产保值增值。要做好中央企业舆论宣传工作，不断增强活力、影响力，就要适应新媒体环境的特点，掌握新媒体传播规律。新媒体已经成为中央企业扩大宣传影响、强化宣传效果的有力手段，有助于提升企业品牌价值、维护企业声誉。

二是加强沟通、提升沟通效果的迫切需要。传统媒体时代，国有企业的公关传播主要通过报纸、电视、广播等传统媒介开展，这种自上而下的单向式传播方式，具有可信度高、权威性强等优势。但这种传统模式的弊端也是显而易见的，内容生产程序烦琐、审核流程漫长、传播效果无法评估、受众互动难以开展等劣势在很大程度上制约了信息传递的时、效、度，并不能很好地满足Web2.0时代的信息传播需求。作为创新2.0下的互联网发展新业态，"互联网+"为中央企业新闻宣传和公关传播活动带来了新机遇，传播手段的不断创新使央企公关宣传具有更大的主动权，获得了"弯道超车"新动力。

三是加强外部、内部宣传的当务之急。中央企业在运用新媒体进行传播的同时，也是一个和受众对话的过程。在以往，国企传统的宣传模式太过"自说自话"。若不能俯下身子去倾听普通人的声音、去适应整个网络语境，就会逐渐丧失新媒体时代的话语权和影响力。通过新媒体平台，央企可以实时与网民互动，无论是加强外部宣传，还是凝聚内部团结，都大有必要。

综上所述，造成中央企业公关传播话语体系三重变革的原因，既有国有企业面临的现实舆挑战，也有媒介生态产生的外部环境作用，同时，还有企业自身对信息传播的迫切需求。

三 从形象到渠道：央企公关传播话语的策略选择

面对变革，应采取怎样的策略？要改造一个企业，首先要改造它的灵魂，重塑新的文化基因。返本方能开新，中央企业宣传话语体系的转变，不仅涉及形象策略、主体策略、受众策略、渠道策略等调整，更要完成国企文化、国企形象的创新，回到原典，找回丢失的遗传基因密码，重新构建已经模糊、消散的核心价值观，充分对话，实现沟通，赢得情感和身份上的认同。

（一）形象策略：构建鲜明的央企形象识别系统

近年来，中央企业新媒体的发展令人瞩目，并在形象传播中起到关键作用，"拟人化"的传播策略产生了令人惊喜的效果，形成了以清新、卖萌、贴心为主要风格的形象矩阵，被新加坡《联合早报》评为中国政府的一股清新"萌势力"。

截至2017年9月底，24户中央企业设计了新媒体卡通形象，先后设计出自身专属的IP角色，神华集团、中国华电、大唐集团等以小神龙家族、CP等形式推出了卡通形象家族；中国石化、航天科工、中国钢研的新媒体"性格"注入了"理工男"设计，同时有各自的特色：中国石化"小石头"憨厚可爱、温暖贴心，但是面对谣言偏见一丝不苟；航天科工"航小科"具有"技术宅"的特点，富有才华又不乏"冷幽默"，在与网友互动上颇具特点。

在"国资小新"协调带动下的央企新媒体矩阵，从亲民、易传播的角度出发，以"卖萌有度，服务贴心"为尺度，总结出"有模有样""有声有色""有来有往"等"十三有"人格化运营思路，设计推出了"小新体"网络文体、"央企卡通大拜年"动漫视频、"中国企业首套新媒体邮票"等传播热点，央企不再被视为"板着面孔"的"高大上"，去掉了"刻板保守"等标签，逐渐搭建与公众沟通、为公众服务的渠道和桥梁。

公共关系蓝皮书

（二）主体策略：塑造阳光透明的央企形象

中央企业形象传播始终注重品牌意识。2013年国务院国资委印发了《关于加强中央企业品牌建设的指导意见》，国有企业品牌建设步入专业化、系统化和战略化发展路径。中央企业、国有企业的品牌，不但能够体现企业的精神风貌，在一定程度上也代表着本国家、本民族的精神风貌。国资委通过顶层设计，统筹规划国资系统品牌传播，向社会公众持续一致地传递记忆持久的品牌信息，重塑"阳光央企"的品牌形象。中国人民大学新闻学院与国资委宣传局共建"国有企业形象建设研究院"，是一次构建中国国有企业品牌与战略传播的理论体系和实践模式的有益探索。

"差异化""关联性"和"认知价值"，是品牌建设强调的三重属性。国资委近年来推出"新国企"的概念，以国资委新闻中心为主办单位推出了系列"走进新国企""对话新国企"等品牌活动，"新"字与公众印象中"低效""臃肿""保守"等旧形象进行切割，突出"差异化"；强调"价值关联性"为公众提供真正有价值的信息和服务；在认知价值上，国资委新闻中心重点打造系列品牌产品，以"国资小新"卡通形象为代表的手机游戏、邮折产品，"小新快跑""小新之歌"主题曲等短片，都意图打造出阳光透明的新国企、新央企形象。

新媒体也成为中央企业积极履行社会责任的"新窗口"。国资委新闻中心官方新媒体账号"国资小新"先后联合央企新媒体账号，持续发出公益倡议，集结央企新媒体多方力量微博助农，如帮助丹江口市解决卖鱼难等问题，致力于"清新、同心、用心、创新"的形象传播。此外，"国资小新"联合央企发起的"小新益起来"爱心扶贫计划、"小新奖学金"计划等公益品牌活动，也为中央企业赢得了美誉度的提升。

（三）渠道策略：多元渠道，互动共生

"国资小新"的平台运营理念是"是平台，都要去尝试"。国务院国资委早在2013年就拟定了微博等平台的运营工作办法。"国资小新"近年来

不断完善采编流程和值班制度，设置 7 个常态化值班岗位，做到包括春节在内 365 天无一漏发；除已构建起的"两微一端"外，不断探索试水新平台，拓展信息传播渠道，共运营了微博、微信、客户端、今日头条、一点资讯、B 站、分答、企鹅号等 10 余个新媒体账号。2017 年 6 月 12 日，国务院国资委新闻中心官方新媒体平台"国资小新"开通五周年之际，上线推出了一键式发布、一体化运营的新媒体统一平台，打造集内容生产、渠道分发等功能于一体的新媒体平台。

自 2013 年以来，已有 75 家央企总部开通新媒体运营，在央企集团层面集结了 50 个微博账号、75 个微信公众账号、20 余个客户端账号、10 个分答账号的国资新媒体矩阵集群已经形成，实现了"横向到边、纵向到底"的联动效应。同时，国资委新闻中心每月发布"中国企业新媒体指数""中央企业新媒体指数""央企二级账号新媒体指数"，囊括 300 多个中央企业二级新媒体服务号、订阅号，不断改善运营策略，实现更加垂直化、精细化管理，持续探索移动互联网发展规律，创新内容生产、平台建设，推动央企新媒体运营有序开展，甚至通过新媒体反哺企业营销，助力产业升级。

（四）受众策略：开展差异化话语传播

新媒体的蓬勃发展，使得话语模式也进入了全面多元化，中央企业结合自身特点，整合自身资源，贴近不同领域中的主流话语、社会话语、网络话语等形态，探索分众化、差异化、精准化传播的有效路径。

中国移动的微信矩阵拥有惊人的流量，促销、抽奖等活动吸引了大量用户，"10 万+"阅读量文章层出不穷。东风汽车不断推出线下活动，同时赞助了央视品牌栏目，同时也吸引了高晓松等明星为品牌站台助阵，"幸福武钢"作为 B2B 企业，则在新媒体服务企业文化塑造和传播上做了很多有益探索。"尽量少发呆板的会议内容，更多地发布一些职工需要的服务内容。如青年职工贷款、购车、买房，在节假日推出比较应景的晒福利等有奖活动，紧跟互联网热点，不断推出自己的创意策划"。中石油、中国建筑等央企则在区域化多层级传播方面发力，构建企业自身矩阵，实现多层级传播，拥有强大的账号群。此外，中粮集团的"微公益"、招商银行的"微营销"、中国石化的"微引导"等运营策略也形成了鲜明特色。

（五）文化策略：重组基因，实现国企文化重建

对于企业而言，核心价值观是企业必须拥有的终极信念，主要包含四方面内容：判断善恶的标准，企业群体对视野和目标的认同，认同基础上形成的目标追求，形成的共同境界。作为企业增强凝聚力、提升核心竞争力的核心，明确的、清晰的、为公众所接受的核心价值观也是企业形象重建的突破点。

1983年7月，中国石化总公司成立。中国石化人在总结石油石化战线长期形成的光荣传统的基础上，叫响了"爱我中华、振兴石化"的口号，激励了一代又一代石化人的爱国之情和报国之志。2014年，中国石化"升级"企业文化，为打造世界一流提供共同的价值遵循和行为指南，将企业使命更新为：为美好生活加油，此后的宣传均在为表达这一核心使命服务。近年来，央企纷纷在文化创意方面发力，如中国石化推出的开放日神曲"Sinopec Open Day"，歌词以一个一个爱环保、唱Rap的外国友人为视角，描述了其亲身体验Sinopec Open Day的经历，犹如一场神奇、惊艳的Sinopec探秘之旅。此外，央企还推出了首支真人形象代言人组合，南方电网广州供电局的PowerGirls，推出了多支音乐主题曲，《陪伴》讲述了与变电站有关的故事，"我们希望通过这首歌让大家了解到生活离不开变电站，变电站其实并不可怕，绿色、美观，无时无刻在陪伴着大家。"

综上所述，在媒介格局千变万化、国企改革不断深入的当下，中央企业公关传播话语体系正在经历从信息输出到价值共创、从"高高在上"到"亲民路线"、从被动应对到主动沟通，从杂序到有序、从边缘到中心、从分众到大众，从内容觉醒、修辞转向到互动升级等多重变革。

面对变革，以"国资小新"和中央企业新媒体矩阵为代表的政企新媒体，一直在探索公关传播话语体系的转型之道：形象上构建鲜明的央企形象识别系统；主体上塑造阳光透明的央企形象；渠道上建立互动共生的多元渠

道；受众策略上开展差异化话语传播；文化策略上重组基因，实现国企文化重建等。

未来，"国资小新"和中央企业新媒体矩阵将积极探索实践，传播好声音，网聚正能量，为国企改革发展贡献更大力量。

参考文献

1. 麦克卢汉：《媒介通论》，商务印书馆，2000。
2. 施拉姆：《大众传播媒介与社会发展》，华夏出版社，1991。
3. 郭庆光：《传播学教程》，中国人民大学出版社，1999。
4. 胡钰：《国企形象传播面临的问题》，观察者网，2017。
5. 孙莉：《泛媒体环境下国有企业的新媒体整合传播研究》，暨南大学硕士学位论文。
6. 卢峰：《全媒体时代国有企业宣传思想工作的探索与思考》，《山东社会科学》2015年第4期。
7. 王洁：《论新时期中国媒介的话语变迁》，《河北大学学报》（哲学社会科学版）2015年第1期。

B.13
从消除误解到营造和谐
——中国石化公众开放日

中国石油化工集团公司*

摘　要： 本文以"中国石化公众开放日"品牌活动为例，介绍中国石化通过"开门开放"，与社会公众进行良好沟通，展示创新、绿色、开放的企业形象，强化了正面认知，改善了企地关系，逐步消除公众的偏见和误解，增进信任、达成共识，进而提升企业声誉的举措和体会。

关键词： 开门开放　公共关系　品牌活动　企业文化

2010～2012年，是中国石化遭受负面舆情最严重的几年，从"天价酒""天价吊灯""天价名片"到"PX危机""广东企业污染"等一系列事件使中国石化一直处在社会舆论的风口浪尖，舆情压力居高不下，犹如黑云压顶。据人民网舆情监测室统计，当时中国石化一家企业的负面舆情就占到国资委总负面舆情的18.7%，媒体所报道的中国石化所有信息中，负面信息占到42.6%，平均每天有639条信息在指责中国石化，中国石化已然被贴上"腐败""暴利""不环保""不安全"等各类标签。

严峻的舆论形势，不仅直接影响了中国石化的改革、发展、稳定和生产、经营、效益，也影响了百万员工的自尊心、自豪感、使命感，更重要的

---

* 执笔人：吕大鹏，中国石油化工集团公司新闻办公室主任、新闻发言人；张天雷，中国石油化工集团公司新闻宣传工作部新闻处主管。

是给企业造成了严重的品牌损害和声誉影响。如"天价吊灯"事件,很短时间内就在社会上快速广泛流传。中国石化在出面澄清价格后,也并没有获得公众的谅解,质疑之声依旧不绝于耳。事实上,透过此次事件和百姓表现的情绪可以发现,究竟是1200万元还是156万元已经不再重要,"天价吊灯"照出了社会公众对中国石化的信任危机。

在此期间,中国石化在负面危机处置上投入了大量的精力,但是负面舆情仍层出不穷,虽然每天疲于应对却不见成效。究竟是哪里出了问题,为什么一家努力为国奉献的中央企业,却得不到老百姓的认可?为了破解这个难题,中国石化新闻宣传部门咨询了很多专家和学者,也与高校、社会咨询机构等就声誉管理问题进行了多次研讨分析。

专家指出,负面舆情应对和处置只是新闻宣传工作的一个部分,新闻宣传工作只是企业公共关系管理的一个部分。公共关系出问题了,再说自己好人家也不相信,如果再有点坏事,别人就会落井下石。公共关系好是怎么体现的呢?举个例子,成龙演的角色一直都是好人,包括平常他出席各种活动形象都是很正面的,是"大哥"的形象,其公共关系就较为正面。在成龙儿子出现形象危机事件的时候,就少有人落井下石,这属于"好人遇到麻烦事"。相反,要是"坏人干了好事",就是弄虚作假、沽名钓誉。这就是声誉,声誉要管理,公共关系维护很重要。

从那以后,中国石化新闻宣传部门就把工作的重心放在了改善公共关系上来,并探索出一条行之有效的道路——设立公众开放日。

一 破解PX困局——开门开放消除误解增进信任

2012年10月22日,宁波镇海区数百名村民,因拆迁问题而集体上访。后来,焦点转移到镇海炼化新炼化一体化项目中的PX项目,大批民众高举"PX滚出宁波""我们要生存,我们要活命"等标语在市政府门外聚集。10月28日,宁波市政府向全市人民发出公告:坚决不上PX项目;炼化一体化项目前期工作停止推进。一个论证5年、500亿元投资的项目,在5天内

被全部推翻。

宁波PX事件使中国石化进行了深刻的反思：镇海炼化是我国首批8家"国家环境友好企业"之一，它是"中华环境友好企业""中国节能减排领军企业""低碳经济发展突出贡献企业"，是中国石化内部的一面旗帜，是企业节能减排的排头兵。即便如此，这样先进的企业也不能消除民众对PX项目、对化工产业的恐惧和不安。而造成这一情况的原因，是企业与公众缺乏有效的沟通，公众因误解而恐惧，因不了解而疑虑，因不信任而抵制。

由于对PX的化学性质缺乏科学认知，对石油化工企业缺乏了解，所以误听误信PX"剧毒、强致癌""导致不孕不育、胎儿畸形"等耸人听闻的传说，产生谈PX色变的恐惧心理，并对石化企业的安全环保管控能力产生怀疑与不信任，对重化工项目避之莫及、群体抵制。

要破解这一困局，只有加强与公众的沟通，提升信息透明度，让公众真正了解石油化工产业，了解石化企业真实的样貌，才能改变公众先入为主的负面印象，建立对企业的信赖。

中国石化决定先以镇海炼化为试点，尝试组织公众开放日活动。2013年1月25日，25位周边居民作为首期"镇海炼化公众开放日"代表，实地参观了公司化工控制室、污水处理等环保设施。随后，公司副总师、新闻发言人以及安全、环保、生产等各个部门的负责人与公众代表举行了座谈会，详细交流了公众的疑虑和问题。几期过后，效果非常好，很多公众在参观镇海炼化后感叹："亲眼看了，我对镇海炼化放心了""镇海炼化让我看到负责任的企业对社会的态度""我们都是外行人，对PX不了解，现在才知道其实也没那么可怕，如果我们不搞，光靠进口，那是国家的损失。"

2013年，中国石化所属企业九江石化在计划建设PX项目后，积极开展"公众开放日"活动，以"请进来""走出去"相结合的方式，实施立体、系统、多方位的"开门开放"，不仅邀请网络意见领袖、政府机关干部、学校师生、新闻媒体等走进企业，还组织青年志愿者到中小学、地方企业、医院开展宣讲，积极帮助民众了解石油化工知识，有效化解了周边居民对PX项目的疑虑。九江石化的PX项目既没有"闹起来"，也没有"停下来"，九江市社会秩序保持稳定，PX项目前期工作也在稳步推进，PX项目"一闹就停"的困局在九江得到初步破解。

九江石化的成功经验得到国务院副总理刘延东同志的批示："通过科普助力重大工程项目建设效果很好，可予推广。"2017年2月27日，经国家环境保护部授权，江西省环境保护厅正式批复同意了九江石化芳烃项目环境影响评价报告。

二 全面"拆墙"——让开放成为常态

破解PX困局的初衷成为中国石化的炼化企业"开门开放"的突破口，但是公众对公司的上游勘探开发业务和下游销售企业也缺乏了解，质疑声也是接连不断。

比如在涪陵页岩气田开发之初，就有人质疑："涪陵页岩气是真正的页岩气吗？页岩气开发对环境影响大不大，能保护好涪陵这片青山绿水吗？山区水资源缺乏，开发会影响当地群众饮水吗？"

在加油站，安全环保、油品质量也是公众关注的核心，加油站油气回收、油品检测是否合格？加油时出现"跳枪"情况是否就是偷油？这些方面公众都存在着误解。

镇海炼化公众开放日的成功尝试，坚定了中国石化在全系统实行大规模开放的决心。2013年7月18日，中国石化下发了《关于实施"开门办企业、开放办企业"的指导意见》，要求各单位邀请周边居民、政府官员、媒体记者、专家学者等社会各界人士走进企业，参观厂区、了解企业、感受环境。

从"怕人看"到"请人看"，坚持"开门办企业、开放办企业"，逐渐成为中国石化上下的共识。随着党组文件的下发，系统内各企业纷纷举办"开门开放""公众开放日"活动。

2013年底，涪陵页岩气田首次举办"公众开放日"活动。活动中，公司的技术专家化身亲切的"导游"，带领公众参观页岩气开发功勋井——焦

公共关系蓝皮书

页1HF井、"井工厂"钻井、压裂现场和集输站。在焦页1HF井，公众见到有一道道灰白色痕迹且越来越密集的笔石，在"导游"的讲解下，知道了这绝对是页岩气，不是常规天然气。在钻井现场看到浅层钻井时，各钻井队全部使用清水钻进，很好地保护了山区的地表水。同时，所有钻井废水均被收集起来，处理后供循环使用。在压裂现场，看到压裂用水均用管道从乌江取水，不与民争水，且压裂垂深在2500米以下，真正做到与村民使用的浅层地表水"井水不犯河水"。

在浙江石油杭州分公司的一座加油站，工作人员向参观公众详细介绍了加油机的构造、工作原理和油气回收装置，并带领他们现场参观了油库中控室、储油罐区、油库质检室、汽车发油台、油气回收系统。通过参观，来访公众了解到，目前超过90%的油罐运输车辆配备防盗系统和车载GPS视频监控系统，油品都是专车、专罐运输，油品安全得到极大保障。

5年过去了，如今已有62家中国石化所属企业定期开展"公众开放日"活动，累计举办活动2300多期，接待公众超过10万人，搭建起与社会公众便捷沟通的稳定渠道，建立起企业发展与民众关切的良好互动机制。

三 品牌化升级——大幅提升活动影响力

在举办"公众开放日"活动的过程中，中国石化也在不断总结经验并逐渐完善措施。

为了让更多人能够参与到公众开放日活动中，各企业在原有传统电话报名的基础上，又开通了网上报名和微信公众报名平台。来企业参观的公众，既有新闻媒体、村民（居民）、网络版主和意见领袖，也有环保志愿者、大中小学生及教师、行业代表、政府职能部门的工作人员。各企业根据参观人员的不同，随时调整开放的项目。

在开放的频次上，各企业也根据公众报名的需求不断调整。在燕山石化，基本达到一周一次的开放频次。

但是从全系统来看，发现现有的开放日活动还存在一些问题。比如各企业开放水平参差不齐，有的企业开放实力很强，有的企业则相对弱，有的能够将开放活动长期坚持，有的则是昙花一现；另外，企业对公众的话语体系显得专业性太强，有些时候更像是工作汇报而不是对话沟通，行业外的人很难听懂；还有就是活动贴近民众不够，往往以自我宣传为主，体验参与性不强；最后就是活动品牌性不足、传播不够广泛，导致活动知名度不高，再向前推进则会遇到瓶颈。

随着社会公众对企业开放需求的不断增加，公众开放活动的方式也需要与时俱进，要更加凸显活动的整体性和品牌性。于是在2015年，中国石化提出升级"中国石化公众开放日"活动，力争通过两三年时间，使其成为独一无二、影响深远，具有里程碑意义的中国石化与社会沟通的标志性品牌活动。

为了凸显活动品牌，中国石化统一了活动主题——"探秘智慧能源"；形成了一套标准化的流程，规范了12家企业的开放日参观流程，突出展示"智慧"能源；设计了统一的视觉体系，应用在活动和传播的全过程和所有环节；整合了公众报名通道，搭建了专门的活动报名微信号；推出了活动代言人——绿色卡通形象"油迪"；培养了一批表达能力强、业务素质好、形象气质佳的解说员队伍；创作了一首开放日主题曲《Sinopec Open Day》。

此外，在活动的设计中，更加注重科普性、互动性、趣味性。在参观过程中，摒弃单调的宣教，而是将石油化工产品的科普融于游戏、视频当中，以通俗易懂、寓教于乐的方式，满足公众对石油化工知识的需求，在科普中传播理念、增进共识。

经过6个月的紧张筹备，在2016年4月22日，第47个"世界地球日"当天，中国石化举行了隆重的启动仪式暨新闻发布会，宣布"中国石化公众开放日"品牌活动正式启动，9个城市、首批12家示范企业同时开门迎客，这是中央企业中首个品牌化公众开放日活动，也是我国工业企业中最大规模的"拆墙"行动。国资委宣传局领导评价其"开创了央企与社会公众加强沟通的新模式、新途径，必将对央企增信释疑、促进了解、树立形象发挥重要的作用"。媒体评价称"如此大规模的工业企业开放日活动，创造了央企新纪录，展现出企业落实中央'创新、协调、绿色、开放、共享'五大发展理念的决心。"

品牌化公众开放日活动的持续开展，不仅有效改变了社会公众对中国石化的负面印象，极大改善了企地关系，促进了企业可持续发展，还大幅提高了活动本身的影响力。4月22日启动仪式至今，12家单位累计举办100多场活动，报名总人数29758，传播覆盖人数破亿。其中，《Sinopec Open Day》以中英混杂的魔性饶舌说唱，配以生动活泼的动画视频，一经推出便在网络上迅速流行。视频全网点击量突破400万次，网友评价称颠覆了对央企刻板印象的认知。从调研问卷数据统计分析看，93.1%的公众表示通过开放日活动对中国石化有了深入的了解，89.66%的公众表示愿意邀请亲朋好友参加后续的活动，81.9%的公众非常愿意成为本次活动的传播者。

四 特色化打造——影响未来有影响力的人

除了面向社会公众的开门开放外，青年学生始终是中国石化非常重视的一个群体。特别是大学生，他们充满朝气、富有梦想，他们思维活跃、凡事有自己的见解和想法，他们也是国家未来的希望和中坚力量。因此，在2012年，中国石化联合中国青年报社共同打造了一项社会活动——"全国大学生记者训练营"，旨在搭建中央企业和青年学子之间沟通的桥梁，让更多的大学生有机会走进企业、走进一线，通过与石化工人同吃同住同劳动的体验，让大学生了解中央企业的真实状况和企业员工的精神风貌。

五年来，活动先后组织了国内外87所高校近200名大学生记者深入石化一线进行体验走访。他们走进中原油田、胜利油田、镇海炼化、茂名石化、涪陵页岩气、九江石化、大牛地气田、塔河油田、元坝气田等地，用脚采访、用笔还原，感受并传播中国石化员工的苦乐与追求。过去只在媒体上关注过国企舆论风波的在校学生，有机会带着"问题意识"，深入企业第一线"求真相、求真知"，不仅进一步了解了国情，也对国企有了更全面的认识。每期的训练营结业仪式上，同学们都表示，训练营让大家形成了对社会的独立判断，更认识到"没有调查就没有发言权"。还有同学给自己立下了发表言论的规矩："想过了，再说话；看过了，再表达。"

"影响未来有影响力的人"，这是大学生记者训练营活动创办时的一个使命。五年来，一个个有着独立思考能力和较高媒介素养的青年学子，正从"全国大学生记者训练营"走出，有的进入了新华社、中央电视台等媒体机构，有的加入了文化部、网信办等国家机关，他们正逐渐成为影响舆论的一股坚实力量。而他们因为训练营的经历，必然对中国石化、对中央企业有更深层次的理解和更加深厚的感情。参加了2014年全国大学生记者训练营涪陵页岩气站的崔静哲，在清华大学硕士毕业后考入了中央电视台中文国际频道，成为《中国新闻》栏目的一名记者和策划人。在2017年初，《中国新闻》栏目筹备在春节期间推出"新春走基层"系列报道，在全国范围内选取有代表性的个人或群体，讲述他们坚守岗位的基层故事，崔静哲第一个想到的就是涪陵页岩气田，其采访报道的《深山红工衣：中国最大页岩气田上的建设者》在大年初七央视四套《中国新闻》播出，展示了气田参建者坚守深山、探寻新能源的奉献精神。若没有训练营时亲身的感受和浓厚的感情，短短几天的时间是拍不出如此有温度又充满力量的作品的。

作为持续开展的品牌化活动，全国大学生记者训练营已经逐步构建起在高校学子当中的品牌形象。2016年举办的第十期走进元坝气田活动被中新社的记者报道后，在日本、韩国乃至欧洲等多个国家和地区广泛传播，形成了较大的影响力。

积极的开门开放与社会沟通，不仅化解了公众对于化工行业的误解和恐惧，也给中国石化的舆论环境带来了前所未有的变化。随着公众开放日、全国大学生记者训练营等公共关系活动的持续开展，中国石化的负面信息占比逐年大幅下降，从2012年的42.6%，下降到2016年的6.1%。公司舆论压力明显下降，企业形象大幅改善，内部员工的自豪感、自信心都有所增强，为推动公司改革发展创造了良好的外部舆论环境。

五 带动引领——开放之路永无止境

在"中国石化公众开放日"品牌活动取得成功后,中国石化将12家示范企业举办活动的标准提炼了出来,编制了一本《中国石化公众开放日品牌活动指导手册》,用来指引其他企业复制、推广和开展公众开放日活动。

2016年底,中国石化在位于南京的金陵石化召开了公众开放日一期活动的总结推进会,在全面总结了第一阶段活动成效的同时,也标志着中国石化公众开放日活动正式进入第二阶段。

有了第一阶段的成功经验,第二阶段的推广显得特别顺利,第一批公众开放日的示范企业尝到品牌化升级带来的甜头,积极性非常高,努力将环保工作做得更好、开放环节做得更精细。比如在镇海炼化,不仅白鹭园栖息地范围要扩大,而且参观形式会更加优化,进一步推广"让白鹭告诉你"的环保理念,并根据参观流程提炼出六个故事,分别是"白鹭的故事""机长的故事""最美逆行人的故事""水的故事""鱼的故事""地沟油飞天的故事",力图打造故事里的镇海炼化形象。九江石化目前智能工厂2.0版环保地图正在向3.0版升级,进一步提高环保监测立体化、自动化和智能化水平。

不仅如此,一期示范单位为了进一步扩大开放的成果,正在积极努力地向更大范围开展活动。广东石油最为明显。2016年连续举办的几期公众开放日活动分别由佛山、东莞、惠州、深圳等地的分公司承办。同时,广东石油逐渐加大力度,使各分公司的公众开放日活动尽快制度化、流程化、常态化。

再比如燕山石化、九江石化、金陵石化、扬子石化等企业组织的活动很快在当地形成了口碑,预约参观的中学、大学络绎不绝。面对一批接一批来参观的学生,九江石化还专门设计了趣味实验环节,激发学生兴趣,增强互动效果。

没有成为示范单位的企业,在看到品牌化升级后的公众开放日所带来的巨大影响后,也积极地申请加入统一的品牌活动。经过系统的考察、测试后,在2017年3月召开的中国石化宣传思想文化工作会上,集团公司正式为中原油田等 18 家单位授牌第二批"中国石化公众开放日示范单位"。在 2017 年的 4 月 21 日，中国石化公众开放日第二季启动仪式正式举行，在全国 25 个城市、30 家企业同时启动公众开放日活动。

在 2017 年的活动中，中国石化还将形象代言人油迪打造成了油迪机器人，用更加智能、科技的形象与公众进行沟通和交流，持续增加开放日活动亮点，为传播石化知识积累信息，也为未来在加油站的自助服务智能化应用做有益探索。

中国石化公众开放日活动的影响力逐步加强，也带动了越来越多的企业加入开放的步伐中。比如中广核、中石油、中粮等央企也都开始大力开展公众开放日活动。北京市国资委牵头组织"首都国企开放日"，已有 48 家集团企业参与其中，策划了 100 条参观线路。这说明大家都意识到开放的重要性，都把与公众的主动沟通作为企业发展壮大的必然选择，这也必将推动整个社会朝着更加包容和共享的方向转变。

在看到公众开放日活动为企业带来显著变化的同时，中国石化也清醒地认识到目前做的还远远不够。和发达国家相比，国内企业开放活动的起步晚了 30 年。英国 20 世纪 80 年代就开始搞开放日，德国的开放日从 1993 年开始。当时 90% 的德国民众对化工企业强烈抵触、极端"差评"，要求政府更严格管制化工企业。德国企业在革新工艺、改善管理的同时，从 1993 年开始组织"公众开放日"等与公众互动的活动，现在的德国化工企业天天开放、随时开放，每年还有固定的主题日活动。德国、新加坡、美国、日本的化工厂，距离居民社区最近的只隔一条马路，社区居民已经了解并相信化工厂对他们的生活没有多大影响，所以相安无事。这个共识的达成需要政府、企业、公众的共同努力。

六　对公众开放日的思考

（一）企业需要做好公共关系

《公共关系学》中把公共关系定义为社会组织为了塑造组织形象，通

过传播、沟通手段去影响公众的科学与艺术。首先，对于一个企业，做好公共关系的目的就是提升企业形象，一个企业只有给公众留下良好深刻的印象才能更好地发展下去。其次，要与公众沟通联系，并以此来了解影响公众的想法与选择。最后，也就是理论层面，公共关系是一门科学，是一门研究人的科学，通过研究、形成理论来解决现实中的问题。与此同时，公共关系也是一门艺术，在公共关系的实践过程中，要善于恰当地运作这门艺术。

中国的企业公共关系是中国企业在发展中必然会面对的议题。由于中国企业起步较晚，国内的公共关系事业起步也比国外晚。但我国的企业要想在当今激烈的社会竞争中稳稳站住脚跟，科学运用企业公共关系理念处理好企业的相关问题是必不可少的。为此我们要在学习西方企业运作公共关系的基础上，进一步结合我国企业的不同情况，创新运用公关技巧，树立良好的企业形象，处理好企业经营发展内部与外部的公众关系，保证企业的健康发展。

企业公共关系的思想核心是双赢。企业公共关系维护应该有一个共同的指导思想：通过有计划的公共关系活动，在企业内外树立本企业良好的信誉和形象，增进企业同内部和外部公众的相互了解、沟通与谅解，促进企业获得良好的经济效益和社会整体效益，把企业建设成一个健康的社会实体。

（二）"百闻不如一见"是最好的公共关系

近年来，因核电、化工、垃圾、污水、危险废物等涉及重型工业及环保设施建设所引发的群体性事件时有发生，而大部分事件的最后结果都是"一闹就停"。诸如在昆明、大连、宁波的PX事件，无锡锡东垃圾焚烧厂事件，南京"常府街变电站"事件，什邡钼铜事件，这些群体事件的起因和演化路径都基本类似，一边是亟待新建的基础工业设施，一边是公众质疑、"邻避效应"，这是需求之切和落地之难之间的尴尬，最终陷入零和困局。这说明社会大众个人权利意识的觉醒，使得民众的利益诉求成为影响项目决策的重要因素；也凸显了政府和企业在信息透明和公众沟通方面的欠缺和不足。

其实类似化工项目、垃圾焚烧厂、污水处理厂等在国外也曾使民众恐慌，但相关方面在多年与媒体、民众的良性沟通后，最终平息了公共焦虑。企业要从提高公信力入手，在信息透明上下功夫，在倾听民意上下功夫。在决策、规划、环评、选址和建设等所有环节，都不搞突然袭击，不让民意缺席。

以中国石化为例，一直以来化工企业出于生产管理的需要，总是围墙高筑、门禁森严，往往给人一种神秘感，人们不知道围墙内是什么样、在发生着什么。当从不同渠道听说某某化工企业发生诸如火灾、爆炸、环境污染事故时，便联想到"围墙之内，概莫如此""天下乌鸦一般黑"，久而久之，人们对化工企业普遍产生误解和质疑。在这样的形势下，化工企业只有揭开神秘的面纱，主动开门开放以展现真实面貌，才能消除误解、增进信任。大家进来一看，原来石化不是污水横流、臭气熏天，原来石化的人控制力还挺高大上的，大屏幕的电脑都是两块、三块，跟炒股票差不多，原来石化污水处理过后还可以喝，公众看过就放心了。九江石化在PX项目舆情危机最为紧迫的关头，正因为主动邀请包括网络名人在内的各方人士走进厂区、走近装置，才释疑增信、赢得转机。中国石化定期邀请公众进入企业实地体验，搭建了企业与公众间良性互动的桥梁，有效地提高了企业的美誉度。

（三）开门开放可以反过来促进企业优化管理

开门开放办企业，前提是企业自身过硬、有底气，这也是取得成效的前提，通过开放，既让公众真正了解企业，也让企业了解外界的变化和公众期待，从而自觉、持续地改善公司管理，提升安全环保治理水平，提升企业文化和价值，实现企业更高质量、更有效率、更可持续的发展。在举办公众开放日活动的过程中，很多企业为了展现更好的形象，借这个机会把路也重新铺了、把设备也清洁了，包括员工整体面貌也有了极大改变。

公共关系蓝皮书

中国石化还把社会公众对安全环保的高度关心融入企业管理中去。2014年随着国际油价急剧下降,企业效益严重滑坡,但是企业坚持即使停止扩张性建设,也不能减少环保上的投入。"碧水蓝天"行动中的802个项目,进度不减、项目不减、投资不减。因为大家都觉得环保既是这个企业生存的先决条件,也是它将来发展的核心竞争力。环保力度加大,问题就变少了,企地关系也就更显融洽。

(四)借社会监督改良企业文化

如果说PX事件带给中国石化什么启示的话,那就是除了让企业更深刻地意识到与公众沟通的重要性外,还有要通过主动迎接社会监督,进而不断改良企业文化。

早在2011年,集团公司就设立了社会监督员机制,首次聘请了高校学者、研究机构专家、媒体精英、意见领袖、证券分析师、消费者代表等13名社会各界人士担任中国石化社会监督员,这在央企中是首例。

经历了PX事件后,企业更加体会到社会监督对改进企业管理的重要性。在看待社会监督上,认识不同、思路不同,结果是大不一样的。以前,企业或是"两耳不闻窗外事,一心闭门办企业",或是把社会监督和企业放到对立面上,"兵来将挡""水来土掩",双方都很辛苦。而且,往往一件小事经过"炒"就会"大闹天宫"。要解决这个问题,首先就要转变观念,要真诚地欢迎社会各界的监督。在现今这样一个越发透明、开放的社会,所有人都将活在社会监督之中,这是大势所趋,而社会舆论影响企业生存发展将成为常态。想逃避和忽视公众的监督无异于掩耳盗铃,一个公司越是规范、公开、透明,社会公众的疑问就越少、信任度就越高。

同时从现代企业制度建设看,公司治理方式特别强调规范、公开、透明,资本市场对上市公司也有这个要求。从2013年初开始,中国石化就开始筹划重新完善社会监督员机制,将原有的13个监督员名额扩大到30个,人员领域也更加多元。企业请这些社会监督员直接走进来,广开言路、广纳建言。每年中国石化还会举办一个座谈会，公司党组领导亲自参加，与监督员进行面对面的沟通和交流。通过持续性的座谈交流、参观采访、合作研究、日常微信群交流等各种形式的沟通，这些社会监督员已经越来越理解中国石化，为企业发展提供了很多有价值的意见和建议，在中国石化对外舆论环境改善中起到非常积极的作用。

B.14
国际公关：共担时代责任，共促全球发展

中国建筑工程总公司＊

摘　要： 近年来，中国建筑工程总公司海外市场发展迅猛。作为担负党和人民重托的中央企业，中国建筑在海外的生产运营活动不仅保证了企业赢利，更通过有效的国际公关活动，科学响应了当地公众的利益诉求，勇于承担企业社会责任，促进了当地社会、经济、民生福利的发展进步，担当起时代赋予中国企业的重担，与所在国政府、公众等利益相关者共同面对问题、迎接挑战。

关键词： 国际公关　共担责任　中央企业

一　全球化进程加速，共担时代责任，共促全球发展

（一）构建"大海外平台"，筑基"全球责任"，共促全球发展

近年来，伴随中国经济发展，中国建筑工程总公司（以下简称"中国建筑"）海外业务发展的步伐正在加快，尤其在"一带一路"倡议提出后，中国建筑参与海外市场的程度在加深、速度在加快（见图1）。中国建筑践

＊ 执笔人：周静，中国建筑工程总公司企业文化部副主任；邵华冬，中国传媒大学广告学院危机管理研究所所长、副教授。

行"大海外"战略,积极开拓国际市场,尤其注重服务"一带一路"沿线国家,提高基础设施水平,推进房屋建筑、轨道交通、机场、电力等专业工程领域的合作。同时,中国建筑在发展的同时,注重关注当地民生、增加当地福祉,树立中国企业良好形象,不断提升品牌影响力。2016年,中国建筑成功进入新西兰、哈萨克斯坦、肯尼亚等数个新国别市场,其以股份公司品牌为主、多家子企业共同出海的"1+N"局面初步显现。中国建筑全年中标5亿美元以上项目达到7个,创历史新高。到2017年6月末,中国建筑海外业务半年新签合约额首次突破千亿元,达1166亿元,同比大幅增长85%,营业收入同比增长16.8%。子企业海外业务同样发展强劲,上半年新进入7个国别市场,新签合约额121亿美元,同比增长2.8倍。

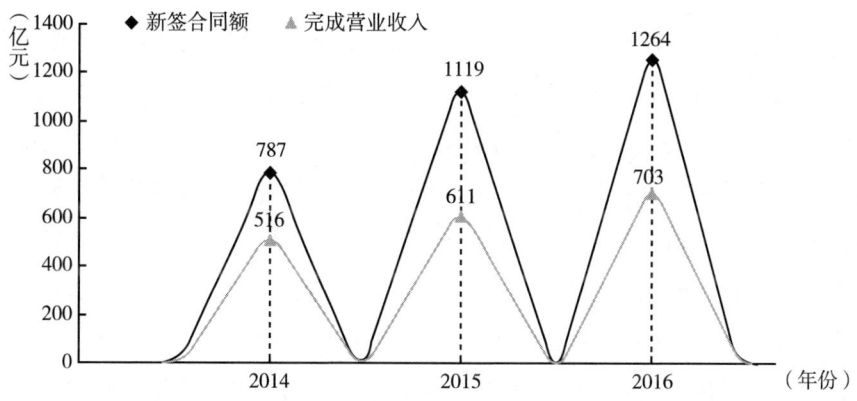

图1 中国建筑境外新签合同额和营业收入情况

作为担负党和人民重托的中央企业,中国建筑在海外市场,不仅通过优质的产品和服务积极践行企业经济责任,更通过积极的国际公关活动有效响应属地国公众的利益诉求,助力全球打造"可持续城镇",为项目所在地人民提供工作和再教育机会,促进当地经济增长。中国建筑担当起时代赋予中国企业的重担,与所在国政府、公众等利益相关者共同面对问题、迎接挑战,共促全球经济、社会发展。

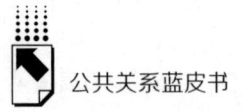

（二）尊重属地国法律法规，坚持合规运营的同时保护企业利益

随着中国企业全球化步伐的加快，海外市场中陌生的法律环境、不同的监管要求让许多"走出去"的中国企业面临"水土不服"，因此熟悉和遵循当地法律法规显得尤为必要。中国建筑在进入海外市场时，定期聘请专家学者进行海外法律合同管理的内部培训，并将之视作海外风险管控的重要工作。

合法合规是中国企业在海外市场生产经营时遵守的第一原则，中国建筑在严格遵守当地法律法规和标准规范的基础上，将中国建筑统一的管理体系针对当地法规要求和业务特点进行了优化，保证了其海外机构在制度、流程上体现属地化因素和国际化特色。2016年，国资委政策法规局企业合规经营代表团视察中建美国公司，充分肯定了中建美国公司在合规经营方面的工作；2016年11月，中国建筑工程总公司董事长、党组书记，中国建筑股份有限公司董事长官庆作为中国企业家代表，在第27届中美商贸联委会上就合规主题作发言，获得中美政商各界的一致认可。

另外，灵活适应不同国家和地区的法律法规也是企业适应国际环境的表现。中国建筑在海外项目施工管理中也往往会面临合同的异地适应问题。如中国建筑在阿联酋的拉斯海马谢赫利发特护医院项目就采用FIDIC87版合同条件，在合同特殊条款中增加了很多对业主有利的条款，但与国内的建筑合同存在较大差异，因此如何在已签订的合同框架下履约成为一大挑战。针对这一情况，中国建筑定期举行业务学习交流，根据项目合约特点制定有针对性的项目内部管理制度，聘用外部合约管理顾问公司，并且与合作方MCM通力合作，互相交流学习，提升项目的合约管理水平。通过上述各种方式，中国建筑有效地开展了合约管理工作，既维护了企业的合同权益，也为项目目标的实现提供了保障。

（三）以优质产品和服务打造良好政府关系，推动企业海外业务顺利开展

政府关系是企业国际公关活动顺利开展的重要支持。中国建筑在海外市

场，注重通过优质的产品和服务，赢得项目所在国政府认同，并通过良好的政府关系，稳扎稳打，不断拓展海外业务。

2016年1月21日，中国建筑工程总公司董事长、党组书记，中国建筑股份有限公司董事长官庆与埃及住房、公共设施和城市发展部部长，在中国国家主席习近平与埃及总统塞西的见证下，签署了埃及新首都建设一揽子总承包合同。2017年3月24日，中国建筑工程总公司总经理、党组副书记，中国建筑股份有限公司总裁王祥明与澳大利亚BBIG公司董事长，在国务院总理李克强、澳大利亚总理马尔科姆·特恩布尔的见证下，共同签署西澳省基础设施一揽子项目合作备忘录。此项目是中国建筑首次进入澳大利亚市场，是中国建筑在"一带一路"取得的又一重大收获。2017年8月5日，莫桑比克总统菲利佩·雅辛托·纽西视察由中建莫桑比克公司承接、中建八局承建的莫桑比克N6公路改建工程，他表示N6公路对提升莫国交通运输能力、带动地区经济发展、促进当地就业等都有重要的推动作用，并感谢中国建筑为N6工程付出的努力和汗水。莫国政府对中国建筑的高度评价，基于中国建筑历年来过硬的产品质量和服务，也基于多年来其对社会责任的积极履行。

（四）员工、管理人员属地化，扩大当地就业、提升企业管理效益

在中国企业经营海外市场时，本土化经营是非常重要的手段，尤其是人力资源的本土化。人力资源本土化一方面可以减少文化摩擦，帮助企业适应所在国的经营环境，另一方面有利于降低公司海外派遣人员和跨国经营的高昂费用，还有利于与当地的社会文化融合，减少当地社会对外来资本的负面情绪，更可以帮助增加所在国的就业机会，促进更多项目的开展。

中国建筑一直保持开放心态，坚持唯才是举，积极引进优秀的属地化员工和国际化管理人才，将重要管理岗位向属地员工开放。近年来，中国建筑积极调整员工体系，培养当地人才，海外机构平均属地化水平稳步提高，为当地创造了大量就业岗位。美国公司、中东公司、新加坡南洋公司等重点机构的属地化比例已分别达到98%、85%和81%（见图2）。

图2 央视新闻报道中建美国公司坚持当地采购，聘用当地员工

2011年中国建筑巴基斯坦公司建设巴基斯坦首都伊斯兰堡最大的公共项目——伊斯兰堡国际新机场航站楼时，以该项目为平台，全面调整劳务管理模式，按照普通工种全部使用本地工人、专业工种使用"少量中国技术工人+本地工人"的模式，在机场项目全面推行劳务属地化。项目实施的4年中，机场项目累计共使用当地劳务工人3000余名，长期保持本地劳务工人700余人，占到项目劳务日常总数的94%，为公司节约了大量的劳务费用。劳务属地化为项目周边社区创造了大量的就业机会，带动了周边社区普通家庭劳动致富。

在伊斯兰堡新机场项目进入履约高峰期时，公司大胆决策，摒弃了过去全部依靠中国管理人员的模式，通过校园招聘和社会招聘的方式，引进32名巴基斯坦中层管理人员（占到当时管理人员总数的46.5%）。经过三年的推进，公司本地管理人员达到45名，占比已经接近60%，岗位涵盖现场工程师、合同工程师、深化设计师、商务预算员、税务财会等关键管理岗位。这些本地管理人员凭借着语言、文化、社会关系、熟悉英美技术等优势，在外部对接和内部管理等方面做出较好成绩，机电专业管理人员的工作成效更是大大超出预期。

而且通过与当地人才的融合,中国管理人员不再局限于国内的思维方式和工作惯性,对国际工程和巴基斯坦市场环境的理解日益深刻,基本能够以符合当地习惯的做法与业主和外部进行沟通对接,公司管理模式和管理理念有了很大提升。公司经济效益、管理效益和品牌效益均实现了提升:本地人力资源平均价格远低于中国水平,每年能为公司节约 500 万元人民币以上的管理费用;两国管理团队进一步融合,提升了公司国际化管理水平;成熟、负责、专业的企业形象得到传播和赞誉。

(五)优质项目印上属地国钱币,CI 示范类工程树立中国建筑良好形象

对于中国企业而言,"走出去"也意味着其产品技术和服务将接受来自全球市场的考验,因此通过打造优质项目,夯实产品和服务基础成为企业国际公关的重要基石。如中国建筑承建的科威特中央银行新总部大楼已成为中国建筑海外最亮丽的名片之一,被印于现行流通的科威特第纳尔纸币的背面,充分显示了该项目在科威特举足轻重的地位(见图 3)。中国建筑承接的拉玛八桥项目也作为泰国地标被印制在 20 泰铢钱币上,该大桥也被作为中泰两国友谊的象征被永久载入史册。

图 3　中国建筑承建的科威特中央银行新总部大楼被印于现行流通的
科威特第纳尔纸币背面

优质的项目离不开领先的核心技术。中国建筑相关负责人表示:"中国建筑在世界超高层建筑领域具有明显优势地位。中国建筑所掌握的大量超高层建筑核心技术为企业赢得了广阔商机。目前有三分之一的存量超高层建筑和三分之二的在建超高层建筑在中国,中国建筑承建了世界一半以上的超高层建筑。"①

海外项目是企业形象传播的前沿阵地。在夯实产品和服务的基础上,中国企业在海外市场还注重通过系统化、标准化、差别化形象体系向国际社会公众展示中国企业形象。中建一局海外项目均严格贯彻落实中国建筑的CI(视觉识别系统规范)标准及集团公司《施工现场标准化图册》的各项要求,将施工现场打造成为公司形象的展示窗口。如莫斯科中国贸易中心项目在建设中严格执行CI标准,注重工程质量提升,获得了"2017年度莫斯科市优质工程奖"第一名,这也是中国企业第一次荣获莫斯科市建筑行业质量最高奖。这些奖项代表了国际社会对中国建筑技术和管理水平、组织能力、工匠精神以及形象建设的认可。

(六)积极开展公益慈善活动,赢得社区公众支持

俗话说"国之交在于民相亲,民相亲在于心相通",企业在国际环境中立足与发展离不开当地民众的支持,"与民相亲"是营造良好外部环境的基础。中国建筑在海外市场合作中有计划地结合当地民众需求,开展一系列赞助当地福利事业、捐建图书馆、健身馆等公益慈善活动,以争取当地民众的信任和支持。如:中建越南公司联合多家在越企业举办了爱心助学公益活动;中建中西非公司参加中国驻刚果(布)大使馆举办的慈善义卖活动,捐款资助当地医院、孤儿院、福利院;中建斯里兰卡分公司为当地敬老院义务修路、捐赠。这些公益项目惠及当地基层社区和普通民众,受到当地政府和公众的肯定,密切了双方关系,使中国建筑得到当地民众的大力支持,树

---

① 欧阳春香:《本地化经营 中国建筑"走出去"精耕细作》,http://www.cs.com.cn/ssgs/gsxw/201705/t20170510_5275059_2.html,2017年9月3日。

立起中国建筑良好的品牌形象。

中国建筑刚果（布）公司在海外经营过程中，坚持积极参与公益事业，支持社区建设，改善当地民生。2011年8月中国建筑刚果（布）公司无偿援建奎卢省木屋地地区萨哈村进村道路，这条路解决了萨哈村8000余人的出行难题，被当地政府和民众称为"CSCEC之路"。2012年11月，公司又捐建了邦嘎小学新教室，点亮了周围3个村子的希望，铺平了孩子们的求学之路。同时公司还组织和支持员工参与社区志愿活动，进行交通通信、饮水卫生等公共基础设施建设，增加儿童和弱势群体受教育机会，加强与刚果（布）政府、当地居民的友好共处，与社区共享企业发展成果（见表1）。

表1 中国建筑刚果（布）公司实际公益活动统计

序号	公益活动名称	参加时间	活动地点	活动内容
1	刚果（布）英达县中心小学公益捐赠活动	2009年3月15日	英达县中心小学	学习用品、文化用品、体育用品等的捐赠活动，包括文件柜、英语本、图画本、圆珠笔、铅笔、转笔刀、足球、橡皮擦等
2	一号路至萨哈村简修道路的公益活动	2009年7月17日	萨哈村村口	无偿援建奎卢省木屋地地区萨哈村出村道路
3	刚果（布）奎卢省萨哈学校、多曼嘎小学公益捐赠活动	2009年10月1日	萨哈学校、多曼嘎小学	学习用品、文化用品、体育用品等的捐赠活动，包括法语读本、圆珠笔、铅笔、转笔刀、足球、橡皮擦、小学读本等
4	刚果（布）尼亚黑省木屋地诊所	2010年4月3日	木屋地共建诊所	无偿援建尼亚黑省木屋地地区医疗诊所
5	刚果（布）奎卢省塞嘎努学校公益捐赠活动	2010年7月2日	塞嘎努学校	学习用品、文化用品、体育用品等的捐赠活动，包括文化衫、各种笔本、教学用具、篮球、足球、羽毛球等
6	刚果（布）多利吉市马累累学校、马灵巴学校公益捐赠活动	2010年11月20日	马累累学校、马灵巴学校	学习用品、文化用品、体育用品等的捐赠活动，包括笔记本、铅笔、转笔刀、各种球类、教学课本、学生服装等
7	一号路至萨哈村简修道路的公益活动	2011年10月8日	一号路至萨哈村村口	无偿援建奎卢省木屋地地区萨哈村进村道路

续表

序号	公益活动名称	参加时间	活动地点	活动内容
8	一号路至多利吉市沥青道路的公益活动	2011年12月8日	一号路至多利吉市	无偿援建尼亚黑省一号路段进入多利吉市道路
9	一号路二期工程至楼梯吗红土道路	2012年4月12日	一号路至楼梯吗市	无偿援建博望萨省一号路段进入楼梯吗市道路
10	一号路二期工程明都利医疗培训	2012年6月29日	明都利营地	为当地居民举行医疗急救措施
11	刚果（布）普尔省明都利中学公益捐赠活动	2012年11月21日	明都利中学	学习用品、文化用品、体育用品等的捐赠活动，包括文化衫、各种笔本、教学用具、篮球、足球、羽毛球等
12	刚果（布）普尔省玛雅玛小学公益捐赠活动	2012年12月13日	玛雅玛小学	学习用品、文化用品、体育用品等的捐赠活动，包括文化衫、各种笔本、教学用具、篮球、书包、衣服、足球、羽毛球等
13	刚果（布）普尔省玛雅玛中学公益捐赠活动	2012年12月17日	玛雅玛中学	学习用品、文化用品、体育用品等的捐赠活动，包括文化衫、各种笔本、教学用具、篮球、书包、雨伞、足球、羽毛球、跳绳等

资料来源：《中国建筑2016可持续发展报告》，http：//guba.eastmoney.com/news，601668，627951099.html，2017年9月3日。

（七）多元方式拓展海外媒体关系，助力企业宣传

媒体是公众获取信息的重要渠道，是社会现象的放大镜，具有广泛的影响和极强的灵敏度。中国建筑结合自身业务特色，积极创新利用多元方式方法，借助媒体放大企业声量，引导公众舆论。

第一，通过组织媒体联谊探访活动，加强同媒体的互动交流沟通。中国建筑旗下中海集团每年都举办传媒春茗活动，和媒体互动交流，建立良好媒体关系。公司还经常组织美洲、非洲等海外媒体及我国香港媒体到内地参观访问，加深这些媒体对中国内地及公司发展的了解。这些探访交流活动，使境外媒体记者亲眼见证了中国的巨大变化，见证了中国建筑取得的快速发展，切身感受到中国的强大，激发了这些媒体记者报道的积极性。

第二，借助外事活动建立媒体沟通机制。中国建筑在海外积极借助中国

驻外大使馆、所在国驻华使馆,"搭桥"东道主国政府官方活动,与媒体进行积极的沟通和交流。如中国建筑受阿联酋驻华使馆邀请参与《中阿友谊——两国建交 25 周年纪念特刊》出版首发仪式,这一官方活动为媒体记者和中资企业构建了沟通交流平台,同时也为中国建筑对外发声、构建良好媒体关系、塑造企业形象等创造了机会。

第三,借境外媒体积极宣传中国成就和中国建筑成就。每逢重大事件,中国建筑都积极结合自身发展情况,联合权威媒体对外开展宣传活动。以中国建筑的发展映射国家发展与进步,提升国家形象,扩大企业影响。如 2017 年 5 月 24 日,中建南洋公司联合新加坡主流媒体《商业时报》(*The Business Times*)报道了公司对于整体预制体积技术(PPVC)、建筑模型及虚拟建造技术(BIM VDC)等建筑领域新技术的应用,有效提升了南洋公司在新加坡市场的品牌形象,也使国外公众了解到中国建筑行业在技术创新领域的发展成就。2017 年 6 月 13 日,中建南洋公司获颁 9 项新加坡建设局大奖时,新加坡主流媒体《海峡时报》(*The Straits Times*)与《联合早报》进行了专题报道,南洋公司及时向社会推广了公司的正面形象,促进品牌建设。

第四,参与外事活动提升企业形象。2017 年 5 月中国建筑工程总公司党组成员、副总经理,中国建筑股份有限公司副总裁郑学选赴澳门,先后出席了央企支持澳门中葡平台建设高峰会和第八届国际基础设施投资与建设高峰论坛系列活动。郑学选陪同国资委党委书记郝鹏视察了由中国建筑和中国建材联合收购的澳门水泥厂有限公司。在出席澳门特区政府和中联办为国资委和中央企业代表团举办的相关活动中,澳门特区行政长官崔世安等专门与郑学选进行了交谈,对中国建筑"建设澳门、繁荣澳门"给予了肯定和赞许。

第五,借势国庆、企庆等活动进行企业高端宣传。2015 年 11 月 26 日,中建中东公司参加了阿联酋公共工程部在艾麦勒医院项目举行的阿联酋 44 周年国庆庆祝活动。在已经完工的主干道区域举行了简短的剪彩仪式,随后开展了系列庆祝活动。活动结束后,阿联酋公共工程部对此次活动给予了高度评价,同时感谢中建中东公司对艾麦勒医院项目进度的大力推进。这是中

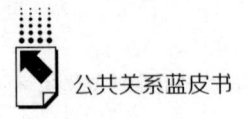

建中东公司第 3 次参加该国国庆庆祝活动，充分促进了中建中东公司与阿联酋公共工程部的联系，增进了双方友谊，进一步加深了双方的友好合作关系。

二 企业国际公关活动中面临的风险及挑战

（一）全球经济复苏乏力，部分区域政局多变，需面对政治、宗教和民族关系等多方面风险

当前全球经济复苏仍然乏力，部分市场特别是石油输出国经济面临较大困难，中东、非洲、拉美地区的部分资源型国家的基础设施投资增长乏力，在施项目收款周期明显拉长。中国建筑在刚果（布）、赤几等国的业务就受到较大影响，应收款项持续偏高，且短期内很难改善。除此之外，在开拓海外市场时，仍需要面对部分区域政局多变，政治风险高、宗教和民族问题复杂等多方面挑战。

"海外风险倒逼中国建筑不断完善风险管控体系。实践证明，'走出去'深度参与海外市场，带给企业的不仅是规模经济发展，还带来了规范化的发展和更广阔的视野。"中国建筑相关负责人表示。践行"一带一路"倡议，对中国建筑整体能力提升非常大。海外市场风险较高，中国建筑积极推进全方位风险辨识，制定风险管理策略和解决方案，加强应收款项风险、安全管理风险、海外运营风险等重点领域风险的防范，保障公司稳健运营。中国建筑还编制了公司《2016 年全面风险管理报告》，并通过信息化大数据管理，总结区域性案件特点及风险要素等，防范海外法律风险。

（二）各国法律、政策多有不同，读懂吃透面临较大挑战

伴随中国建筑海外市场的开拓，不同国家相关法律、政策多有不同，读懂吃透面临较大挑战，初入市场经常因为相关法律、政策不同而交学费。以俄罗斯为例，虽然近年来俄罗斯的法律和政策环境在不断改善，但是，处于转型期的俄罗斯在立法、执法、相关政策法规的完善等方面仍有待改善。按照俄罗斯法律规定，俄罗斯国家及政府项目必须通过招标进行。但一方面俄罗斯招标投标相关法律仍处于规范化的进程中；另一方面，俄方政府对承包工程项目的审批、资金来源通常会有特殊要求。因此，中国建筑在当地承接相关工程时，往往需要对相关工程项目的资信情况进行细致调查，对资金来源的特殊约定政策做好提前解读，以有效防控风险，避免工程投入损失。

（三）必须面对不同地域文化差异，跨越文化鸿沟

进入海外市场，不同地域文化存在巨大差异，中国建筑要跨越国界、走向世界，不但需要理解各种文化之间的差别和一致，还必须努力在不同文化、不同市场中有效开展沟通，融入当地文化，树立起企业良好形象。中国建筑在20世纪70年代进入巴基斯坦，从援建伊斯兰堡真纳体育场开始，40年来致力于促进中巴友谊的不断提升，坚定支持巴基斯坦社会经济的向前发展。但是在企业主营业务不断发展的同时，中建巴基斯坦公司也认识到虽然有中巴两国传统友谊做基础，但是两国民间因为经济发展程度的差距、社会文化习俗的差别而了解不深，中国建筑只有与当地共同发展，为当地带来实实在在看得到的好处，才能获得信任；当地社会失业率极高，大量使用中国劳务和中国管理人员，只会挤占当地本来就紧张的就业机会，只有积极带动当地就业，才能真正赢得认同。为此，中建巴基斯坦公司坚持"融入本地、共同发展"的理念，以大型项目为平台，积极探索促进当地就业的管理模式，取得了经济效益和社会效益的双丰收。

三 企业国际公关活动特征与趋势

（一）"从建房到建城"，中国建筑以基础设施建设、绿色可持续发展赢得海外公众认同

伴随中国建筑海外市场拓展程度加深，中国建筑逐渐开始从单一的房建

业务，向绿色可持续发展的全产业链转化。一方面，从企业发展的需要出发，中国建筑不断加大基础设施建设项目比例；另一方面，中国建筑通过基础设施建设也切实拉动了项目所在地经济发展，缩小了地区间的差距。数据显示，自20世纪80年代初至今，在非洲54个国家中，有42个国家都有中国建筑设立的机构。近四十年，中国建筑先后建设了住宅、酒店、会议展览中心、工业厂房、公路、水利设施等一系列工程，在非洲大陆上建起一座座"中国建筑"，以基础设施建设带动非洲国家发展。

此外，伴随城镇化发展趋势，中国建筑充分发挥房屋建造、轨道交通、市政公路、城镇化建设等优势，全力发展绿色产业链，打造"可持续城镇"。在新的"造城活动"中，中国建筑注重加强绿色产业链体系研究与建设，以绿色建造理念为引领，积极建设生态城镇，和全球伙伴一起积极推进可持续的生活方式，共同应对气候变化。如迪拜朱美拉棕榈岛总督酒店项目，中国建筑就充分利用自然光线降低能耗，获2016年国际房地产（MIPIM）评选的"最佳高层建筑奖"（Tall Buildings Winner）。在刚果（布）布拉维尔柴体育场的建设过程中，中国建筑全部采用环保材料，减少资源浪费、提高施工质量。中国建筑还在施行环保指标上采取一票否决制，贯彻执行绿色施工理念，得到业主单位的一致好评，为中国建筑在当地赢得了极高的社会声誉。

除打造绿色产业链外，中国建筑还通过参与环保活动，积极践行环保责任。中建中东公司于2013年正式荣获阿联酋环保组织（EGG）成员的资格。该组织是全球第一个获得ISO14001认证的非政府环保组织，是阿联酋类似组织中唯一获得联合国防治荒漠化公约公认地位的组织。"Clean Up UAE"活动由该组织主席Ms. Habiba始创，是阿联酋最富标志性的大型环保活动之一。中国建筑近百余名青年员工志愿者与两千多名来自阿联酋其他公司、团体和学校的志愿者们一起清理了位于迪拜Nad Al Sheba沙漠地带和阿布扎比Heritage Club周围的垃圾和丢弃物，践行环保责任。截至2016年，"Clean Up UAE"连续举行了15届，中建中东公司志愿者队伍已经连续四年参加此项活动。

（二）"先融入、再融合；抓共性，引共鸣"的海外企业文化宣贯

复杂的国际环境中，不同国家和地区之间的巨大文化差异是诸多企业国际公关活动面临的重大挑战之一。中国建筑在海外市场，综合考虑属地化员工的宗教信仰、文化背景，形成了"先融入、再融合；抓共性，引共鸣"的独特海外企业文化宣贯模式。首先，中国建筑在尊重不同国家和地区文化特色的基础上，从日常统一工作节奏入手，促进企业文化融合；再通过当地特色节假日活动，先融入当地文化，再推动当地员工融合到中国建筑的企业文化中来。其次，中国建筑还注重从一些全球共通的文化入手，"抓共性，引共鸣"，拉近不同国家、地区间员工的距离，促进文化融合。

1.尊重不同地区工作文化习惯，实行"1+1"双配置统一工作节奏，促进文化融合

伴随中国建筑员工属地化水平的提高，不同国家员工就出现了不同的工作文化习惯。如美国员工到点就收工，一分钟都不耽误，加班可以，但必须保证加班费用；德国员工会把工作计划细化到每小时，甚至会提前告知业务关系人几个月以后的具体休假时间；墨西哥员工崇尚快乐浪漫，加班几乎没有可能。可是在中国员工眼里加班加点是一件再平常不过的事情。中建一局在建的海外项目总包管理团队员工总数达335人，在这样一个国际化团队里要形成统一的工作文化、行为习惯相当不容易。为调整中外员工工作节奏，统一整个团队的工作步调，中建一局国际事业部在大型海外项目的关键管理岗位上实行"1+1"双配置，即"一个中国员工+一个外国员工"的双配置管理制度。通过日常工作中的交流与合作，潜移默化地影响外籍员工的工作习惯，相互之间逐渐了解、熟悉，加强外籍员工对中国建筑企业文化的认同，提升其归属感，以人为媒介传播中国建筑品牌。

2.融入属地国传统文化，结合当地特色节日活动促进文化融合

此外，中国建筑还注重融入属地国传统文化，结合当地特色节日活动，促进文化融合。如中建三局基础设施公司斯里兰卡南部高速项目部兼顾中国和斯里兰卡不同的文化背景及习俗，组织属地化员工开展具有不同文化特点

的业余活动，丰富属地化员工文化生活，促进双方员工融合，提升员工工作动力。在斯里兰卡新年，项目部举办"一家亲"新年联谊会，中斯双方员工及家属表演了各具特色的节目，一起跳舞、游戏，其乐融融。在西方圣诞节，项目部举办圣诞派对，当地保安队队长Wsandha扮演圣诞老人，给孩子们送礼物。

中国建筑莫斯科"中共六大"会址项目部，则组建项目部足球队，定期与项目所在地的莫斯科州纳罗法明斯克区政府进行足球友谊赛。每年2月23日是俄罗斯法定的"男人节"，项目部也会定期组织相关主题活动，在进一步增强外籍员工企业认同感的同时，增强企业品牌在当地的影响力，对中国建筑深耕海外市场、树立央企品牌形象起到积极作用，对中国文化、中建文化与当地文化的融合也发挥积极影响。

3. 爱与关怀无国界，通过爱的表达，提升团队凝聚力，促进文化融合

在面对不同国家和地区巨大文化差异的同时，中国建筑也意识到巨大文化鸿沟之上，爱与关怀是人类共同的文化底色。因此，中国建筑积极开展多种形式的员工关爱活动，从爱入手，积极推进文化融合。如建立海外项目员工生日台账，项目主要领导在员工生日当天送去贺卡和礼物；员工出现身体不适时，相关领导也往往在第一时间赶到员工宿舍、医院看望生病员工。中国建筑通过对员工的关怀消弭中外文化隔膜，打动外籍员工，加速文化融合。

4. 娱乐、体育无国界，通过文娱体育活动促进文化融合

娱乐、体育无国界，且相关娱乐、体育赛事活动往往是在轻松、快乐的氛围中开展的，有助于中外员工卸下包袱，积极开展互动、交流。如中国建筑巴哈马度假酒店项目就以文化节、BBQ、中外传统节日（如春节年会、圣诞节晚会）共庆、运动会等活动为载体，积极搭建国内、国外文化融合平台。而中国建筑海参崴酒店一期项目则定期组织中外员工篮球、足球、乒乓球"三大联赛"，队员不分国籍统一着装，在奔跑、传递、呐喊中迸发出激情火花，实现彼此间的认同与欣赏，持续向文化融合递进。2016年4月，中建美国公司员工与来自超过850家美国公司的数万人一同参加了当地企业年度路跑活动。在这场路跑赛事活动中，中国建筑员工不仅得到了锻炼，还通过美食交流了中美文化，双方有了更加深入的了解。

（三）"能联合、善管理"，凭借卓越沟通、协作能力与当地企业合作，助力业务开展

在海外市场，中国企业往往需要面对不熟悉当地政策法规，欠缺当地政治、社会资源、缺乏当地项目运作经验等挑战。中国建筑在经营海外市场时，积极发挥沟通、协作能力，与当地具有相关优势的企业强强联合，助力业务开展。

作为全球最大的建筑市场，美国市场一直受到工程承包商高度关注。但由于美国项目要求较高，因此很多中国建筑企业在美国市场都折戟而归。中国建筑则通过强强联合，2013年收购美国本土建筑公司PLAZA，成功跨越了准入门槛，很快进入发展快车道。近年来，中国建筑在美国市场更是屡屡斩获大奖，中标很多重大项目。

和当地企业开展强强联合只是开拓海外市场的基础，在此基础上，还需要善于管理，才能真正发挥"强强联合"的威力。中国建筑在中东的拉斯海马谢赫哈利法特护医院项目上的投标合同额为10.1亿元人民币。该项目实施前中东公司对此类项目没有地缘区域的实施经验，也没有与当地公共工程部一类政府机构直接合作的经验，与众多有中东地区医院建造经验以及与当地政府有多年合作经验的国际大型建筑公司竞争投标，充满挑战。因此，公司管理层于投标前组织进行了详细的战略分析，决定通过与适应本土并具有政府合作优势的当地企业MCM互利合作，优势互补，提高中标概率，降低风险。

但两个公司联营的合作模式，必然存在双方在对待问题、处理问题、解决问题方面的差异。不仅于此，在文化宗教等方面，双方团队也必然存在分歧。为保证项目整体顺利实施，中建项目管理团队发挥卓越的公共关系沟通能力，制定透明化合作机制；共同研讨合作双方的项目诉求，确定可接受和认可的共同目标，严格按共同目标推进项目实施，以此保证双方的合作利

益,确保项目实施不因双方分歧或认识不到位、沟通不到位而出现问题。合作中,双方确定并认可了以诚信和高品质铸造精品工程、实现长期稳定合作的合作目标。经过双方坦诚沟通和交流,找到适合于中国建筑施工企业在海外联营施工的管理方法,在较短时间内适应了联营体结构管理的要求,保障了项目管理的正常进行。

（四）"投资未来,双向交流",卓越人才培训提升企业国际化水平

中国建筑提出,要做"一带一路"建设的代表者和领先者,实施"大海外战略",打造"大海外事业平台"。而将海外业务做大做强,离不开对卓越人才的培养。近年来,中国建筑加大对海外市场中方与外方员工培训的力度,投资企业未来,提升国际化水平。中国建筑通过实施"三化人才"战略,加大对海外人才的培养的力度。

除了制定相关政策促进中国员工扎根海外,中国建筑还创新了"海外人才到中国"的培训与交流,为企业投资未来、提升企业国际化水平。2015年,中巴公司深入推进属地化人才队伍建设,在2015年全额资助8名"中巴经济走廊"卡拉奇—拉哈尔高速公路项目沿线居住地的优秀高中毕业生赴中国留学,并与学生签订培养就业协议,欢迎他们毕业后加入中国建筑,为中国建筑发展贡献力量。中巴公司在为巴基斯坦社会培养高等人才的同时,也通过中国教育平台培养出一批了解中国文化、具备高等专业知识的当地青年人才,作为中巴公司未来本地人才的中坚力量（见图4）。

（五）"直面危机,科学应对",良好危机预警、管理能力为中建企业品牌保驾护航

中国企业在国际环境下常面临诸多风险,尤其是基础建设类企业在海外经营中的危险系数较高。对于中国建筑而言,一方面企业在海外市场基础设施建设项目中占比逐步提升,这类项目投资成本高、回报周期长、项目地点固定,一旦爆发危机容易招致巨大损失;另外,"一带一路"倡议下中国建

图4 中国建筑与武汉理工大学联合培养巴基斯坦留学生

筑也加大在沿线国家和地区的项目开拓力度,但由于沿线国家和地区或经济基础薄弱,或政局动荡,或有文化冲突等,一些基建项目具有较大的悬而不决或被迫叫停的风险。因此,有效化解突发危机成为中国建筑海外市场经营的必备技能。

中国建筑在海外市场经营之路上先后经历过阿尔及利亚恐怖袭击、迪拜重大交通事故、菲律宾串标案、阿国地震灾害等突发事件,通过及时的危机管理措施消除了对企业品牌的不利影响,并在一次次危机处理中积累了宝贵经验。2016年刚果(布)政府大选期间,反政府武装制造了一系列武装骚乱,并造成个别地区通信中断,其中涉及中国建筑承建的一号公路项目沿线地带。这期间有传闻称由于中国建筑西非公司对形势估计失误和安全防范工作不当,造成一号路项目玛雅玛营地受到武装人员袭击。导致在刚果(布)及在国内的家属信以为真,并向大使馆打电话要求寻找失联人员等。而事实上,中国建筑西非公司提前做好了突发危机事件预案,在营地遭袭之前联合刚果(布)军警部门将所有营地员工全部安全撤离、有序转移,包括属地员工在内,没有任何人员伤亡和被劫持。但由于信息传递不对称及通信中断,形成了不实的传言,给公司造成一定的负面影响。中国建筑西非公司在确认人员安全转移到新营地后，第一时间向使馆和国内上级单位汇报安全转移情况；及时安排撤离人员通过其他通信方式联系国内家属报平安；通过使馆向刚果（布）外交部、媒体等部门通报人员安全状况；向在刚果（布）中资企业协会、各兄弟单位通报人员安全状况；在使馆协调下，要求刚果（布）军方向营地增派驻军，加强安保强度。中国建筑以实际行动打破不实传言，维护中国建筑声誉。

参考文献

1. 赵麟斌：《国际公关》，北京大学出版社，2013。
2. 〔英〕艾村乌：《全球企业社会责任实践》，经济管理出版社，2011。
3. 王义桅：《"一带一路"：机遇与挑战》，人民出版社，2015。

B.15 社区关系建设的神华实践

神华集团公司*

摘　要： 神华集团践行"创新、协调、绿色、开放、共享"五大发展理念，针对发展中的突出矛盾，在实践中发现和解决问题，依靠创新驱动、战略转型、结构调整的新引擎，携手利益相关方实现合作共赢。不唯"关系"构建关系，以真心办企业、做实业，以真情为国家和社会、为所在社区、为当地群众干事情，以神华"大爱"品牌，搭建心相通、情相连的桥梁，谱写了社区关系建设的神华实践篇章。

关键词： 创新引领　协调谋划　绿色发展　协调　共享带动

"社区"是一个社会学概念，是指人们共同生活活动的一定区域。一般来说，社区由以下因素构成：（一）人群。这些人群，区别于其他人群，相互间是以一定的社会关系为基础组织起来的，共同生活在一定区域内；（二）一定的地域条件。（三）特定的习惯、制度。（四）社区人群一般会对他所在的社区有感情。（五）有较健全的基础设施。

企业发展的每一步，都离不开所属的、特定的社区，或者说，企业存在的土壤就是社区。因此，企业的社区关系，就是指企业与所在社区地域上互邻、利益上相关的一种公众关系。这种公共关系应该向荣辱与共的正向

---

* 执笔人：孟坚，神华集团公司新闻发言人、新闻宣传部主任；郝华，神华集团公司新闻宣传部宣传处处长；秦立宁，神华集团公司新闻宣传部宣传处主管。

发展。

企业构建良好社区关系的重要性主要表现在以下三个方面。

一是空间决定了社区关系直接影响着企业的生存发展。首先，社区的区域性、空间性很强，企业的生产经营活动大部分都要在社区开展。社区作为企业的"近邻"和生存的土壤，为企业提供着必要的"水分和养分"，如果没有与所在社区建立良好关系，企业的各项工作很难顺畅开展。

二是社区关系对企业口碑、形象、品牌的影响，对企业的生存发展起着至关重要的作用。企业与社区关系的构建，与所在地的社会环境、经济发展、文化教育、习惯风俗等多个方面都息息相关。社区公众会因企业的作为以及与企业关系的亲疏而对企业提出不同的期待和要求，形成不同的评价与感受。由于处于同一区域，社区公众对企业的期待和要求往往相近，形成的评价和感受就更容易传播并相互影响，一定程度上形成区域共识，而且区域共识还会向外传播扩散，影响更多的人群和社区，影响企业的公众形象与品牌，时间久了，甚至会形成企业的某一种公众形象。一个企业如果没有良好的社区关系，就很难在社会上获得良好的形象与名声。当前我国实行的是社会主义市场经济体制，企业是市场的主体，企业经营发展所需要的人、财、物等资源，主要通过市场机制配置，如果没有好的企业品牌和形象，企业将很难在市场上获得所需的资源，没有充裕的资源支撑，企业将无以生存和发展。

三是关系决定了社区关系直接影响着企业的生存发展。企业的发展，与方方面面都存在着千丝万缕的联系，建构着不同的社会关系。如企业与社区的关系、企业与员工及家属的关系、企业与顾客的关系、企业与供应商的关系、企业与地方政府的关系，企业与各级各类媒体的关系等。这些关系，都会影响企业的生存发展。而在所有这些关系中，社区关系是一个基础性的关系，员工及家属、顾客与供应商，还有当地政府与媒体的工作人员都有可能就是社区的居民，或者与当地社区居民有着这样那样的社会关系。因此，社区关系直接影响着企业其他各方面的关系处理。跨区域性经营的企业也不能脱离特定的社区，甚至还要善于同各种不同背景的社区公众打交道，与不同社区建立良好关系，使企业能够在各种不同的社区环境下生存和发展。

同时，对于国有企业而言，建立良好社区关系，还有一层重要意义。相较于其他企业，国有企业有其自身特质。国有企业是中国特色社会主义重要政治基础和物质基础的生产者和维护者，是中国共产党执政兴国的重要支柱，是坚决贯彻执行党中央决策部署的重要力量，是中国共产党壮大综合国力、促进经济社会发展、保障和改善民生的重要力量，是中国共产党赢得具有许多新的历史特点的伟大斗争胜利的重要力量，可以说，一定程度上，国有企业的形象代表党和国家的形象，国有企业的社区关系，代表党与国家和人民的关系。

多年来，神华集团践行"创新、协调、绿色、开放、共享"五大发展理念，针对发展中的突出矛盾，在实践中发现和解决问题，依靠创新驱动、战略转型、结构调整的新引擎，携手利益相关方实现合作共赢，树立"神华"新形象、大品牌，谱写了社区关系建设的神华实践篇章。

一 以创新发展引领社区关系建设

企业在经营过程中，会遇到很多这样那样的问题，也会与周边社区、百姓发生这样那样的矛盾，解决这些问题最根本、最有效的途径就是创新发展，用创新发展的眼光看待问题，用创新发展的思维来思考问题，用创新发展的成果来解决问题、化解矛盾。

20多年来，神华集团正是把创新摆在企业发展全局的核心位置，以理念创新为指导，全面实施技术创新和模式创新，创造了一个又一个行业"神话"。以打造数字矿山、实施煤电超低排放和神华重载铁路技术、综合能源供应创新试点、神华400万吨煤炭间接液化项目投产、煤基煤油应用于航天领域为标志，取得一批批重大科技成果；以全面形成矿、电、路、港、航、油化一体化，产、运、销、储一条龙的经营模式（简称"两一"模式）为标志，形成了高度集中管控、统一指挥，高度协同，深度合作，资源共享，超前发展规划，严格计划管理的中国煤炭企业运作新模式。在纵向上整合了国家、地方和行业的资源，在横向上整合了企业内部各部门以及上下游

公共关系蓝皮书

相关合作企业的资源,从而有效消弭了企业与企业、行业与行业、企业与政府、企业与社区百姓等相关利益群体之间存在的各种隔阂和内耗,实现商流、物流、信息流、资金流的全面结合,创造了巨大的经济和社会效益。

以技术创新和模式创新为引领,神华在煤炭开采上,实现了由劳动密集型向技术密集型转变;在安全管控上,实现了由高危风险型向本质安全型转变;在产业布局上,实现了由单一煤炭开发运营向煤电路港航油化一体化开发运营转变;在发展方式上,实现了由粗放扩张型向集约环保型转变。

仅以打造数字煤矿和建设"超低排放"燃煤发电厂为例,做简单说明。

打造数字煤矿:神华集团实现信息化和工业化融合,率先建成国内首个亿吨、2亿吨矿区——神东矿区,建成准噶尔、宁东等大型煤炭基地。吸收了成熟的、先进的信息技术,在统一的时空框架下,对矿山资源勘探、规划建设、安全生产、经营管理和决策等全过程进行数字化的表达,并对相关属性进行加工、处理、利用,实现信息的集成和共享,实现矿山生产管控一体化,构建了采煤工作面、矿井和矿井群的智能矿山技术体系,建成了锦界智能化矿山和神东亿吨级智能矿井群,实现了15座矿井的生产、设备、人员等资源优化配置,以及大柳塔等5座矿井的集中智能监控。

在此基础上,创建了生产规模化、队伍专业化、技术现代化、管理信息化的"四化"生产模式,形成了"五个一"(即树立一个理念、构建一套体系、探索一条途径、打造一支队伍和培育一种文化)煤炭安全生产管理经验。矿井单产从几百万吨到千万吨、两千万吨、三千万吨的规模,工作面单产从100万吨/年到800万吨/年、1000万吨/年、1500万吨/年发展。神华集团井工煤矿全员工效是全国平均水平的10倍。露天矿全员工效是全国平均水平的12倍,采煤机械化程度、掘进(剥离)机械化程度均为100%。

目前,神华数字矿山项目成果已在全国近40个煤矿推广应用,引领了我国智能矿山的发展方向,随着信息技术、自动化技术的飞速发展和相互融合,带动全国煤炭行业的组织管理、生产与决策指挥方法、技术等均焕发出了崭新活力。

同时,信息化水平的提升,不仅提高了矿山煤炭生产的科技含量、管理水平、效率和效益，而且最大限度地减少了对环境的扰动和资源的破坏，有效地保护和改善了环境，保障了周边社区民众的利益不受侵害。

建设"超低排放"燃煤发电厂：神华国华舟山电厂4号机组，是国内首台新建"超低排放"燃煤发电机组，于2014年6月25日建成投入运行。

"超低排放"的概念，是针对燃煤电厂大气污染物的排放提出的，指通过技术创新，使燃煤发电机组在运行及末端治理过程中，大气污染物排放浓度达到或低于燃气轮机组排放限值（标准是烟尘10毫克/标立方米、二氧化硫35毫克/标立方米、氮氧化物50毫克/标立方米），通俗地讲，就是做到烧煤像烧天然气一样干净，实现了煤炭的清洁利用。相较燃气发电、传统燃煤发电和其他新能源，超低排放的燃煤发电具有更清洁、更经济、更可靠的特点。

神华集团在京津冀地区共有22台、共计978万千瓦装机容量的燃煤机组，于2016年3月就全部达到"超低排放"标准。其中神华国华三河电厂（位于河北省，给北京和河北供电、供热）4号机组改造完成后，烟尘排放浓度是0.23毫克/标立方米（数据来自中国环境监测总站现场取样测试报告），这是中国目前燃煤发电厂烟尘排放浓度最低的新纪录。

京津冀地区电厂"超低排放"改造后，年均减少烟尘排放量1716.38吨，二氧化硫排放量2686.13吨，氮氧化物排放量15131.3吨，较改造前分别下降83.96%、71.36%、83.24%。

截至2017年9月，神华71%的燃煤机组完成超低排放改造，改造占比全国第一。

正是有了企业煤炭清洁高效利用的生动实践，2015年《政府工作报告》明确提出，要深入实施大气污染防治行动计划，加强煤炭清洁高效利用，推动燃煤电厂超低排放和节能改造。2015年12月，国务院召开常务会议决定，在2020年前，对燃煤机组全面实施超低排放和节能改造。

为落实党中央国务院的要求，国务院办公厅印发的《能源发展战略行动计划（2014~2020）》中，明确提出要加快发展煤炭清洁开发利用技术，转变煤炭使用方式，大力发展清洁高效煤电，提高煤炭集中高效发电比例，不断提高煤炭清洁高效开发利用水平。2014年9月，国家发展和改革委员会、环境保护部和国家能源局联合印发了《煤电节能减排升级与改造行动计划（2014~2020年）》。2015年12月，环境保护部、国家发展和改革委员会、国家能源局联合印发了《全面实施燃煤电厂超低排放和节能改造工作方案》，地方政府也相继出台了相关的超低排放与节能改造计划或方案。能源行业的一张新"名片"——清洁煤电开始引人关注，企业也成为促进煤炭清洁高效利用的排头兵，为保护环境、惠及民生做出了积极贡献。

20多年，神华从1995年10月成立时寂寂无闻的"行业新手"，发展成为目前以煤为基础，集电力、铁路、港口、航运、煤制油与煤化工、新能源与可再生能源开发于一体，产运销一条龙经营的特大型综合能源企业。目前，神华的煤炭板块不仅规模最大，而且现代化程度最高，各项生产、技术、能耗、环保等指标均达到世界先进水平；电力板块在国内装机规模和发电总量名列前茅；煤制油化工板块在国际国内规模和技术上处于领先地位；交通运输板块拥有自营铁路、港口和航运业务，在国际国内能源企业首屈一指。2017年《财富》全球500强神华集团列276位，《财富》中国500强中国神华列36位。安全生产水平保持世界领先，2016年集团煤矿亿吨死亡率0.5，是全国平均值的3.2%，好于美国、澳大利亚等煤炭主产国。2016年神华集团利润完成国资委年初下达的考核指标的205.7%；经济增加值超出考核指标158亿元。

从成立之初的1995年到2016年，神华的煤炭产量由284万吨提高到4.2亿吨，增长148倍；煤炭销量由553万吨提高到5.2亿吨，增长93倍；发电量由1.7亿度提高到3303亿度，增长近2000倍；铁路运量由550万吨提高到3.97亿吨，增长793倍。港口、航运、煤制油化工等业务从无到有，实现了巨大飞跃。神华集团2016年实现营业收入2479亿元、利润361亿元、总资产9793亿元，较1995年的7.5亿元、0.7亿元、110亿元，分别增长了330倍、515倍、978倍。

从科技创新含量低的煤炭行业"阿喀琉斯之踵"，到创新水平世界领先的综合能源发展；从"带血的煤炭"到建成本质安全企业；从"傻大黑粗"

的环境污染大户,到实现煤炭清洁生产、利用和转化。这些理念、模式、人才、实践的创立、构建、行动与输出,都从根本上书写了神华集团的企业品牌与形象,也正在引领中国煤炭行业整体形象的改写。

可以说,企业充满活力的快速成长,神华较高美誉度品牌的树立,是党中央、国务院正确领导的结果,是神华集团坚持党的领导、加强党的建设的结果,是历代神华人艰苦奋斗、创新发展的结果,是企业所在地区政府、社区群众肝胆相照、全力支持的结果。所有这些成果,为神华有实力、有能力创新处理企业与社区关系奠定了坚实基础。

二 以协调发展谋划社区关系建设

全面、协调、可持续是科学发展的内在要求,所以,在企业的发展过程中,既要注重今天的发展,更要关注长远的发展,既要重视企业本身的发展,也要关心企业所属地区及当地群众的冷暖安危,还要心系所在行业、上下游企业的利益与发展。

如果当地老百姓遇到急难险重问题,企业能用"一家人"的思维,想所在社区群众之所想,急所在社区群众之所急,不计成本与代价去帮助解决;如果所在行业、上下游企业面临极度经营困难,企业能够从国家、社会、行业的角度大处着眼,舍利取义,换取全行业的发展;这样有大爱、有胸怀的企业自然更能够得到所在社区及群众的理解与尊重。

群众的眼睛是雪亮的。这样"大"字当头的企业,品牌的美誉度会更高,与所在社区逐渐结成鱼水关系,也就相对就更容易一些。

20多年来,神华集团正是因为重视全面、协调、可持续发展,打通了矿电路港航一体化发展模式和产运销一条龙经营链条,下大力气补齐短板、优化结构,取得创新性、突破性进展,不断提高发展的平衡性和协调性,实现了自身的跨越式增长,从小到大、从弱到强,经营业务已经扩展至除西藏、云南、贵州、海南、台湾外的其他各个省份,并在澳洲和印度尼西亚、俄罗斯、蒙古等"一带一路"重要节点国家有多个电力、煤炭项目落地生根。

同时，以快带快，推动了西部地区尤其是内蒙古和陕西两地煤炭工业的快速发展，为国家能源事业提供坚实保障。目前为社会经济发展每年提供约15%的煤炭和近7%的电力。这些年，仅从位于陕西和内蒙古交界处的神东矿区，神华铁路就拉出了24亿吨的优质煤炭，如果用70吨一节的火车车厢装好一字排开，这些煤足可以绕赤道14圈。在此基础上，神华又能在国家、社会和所在地区遭遇重大灾害或紧急情况时，第一时间冲锋在前，解决重大问题。

2008年初，全国遭遇突如其来的冰雪灾害，造成部分省份电网垮塌、高速公路断道、机场关闭、铁路中断，电煤生产、运输频频告急。危急时刻，神华集团积极响应党中央和国务院号召，在春节、元旦节假日期间，产业链上的各环节都开足马力、加班加点，不断增加产量、抢运电煤，按照电厂需要的电煤数量与品种需求，在统一调度指挥下，煤矿生产、铁路装运、港口装船、电厂发电，各个板块全面发力，完全按照"订单"实施流程化作业。

2008年1~2月，神华集团公司原煤产量共完成4376.05万吨，累计发电162.78亿度，同比分别增长19.3%和26.2%，有力支援了国家对南方地区的抢险救灾，神华在那些省份的企业也赢得了当地社区更多的尊重与敬意。

类似的例子举不胜举。神华一次次将祖国西部的黑色能源以最快的速度、最多的数量送达最需要光明的地方，默默贡献温暖。"5·12"大地震、"8·8"北京奥运会、上海世博会、广州亚运会、厦门金砖峰会等，神华都是挺起祖国和各省份脊梁的一支重要能源力量。

2016年12月，黑龙江省气温持续下跌，急速跌破-30℃，室外滴水成冰。然而电煤储备不足、运力不够，黑龙江省3800万群众的用电、采暖面临危机。

"民生无小事，枝叶总关情"。按照国家发改委的协调部署，神华集团立即行动起来，一方面部署神华在东北地区的两个煤炭公司——神宝能源公司、神华大雁集团加班加点提高煤炭生产产能，务必确保煤炭产得出、运得到、供得上；另一方面安排1500辆神华自备车全部调往东北，入编哈尔滨铁路局运输组织体系，一趟趟运煤专列从山西朔州出发，驰骋2000公里到达海拉尔，给东北地区运送煤炭超过100万吨，为化解黑龙江电煤危机、保障群众冬季采暖做出了重要贡献。

2017年冬季马上就要来临，面对今年东北地区冬季生产生活千万吨煤炭供应缺口，神华集团在所属宝日希勒、哈尔乌素两个千万吨露天煤矿停产、煤炭资源缺口巨大的情况下，一方面积极向国务院报告争取支持；另一方面，通过调整结构、调集内部煤炭资源等措施，安排神宝公司增产300万吨、大雁集团每月确保350万吨、胜利公司外调100万吨、海铁联运105万吨，计划按上年同期完成量1465万吨来全力支持保障东北地区的煤炭供应。

2017年4月，在陕西省板定梁塔煤矿发生透水事故后，神华集团党组第一时间指令所属神东煤炭集团组织救援队、调运救援设备、调拨救援物资，不讲条件，不计代价，连续奋战77小时，成功救出6名被困矿工。

2017年7月，陕西榆林突降百年不遇大暴雨，给子洲、绥德两县人民群众的生命财产安全造成严重损失，神华在陕西附近的企业按照集团党组安排以最快速度派出救援队伍，调拨价值300万元、400多台（套）的救灾救援物资开赴灾区开展救灾工作，帮助灾民渡过难关。

国家安监总局将神华神东救护消防大队列为全国23个矿山救援基地之一。这个支队在负责神华集团神东煤炭公司地面消防救援、矿山救护任务的同时，还肩负着为内蒙古鄂尔多斯市、陕西省榆林市和山西省忻州市境内100余座煤矿提供紧急救援的任务，服务半径达150公里。截至目前的不完全统计，这些年，神华神东救护大队共援助地方抢险救灾3100多次，参与井下救援近200次，抢救人员200余人，挽回直接经济损失近3亿元。

近年来，电煤市场经常发生剧烈波动。2010年前后和2016年前后，煤价持续高位运行，使电力企业燃料成本大幅增加，火电企业面临行业亏损。这种情势下，神华注重协调发展，依靠一体化优势，一方面，千方百计快速地扩大产能，为社会提供更多煤炭供应，平抑市场需求；另一方面，发挥央

企的特殊作用，对五大电力公司切实加大长协低价煤执行力度，保证合同兑现率，最大限度减轻了电力企业高原料成本的沉重负担。实现了既不领涨煤炭市场价格，又部分程度上抑制煤价过快上涨，对确保电力公司稳定运营和抑制通胀做出了一定的贡献。

2012~2014年，煤炭价量一路下跌，煤炭行业陷入普遍亏损。在这种情况下，神华依旧注重协调发展，依靠一体化优势，带头执行国家和行业限产限销要求，在2014年至2015年减产9300万吨的基础上，2016年又压减产能787万吨，率先提前半年完成去产能任务，保持煤炭价格都略高于同期环渤海动力煤价格指数，尽最大努力保持煤炭市场价格相对稳定，为煤炭行业企业生存发展赢得时间和空间。

两种市场波动下，神华都在注重协调发展，依托一体化模式，为保障国家能源安全和经济社会发展大局做出了重要贡献。

神华的全局观、大局观，神华的责任与担当，得到政府部门和受惠民众的普遍认可和赞誉。

三　以绿色发展为社区关系建设铺上底色

当前，在我国经济快速发展的同时，也出现了环境污染严重、生态系统退化的严峻问题，资源约束越来越紧。人民群众对优美环境、干净饮水、清新空气的需求越来越强烈，环境问题开始成为各级政府和社区百姓都非常关注的民生问题。人们对环境的关注程度比以往任何时候都高。

煤炭，相当长的时间内为社会的经济发展进步做出了无法抹杀的卓越贡献。但在很多人的认知中，煤炭是造成大气、环境污染的元凶，于是，煤炭成了过街老鼠，也有人谈煤色变，去煤化的声音不绝于耳。

其实，这是个认识上的误区，应该说，煤炭本身没有任何问题，问题主要出在煤炭的开发、利用上。神华集团作为世界最大的煤炭企业，率先提出"高碳产业，低碳发展"的理念，一直致力于打造"世界一流的清洁能源供应商和清洁能源解决方案提供者"，紧扣煤炭综合性能源企业的产业特征践行生态文明,实施清洁能源发展战略,建成一批绿色矿山、绿色物流链、环保电厂及现代煤化工厂。也基于此,神华的"绿",为煤、电、路、港、航、油化各企业在当地的发展铺上了健康的底色,赢得了广泛的支持。

这些年,神华集团开发了适应于我国西部大型煤炭基地建设的特大型矿井群协调开发技术,支撑了以神东千万吨矿井群为核心的安全高效亿吨级煤矿区的协调发展,实现了千万吨矿井群的规模化、现代化发展。通过优化工作面布置,提高综采工作面装备能力及水平,研发大采高、放顶煤、薄煤层高效开采技术,推广线性支架房采工艺等途径,采区回采率达到84%;吨原煤生产综合能耗约2.7千克标煤/吨,达到世界先进水平。采用先进煤炭选煤技术,形成了规模化、专业化选煤生产模式。选煤电力单耗约2.8千瓦时/吨,达到世界先进水平,原煤入选率达到100%。

同时注重在煤炭开采过程中创新绿色开采技术,加强矿区生态绿化建设,做到"采煤不见煤、开矿不见矸、污水不外排",沉陷区治理率超过90%,露天矿复垦率85%以上。所属神东矿区的植被覆盖率由开发初期的3%~11%提高到70%以上,形成了稳定的生态环境,增强了地表生态环境对采煤沉陷影响的抵御能力。采煤沉陷区微生物复垦关键技术试验示范研究获得成功。所属准能集团、胜利能源和神宝公司以复垦绿化为主线,形成了以景观绿化、边坡防护、种植示范等为亮点的露天矿绿色生态格局,处处可以看到"喜看稻菽千重浪"的丰收景象。

在神华的矿区,既看不到煤粉尘,也看不到地表沉陷、水土流失、各类污染等这些老矿区曾普遍出现的问题。而且,通过有效治理,曾经的茫茫戈壁荒漠、黄土高坡,都变成了良田绿洲。

矿井水指的是在煤矿生产过程中,流入或深入井筒、巷道和工作面的大气降水、地表水、地下水和老窑积水的总称。矿井水害是煤矿生产第二大灾害,仅次于瓦斯危害。古往今来,最常用的办法是通过排水系统将矿井涌水排至地表,避免发生煤矿透水等事故。一般情况下,每开采一吨煤炭会产生两吨左右的矿井水,如果是把煤炭开采产生的矿井水都外排至地表,在西部蒸发量比较大的地区，这是一种巨大的资源浪费。由于中国矿井水的利用率长期低于30%，中国每年因此而损失的矿井水约60亿吨。而且中国煤炭和水资源是逆向分布，在中国中西部的晋、陕、蒙、宁、甘五个省份，煤炭储量占中国探明煤炭储量的2/3左右，产量占全国煤炭的70%左右，但水资源量仅占3.9%。所以，水资源短缺、生态脆弱和煤炭资源开发利用之间存在巨大矛盾。

神华集团的创新团队经过20年实践研究探索，最终采取以"导储用"为手段的矿井水井下储存与利用方法，将含水层的地下水疏导至采空区进行储存，建设煤矿地下水库，达到疏导后矿井水不外排，变"水害"为"水利"，解决了煤矿地下水保护性利用的历史难题。截至2016年底，神华神东矿区已建成煤矿地下水库35座，储水总量约为3100万立方米，拥有相当于两个西湖的水体容量。这些水库年供水量超过了6000万立方米，可供应神东矿区周边工业与民用95%的用水，造福当地百姓。

宝日希勒，蒙古语意为"褐色的山冈"，事实上这里正是优质褐煤的藏宝之地，自20世纪发现高达上百亿吨的煤炭储量后，几百家小煤矿一哄而上，宝日希勒迅速成为内蒙古呼伦贝尔草原上新崛起的煤矿小镇。然而，采煤在带来财富的同时，也给这里的生态环境带来极大破坏。曾经美丽的草原，一度面目全非，甚至因为地表塌陷形成了数量众多的冒顶坑而被当地人称为"千坑镇"。为了改变这一局面，后期入驻的神华宝日希勒能源公司主动承担起了治理责任。筹措资金近亿元，经过三年的填埋、治理、滋养，终于让草原恢复了昔日的风貌。

近年来，神华集团还累计完成340公里铁路的生态防护工程。获得国家环境友好工程奖的我国首条干线铁路——朔黄铁路建设了占该线路总长32%的桥梁隧道（合计66公里），有效减少了工程开挖和填筑对生态环境的破坏；全线造地6229亩，种植树木1430万株，还耕复田；为减少噪声污染，全线设声屏障4897处，共计415527331延米。神华新建铁路沿线各站点全面采用地源热泵等技术，取代传统锅炉供暖，比传统空调系统运行效率高40%~60%，节省运行费用40%~50%。所属黄骅港务公司在港区煤堆场建起防风抑尘网，有效抑制煤粉尘外溢；三、四期工程在国内首次采用筒仓群堆存工艺，大幅提高了装卸工艺效率，也避免了堆场扬尘。神华中海航运公司是国内干散货船舶应用岸电最早、应用范围最大的航运企业。从2011年开始，就投资6000多万元在20艘船舶上加装岸电设备，应用港航船用岸电技术，燃油消耗及污染物排放量最高可降低约2%。国内配有高压岸电系统的第一艘新造船舶就是神华集团的"神华501"轮。从2013年开始，又实现了船舶压载水水资源的回收循环利用，进一步提高船舶货物实载率，降低了船舶压载水对港口的污染。

所有这些生态建设的成果，除了大大改善当地自然环境，让当地百姓受益外，很多项目都正在惠及当地社区的群众，给大家带来实实在在的经济收益，成为神华企业社区关系的加分项。

正在建设的神华陕西富平示范项目，更是具有"绿色、高效、智慧"的特征。以超低排放热电联产机组和分布式新能源为动力源，统一规划、统一设计、统一建设、统一运营，实现电、汽、冷、热、水"五联供"。积极探索出神华独有特色的，具有示范效应的清洁能源高效利用智慧供给模式。富平示范项目实施后，高端蒸汽用于发电，低端蒸汽用来制冷或取暖，实现了"用集中供热的方式取代分散的小锅炉、用电替代油、用电替代天然气、用余热实现制冷"四个替代，把整个能量"吃干榨尽"，热电联产项目热效率从原来的43%提高到62.7%。整个富平工业园区的能源消费端只有电和蒸汽，可实现零排放，能源得到最大限度的利用。

正如本文第一部分所述，神华集团通过创新发展，不仅在煤炭的开采上实现了清洁、绿色，更为重要的是在煤炭的利用（燃煤电厂发电）、煤炭的转化（将煤转化成清洁油品和化工产品）上，实现了清洁、绿色，把煤炭由"黑"变"绿"，由"黑"转"白"，成为清洁的能源和资源，推动煤炭生产利用方式变革，解决了煤炭生产、利用和转化过程中的清洁、高效、可持续等重大问题。让大家尽享现代舒适生活的同时，更能保留蓝天、绿地、清新空气的美好。同时，也为煤炭行业在新时期的发展探索出一条路径。

四 以开放发展协调社区关系建设

现在很多企业与社区的矛盾，主要出在沟通上，企业不了解社区居民的关切，社区居民不了解企业的经营生产管理，因而产生隔阂和矛盾。不沟通就不了解，不了解就不理解，不理解就会产生误解，误解的积累就是矛盾，这就是企地矛盾产生的递进逻辑。要实现企地和谐，需要解决的首要问题就是沟通问题。

而坚持开放发展，就可以解决发展中的内外沟通与联动问题。神华在发展过程中，无论是在国内还是在国外，坚持与所在地区保持深度互动，坚持开门办企业，不断提高发展的内外联动性，形成企业与社区深度融合的合作格局。

神华集团投运铁路8条，拥有铁路公司5家，总里程2155公里，年运输能力4亿吨。其中，从神东矿区到黄骅港的铁路专用线——神（朔）黄铁路，是我国"西煤东运"第二大通道，朔黄铁路拥有3.5亿吨年运输能力，神朔铁路拥有3亿吨年运输能力。

在这些铁路的建设及后期扩能改造过程中，加强深度沟通，创建"和谐路地关系"就是重中之重的工作。这些铁路的建设项目指挥部经理都会亲自带队，跑工地、走农户协调路地关系，挨家挨户进行座谈沟通。在"征地拆迁、安置补偿、前期协调以及后期开工建设"的过程中，在矛盾面前，强化政治意识、大局意识、责任意识，坚持小道理服从大道理、局部服从全局。为了加强沟通、拉近路地关系，这些铁路公司还会定期和地方举办联系会，"小事情小座谈，大事情大商量"，相互交流、加强沟通。所有的努力，得到相关省份的各级市县政府、有关部门和乡镇的关怀理解和支持帮助，通过政府部门积极的沟通和协调，使得许多问题得以解决，有力地保证了工程施工的顺利进行。而项目拆迁所涉及的村民们也都拿到补偿，实现增收致富，生活水平迈上了新台阶。

从2014年大力建设和改造"超低排放"电厂后，神华集团所属国华电力公司就将各电厂环保信息全部在神华集团官方网站国华电力网页公布,以开放的姿态主动接受社会公众监督,这是国内第一家电力企业总部集中公开全公司环境信息。公开的内容有:企业的情况介绍、电厂对环境自行监测的方案、对烟尘、二氧化硫、氮氧化物等大气污染物排放的实时监测数据以及发生环境突发事件的应急处置预案等。其中监测数据整点自动计算小时平均值,滚动更新,机组运行状态、污染物排放标准、各发电机组大气污染物排放历史数据也全部一目了然,方便公众查阅、监督。

这一举措,让社会公众,特别是电厂周边的社区群众,对电厂实施超低排放是动真的、来硬的,不是吹牛、不是摆花架子有了真实而直观的了解。

在此基础上,神华六大板块的企业把举行"企业开放日"活动纳入了工作日程,每年不定期邀请社区群众,大、中、小学学生,意见领袖,网络大V,媒体记者,走进工矿厂房,让大家亲手触摸煤炭清洁生产、利用和转化的日常。

"数小时的井下生活体验后,我们还和矿工们共进了一顿难忘的井下午餐。矿工们都是科班出身的大学生,他们有着扎实的理论基础,也有着丰富的实践经验,和他们愉快地聊天彻底颠覆了我们想象中的煤炭工人刻板的印象。在神华鄂尔多斯煤制油分公司,我们了解到,神华集团煤炭直接液化示范工程是世界上唯一的百万吨级煤直接液化示范项目,已累计生产油品500余万吨。从煤炭转变而来的油品看起来和水一样干净,如果不是亲眼所见,很难想象黑黑的煤炭竟然变身如此洁净的油。我们了解到,煤制油油品对降低大气污染具有显著作用,并已成功应用于我国的航天、军用等领域,研究水平处于世界领先地位。看到黑色的煤粉变成清澈油品经过的一道道程序,我们不禁对国企的科技创新水平发出阵阵惊叹。"

以上文字来自2016年清华大学学生调研团走进神华实践活动中的一篇"学习日记"。

曾任北京市环保局新闻发言人的杜少中,网名巴松狼王,有400多万个微博粉丝,是名副其实的网络大V、环保卫士。开始并不愿参加但后来还是实地参加了神华在呼伦贝尔草原举办的媒体和公众开放日活动,之后他在微博上发文说,"上个世纪八十年代后,在19平方公里的范围内,有大小300多家公、私企业,400多个煤矿,疯狂采煤留下了2000多个塌陷坑。2005年神华集团取代无序开采,并陆续填平塌陷坑,到目前全部完成。国企回馈社会、保护草原应有这样的担当!"还说"填坑的,挖坑的,不能一起骂"。还有很多参加活动的大V说,不去不知道,去了才知道,许多中小企业在那边挖了煤、挣了钱,却留下了这么多历史的遗憾,生态的重创是由国有企业来一一填平。

定州电厂2号机组是神华集团在京津冀地区完成的最后一台按照"超低排放"标准改造的火电机组。实现"超低排放"后,神华国华定州电厂迎来的第一拨客人就是定州市实验小学的小学生记者们。

神华在"一带一路"上的标杆项目——神华国华印尼南苏电厂,有72%的员工都是印度尼西亚当地人。开放办企业更是这家电厂重要的发展法宝。

自2008年公司成立以来,南苏电厂就以"深入中印员工文化交流和关爱员工"为主题,为印度尼西亚员工职业成长开通了绿色通道,多次组织主要技术岗位的印度尼西亚员工赴中国电厂深造,还选派优秀印度尼西亚员工到中国参加集团运动会、技能大赛、商务部人才培训,为受灾、生病的印度尼西亚员工组织爱心捐款,针对性组织多种文化活动,增进中国员工与印度尼西亚员工的友谊和信任,让印度尼西亚员工感受到中印员工团结、和谐地生活在同一个大家庭。另外,积极资助社区公益事业,解决当地民生问题,并鼓励员工经常与当地村民沟通交流,让员工融入当地百姓、让当地百姓通过员工了解企业。

通过不懈努力,南苏电厂在当地居民中树立了良好口碑,同时也得到社会各界的高度认可和赞誉,不断扩大的品牌效应吸引了很多印度尼西亚同行单位到厂参观调研。反对声、质疑声越来越少,越来越小;支持声、夸赞声越来越多,越来越大。投产五年来,累计完成经济增加值超过2亿元人民币,机组每年的等效可用系数均高于95%,在2015年10月"第六届印尼电力博览会"上,被授予"印尼十佳电力公司"称号。为中国企业在印度尼西亚的持续健康发展树立了标杆，为更多的中国企业扎根印度尼西亚树立了典范。

五　以共享发展成就带动社区关系建设

你赢他输、他赢你输的发展思维和发展模式，注定不可持续、不能长久。所以，企业要想持续健康发展，必须树立合作双赢、成果共享的发展理念，着力推进企地联手、共同发展。

神华在自身发展壮大的同时，始终坚持国企本色，把共享共建共发展作为企业的第一要义。以实际行动支持地方经济发展、参与公益慈善事业，实现企业与社会共同进步、共享发展。充分考虑企业运营对所在小区的影响，积极采取有效措施，支持小区基础设施、就业、经济发展等，在社区关系的处理中赢得了支持与尊重。

多年来，神华集团稳步推进、持续开展抗震救灾、捐资助学、扶贫助困、援藏援青、环境保护等活动，不完全统计捐赠总额超过了40亿元人民币。

在企业发展过程中，神华集团与所在地方政府都以"深化依存，合作共赢"为原则，开展长期深度合作，对地方区域经济的发展起到重要的带动作用。与神华同步，陕西省榆林市、内蒙古自治区鄂尔多斯市、山西省忻州市、新疆维吾尔自治区、宁夏回族自治区等地的区域经济都取得快速发展，特别是陕西省榆林市的神木县、府谷县以及内蒙古自治区鄂尔多斯市的伊金霍洛旗，跃入了综合经济实力全国百强县行列。

煤矿采空区居民的搬迁与安置，一直是煤炭企业面临的重大问题，也是煤炭企业取得当地居民理解与支持、做好社区关系的重要一环。

这些年来，在地方各级政府的支持下，神华集团各煤炭企业都是以采空区居民"搬得起、稳得住、能致富"为基本目标，以国家相关法律法规为依据，结合周边地方政府出台的搬迁安置和塌陷补偿的具体标准与实施方案，按照"损坏什么，补偿什么"的原则，出台《搬迁与塌陷补偿管理办

法》,做到补偿有标准、工作有措施、操作有依据。另外,企业与当地政府还共同制定了保证群众生活的一系列措施,如鼓励支持群众在未塌陷和塌陷后逐步恢复的土地上搞种植养殖、吸收搬迁村庄的适龄青年进入企业做劳务工、鼓励搬迁户中的"能人"在矿区发展服务业等。

在此基础上,神华集团支持企业所在地的社会主义新农村建设,以工业反哺农业,为当地社区民众建设神华新村,并扶持新村开展加工制造、工矿服务等特色产业,让当地民众既安居,又乐业,实现持续发展。2010年神华集团分别在内蒙古和陕西两省份建设的神华新村就是其中的标杆样本。

神华集团下大力气积极推进对采煤沉陷区的治理及对棚户区改造的工程,把企业的发展成果,以安居工程的方式,惠及所属企业员工和所在社区、地方的群众。近年来,积极配合地方政府,在新疆、宁夏、内蒙古包头市和乌海市等地的矿区累计投入28.3亿元,完成棚户区改造57277户,让当地居民住进了宽敞明亮的新居,大大改善了他们的居住和周边环境,仅这一举措,就让企业所在社区、地区的近20万居民受惠。

在自身不断发展壮大的过程中,神华集团也同步创造了大量就业机会。这些机会首先面向企业所在地区的应届大、中专学生和农村剩余劳动力放开,极大程度地缓解了当地就业压力。在国家号召下,神华集团从2011年起稳步推进了"双六工程",即在五年之内选聘6000名大学生村官到神华集团所属企业工作,并且在三年中投入6000万元用于援助西部地区2000名大学生村官创业。

神华国华沧东电厂建成投运国内规模最大、拥有自主知识产权的万吨级低温多效海水淡化装置,具有造水比高、电耗低、投资低等特点。目前已形成3台共计3.25万吨/日的海水淡化规模,除满足电厂自需外,通过政府修建的5万吨淡化水管网送往周边企业,促进了新区工业发展,节约了淡水资源,树立了国内海水淡化应用领域"企地合作"的典范。

宁夏中南部地区"苦甲天下"的西海固,占了宁夏"半壁河山",包括9个扶贫开发重点县。在国家做出实施"三西"(甘肃河西、定西,宁夏西海固)农业专项建设的重大决策后,宁夏抓住机遇先后实施了4次政府组织的政策性移民搬迁，原地腾出的土地全部进行了生态修复。其中，吴忠市红寺堡区是最大的集中安置扶贫生态移民的地区。为了缓解移民群众和当地残疾人的就业困难、增加移民群众的收入、助推扶贫移民区发展，2011年9月至2013年7月，神华宁煤集团分别在红寺堡弘德工业园、海原县厚德慈善产业园、固原市圆德慈善产业园等地建设了占地总面积260869平方米的标准化厂房22栋，包括给排水、供配电和采暖及通风设施，共计投入资金约1.2亿元。截至目前，仅红寺堡弘德工业园就已引进项目35个，完成投资11亿元。入园企业已解决近4000名贫困群众及残疾人的就业问题。

为解决山西保德县和陕西省神木县、府谷县等地沿线百姓的出行问题，神华集团所属神朔铁路公司自1999年起、协助开通了大同到神木区段客车，2015年开通了府谷至安康的旅客列车，这趟"幸福列车"的开启成为神华集团"地企联合共建"的范例，化解了地方民众出行困境，助推了地方经济发展，截至2016年底，客运总量达37万人次。

自2008年来，神华集团朔黄铁路公司每年在沿线都要投资600多万元，对铁路沿线基础设施不完善的学校进行捐资助教，不仅提升了当地的教育教学水平，还对沿线的孩子进行了爱护铁路设施和铁路安全意识教育，也加强了与当地群众的情感交流，及时收集了铁路运输有可能对当地群众造成不良影响的信息。及时整改后，既减少了扰民也减少了对铁路运输生产的人为干扰，最大限度地保障了当地群众的合法权益和铁路的安全运输。

神华大爱并不局限于企业所在地区。从2002年8月起，神华开始定期派驻援藏工作组进藏工作，到目前已先后选派了6批、8名优秀干部在西藏那曲地区聂荣县进行对口援助。到2016年底，神华集团在聂荣已援建学校、医院、市政基础设施等各类项目153个，投入资金3.76亿元。用实际行动架起了连心桥、铺就了致富路，与聂荣人民结下了无法言表的深情厚谊。

按照党和国家安排，神华新疆能源公司还在于田县夏玛勒巴格村、阿热勒村两个维吾尔族村开展南疆"访惠聚"活动。3年多来，10多项重点工程先后发力，80多项惠民活动春风化雨、润物无声。目前，两个村的村民

已对党和国家、对中华民族是一家取得广泛认同，采棉花、进工厂、织地毯、种玫瑰等致富队伍日益壮大。两个村子都正向主动致富、就业致富的路子迈进。

神华集团承担着对四川省布拖县、普格县和陕西省米脂县、吴堡县的结对帮扶任务。这4个县都是国家级贫困县，神华集团目前已为这四个县累计投入定点扶贫资金7737万元，实施基础设施建设扶持、产业扶持、教育扶贫、医疗扶贫四大类176个精准扶贫项目，并向这四个县都派驻了挂职干部，进一步推动定点精准扶贫工作开展，深受各扶贫县政府、百姓的称赞与好评。

神华建立了中央企业首家5A级非公募基金会，神华公益基金会成立7年来，已累计实现捐赠12.26亿元，并出资3亿元入股"中央企业贫困地区产业投资基金"，开展公益项目50余个，受益地区涵盖31个省（自治区、直辖市）2000余县（区），受惠人数864万人。公益基金会播撒神华爱心，开展了系列公益慈善活动。其中的"神华爱心行动"项目，主要是救助贫困家庭0～18周岁的白血病、先天性心脏病患儿，范围遍及全国，并在河北省和陕西省的部分试点县开展了新生儿先心病免费筛查。自项目开展以来累计受益人达44076名，其中"两病救助"患儿22658名，新生儿先心病免费筛查21418名，初步实现了"筛查+治疗+救助"三位一体的设计理念；"神华爱心学校"项目，目前已出资建立15所神华爱心学校，其中14所已经投入使用，受益学生万余人；"神华爱心书屋"项目，自开展以来累计在全国13个省（区、市）捐赠图书2105.4万册，价值4.98亿码洋，累计建成爱心书屋11668座。

不唯"关系"构建关系，以真心办企业、做实业，以真情为国家和社会、为所在社区、为当地群众干事情，以神华"大爱"品牌，搭建心相通、情相连的桥梁。这应该就是神华社区关系建设实践的真谛。

B.16 中金建设的"家文化"实践

中国黄金集团建设有限公司[*]

摘　要： 为满足企业树立自身品牌和形象、开拓市场关系的需求，中金建设通过将"家和万事兴"元素融入公关关系中，创新性地形成了具有中国特色的"家文化"公关关系。本文就中金建设"家文化"公关关系实践，梳理总结了企业如何利用"家文化"与员工建立良性互动关系，逐步建立了员工关系管理体系，进而营造了和谐稳定的企业环境。

关键词： "家文化"　公共关系　中国特色

中国黄金集团建设有限公司（简称中金建设）是中国黄金集团公司的全资子公司，是中国黄金集团所属七大板块之一。开展企业"家文化"建设以来，中金建设既取得了较好的业绩，也为中国企业公共关系实践提供了独特的素材。

一　在公共关系中植入中国传统文化元素

作为市场经济的产物，公共关系在中国改革开放之初首先出现在商业领域，为满足企业树立自身品牌和形象、开拓各种市场关系的需要而产生。

---

[*] 执笔人：芦莲莲，中国黄金集团建设有限公司办公室主任、党群工作部主任；张娟平，中国黄金集团建设有限公司党群工作部主管。

从 1984 年被引进中国至今已经 30 多年，公共关系这门学科在中国取得了长足的发展，涉及的方面也越来越多。在危机事件、政府关系、国际关系等方面，公共关系显示出强大的协调作用并为国家和各级政府所重视。

但是公共关系这一学科属于舶来品，只有与中国基本国情相衔接才能"接地气"，"落户"中国的公共关系这一学科也才能在中国社会更好地扎根、开花、结果。而博大的中国传统文化可以为公共关系提供进一步创新的沃土，由此，培植于中国传统文化沃土的具有中国特色的公共关系也会更多地体现出中国精神、中国风格和中国做派。

中国改革开放已有近四十年的历程，并与世界经济一体化相伴相随，之中，有竞争有合作，有冲突有融合。在加入世界经济大家庭的过程中，还需面对文化的磨合、意识形态的冲突等。正是因为中国政府很好地把握了改革与稳定的关系，国家经济实力才稳居世界第二，并且成功规避了"中等收入陷阱"，开始步入全面建成小康社会决胜阶段，中国特色社会主义发展也进入新时代。

中国有句俗语："家和万事兴"。一个稳固的后方根据地是前方将士开拓疆土的必要条件。"兵马未动，粮草先行"，没有稳定的后方，何谈"诗和远方"？尽管公共关系在处理危机事件、群体性事件中发挥了很好的作用，但如何未雨绸缪地化解一个单位组织内部的张力，营造一种和谐的文化氛围，釜底抽薪地把危机消解于萌芽状态，从而最大限度地避免危机发生后的被动公关？这一领域是公共关系研究的一个薄弱环节。

中金建设业务涵盖冶金矿山、冶炼、市政、民用建筑、化工石油等领域，都是容易引发安全环保、群体性事件的领域。打造一个本质安全和谐的企业，是中金建设开展公共关系的"元代码"。而正在开展的中金建设企业"家文化"实践，为公共关系植入中国传统文化元素提供了一个独特的视角，也将填补公共关系研究领域里的这一空白。

二 开展企业"家文化"实践的缘由

中金建设成立于 2011 年 3 月，注册资本 8.6 亿元。公司下设 10 家全资子公司、1家控股子公司、1家分公司，拥有各类专业技术人员1063人，拥有各类国家级注册资质证书人员92人。业务范围包括工程设计、施工、设备制造、技术与产品研发、投资开发、项目管理、工程总承包、专业承包和劳务分包，涵盖冶金矿山、冶炼、市政、民用建筑、化工石油、环保等行业。

中金建设具有冶金行业（冶金矿山工程）专业甲级和建筑行业（建筑工程）甲级设计资质，矿山工程、冶炼工程、市政公用工程、建筑工程、化工石油、机电安装等施工总承包资质，以及钢结构工程、地基与基础专业承包等8项壹级资质，公路路基工程、公路工程、水利水电工程3项施工总承包二级资质，还具备承装（修、试）电力设施许可证、爆破单位作业许可证、特种设备安装改造维修许可证（压力管道、锅炉、压力容器、起重机械）等特种专业承包资质和境外承包工程劳务经营资格。

中金建设的研发和产业基地主要分布在北京、西安、太原、洛阳、三门峡。拥有西北地区最大的钢结构加工企业，所承担的工程涉及冶金、有色、黄金、军工、化工、林业、电力、建材、文教、卫生、公路、水利、民用、市政及环保等领域。施工足迹遍及国内三十多个省、自治区、直辖市，以及加纳、越南、马来西亚、吉尔吉斯斯坦、刚果、南非、毛里求斯等海外国家。

承担工程涉及多个领域、业务遍及三十多个省区市并进军多个国家地区的中金建设，项目多而杂，大部分项目处于条件艰苦、环境恶劣的地区，年轻人居多而且来自四面八方，长时间身处异乡，且工作压力大，加班加点是经常便饭。如何体现企业对员工的关怀，如何增强员工对企业的热爱感和归宿感，从而把企业当成自己的第二个家？这是中金建设领导层一直在深入思考的重要问题。

中金建设下设十多家公司。这些公司里，既有成立几十年的老企业，也有新设立的企业。各公司业务之间既独立也有重叠，面对市场既有合作也有竞争，如何互帮互助、互相分享资源，不内耗、不拆台，对于中金建设这个大家庭来说，也是企业领导人必须考虑的大问题。

公共关系蓝皮书

有鉴于此，在经过深入调研和思考后，中金建设党委书记、董事长徐福山提出了建设企业"家文化"的倡议。通过企业文化建设化解板块之间的张力，促使各方心往一起想、劲往一处使；同时，也使员工把企业当成自己的第二个家，获得归宿感，争做主人翁。

三 "家文化"的内涵和外延

家和万事兴，顾名思义，就是家庭和睦就能兴旺。"礼之用，和为贵"。人生活在世间，不能离开社会，不能离开群众而独自生存。小到家庭、公司、社团，大至国家，只要做到和睦就一定会兴旺，因为上下同心而团结的力量是最强大的。

（一）高层对企业"家文化"的认知

一个企业要想有好的发展前景和良好的经济效益，需要有相对稳定的职工队伍。而每一位职工想要有所发展和依托，就需要赖以生存的企业。俗话说，"家和万事兴"，要提升企业的凝聚力，就要在成员间建立一种互相信任、互相理解、互相帮助的家庭"成员"关系，也就是在企业中建立起"家园"文化。

1. 构建"家文化"的必要性

倡导把企业构建成和谐的大家庭，就是要使企业与职工之间达到和谐与平衡。"家文化"可以把企业职工个人的奋斗目标引导到企业所确定的总体目标上来，在企业具体的历史环境及条件下将人们的事业心化为具体的奋斗目标和行为准则，使之为实现企业的共同奋斗目标而努力。"家文化"有很强的凝聚作用，对于企业而言，人心聚散关系到企业的兴衰，要使职工自觉地把个人的命运与企业的安危紧密联系起来，与企业同甘苦、共命运。优秀的"家文化"可以创造一种人人受重视、受尊重的文化氛围。而良好的文化氛围，往往能产生一种无形的激励约束作用，使人们从主观上产生责任感，具备极强的内驱力，无论遇到什么样的矛盾和困难，都会以企业这个

"家"的利益为出发点，为"家"尽职尽责。人只有有了责任感，才能具有驱动自己一生都勇往直前的不竭动力，才能感受到自我存在的价值和意义，才会对工作投入极大的热情，充分发挥积极性、主动性、创造性，全力以赴地开展工作。

2. 构建"家文化"的方法与途径

构建"家文化"，把"家"的思想融于企业和员工的心中，"家文化"的理念即"凝聚小家、发展大家、报效国家"。遵循这个理念，中金建设从最基本的做起，对职工在生活上给予关心、工作上给予帮助、管理上以人为本，处处体现人性关怀。

首先凝聚小家。"家文化"具有培养职工归属感的凝聚作用。不同的企业有不同的文化背景，关键的是怎样将不同的文化融合在一起。只有企业行为、领导行为、职工行为都融合才是完全的文化融合。要实现行为融合，首先要解决好领导集体的文化融合问题，只有形成了强有力的领导团队，实现思想上的统一与行动上的统一，才能提高组织效能。为此，党委书记、董事长徐福山曾多次在不同的会议上强调打造中金建设"家文化"的理念与构想，在领导班子中统一了共识。

其次发展大家。一个企业能使职工凝聚在一起，这个企业就会稳定发展、兴旺发达。企业内部会进入一个十分协调、合作的状态，使企业在合作中不断学习、创新，从而提高企业竞争力，给企业带来巨大的经济效益。这种凝聚力又使职工与职工之间、职工与企业之间的关系更加融洽、密切，在任何时刻员工都能团结合作、克服困难，使企业焕发生命力。

最后报效国家。邓小平同志说："我们所做的一切工作和事业，目的都是为了人民群众的利益，都必须真心实意地依靠群众才能做好。"这就是在告诫我们，密切联系群众，全心全意为人民服务，今天仍是制胜的法宝。

3. 构建"家文化"的措施

企业应以建设统一的优秀企业文化为目标，以"家文化"建设为主要抓手，加强理念，规范行为，引导团队学习，深化管理创新，打造和谐高效企业，为公司科学发展与和谐发展奠定坚实的基础。重点可从几方面体现：

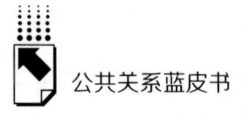

家风正、家规严、家味浓、家庭和。

家风正，家规严。良好的家风，既是一种无声的教育，又是一种道德的约束。因此我们要紧密结合培育和弘扬社会主义核心价值观，发扬光大中华民族传统家庭美德，促进企业职工和睦幸福。职工要树立正确价值观，深刻认识腐败、违章对企业大家庭的危害性，主动端正家风。

家味浓，家庭和。家味浓就是要把企业建成"家"一般的温馨港湾，在职工与职工之间，营造相互信任、彼此关爱，有福同享、有难同当，和睦相处、其乐融融的亲人式关系。开展健身活动室、读书会、困难职工帮扶、安全示范岗、职工生日祝福、互助帮带会等活动，以其作为"家文化"建设的支撑。从关爱职工入手，及时了解员工思想动态，发现问题并及时疏导，让职工能真正感受到"家"的温暖。

坚持企务公开，让职工放心。通过定期召开职工代表会议，讨论研究薪酬分配、职工奖惩等涉及职工切身利益的事项，做到"目标任务、绩效考核、薪酬分配、费用支出、评先选优"五项内容公开上墙，把每位职工当成"家"人，让每位职工心里明白踏实，确保职工的知情权、参与权、监督权。

（二）开展各项活动推动"家文化"的延伸

树立良好的家风，需要多方位、多渠道、多形式的教育和引导，要讲究方式方法，既要有循循善诱的引导，也要有春风化雨的熏陶，同时还要坚持"打铁还需自身硬"，在教育员工的同时，企业自身要做到公开透明，保证员工的知情权与监督权。在推动"家文化"的延伸方面，中金建设通过开展多类型的活动，进行了有益的尝试。

1. "挺进西柏坡，永远跟党走"

2017年3月17~18日，由徐福山亲自带队的中金建设本部全体职工前往革命圣地西柏坡，以上党课、温誓词、观展室、访旧址、谈体会的方式，接受了为期两天的党性宗旨教育。

17日下午，全体学员首先参加了一堂厚重的党史教育课，了解了西柏坡的"前世今生"和老一辈革命家的奋斗往事。18日上午，学员来到西柏坡纪念馆门口，怀着崇敬的心情向五大书记铜铸像敬献花篮，全体党员面向党旗重温入党誓词。随后参观了西柏坡纪念馆和中共中央旧址，参观了毛泽东、周恩来、刘少奇、朱德等老一辈无产阶级革命家的故居，回忆光辉革命历史，缅怀先辈功绩，充分体会了当年环境的艰苦，感受了老一辈革命家谦虚谨慎、艰苦奋斗和开拓进取的工作作风。

2．**不忘初心，继续前进**

未来属于年轻人。中金建设年轻职工多，朝气蓬勃，他们代表着中金建设的未来。5月12日，中金建设党委举办"不忘初心，继续前进"板块青年演讲比赛。13名来自中金建设各板块不同岗位的青年职工，用朴实的语言和真挚的情感，介绍了自己的岗位工作、生活经历、理想信念，抒发了爱党、爱企业的真挚情感和积极进取、坚定向前的信念精神。声情并茂的演讲打动了现场观众，赢得阵阵热烈掌声。整场比赛气氛热烈、高潮迭起。经过激烈角逐，最后产生一等奖2名、二等奖2名、三等奖3名、优秀奖6名、优秀组织奖1名。此次演讲比赛有力释放了中金建设朝气蓬勃、奋发进取的正能量。

3．**设立董事长信箱、纪委信箱**

为了广泛听取职工对生产经营、管理建设等方面的建议和意见，激发广大干部职工建言献策的积极性，中金建设面向全体职工开通了"董事长信箱"和"纪委信箱"，电子信箱与实体信箱同步开通。

这项举措，一是进一步完善并畅通公司与职工沟通的渠道，鼓励职工参与公司管理，对生产经营进行监督，发现并指出管理中存在的问题，促进问题及时得到处理和解决；二是进一步加大对公司各级组织和管理人员遵守规矩纪律、贯彻决策部署、执行制度规范、清正廉洁从业等情况的监督力度；三是在集团内进一步营造民主公开的工作氛围，凝人心、聚人气，推动阳光、透明的企业文化建设。

4．**构建学习型组织**

重视学习、崇尚学习、坚持学习，打造一支政治素质好、业务水平高、工作能力强的年轻职工队伍,是中金建设向国内一流综合性建设企业迈进的核心竞争力,如果中金建设才能取得后发优势,更好地面向市场、面向未来。为此,中金建设党委持续推动"畅享阅读生活 培育企业文化"职工读书活动常态化开展,以读书活动推进学习型组织建设,以学习推动企业的创新发展,努力打造学习型组织新形象。通过活动的开展,逐步在职工中树立了"学习工作化、工作学习化"的新理念。同时,政治理论学习、传统文化学习和业务知识学习"三位一体化",为职工搭建了一个学习、研究、实践、交流的平台,全面提高了职工队伍政治素质、工作能力和业务水平。

(三)关爱职工,践行"家文化"精髓

"家文化"的精髓在于把企业营造成"家"一样温馨的港湾。港湾是什么?就是在一个人疲惫和受伤的时候,能够寻得安慰、温暖和依靠的地方,其雪中送炭的意义更为明显。为了让员工体会到组织的温暖、感受到家的依靠,中金建设通过工会福利、帮扶基金等形式,及时给予员工支持和依靠。

1. 本部工会福利惠及职工

中金建设对本部工会相关福利发放进一步具体化,从而使本部工会经费使用合理合规,也充分体现公司"家文化"理念。如生日祝贺金按职工身份证生日日期核发。在住院慰问金方面,职工在北京市内住院的,公司代表携实物进行实地探望;职工在外地住院的,先住院或出院凭证由工会按照规定程序核发。职工家属去世,发放给职工直系亲属(父母、配偶、子女、公婆、岳父母)丧葬抚恤金;在北京市内的职工去世,单位组织大家实地吊唁,外地职工由工会按照规定程序发放。帮扶慰问方面,年末审定帮扶对象,一次性核发。春节和中秋节是中国的两个传统节日,每逢两节,单位都会以节日用品或生活必需品的形式为职工发放节日慰问品。

此外,中金建设不忘为单位做出多年贡献的即将退休的职工,设立退休职工纪念奖,在职工退休时一次性发放,这在中金建设历史上尚属首次。2017年11月,中金建设总工程师退休,单位为该同志举办了隆重的退休欢送会,温馨的场面使总工感动不已。

2. 亲情帮扶基金

成立六年多的中金建设先后获得23项国家级、省部级优秀工程奖，这些成绩的取得离不开中金建设人忠诚、担当、奉献的高尚品质，离不开中金建设人勤奋、吃苦、耐劳的敬业情怀。多年来，他们夜以继日，忘我工作，付出了青春和汗水。有的人曾经病倒在工作岗位上，有的同志在岗位上急症住院手术等等，给职工及其家庭带来了巨大精神负担和一定的经济压力。为此，公司决定设立亲情帮扶基金，下设亲情帮扶基金管理委员会，由徐福山亲任会长。以打造一家亲的"家文化"，提高员工对公司核心文化的认同感和归属感，提升集团的凝聚力和协同力。

遭遇病、灾或意外事故、重大变故，不能短期脱困的职工，全部纳入该基金帮扶对象。基金可以实施应急救助，如对于遭遇突发性事件职工，由基金会给予一次性帮扶；对于一时不能脱困的职工，给予长期帮扶。同时开展走访慰问，如利用春节前夕到帮扶职工家庭进行慰问。对于考入大学的家庭子女开展金秋助学活动，给予助学帮扶，并持续追踪到大学毕业后，在找工作时给予帮助等等。

四 "家文化"建设取得的成效和展望

"家文化"建设开展一年来，已经取得了明显的成效：一是中金建设板块形成了良性的市场开发共享机制，每月召开一次市场开发研讨会，每半年召开一次的战略研讨会。通过头脑碰撞，"家文化"感染，凝聚人心，统一思想，大家就市场信息互通有无，以前的互相降价抢市场的现象不再；二是实现了财务系统的四流合一，本部对下属单位的支持由原来的"输血"变为培养下属单位造血能力，提升板块整体实力。2017年，下属单位有三家进行了公司制改革，这次改革不仅是名称的改变，更是新思想、新思路、新征程的起步；三是在企业文化建设方面，由原来的各自为政，变成了本部搭台，各单位唱戏，真正形成了"一盘棋"，总部统筹协调，各单位资源共享，凝聚板块合力。本部通过演讲比赛、运动会、培训等不同形式，为各单位提供展示、学习、交流、成长的机会,促进了大家更好地融合。

如今的中金建设,企业就是职工的第二个家,职工也真正把企业当成自己的家。企业的事就是大家的事的理念正在形成。企业为职工搭建了广阔的个人成长平台。做出突出贡献者,企业会及时奖励;对企业有什么好建议,职工会直言相告;职工有了困难,企业想方设法帮助其解决。家的关怀、家的温暖、家的氛围荡漾在领导和领导、领导与职工、职工与职工、总部与下属单位、下属单位之间。

正如徐福山所说:"家文化"的培育增强了大家的大局意识,杜绝了内耗,如今的中金建设精诚团结,形成了合力。俗话说"打虎亲兄弟,上阵父子兵",建设板块是一家人,眼光要一致对外,遇到好的项目,大家共同去做,在这个过程中,老企业发挥原有的好经验、好做法,新企业拿出朝气蓬勃的锐气,这样取长补短、齐心协力,才是"一家人"的题中应有之义。

中国经济进入"新常态"后,房地产市场也结束了过去多年的快速发展而迈入稳定发展期,同时,矿业市场正在筑底阶段。以这两个传统行业为主业的中金建设生产经营也面临着严峻的挑战。但是,正如社会上流行的一句话:"不是传统行业不行了,是你的传统行业不行了。"通过"家文化"建设,中金建设又焕发出了昔日的生机。2017年上半年,中金建设成功扭亏并实现盈利3260万元,市场开发、项目建设、成本管控、科技研发、人才队伍建设等工作,也都有了新的起步和突破,混合所有制改革迈出了实质性步伐,党建工作全面加强,为企业发展提供了坚强的政治保障和组织保障。所有这些,都源于"家文化"和睦兴旺的戮力同心。

B.17
互联网创业公司的公共关系特点与创新

寇佳婵 赵宏民*

摘 要: 随着我国进入"大众创业,万众创新"的时代,基于互联网技术、平台形成的创业公司越来越多。由于这些企业成长于互联网环境,因此与公众关联极为紧密,公共关系对于企业发展至关重要,促使着互联网创业公司不得不自诞生初期就重视与媒体、公众打交道的能力,由此催生了一种不同于传统大企业的公共关系。创业公司的公共关系实践虽普遍缺乏理论指导、未成体系,却因其打法创新、灵活、实用等特点而自成一派,已经成为中国公共关系实践中不可忽视的一种新形态。本文将对互联网创业公司与传统企业的公共关系进行比较,梳理其呈现的新形式、新特点,以期为公共关系未来发展提供更多的实践经验和创新路径。

关键词: 互联网 创业公司 公共关系

发源于西方的现代公共关系理论进入中国已经有30年时间,而"公共关系"实践长期以来在中国企业中并不被认为是必备品,而是企业发展到一定程度时的"高配品"。过去,企业的公共关系实践活动,大多集中在央企、跨国企业、上市公司、大型民营企业等。企业主甚至一部分公共关系从

---

* 寇佳婵,中国传媒大学媒介与公共事务研究院企业传播研究所学术所长;赵宏民,自媒体人,媒媒哒联合创始人,一篇网络创始人、CEO。

业人士普遍认为，只有企业走出了生存期，进入了稳定发展期才有暇顾及"公共关系"。造成这种现象的原因有二：一是传统企业中的管理者通常是该行业中的专家，对于媒体知之甚少，所以偏好做实事、轻传播。二是传统媒介环境中的传播渠道较少，传播资源有限，媒体和公众的关注点集中在大型企业身上，小企业即使出了声誉危机也构不成新闻事件，少人知晓；另外，小企业即使有意愿做正面传播，在预算有限的情况下，很难获得有效的传播渠道。

随着我国进入"大众创业，万众创新"的时代，基于互联网技术、平台形成的创业公司越来越多。由于这些企业成长于互联网环境，曝光率、好评度、体验度等与"公众"结合紧密的评价体系对于企业存亡至关重要，这促使互联网创业公司不得不自诞生初期就重视与媒体、公众打交道的能力，由此催生出了一种不同于传统大企业的公共关系。创业公司的公共关系实践虽普遍缺乏理论指导、未成体系，却因其打法创新、灵活、实用等特点，自成一派，已经成为中国公共关系实践中不可忽视的一种新形态。

2016~2017年，可以说是公共关系在新兴互联网公司的运营管理中获得重视、飞速发展的一年。与传统企业的公共关系相比，呈现很多新形式、新特点。

一 在传播内容方面，追踪热点，文风轻松多变

部分传统公司存在在行政体系下做公关和传播的现象，因此，大预算、主流媒体曝光、毫无亮点的新闻通稿是常见做法。而互联网创业公司因在创建之初就要吸引外部（投资者）关注，因此，相对于传统公司，其在挖掘差异、寻找亮点上都下了很大功夫。

"内容为王"这句话十多年前就被提出，并且深入人心。前几年，又出现了"重提内容为王"的叫法，最近几年还有人说"内容依然为王"。内容从业者如此反复地提，可见，这是一个从来不过时的叫法。在互联网上，内容形式看似百花齐放，但是称王称霸的内容，究其根本无外乎四种形式：文

字、图片、音频、视频。当然还有一些变种形式，比如动图、全景图片、VR等。

任何一个组织，要想做传播、做公关，永远逃不开这四种内容形式。而且内容传播相对于线下活动、推广策划等来讲，成本更低，更加适合初创公司，加之，创业公司几万元到十万元的预算，要想做成大型传播案例，也只有内容传播这一形式能四两拨千斤、事半功倍。因此，互联网创业公司最后的传播落脚点往往是一篇文章、一张创意图片或一个微型视频。

由于小预算小制作也缩短了执行周期，互联网创业公司的传播活动频次密集，反应迅速，浅内容、贴热点成为常用方法。已经无法统计在每一个节日、社会热点事件中，有多少企业借势进行传播。但是我们可以轻松想起一些本来毫无名气的公司，如何一夜之间变得全民皆知。如2015年，电视剧《武媚娘传奇》热播，一款修图软件引发了"全民cos武媚娘"热潮，成功占据市场。微信推广支付功能的时候，选在春节期间，抢红包游戏一时风靡全国。成立于2013年的鲜花品牌Roseonly在汪峰求婚、吴奇隆刘诗诗婚礼等众多明星表达爱情的场合中频频出镜，配合有图、有故事、有数据的传播，一跃成为年轻人趋之若鹜的新奢侈品牌。

每天在互联网上，传播量在亿级的热点事件数不胜数，并不是每一个都适合企业做借势传播。比如2017年8月8日21时19分，四川省九寨沟县发生7.0级地震，灾区是景区又是山区，导致损失比较严重。就在八方支援震区的时候，很多创业公司却打着爱心的幌子进行借势营销。有的企业做一张海报，上面写着"九寨沟，挺住！"下方显眼处带着企业名称、Logo，还有的企业，开车带着一点点物品、扯着条幅"××企业给灾区捐款捐物"，这类行为就是明显的营销动机大于救灾的动机。

在文风方面，互联网公司的传播文风具有轻松、多变、亲和力强的特点。比较典型的是两个已经发展成熟的互联网企业的官方新媒体账号：支付宝和这届百度公关。

这两个账号的风格如出一辙。第一，整体风格比较稳定。给人感觉就是：一个没有人监管的"95后"实习生在用这个账号随手乱发布内容。而

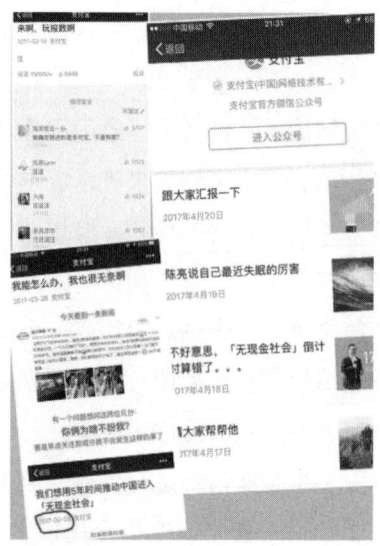

图 1　支付宝、这届百度公关账号风格对比

正是这种风格,传播效果非常之好。第二,善于跟热点,有关自己企业的大事件、与自己无关的热门事件,他们都会拿过来"调侃"一番。第三,善用各种表情包、网络用语。这届百度公关连要不要起诉某企业这种话题都可以用来调侃。这种看似随便、接地气的风格,不知不觉就拉近了和读者的距离。这些内容看似随意乱发,但是背后一定是一个懂内容、懂用户喜好的媒体高手在操盘。

二　在传播渠道方面,看重即时性强、流量大的新平台

对于发布平台和内容创作质量的比较,很多创业公司意识到特别是在互联网的"流量红利期",选对流量大、用户精准匹配的渠道平台,比创作优质的内容更加容易。对于预算有限的创业公司而言,选择最适合自己当下情况的传播渠道,能够取得事半功倍的效果。

相对于传统企业比较偏爱传统媒体的影响力,由于创业公司处在生死存亡边缘,其对于传播活动的直接效果转化非常看重。公共关系的效果评估一

直是个难题。在互联网创业公司的公关实践中，这个问题被简单化了。很多公司在KPI中明确标注，传播效果考核即百度指数提升几个百分点。具体的评价标准还包括粉丝数、社群数、阅读量、评论数、大V转发量等。更加专业的公司会考核在网络媒体上的曝光位置等。因此，在选择传播渠道时，一些即时性强、效果可用大数据评估，并能够带来精准匹配客户的新平台更受欢迎。

根据真格基金发布的《初创公司市场营销及公关成熟度调研问卷2016》，网络媒体、社交媒体是互联网创业公司最常用的内容发布平台，远超电视媒体和报纸。线下渠道中，展览展会、行业评选是两种常用的渠道。值得关注的是，传统企业在传播推广中极少选择的"应用商店"渠道，由于其能够带来有效流量，在互联网创业公司的传播平台中，超过了传统媒体和实体店宣传，占有较为重要的位置。

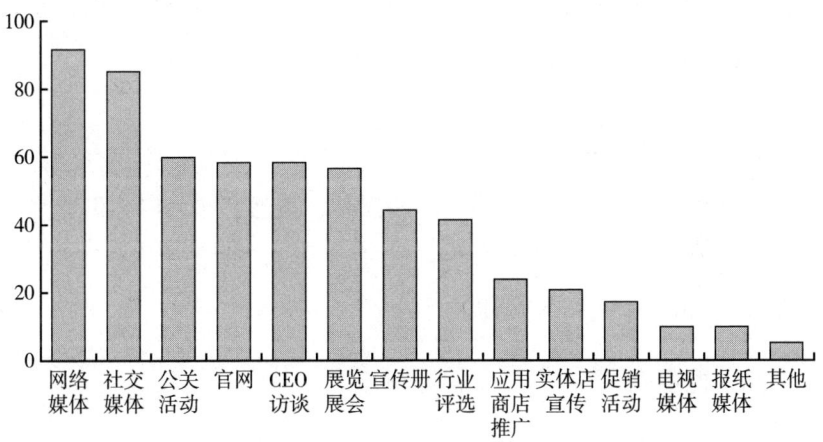

图2　互联网创业公司最常用的内容发布平台

资料来源：《初创公司市场营销及公关成熟度调研问卷2016》，真格基金。

以下逐一分析几个比较优质的新媒体发布渠道。

（一）微信公众号

庞大的粉丝基础、独具一格的发布规则、绑定上8亿微信用户，使得微信公众号已经成为很多公司做新媒体的首选。但是，这是一个过了红利期的平台，建议企业要量力地在微信公众号上投入精力，要放弃很多不切实际的目标。

（二）今日头条

目前，今日头条是中国第一大资讯类App。目前来看，今日头条孵化了多个产品，从原来的只有文章，到上线视频、动态，再到如今将多个细分产品独立成自品牌。最近，今日头条在内容创作领域频频出手，比如今日头条旗下问答平台悟空问答和知乎就大V资源直接竞争，直播领域推出火山小视频，音乐短视频领域又推出抖音。还有一个撒手锏是微头条，这一动态类产品直接和新浪微博，甚至微信朋友圈展开竞争。现在一个头条号用户，可以直接在今日头条客户端上，发布动态、视频、问答和文章，这就好比微博、朋友圈、秒拍、知乎、微信公众号。今日头条的内容生态已经初具规模，值得企业在做内容传播的时候重视。

（三）一点资讯

一点资讯可谓资讯类App中的一匹黑马，虽然起步较晚，但是发展速度很快，其来自互联网门户网站的编辑团队资源和强大的手机分发能力，使其在资讯类App中已经站稳脚跟。

（四）搜狐号

搜狐号目前来看是四大门户中转型最早也是转型决心最大的一个，原名搜狐媒体平台，现改名为搜狐号，可以看出搜狐号在搜狐集团内部的地位。目前来看，搜狐网上的内容，一大部分都是聚合类媒体内容。

（五）知乎的内容生态

知乎看似只是一个问答平台，但如今的知乎也在打造一个内容生态，基于原来的问答平台，知乎推出值乎、知乎live、想法等新产品。其实看一个媒体平台影响力如何，只看上面的用户生存状况即可。很多知乎大V，在互联网上算得上一个知名的KOL，文章的传播量比较广泛，并能由此带来直接收入。

（六）大鱼号

目前是阿里文娱集团在内容聚合平台领域主推的平台，该平台还处于初期阶段，推荐做内容传播的企业去开通使用。

（七）企鹅媒体平台

这个平台还是腾讯做的，分发平台有腾讯网、天天快报等。这是腾讯除了微信公众号平台之外另一个重要的新媒体平台。

三 在传播方式方面：多用跨界传播和社群运营

很多新兴的公司经常会遇到这样的困境：企业本身影响力并不大，官方媒体账号粉丝量也很少，在预算很低的情况下，想要组织一次运营传播推广活动，会感觉捉襟见肘、力不从心。因此，跨界联合成为创业公司常用的传播手段。比如最近ofo和摩拜单车都推出了这种跨界联合模式，每个企业都可以通过ofo、摩拜单车给用户发免费骑行卡。

再如，七大互联网品牌喜马拉雅FM、美柚、支付宝钱包、UC浏览器、POCO相机、足记、唱吧曾经联合发起一个"六一文艺会演"传播活动。该活动中各方几乎没有花钱，具体做法就是每个企业都在自己的官方微博微信上发布创意H5、海报和文章，一个话题同时得到七大平台的发布，引发了"雪球效应"，使得许多企业、网友自发跟进传播。联动传播，需要找到一个能符合各方利益的话题，一般都是大众类、公益性的话题，同时需要一个强有力的组织者，能请来支付宝、UC浏览器、唱吧这样的大咖级企业一起玩，省钱、省力，效果好。当然，联动传播也是有弊端的，既然是各方合作就要照顾到每个参与企业的利益，不能按照某个企业规划有步骤地系统性去讲自己的"故事"。

公共关系蓝皮书

创业公司的另一个特色传播手段是社群运营。社群就是有着相近标签的人，经过某种形式组织而成的一种群体。这里面有两个关键词：标签、组织，这两个标签缺一则不可称之为社群。如今互联网上的信息过于泛滥，用户不可能全部浏览，他们只会关注他们最为需要的信息。在这种情况下，一个社群内的交流，就是一个非常细分而且精准的媒体。

社群运营做得较早且引发效仿的是小米公司。小米公司最初是在电脑网页上做小米用户社区，吸引了一批"米粉"，效果突出。进入移动互联网时代，这种社群运营最有效的工具就是微信群。然而，"社群≠微信"。许多企业组建了一个微信群，就以为自己有了一个社群，其实不然。微信群只是社群最优的线上沟通方式而已。之前的线上沟通方式是短信、电话会议、QQ群，未来会不会是VR、AR呢？一个人戴上VR眼镜，或者打开AR设备，若干个人的立体影像就出现在眼前，可以像在对面一样开始沟通，这是非常有可能实现的。

社群的核心价值是"物以类聚，人以群分"，是有着相近标签的人经过某种形式组织而成的一种群体。组织形式可以有很多：线上社群，线下活动，其他沟通形式。

落地到具体的应用，企业应该组建自己的社群。比如，媒体沟通群，把和自己对口的媒体人组建一个社群，这对企业来讲，就是一个很好的对外传播渠道。再比如合作伙伴群，把企业核心用户、合作伙伴组建一个社群，这就是企业和紧密伙伴沟通自检的最佳平台。

四 在基础建设方面，人才年轻化、功能碎片化

在公共关系体系建设方面，互联网创业公司存在体系建设不完备、人才年轻化、公关与市场功能区隔不清、公关功能碎片化的特点。

创业公司更重视市场营销，容易忽视品牌建设。据真格基金调查，48%的创业公司有专职的市场部负责市场营销和推广活动，有13%的公司设有专职的品牌部负责品牌建设和宣传，而只有7%的创业公司设有专职的公关部。

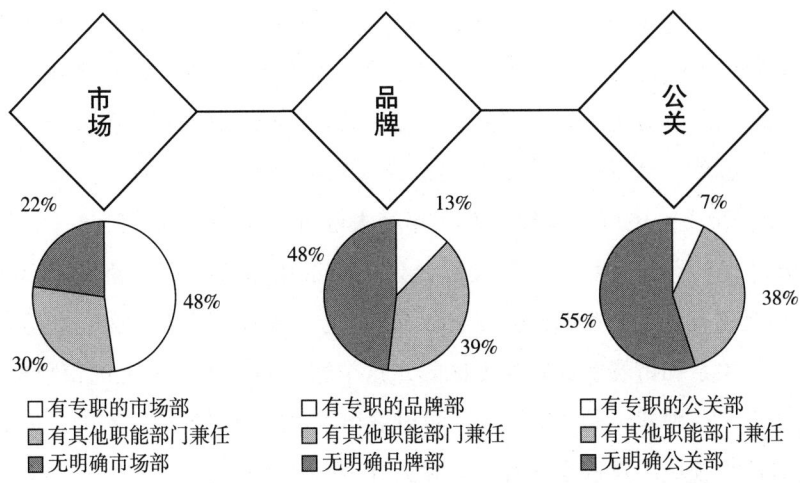

图 3　互联网创业公司最常用的内容发布平台

资料来源：《初创公司市场营销及公关成熟度调研问卷 2016》，真格基金。

互联网创业公司整体人才架构较为年轻，发展迅速，企业影响力较大，因此，也从客观上推动了一批年轻人才在公共关系领域崭露头角，甚至担当重任。如 2016 年起担任百度副总裁的李靖，就是"90 后"公共关系人才的代表人物。李靖是公众号"李叫兽"的作者。自 2014 年起，在公众号上发表如《你为什么会写自嗨型文案，X 型与 Y 型文案的区别》《做市场的人，不一定知道什么才是"市场"》等关于市场、营销类的文章。2015 年 7 月，创办北京受教信息科技有限公司。2016 年 12 月，百度宣布全资收购北京受教信息科技有限公司，公司创始人李靖携团队加盟百度，任副总裁。

类似的媒体人、自媒体人、公关人转型做创业公司的比例不少，让很多创业公司从创立之初就自带媒体基因。比如"雕爷牛腩"和"河狸家"两个创业项目的创始人雕爷即是从公关营销人转型而来。与传统公司相比，很多创业公司的创始人、总经理往往就是冲在最前线的公关人。也因此，创业公司的公共关系实践往往未有单独规划方案，而和 CEO 形象、市场活动糅杂在一起，不易区分。

据调查，在创业公司拿到融资之后，对于公共关系的维护往往是容易被忽略的一环。由于在公共关系方面的投入效果不能立竿见影，所以很多创业者会先把钱花在能够快速看到产出的方面，比如做研发和产品、建团队、地面推广。从预算分配可以很明显地看出一家公司在品牌市场公关方面的成熟度和重视程度。从真格基金发布的报告《初创公司市场营销及公关成熟度调研问卷2016》中可以看到，2015年绝大部分公司在市场品牌这一领域的花费低于50万元，但2016年大部分公司的市场品牌预算都超过了100万元，甚至还有多家公司的预算在500万元以上。由于很多初创公司在运营中对于公共关系和市场、品牌并无区隔，这个数字包含了广义上的市场推广、公共关系、品牌建设的所有费用。可以看出，尽管绝对预算并不大，但创业公司对这个领域的重视程度有了大幅提升。

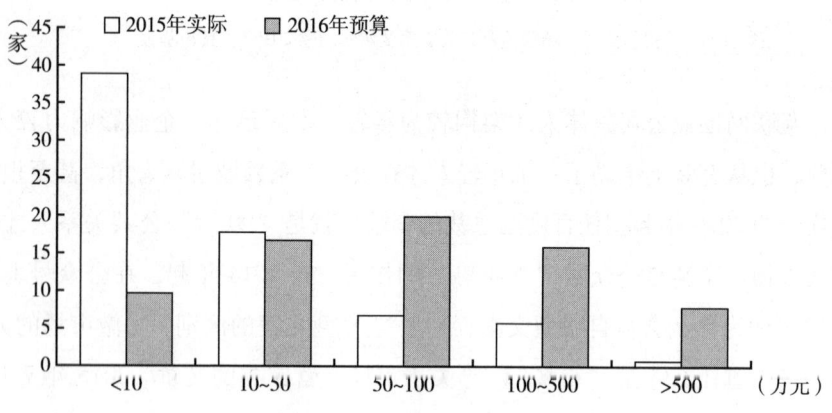

图4　互联网创业公司品牌公关预算分布

资料来源：《初创公司市场营销及公关成熟度调研问卷2016》，真格基金。

预算有限，给了一些化整为零的品牌传播公司生存和发展的空间。专门针对小型创业公司的公关公司应运而生。

2015年12月11日，品牌传播公司"开干"对外宣布获得1200万Pre-A轮融资，估值1.2亿元，投资方为初心资本和金东资本。定位于帮助创业公司解决公关传播需求问题。相对于传统公关公司一般月费10万元左右的定价，开干把定价设在年费10万元，不到前者的1/10。

优客工场的 CMO 高超，同时组建团队运营自己的创业项目"优客里邻"，有为创业者提供品牌传播服务，创立自媒体，创建品牌培训"轱辘学院"三大块业务。

创业最前线的创始人王卓然最初只运营创业最前线这个新媒体品牌，后来发现很多创业者非常需要品牌包装传播，就帮创业者做起了公关服务。据他介绍，目前一年可以实现 3000 多万元的营收。他们的服务很简单有效，针对创业者目前的发展情况，撰写深度的文章，比如最近创业者需要开始新一轮的融资，创业最前线就会帮创业企业撰写重点介绍行业背景、商业模式、变现能力的文章，而这些点，是每个投资人在投资一家企业之前，必须了解的。

这些文章不仅在创业最前线等微博微信发布，还可以发布到创业投资相关人士的微信朋友圈。通过几年的积累，创业最前线团队已经聚集大约数千个人创业投资领域的专业人士，其中有创业公司高管、知名的投资人、自媒体人等。通过他们，创业最前线把创业者的文章直接分发到多个知名人士的朋友圈。转发＝认同，朋友圈的传播，加上了分享者的个人信誉背书，传播效果相对于其他渠道更为有效。

五 在利益相关者方面，公众关系强，政府关系弱

在八大利益相关者关系中，互联网创业公司在投资者关系、消费者关系、行业关系、媒体关系、社区关系、员工关系这六大与普通公众相关的关系维系中都有较好表现，然而在政府关系、法律关系两个专业性较强的群体关系的维系上普遍薄弱。

与传统企业相比，创业公司的曝光率高、知名度高，与公众的互动联系强。很多互联网创业公司设有"体验官""神秘用户"等意在加强与用户互动的荣誉职位，并邀请包括意见领袖、媒体、投资者、普通用户在内的利益相关者参与产品体验、运营监督等。如某租车公司在推广之初曾设立"首席体验官"，邀请意见领袖进行用车体验，并分享到自己的社交媒体上。民

宿租赁公司途家在推广特色别墅时,也曾邀请许多意见领袖和普通用户先期体验,这些体验者随后自主在社交媒体上发布评论,将感受分享给自己身边的人。

互联网创业公司的早期知名度的建立依靠行业关系。在互联网领域、投资人圈子,由意见领袖进行口碑传播,已经成为最常见的模式。关于员工的薪酬待遇、福利等也常常被创业公司用来进行企业声誉传播。

但大部分创业公司在政府关系上的实践非常薄弱。尽管一些已经发展壮大的互联网公司如腾讯、滴滴等建立了专门的政府事务部,工作人员却并不熟悉如何与政府打交道。一位省级政府发言人曾与某互联网公司来商谈合作的人员交流,但由于对方在合作流程、谈吐、礼仪等方面完全不注意,让该发言人当场中止会谈。后因为该公司有技术、资金等方面的绝对优势,历经多次后续协商,才最终谈妥了合作。

在政府关系方面,专注于科普领域的果壳网与相关政府部门的合作模式值得互联网创业公司借鉴。果壳网设有专门分管政府事务的副总裁,负责与科技部、中国科协、国家卫生计生委、中国健康教育中心等政府部门对接,共同策划相关的合作项目。自2015年起,中国科协的多场科普工作人员科学素养与媒介素养培训均由果壳网负责参与承办。在多个疾病知识普及日,果壳网会参与国家卫生计生委召开的选题策划会,协助宣传与推广相关医学知识。由于有长期的合作基础,果壳网关联项目"分答"在推出时,马上获得了国家卫生计生委宣传司的关注,宣传司的一位处长是最早实名在"分答"开设问答账号的政府官员。

法律关系是另一种被忽视的重要关系,也是互联网创业公司公共关系健康发展面对的最大挑战。由于创业公司的公共关系缺乏理论指导,实践人员缺乏媒介伦理方面的素养,在传播中缺少合格的把关人,频频踩伦理道德和政府监管的红线。对于流量、曝光量、迅速提升知名度的追求,使得许多创业公司在面对"出名"的诱惑时,选择了违背公共关系伦理甚至触犯法律的做法。2016年某创业公司的创始人在多个微信群里发布疑似自己遭遇危险的信息,随后关闭手机失联24小时,先是引起朋友关注,认识该创始人的朋友纷纷在自己的朋友圈发布寻人求助信息,继而引发媒体关注和报道。24小时后,该创始人承认自己是利用了朋友的关心,意图宣传新项目。还有一些创业公司利用创业者和投资人之间的矛盾关系进行宣传,提升企业知名度。部分依靠流量生存的游戏公司、视频公司则主要利用涉黄、暴力、非主流的内容提高访问量和知名度。这些违法违规的"出名"方式已经超出了公共关系的范畴,然而在实践中常常被冠以"做公关""做宣传"的名义,给本就在摸索中的创业公司公关实践带来了极大的负面影响。因此,创业公司亟待厘清公共关系、传播与所谓"出名"之间的法律关系,遵守政府监管制度,杜绝所谓的"踩线公关"。

综上所述,互联网创业公司的公共关系的整体特色是实践领先于方法论,部分实践者已经进行了个人、零散的梳理,如在知乎、在行等知识分享平台上,都可见到很多与"创业公司如何做公关","小预算如何做大传播"等相关的话题,尚缺乏系统性的梳理和提炼。但在实践中诞生的许多适合互联网媒介环境的创新方法收到很好的效果,已成为新媒体环境下公共关系实践中的常用方法,被传统企业所借鉴。未来,随着媒介环境、传播方式的发展,与新技术、新平台最接近的互联网创业公司,一定会带来更多的公共关系创新实践。

B.18
人性共鸣成为当前舆论危机的核心特征

陈 阳＊

摘　要： 当今社会舆论层面的危机在互联网的作用下会迅速引发社会更多人的关注，其传播量和关注度均达到空前的规模，更为重要的是舆论危机事件似乎比任何时候都更加关注人和人的命运，人性共鸣成为当前舆论危机事件的主要特征，而"以人为本"成为当前处理危机事件的重要原则。

关键词： 舆论危机　危机传播　人性共鸣

综观2016年发生在中国的舆论危机事件，我们发现社会舆论层面的危机在互联网的作用下会迅速引发社会更多人的关注，其传播量和关注度均达到空前的规模，引发人性共鸣、突出责任担当——成为2016年舆论危机事件的主要特征。

一　个人的命运所引发的人性共鸣成为焦点

互联网的核心是以人为本，其本质有三：一是促进信息沟通，使得信息交流和获取的效率更高、成本更低；二是通过信息的加工聚合，最终实现公众对于事件无限接近真实的了解；三是意义的"分享"，并通过分享把资源聚拢在一起。

＊ 陈阳，北京蓝色光标数字营销机构副总裁、蓝色光标研究院院长。

人性共鸣成为当前舆论危机的核心特征

2016年社会舆论危机事件似乎比任何时候都更加关注人和人的命运。无论是魏则西事件、雷洋事件，还是和颐酒店事件、王宝强自曝老婆出轨事件都足以证明这一点。

2016年4月12日，西安电子科技大学21岁学生魏则西因滑膜肉瘤病逝。去世前他在知乎网站撰写治疗经过时称，在百度上搜索出武警某医院的生物免疫疗法，"治疗效果特别好"，随后到该医院治疗，医生曾经对他说该院与国外大学合作，"有效率达到百分之八九十，看着我的报告单，给我爸妈说保我20年没问题"。结果在花费二十多万元后，病情不仅没有好转，还被贻误救治时机，被网友告知生物免疫疗法在国外临床已是淘汰技术。

魏则西去世以及在武警某医院治疗的信息被自媒体曝光后，网友找到魏则西在2016年2月26日一则题为"你认为人性最大的恶是什么？"的回答，迅速引发了网友对此事的谈论。4月27日，"@孔狐狸"发微博质疑魏则西事件，获得数万转发。拥有大批粉丝的意见领袖开始发声，五一期间，微信号"有槽"发布了名为《一个死在百度和部队医院之手的年轻人》的文章，在朋友圈被大量转发。小长假后第一天，"#魏则西百度推广事件#"成为微博前三的热门话题。网民在微博、微信、贴吧等众多社交媒体平台的滚雪球式传播以及各路媒体高强度的报道，逐步引爆网络，攀向舆论的峰值，将百度、武警某医院及莆田系推上风口浪尖。随后医患关系、百度竞价排名、莆田系医院、医疗监管制度等热词在公众之间广泛流传，众人强烈的倾向性意见汇聚成巨大的舆论潮流，受众对事件的关注度呈指数增长，进而形成了数百万量级的传播。

人们之所以关注魏则西的个人命运，首先，是对医疗黑幕的一种恐惧，因为医疗关乎每个人的健康；其次，互联网虚假信息还会导致多少悲剧？引发人们对身边潜在问题的恐慌与焦虑；最后，魏则西的离世刺激了公众良善之心，由此形成了巨大的心理震荡和张力。这种恐慌、焦虑与震荡必然带来社会成员对人性的共鸣，将危机演化到极致。

无独有偶。在魏则西事件还未完全平息的当口，雷洋事件更是惊心动魄，让社会舆论再次卷起万丈波澜。

2016年5月7日晚9点左右，准备去机场接亲戚的中国循环经济协会战略研究部副主任雷洋从家里出来，21：20左右，在离雷洋家仅有800米的一个小区，有目击者称，雷洋跑进小区后大呼好几次"救命""他们不是警察"；22：00左右，雷洋被警察带走，随后又跳车跑进小区，很快被警方按倒在地；22：09雷洋被送到昌平区中西医结合医院，已无生命体征；22：55医院经过心肺复苏等抢救后，宣布雷洋临床死亡。这期间，雷洋家人和亲属多次打雷洋电话，但始终没人接听；凌晨1：00家属再次打雷洋电话，接听人称是昌平区东小口镇派出所。

北京昌平警方于9日晚通报称，雷洋"因涉嫌嫖娼"，"该人抗拒执法并企图逃跑，警方依法对该人采取强制约束措施"，被警车带往派出所途中"突然身体不适"身亡。

雷洋事件以及身亡、嫖娼、雷洋身上有多处伤痕、手机部分信息被删除、留下妻子和刚出生的女儿等信息在知乎上发布后，引发了社会对警方执法的质疑。网帖如山，跟帖如潮，迷雾重重，真假难辨，舆论温度不断攀升，仅到9日23时，相关"雷洋"话题的微博阅读量就达230万人次，微信"朋友圈"刷屏。据清博指数，5月10日至5月12日，共有16篇微信公众号文章阅读量达"10万+"。事件爆发后的前三天相关文章的阅读量超过412万。

不同立场的人各说各话，"人大硕士""公务员""嫖娼""被嫖娼"等标签开始被不同立场的人在传播中广泛使用，不同身份的标签直接影响着事件的舆论关注度，也直接影响着网民对事件的走势继而对死因的揣度，其中一些谣言也甚嚣尘上。

5月17日上午，雷洋家属向北京市检方递交报案书，并认为，参与经办雷洋案件的民警涉嫌犯罪，原因在于"没有证据证明雷洋嫖娼""公安执法整个过程严重违反法律规定"。6月1日，@北京检察权威发布：依法决定对雷洋案5名警员进行立案侦查；6月30日，北京市人民检察院第四分院依法通告雷洋尸检鉴定结果，"确定雷洋符合胃内容物吸入呼吸道窒息死亡"。涉案警务人员在执法中存在不当行为，决定对昌平公安局东小口派出所副所长邢某某、辅警周某以涉嫌玩忽职守罪依法决定逮捕。再度引发网民轰动性关注。从事件发生到7月1日，清博数据统计：微博话题、人大硕士身亡的总阅读量已飙升到3.1亿。

2016年12月23日，北京市丰台区人民检察院对邢某某、孔某、周某、孙某某、张某某等五名涉案警务人员玩忽职守案依法做出不起诉决定后，依法对涉案警务人员和相关责任人进行党政纪处分。

李普曼在《公众舆论》中说："舆论的产生首先是由分散的、彼此没有发生联系或很少联系的个人意见开始的，表现为个人对现实问题的看法。在这个阶段，个人意见以自发形式出现，呈现出个人意志和观念的单独活动方式。"雷洋事件的最开始，公众的评论只是针对此事件，甚至是一些情绪性的表达。从最初雷洋是否嫖娼，中间出现一系列疑问，最后焦点转移到其死因。正因为这是对大多数公众具有刺激作用的信息，才可能使公众会聚在网络一端共同讨论。

信息的价值化—价值的分享化—分享的圈层化，在社会共鸣化话题中已经成为一种非常普遍的现象和舆论传播趋势。

就雷洋案本身来说，除了当事人的身份标签、涉嫌嫖娼的细节外，在更深层次上，还有公民对自身安全和执法是否公正的担忧，因而引发了公民基本的人身权利和生命安全应受到保护的关切和共鸣。另外，探讨其客体因素，雷洋案本身的疑点致使警方与公众之间产生了矛盾，所以才由个案上升为社会系统的结构性冲突。

在舆论与政治二者功能不耦合的情况下，舆论与政治往往处于对峙状态。雷洋案涉及政府与公民的冲突，围观讨论热度持续升高，极具参与意识，事件背后所展示的政治层面的变化，已完全超出我们过去的想象，自媒体参与社会舆论，正逐步获得政治影响力和动员力，对政治的改变是天翻地覆的，因此舆论与政治呈张力关系。公众正在通过舆论监督着政府的行为，政府政策也在舆论监督下发生着改变。雷洋案发生后，北京警方也积极地通过微博通报案情，但其回应并未解答公众疑惑。最后北京检方介入进行立案侦查，使程序和调查更公正化，才使问题逐步得到解决。

二 网络——人性共鸣的孵化器和推动器

在没有互联网的时代，中国的传播形态是自上而下的，传统媒体多是代表政府发言。而网络尤其是 Web2.0 后则是最草根化的，表明国家在社会的多元化中，其表达主体在"下移"，即表达资源、机会和关系正逐步向民间倾斜。这既是网络的最大价值，又使得"报道"基础无限扩延，形成人人都是"记者"、人人都是"编辑"的传播局面。网络已成为最集中反映民意的载体，民意是网络的核心与力量。网络能成为舆论共鸣的孵化器和推动器的关键在于以下几个方面。

（一）网络给人以最大的表达意见的空间和机会

2008 年奥运火炬海外传递遭抢劫后，MSN 上一夜之间据说出现了 750 万个小红心，充分表达民意对法国纵容"藏独"的极大愤慨。

（二）表达"主体下移"实际上是制造"认同"的艺术

这种表达通过碰撞、对比后会形成对某一问题或事件最低底线的共识，进而引发相关者对切身利益的关切与共鸣，结果构成了人们共同的价值判断，尤其是涉及自身利益和安全时，这种共鸣和价值判断则更为突出，危机便自在其中了。2016 年 4 月 5 日，"@弯弯_ 2016"通过新注册的微博号讲述了自己 4 月 3 日在朝阳望京 798 和颐酒店入住时，被陌生男子跟踪并强行拖拽，幸亏一名女房客搭救，才避免了更大伤害的经历，并配有相关视频，而酒店保安给人的感觉恰恰是冷漠，自身安全与冷漠形成了天然的碰撞。因此，"@弯弯_ 2016"的微博迅速发酵，仅 2 个小时就蔓延全国，继而弥漫微信群和朋友圈。到 6 日晚 9 时，事件在微博的相关话题阅读量就达到 16 亿人次，相关微信文章阅读总量 180 万人次。导致此次舆论共鸣的原因除自身安全外，"反对一切针对妇女的暴力形式"成为本次网民传播该事件的最强烈的诉求。

（三）数以亿计的网络信息极大地丰富了人们的资讯，而过多零散的信息又难以使人们还原事实

这就是造成当今舆论危机越来越公众化的根本原因。即网络一方面使含有危机元素的信息快速蔓延，同时又涌入了大量未经证实的信息，使原有信息更加"碎片化"，很难粘接成一个完整的事实，于是人们便根据碎片在还原事实的过程中加以自我认知，形成了共同的价值判断，使人们对某一危机的根本性认识与认定更趋一致化；另一方面网络中颇有新闻价值的信息诱发传统媒体的新闻捕捉，并采取密集跟进方式，促使构成危机的元素再次聚合，释放出巨大的"原子"能量，一时间危机以排山倒海之势爆发了，成为社会热议话题与焦点。比如2008年家乐福遭抵制是源于一条"未证实的消息"，说家乐福的大股东曾经赞助达赖，于是家乐福成了网络民意的众矢之的，一时间民间掀起了"抵制法货"的浪潮。其实就事实而言，果真如此吗？人们正是由于无法还原事实真相，结果凭借网络"碎片"的粘接，形成了对家乐福的抵制，这也是网络"碎片"化构成舆论危机的典型案例。

互联网环境下，危机无处不在，一切皆有可能，已成为当今社会舆论危机事件爆发的法则。

正如法国社会学大师涂尔干所说：危机是一种"社会事实"，作为社会群体的集体意识而存在，显现出人们如何想象自己及生存环境。从某种意义上说，危机不是简单的事件，而是一种生存状态，一种社会的基本调性，对危机的认识归根到底是人类怎么认知自己的问题。而网络正好成为社会舆论危机事件的孵化器和推动器。

所以，面对网络环境下的危机，我们要有一颗平常心，没有必要大惊小怪。我们能做的是审时度势、未雨绸缪，并把它视为危机管理的最高境界。同时将一切可能形成危机的元素嵌入日常管理中，不失为一着妙棋和思考网络环境下预防和应对危机的出发点。

公共关系蓝皮书

三 网络环境下的危机公众化的解决之道

(一)将行为、良知管理纳入日常管理

众所周知,在这个充满未知的世界里,越来越多的危机以出人意料的方式突然爆发,使人措手不及,危机管理的重要性超过了以往任何时候。

有数据显示,当下的危机85%以上的是企业组织管理不善造成的。而传统思维模式又把危机管理视为传播管理的范畴,进而忽视了企业组织日常行为与良知的管理,这才是导致企业危机频发的根本原因。

2016年"3·15晚会"上,央视曝光了"饿了么"平台存在引导商家虚构地址、上传虚假实体照片,甚至默认无照经营的黑作坊入驻等违规行为。在订餐网站上一张张绚丽多彩的美食照片背后,其厨房环境则是油污横流、不堪入目。在央视记者调查的五家商户中,老板娘牙咬火腿肠后直接放到炒饭中,厨师尝完饭菜再扔进锅里等情况遭到曝光。这些严重违背食品安全相关法规的行为难道企业不知道吗?完全是为了挣钱,审查不严甚至纵容黑作坊进入造成的,也是"饿了么"平台忽视日常企业行为与良知的管理所导致的。当企业或组织的社会责任、良知严重缺失时,利益凌驾于公众利益之上,实际上危机是迟早要找上门来的。

因此,危机管理不能只限定在传播管理范畴,企业应该首先将日常的行为与良知管理列入重要的管理议程,并进行顶层设计,时时敲敲警钟,才有可能通过严格、规范的日常管理,避免危机的发生。

面对网络,无论是企业还是业界,我们都应该摒弃过去的传统思维,从科学发展的角度看待网络环境下的管理,尤其是对民意的关切与思考、对公众利益的考量。这才是网络环境下危机管理的正道。

(二)尊重民意,注重四种关系的处理

如前所述,网络是最能反映民意的载体,网络上民意最集中地体现。所

以，在网络环境下，学会尊重民意是首要任务，也是公关业界顺应历史潮流的必修之课。

那什么是尊重民意呢？概括起来，笔者认为就是以公众利益为重、为先，不能总想自己的得失。

一般来说，评判危机有这样四个基本价值的维度：是非关系、善恶关系、公私关系和得失关系。这四个价值维度既是判断危机性质的标准，也是应对危机的重要方法，这四种关系处理不好，危机也就无法应对。一个危机常含有多重关系，关系越多，危机就越复杂。如魏则西事件，对公众来说是善恶关系，对百度来说则是得失关系。因此，是先解决得失关系，还是先解决善恶关系？这个问题显得十分重要，解决不好还会使危机进一步蔓延。

2012年9月，中日因"钓鱼岛"事件引发强烈纷争，中国各地纷纷举行反日游行，甚至出现了砸烧日本汽车和4S店的极端事件。一时间，日系车的销售受到极大困扰和市场阻力。就广丰而言，在这场危机中面临着是非关系和得失关系的两重选择，最终广丰选择了尊重民意，先解决公众眼中的是非关系，让公众看到广丰的立场，提出了宁可牺牲眼前利益也要让消费者无忧的"零负担"措施，赢得了社会的好评。结果在所有日本汽车销量下降时，广丰汽车在2013年一季度和二季度销售量反倒上升7%～15%，并荣获全年中级车销售第一的桂冠。

中国人民大学新闻学院执行院长胡百精在《危机公关的价值排序》一文中写道："无论是作为危机的承受者还是旁观者，公众对当事主体总是抱有强烈的道德义愤，并据守道德的高地展开舆论的围剿，你是有良心的吗？你是诚实的吗？你是否在护念人的生命、健康和尊严呢？因此对陷入危机的组织而言，要暂时'搁下'自己的得失之心，尊重公众利益及其善恶观念，相与为善，才能获得信任。否则身陷道德低洼地带，任何辩护都是徒劳。"

应当说，这段话概括得极其精辟，理应成为我们尊重民意之原则，更应是我们处理危机的出发点，以及危机管理赖以生存的基础。其实，"搁下"自身得失，非置安危进退于不顾，而是强调越是以公为先其利益往往更大，因为公众是最能理解与原谅以公为先为重的了，所以陷入危机的组织倘若能先从此做起，岂不是得先的机会更多吗？危机对自己的伤害岂不最小吗？相反，一己得失之心愈笃，失之愈多。这是中国传统文化中最博大精深的一部分，可惜在关键时刻，我们往往忽视了古代文化中的精粹。

由于媒体是民意的载体，因此尊重民意还应该包括满足媒体最低底线的职业信息需求，助其查"是"证"非"。当年重庆那个"史上最牛的钉子户"之所以在互联网上如此蹿红，平心而论并非她做得都对，她最大的价值在于代表了百姓对自身物权应该尊重这个民意。

危机看似一个客观的事件，实则是公众通过对危机及相关议题的不断交流而形成的，并通过舆论的镜子折射出来的。所以，危机管理中强调把公众的价值观放在首位考虑也是基于这点。公众实际充当着危机的"叙事人"和危机舆论的"雪球"。即使没有危机，也应该注意及时与公众的沟通，所使用的语言、态度、道理一定要与当时的语境、公众关注的焦点相一致。这也是在管理中体现尊重民意的一个重要方面。

后现代主义者斯特罗提出，公共关系的重心不应该是目标的结果，而是整个关系的过程，即"一个通过持续的对话、辩论和讨论不断交流和充实的过程"。她认为，正是在与公众的对话中，"组织的价值观，甚至是其环境乃至整个社会的真正价值观才会得以实现"。所以，公共关系作为居中者，一定要帮助企业完成与公众的交流与对话过程，使之更科学地管理与防范危机。

有意思的是，英文中的危机传播管理的表述为"Crisis Communication"，显然也是强调了危机的传播性，而传播性又直接关乎民意的体现。那种遇上危机就"铲事"或企图屏蔽带有强大民意的媒体信息的做法，显然与今天网络如此透明的环境背道而驰。

（三）在价值判断面前不要狡辩

过去，企业或组织遇到危机，往往采用澄清事实的做法，消除或改变人们的认知和判断。这是因为当时的社会主体强调的是事实认知，所以谁的事实充分，公众的舆论就向谁倒，就支持谁；而互联网时代的特点是强调公众的价值认知。如中国石化的天价吊灯事件，无论你怎么解释，实际上公众并没有改变对其的认知。所以在危机中首先要考量的是公众的价值判断到底是什么。只有使公众对你重新认知才能彻底消除危机。

事实判断与价值判断的冲突是产生危机的根源，也是网络时代独有的舆论特征，我们对此必须保持高度的警觉性。

于是，在价值判断为先的网络时代，道歉取代了就事实的辩解成了一门学问与艺术，甚至是一种全球性的文化现象。因为在危机时，道歉总有安抚人心、平复公众愤怒的作用，道歉还体现了对责任的担当。道歉更是一种解决问题的态度，任何人都会对敢于担当的人肃然起敬的，这也许就是道歉的魅力。

2017年8月25日上午《法制晚报》发表题为"暗访海底捞后厨：老鼠爬进食品柜 漏勺掏下水道"的文章，曝光了海底捞后厨的卫生状况，让舆论一片哗然。随后，#海底捞老鼠爬进食品柜#进入新浪微博热搜榜单，海底捞第一时间在其官方微博发布两条回应：一条是致歉信，称：经调查，媒体披露的问题属实，我们愿意承担相应的经济责任和法律责任，也已布置海底捞所有门店进行整改。另一条是《关于海底捞火锅北京劲松店、北京太阳宫店事件处理通报》，并公布7条整改措施。18时左右，#海底捞回应#的消息上了新浪微博热搜第一位。

海底捞的迅速回应，使民意发生了反转，从关注海底捞的食品安全问题转移到其成功的危机公关处置上。通报中第6条整改措施称："涉事两家店干部和员工无须恐慌，该类事件的发生，更多的是公司深层次的管理问题，主要责任由公司董事会承担责任。"海底捞这种"这锅我背，这错我改、员工我养"的回应方式，被誉为"教科书式的公关"，引来了网友的点赞。在@新浪财经发起的投票"海底捞发致歉信，你会原谅它吗"以及@数据化管理发起的投票"海底捞被曝卫生问题后承认错误，你还会去海底捞吗"中，大多数公众表示会选择原谅，还会继续去海底捞。可见，有问题就承认，有错误就改的态度始终是处理危机的核心，因为人们希望看到一个敢认错、担责的企业。最怕的是没态度的拖延战术或拼命解释的"抵抗"。

在今天的互联网时代,敢于承认错误既是一种危机处理的态度,也是企业面对危机构建对话的核心,因为只有积极地对话,才会通过对话达成彼此的理解与宽容,重返交流、契约、行动共同体。

（四）善于在重塑价值的基础上选择公众认同的主题传播

如前所述,在危机中重塑价值是化解危机、获得公众重新认同的重要手段,因此重塑价值是当前公关的一门学问,而重塑价值又离不开主题的传播。

舒肤佳有则广告,传递了两个信息,一个是"杀菌",以之区隔于其他竞品,一是"爱心妈妈呵护全家"。前者我们可以看作企业需求,而后者则是社会需求,两者的结合往往会起到容易被社会所接受的作用。这就是主题传播的价值所在。

我们有些企业或组织在传播中常常过于强调企业需求,忽视社会需求,结果一旦面对危机或公众的不信任以及网络的解读就会被击得粉碎,最典型的例子是欧典地板,过于强调"德国品质""德国制造"这一企业诉求,甚至为此需求歪曲事实,所以一旦被公众所认清,其结果只能是灭顶之灾,这就是缺乏主题传播的后果。

主题的传播就是将绽放在空中的礼花定格,变成受众共同的信念和认知,并留存在人们的共同记忆中。这在重塑价值中有着巨大的意义。一个好的公关策划,要把握好主题传播这一灵魂,形成公众集体记忆,善于用新的记忆覆盖旧的记忆或在旧的记忆中制造新的记忆,塑造一个崭新的社会共识。

B.19
企业形象塑造与形象危机管理

李兴国*

摘　要： 公共关系的逻辑起点是什么？公共关系核心概念是什么？公共关系与其他学科的不同在哪里？其存在的价值是什么？1989年，在深圳大学举办的第一届全国公共关系教学理论与实务研讨会上，全国的公共关系教师展开激烈的争论，达成的共识就是"塑造组织形象"，而中国公共关系学科引进的第一本书的名字就是《塑造形象的艺术》。本文将基于五粮液集团的"耀世之旅"世界巡展和海底捞的成功危机管理案例从企业形象塑造方面进行研究，并就海底捞事件中舆论对公共关系的误解进行分析，以正视听。

关键词： 公共关系　企业形象　形象塑造　危机管理

公共关系传播与传统的新闻传播、广告传播，最重要的差别就是传播目的和内容不同。公共关系传播的主要内容是塑造组织形象，是靠策划活动、做实事引起媒体关注和传播，以赢得人心，从而在公众心中形成良好形象。既不是"酒香不怕巷子深"，也不是"大忽悠"，更不是虚伪地"作秀"。2016年，五粮液集团的"耀世之旅"世界巡展活动和海底捞成功的危机管理为企业形象塑造增加了新的色彩，值得研究借鉴。同时，关于海底捞事件的舆论中也存在着一些对公共关系的误解，我们也有责任在此进行澄清。

---

* 李兴国，中国公共关系协会常务副会长、文化艺术委员会主任委员，国家行政学院教授。

所谓组织形象（包括企业形象）就是公众对组织的总体评价，其来源是社会组织的表现与特征在公众心目中的反映。其一，这个评价是总体的，不是支离破碎的，不是一朝一夕的。其二，形象的评价主体是公众，不是"老王卖瓜，自卖自夸"，组织形象将伴随企业行为的改变而改变。

企业公共关系的核心内容就是为企业塑造良好的形象，主要通过公共关系形象的建设、公共关系形象的维系、公共关系形象危机的管理矫正来实现。

公共关系的形象塑造需要遵守"五步工作法"，这是在"四步工作法"基础上发展起来的。"四步工作法"的公关工作程序是由美国的公关专家伯奈斯总结前人实践经验在1923年提出来的，其内容包括调查研究、公关策划、传播实施、反馈评估，这一程序与许多工作的程序是相似的。随着公关业的深入发展，我们特此提出"五步工作法"，即在策划后加上论证。因为在公关初期的美国，公关专家是少数精英，他们受委托全权负责，如同包工制，四步联动、一气呵成。但是，随着社会的发展、分工的细化，公共关系部门作为职能部门恐不能对全局负责，公关部需要与高层沟通，得到高层认同。特别在中国，需要层层请示汇报。而且，公共关系公司越来越多，策划失败的风险增大，公共关系策划在实施前需要论证。如果论证得好就会被批准实施，如果论证得不好，再好的策划方案也往往不能得到采纳。为此，公关人员必须学会五步工作法，即调查研究、公关策划、评估论证、传播实施、反馈评估，以此保证公共关系实务的成功。公共关系部门是企业的一个部门，但负责的是打造企业整体形象与品牌，因此公共关系部的所作所为必须与企业最高领导密切沟通。

2016年，企业公关体现了新时代企业公关发展的趋势，一些大型企业突出了国际化、系统化、跨行业、专业化的特色。2017年，海底捞有限公司的危机公关迅捷、高效，堪称楷模。

一 企业形象塑造

案例：五粮液金奖"耀世之旅"全球文化巡展活动

2016年，五粮液的"耀世之旅"活动是现代企业塑造形象的成功尝试。

他们国内国际同步运筹,高科技现代化手段与传统手段交相辉映,线上线下互动传播,主题活动与衍生活动连绵不断,短期活动、长期活动协调发展。公关、文化、广告、新闻整合传播在更加广泛和深入的层面上展开。

"五粮液"是五粮液集团有限公司的简称,1997年8月19日,成立于四川省宜宾市,主要生产大曲浓香型白酒。五粮液诞生于公元1368年的宋代,宜宾是五粮液的故乡。初时由姚氏家族私坊酿造,后来陈氏继承了姚氏产业,总结出陈氏秘方,时称杂粮酒,后由晚清举人杨惠泉改名为五粮液。现在的五粮液酒由宜宾五粮液集团有限公司酿制,它已经成为中国最高档白酒之一,同时也是中国三大名酒"茅五剑"之一。"2015(第21届)中国品牌价值100强"在北京揭晓,"五粮液"品牌价值提升到761.26亿元。

五粮液集团从小到大、从弱到强,逐步成为中国"酒业大王",并逐渐走向海外,这与其公共关系运作是密不可分的。它率先走出国门、走向世界,成为中西方文化交流的一张飘香名片。其中2016年推出"耀世之旅"全球文化巡展活动,展示了中国企业公共关系的独特风貌和时代特色。

(一)调查与分析

1. 趋势

2016年,中国白酒已进入新常态下的调整期,白酒行业供大于求的基本面短期内不会改变。白酒行业回归理性之后,消费者成为稀缺资源,谁掌控消费者谁就掌控市场。

2. 格局

"茅、五"双寡头高端白酒格局已定,消费者向优势品牌集中,五粮液作为行业龙头企业,必须不断刷新品牌关注点,打破现有格局,维护五粮液品牌的高端定位。

3. 资源

竞争对手一直围绕世博会百年金奖、梦想永传进行宣传,而五粮液分别于1915年、1995年、2002年、2015年四获世博会金奖,亟须从竞争出发,

聚合资源，借势运作，形成强势传播，借以赢得消费者对五粮液的尊重。

4. 市场

毋庸置疑，在高端白酒价格回归理性之后，消费者更愿选择高端酒，而五粮液世博金奖纪念酒的开发正是五粮液外交酒、纪念酒、收藏酒高端系列的重要补充。

5. 传播

开启五粮液世博金奖全球文化巡展活动，既是五粮液国际化战略下的一次全球性品牌公关活动，也是一场集产品品鉴、文化传播、形象展示于一体的饕餮盛宴。

结论：以四获世博会金奖为契机，以世博会金奖纪念酒为依托，以中国白酒乃至中国文化为内涵，启动以沟通世界为目的的五粮液白酒外交文化巡展活动势在必行！

（二）项目策划

1. 公关目标确立

（1）国际化战略目标：为加快国际化步伐、拓展海外市场，五粮液响应"一带一路"国家倡议，于2016年强势开启金奖"耀世之旅"全球文化巡展活动，用足五粮液四获世博金奖资源，为五粮液实现国际化奠定坚实基础。

（2）社会责任目标：五粮液肩负着向世界传播中国酒文化、中国文化，推进民族品牌国际化，展示中国企业风采的使命与责任。以酒为媒，文化先行，做足国家战略酒、"一带一路"外交酒、国际商贸酒的文章，传播五粮液中国酒文化乃至中国传统文化的文明使者形象。

（3）竞争战略目标：以五粮液四获世博金奖为契机，站在白酒行业擎旗者和传统产业引领者的高度，在国内外制造四获世博金奖之声势，以消解、阻止和超越竞争对手，使五粮液成为中国文化在海内外传播的领导者。

（4）强化市场营销目标：锁定国内外高端人群和"五粉"，进行品鉴、馈赠，开展客户奖励性、收藏性、馈赠性营销；同时，借此机会，给予世博会金奖纪念酒商相应的政策支持，以点带面，进而带动五粮液全系列产品的营销。

(5) 产品开发目标：借助五粮液金奖"耀世之旅"全球文化巡展活动，展现五粮液传统包装艺术精华，引爆四款世博会金奖纪念酒登场，彰显五粮液国际化、时尚化、艺术化形象，丰富五粮液高端纪念酒系列。

2. 活动主题策划

(1) 主题创意策划：五粮液金奖"耀世之旅"全球文化巡展活动。

释义：耀世，是耀于世的省略。五粮液世博会金奖酒，照耀世博会，照耀世界。耀世之旅，特指五粮液世博金奖全球文化巡展。

(2) 活动爆点：耀，照也。

四获世博会金奖，照耀全球。

五粮液金字招牌，荣耀世界。

将"耀"概念诠释到底，在包装上赋予四款世博金奖纪念酒以"耀"的烙印（字样、元素或符号）。结合1915年、1995年、2002年、2015年四获世博金奖，分别命名五粮液耀百年、五粮液耀天地、五粮液耀日月、五粮液耀梦想。

(3) 五粮液世博金奖纪念酒口号创意："百年世博荣耀绽放"，释义：百年，1905~2005年，五粮液金奖荣耀百年。是金奖，总是要发光的"耀"。将五粮液世博会金奖纪念酒简称为世博金奖，寓意产品耀世登场、绽放中国、荣耀世界。

3. 活动计划安排

(1) 活动时间。2016年全年，包括前期准备（1~3月）、活动执行（3~9月）、后续活动（10~11月）三个阶段。

(2) 活动地点。以成都为起点，开启五粮液金奖"耀世之旅"，包括国内7个城市（成都、上海、郑州、深圳、沈阳、西安、北京），海外6个国家/城市（俄罗斯－莫斯科、美国－纽约、澳大利亚－悉尼、英国－伦敦、韩国－首尔、日本－东京）。

(3) 活动设计原则。①主题化原则：充分体现五粮液金奖耀世之旅全球文化巡展活动的核心内涵和五粮液品牌文化内涵。②国际化原则：五粮液全球文化巡展活动覆盖国内7城国外6城，活动所有宣传材料（包括文案、

视频、海报、展板等)均以汉语、英语、俄语、日语、韩语五国语言进行展示,以传播五粮液世界名酒的形象。③个性化原则:在统一活动主画面的前提下,兼顾国内外审美差异,针对不同城市进行局部差异化设计,彰显五粮液时尚化、客户化、国际化、标准化的品牌形象。

(4)系列活动策划。①五粮液金奖"耀世之旅"启动仪式暨新品发布,②五粮液金奖"耀世之旅"耀世体验周,③ChinaSmile 中国表情绽放世界主题传播活动,④五粮液金奖"耀世之旅"全球论坛,⑤五粮液金奖"耀世之旅"品鉴晚宴,⑥五粮液金奖"耀世之旅"赢销中国,⑦五粮液金奖"耀世之旅"书酒同赠。

(5)活动三大要件。

①五粮液金奖"耀世之旅"耀世体验空间。针对国内的文化巡展活动,设计制造可移动可拆装,集五粮液明星产品、文化于一体的3D可视全息投影体验屋,以展现五粮液历史文化、生产工艺、生态环保、荣誉与社会责任等多维度的企业风貌。运用目前世界最先进和潮流的技术,兼顾动态展示和互动参与,例如影像捕捉实现空中切换幻灯片、在立体道具上进行动画地图投影、以空间全方位3D可视的全息投影等为参观者营造一个"耀世体验空间",展示世博会历史、中国酒文化和五粮液品牌荣耀。

耀世空间将与五粮液金奖"耀世之旅"国内巡展活动同步进行,由产品陈列区、产品品鉴体验区和品牌耀世演艺区三个既相对独立又相互融合的区域组成"五粮液金奖耀世之窗",并贯穿国内巡展活动始终。因此,耀世空间应根据活动举办酒店会议室的空间进行设计,兼顾五粮液品牌(尤其是世博金奖酒)的国际化、时尚化、艺术化。

为增进本次文化巡展活动的影响力和 ChinaSmile 中国表情主题传播活动的线下参与感,要提高五粮液金奖耀世之旅耀世体验空间的利用率,以传播五粮液的高端形象。如果国内文化巡展活动与耀世体验空间展示时间筹划得好,既可充分发挥其展演功能,又可省却往返搬运与仓储等费用。

最后,待国内7城文化巡展活动结束之后,五粮液耀世体验空间将被拆装运回公司作为永久展示,并结合企业发展需要增加诸如五粮液酒厂数字化沙盘、五粮液故事SHOW等创新元素，成为五粮液品牌文化传播的一扇新的窗口，可谓一次投入，多年受益。

②五粮液金奖耀世活动宣传片。创意制作以五粮液走出国门、多次荣获世博会金奖为主题的多语言版本的宣传片《耀世篇》，并与五粮液集团形象宣传片交相辉映，既有利于活动推介与暖场，又可借助自媒体和新媒体进行推送。

同时，创作一部别开生面的品牌文化故事片《记忆五粮液》，用于五粮液耀世体验空间展播。

③五粮液金奖耀世之旅执行手册。由于五粮液金奖耀世之旅全球文化巡展活动工作较为复杂，涉及国内外13个城市的协调、世博金奖纪念酒上市品鉴、媒体宣传以及更多繁杂的现场服务等工作，因此，必须事前制订严谨周密的活动执行手册。

手册包括七个方面：方案制定、活动筹备、分工协作、信息分享、活动演练、现场执行和后续跟进，以利于执行负责人把握活动全过程，有了手册可以避免因缺乏程序和具体指导而形成执行疏漏或偏差。大型公共关系活动需要多部门配合，有了手册可以清晰把握原则要求和流程、明确人员分工安排、保障有完美的现场执行和持续有效的后续跟进，最终为五粮液再添一个成功的大型公关活动案例。

4. 专题活动策划

（1）国内巡展。

①五粮液金奖耀世之旅启动仪式暨新品发布，时间：2016年4月20日，地点：成都。利用五粮液在成都的天时地利人和，拉开全球文化巡展活动的盛大序幕。

②五粮液金奖耀世之旅六城巡展。时间：2016年4~11月，地点：北京、上海、深圳、郑州、西安、沈阳。

③嘉宾邀请：五粮液公司领导、行业领导、商业精英、白酒专家、媒体代表、中国元素的代表人物（文化艺术领袖、表演艺术家、非物质文化遗产传承人等）、酒商代表、网络大V、网络活动选出代表等。

④城市巡展活动流程。五粮液金奖耀世之旅耀世体验：选择在活动举办

酒店紧邻位置，拼装五粮液金奖耀世之旅耀世体验空间，旨在创新性吸引与会者眼球，并贯穿活动始终。

五粮液世博金奖纪念酒新品推介：由公司领导致辞，五粮液酿酒大师介绍新品，藏家与投资专家分享世界名酒收藏与投资心得，模特儿展示新品，大师引导现场品鉴。

五粮液金奖耀世之旅文化论坛：以五粮液中国白酒国际化之路、五粮液践行世界名酒战略、五粮液文化先行耀世界、儒家文化与白酒文化、"互联网+"时代的白酒发展等为论坛主题，邀请国内外白酒专家、文化学者、社会精英、经销商代表等，以论坛形式展开讨论，担负起白酒文化传播、行业发展的重任。

五粮液金奖耀世之旅品鉴晚宴：举办五粮液世博金奖纪念酒上市品鉴晚宴，由五粮液领导向嘉宾赠酒；组织中国文化艺术表演或书法家现场献艺；可将书画作品（附赠五粮液世博金奖纪念酒）现场进行公益拍卖，将拍卖款项全部捐给保护长江源头等相关公益组织，彰显五粮液社会责任形象，积极响应国家可持续发展战略。

（2）海外活动。

①时间：2016年7~9月。

②地点：纽约（美国）、悉尼（澳大利亚）、莫斯科（俄罗斯）、东京（日本）、伦敦（英国）、首尔（韩国）。

③嘉宾邀请：五粮液公司领导、驻地使节、商业精英、行业专家、酒文化大咖、媒体代表、中国元素的代表人物（文化艺术领袖、表演艺术家、非物质文化遗产传人等）。

④品鉴晚宴。

⑤创意要点：分析了解各国文化和饮食差异，从活动地点、形式、流程等方面，策划不同国家的五粮液金奖耀世之旅品鉴晚宴（比如场地选择户外、城市广场、海边等），丰富活动形式，增加外国友人品鉴体验的成功感受。

在每个举办城市，邀请当地著名品酒师对五粮液进行差异化品鉴，收录其品鉴语录、感受，作为传播亮点。

活动全程要做到演讲、致辞同期翻译相应国家语言（英、俄、日、韩），所有物料制作要求做到双语标注、设计制作独具特色的各国海外版广宣物料。

（3）衍生活动。

五粮液金奖耀世之旅书酒同赠。活动结束后即将整个文化巡展活动的图文资料集结成册，制作五国语言对照的精装《五粮液耀世之旅》图册，并针对全球13座城市的大学图书馆进行五粮液书酒香世界书酒同赠活动（《五粮液耀世之旅》＋五粮液世博金奖纪念酒），让五粮液金奖耀世之旅全球文化巡展活动进入全球知名院校并成为课堂教学与科研的热门案例。同时，借助当地权威媒体发布，为整个巡展活动画上圆满的句号。

在北京，可以借助玺桥国际传媒机构资源对接中国广告博物馆，开展书酒同赠活动，并与中国传媒大学广告学院著名教授进行以五粮液金奖耀世之旅为主题的案例分享与研讨活动，旨在利用高校和广告大咖资源，创造更多传播价值。

（三）传播实施

弘扬白酒文化，共筑国家名片。五粮液耀世之旅推动中国酒文化走向全球，是一次辉煌的文化巡展，是一次荣耀之旅，一场文化洗礼。

2016年4月20日，五粮液耀世之旅全球文化巡展活动第一站在成都正式启航。来自西南的各界人士以及各国驻成都总领馆领事、代表等300余人（各站基本规模）齐聚一堂，共享了一场集思想、文化、美酒于一体的饕餮盛宴。流沙河阐述"酒以成礼"沟通天地人和。河南大学文学院教授王立群从高阳酒徒、姚子雪曲再到雅俗共赏的"五粮液"得名纵论酒文化。美食评论家石光华认为：五粮液文化巡展活动正当其时。文化论坛围绕"和谐"主题就酒礼、酒历史、巴蜀文化等展开深入交流与讨论。

2016年5月25日，五粮液"耀世之旅"全球文化巡展活动在上海举行。知名学者、作家易中天作了《酒与中国文化》的主题演讲，从汉字

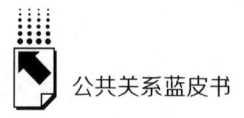

"酒"的演化看酒、酒与人际关系、中国人饮酒的座次礼仪等角度,娓娓道来酒与中国文化的故事;独立经济学家马光远对中国白酒产业进行了深入的研究,形象地把中国的经济比作酒,并形象地对比了它们之间的共通与不同之处;中国白酒专家马勇认为中国白酒要坚持文化自信,才能将中国白酒推向世界。

2016年6月17日五粮液"耀世之旅"郑州站,知名文化学者纪连海先生作了《魏晋风流酒一觞》的主题演讲,我们要弘扬中华民族自己的文化,向世界输出中华文化、输出中国酒文化,其中中国白酒是万万不可缺少的,中国输出的第一杯醇香的白酒应该是五粮液。

2016年7月13日,五粮液"耀世之旅"深圳站。张其成教授现场作了《酒与五行人生》的主题演讲,他认为,养生要注重五行平衡、阴阳中和,五粮液以五谷酿造,最能充分体现"五行中和"之精髓。青年钢琴演奏家宋思衡认为:酒可以帮助艺术达到至高境界,他还在活动中演奏了《英雄波兰舞曲》。

2016年8月11日,五粮液"耀世之旅"走进沈阳,以白酒文化的魅力,展现人与自然"和谐相处"的哲学。著名历史学家阎崇年教授,在沈阳站发表了《五粮看三生》演讲,畅谈酒和历史、酒和生态的关系,讲述了白酒的过去、现在和未来。

2016年9月7日,五粮液"耀世之旅"全球文化巡展在丝绸之路起点、世界四大古都西安盛大举办。现场有文化主题演讲、对话沙龙、舞蹈表演、小提琴演奏、美酒品鉴等一系列引人入胜的文化艺术活动。向在场观众展示了中国白酒文化的博大精深和五粮佳酿的独特魅力。到场学者:南京师范大学教授郦波、《文化中国》主持人今波、陕西省书法家协会名誉主席雷珍民。

2016年11月5日,"耀世之旅"北京站。全球文化巡展活动国内收官之站。嘉宾邹启山是原中国常驻联合国教科文组织代表团文化官员、周岭是百家讲坛主讲人,中国著名文化学者,戴玉强是中国著名男高音歌唱家,三个不同行业的精英就"弘扬工匠精神"与"打造国家名片"展开了一场思想碰撞的盛宴。

（四）反馈评估

五粮液"耀世之旅"全球文化巡展活动在国内七个城市、海外六个城市举行，向全球集中展示、宣传五粮液历史、文化及品牌，弘扬和传播中国白酒文化，强化了公众对五粮液获世博大奖的印象和记忆，提升了企业形象及美誉度，提升了品牌价值，也增加了经济效益。

1. 活动特色

本次公关活动主要呈现以下几大特点。

（1）前期准备充分，各项宣传工作有序开展，形成了有节奏、有计划、分阶段的持续宣传。年初，策划"耀世之旅"全球文化巡展之时，即形成了《五粮液"耀世之旅"全球文化巡展宣传规划》。随着后续活动方案的不断论证、调整、完善，及时同步调整、完善宣传执行细案，最终形成《五粮液"耀世之旅"全球文化巡展宣传方案》，确保宣传方案更科学、合理，为后续有计划、有节奏做好宣传工作奠定了良好的基础。同时，本次宣传持续时间长，形成了活动预热阶段、现场宣传、后续持续宣传等三大阶段，宣传周期长达一年。

（2）各类媒体充分联动、配合，形成全面的、立体化的宣传攻势。从宣传媒体来看，包括网络、电视、平面、新媒体、户外、广播、微信公众号自媒体、自有媒体等在内的能调动的所有媒体充分联动，开展了有计划、有步骤的全方位、立体化、有节奏的宣传工作。

（3）各类宣传形式互为补充、配合，有效扩大活动宣传的影响力。从宣传形式来看，硬广、新闻报道、深度报道、微信 H5 互动活动、微博互动活动等各类宣传形式互为补充、相互配合、联动，确保宣传覆盖范围更广，有效扩大活动影响力。

（4）各类宣传内容从不同角度全方位宣传，确保宣传效果更为立体化、全面。从宣传内容来看，预热硬广、预热稿件、现场稿件、深度稿件、文化名人点评文章等相互交叉、组合运用，从不同角度全方位宣传、解读，取得较好的传播效果。其中，传播稿件就形成了诸如《五粮液"耀世之旅"全

球文化巡展即将启航》《凝共识聚众力弘扬白酒文化——五粮液"耀世之旅"全球文化巡展盛大启航》《五粮液"百年世博世纪荣耀"收藏酒精彩亮相成都站1888瓶即将售罄》《五粮液"百年世博世纪荣耀"收藏酒开售引线上抢购热潮》《美酒与书法完美结合五粮液启动"耀世之旅"全球文化巡展》《五粮液全球文化巡展首站成都举行线上活动人气高》《五粮液"耀世之旅"以文化为媒促国际化发展》《王立群：酒文化在中国传承千年，它不仅仅是一种饮料》《尘洁：百年白酒品牌树立行业标杆》等几十篇稿件。

（5）媒体、网友沟通和接待工作较为到位，有效争取他们的理解、支持。一方面，与受邀的各类媒体（平面、电视、网络等）记者及媒体高层沟通较为到位，他们普遍对该项工作给予充分理解、支持。受邀媒体均悉数到场，并在活动后结合各自媒体特性，组织相关新闻报道。另一方面，此次成都站活动首次邀请知名意见领袖、网友参与活动现场，让其亲身感受五粮液及中国白酒的魅力，有效扩大活动影响力及其在网友心中的美誉度。

宣传工作中还有需要提升、改进之处：一是，媒体接待工作要更为细致、周全。尤其在前期沟通方面，还需更加细致、考虑更加全面，以及时应对各种突发状况。二是，活动现场环节，工作仍需进一步细致、深入。如安排现场提问环节，对提问人的选择、与提问人的沟通，需要更为重视，并要反复沟通确认，以确保现场最佳效果。

2. 传播评估

作为企业公共关系活动，此次传播力度是非常大的，也是非常成功的。从中足见五粮液集团对公共关系的重视和投入。

以国内传播为例：五粮液"耀世之旅"七站相关信息在网络、平面、广播、户外等常规媒体共计发布及转发转载约5050余条（不含官方微博直播及发布、网络互动活动）。其中，《四川日报》《华西都市报》《京华时报》《东方早报》《新华日报》《扬子晚报》《新闻晨报》《解放日报》《青年报》《东方今报》《大河报》《信息时报》《深圳商报》《民营经济报》《亚太经济时报》《新快报》《中国食品安全报》《华商晨报》《沈阳晚报》《西安日报》《中国证券报》《法制晚报》等70余家平面媒体发布相关信息；

凤凰卫视、四川卫视、成都电视台等电视媒体已发布相关信息；四川人民广播新闻频率 FM98.1、成都私家车广播 FM105.1 等广播媒体已发布相关新闻；微酒、糖酒快讯、环球财讯网、营销智库等 110 余家高端微信公众账号发布相关新闻，新华网、央广网、今日头条、凤凰财经、中国网、光明网等网站发布或转载相关新闻 4833 篇次。此外，同步启动的微信互动活动"寻找城市的声音"H5、"五粮液答世博令"H5 共吸引了约 116 万网友参与互动；微博互动活动五粮液答世博会、闪耀世博、百年知味等话题页阅读量共计达到 8154.5 万。超过 93.6 万网友参与了讨论互动。同时，通过网络互动活动，还甄选优质网络、意见领袖 KOL 到活动现场，亲身感受五粮液的魅力。

总体来说，宣传形成了一次媒体（网络、平面媒体、新媒体、户外媒体、微信公号等媒体）立体化、形式（硬广、新闻报道、深度报道、微信 H5 互动活动、微博互动活动等各类宣传形式）多样化、内容（倒计时画面、预热硬广、活动硬广、预热稿件、现场稿件、深度稿件、文化名人点评文章、产品价值炒作等稿件）多元化的整合传播攻势，取得了良好的传播效果。

五粮液总结报告中摘录的媒体报道如下。

五粮液集团在全国酒业激烈的竞争中，众志成城，同舟共济，凭借公共关系的翅膀，2016 年营业收入 24.5 元，比上年增长 13.32%。实践证明，五粮液"耀世之旅"是一次成功的公共关系活动。

3. 专家点评

五粮液集团的大型跨国公共关系项目有以下几点值得借鉴。

（1）立意高远，承载使命。

作为全国行业龙头企业的公共关系活动不仅考虑企业的经济利益，而且站在国家的层面考虑问题，提出五粮液肩负着向世界传播中国酒文化、中国文化，推进民族品牌国际化，展示中国企业风采的使命与责任。以酒为媒，文化先行，做足国家战略酒、"一带一路"外交酒、国际商贸酒的文章，传播五粮液中国酒文化乃至中国传统文化的文明使者形象。

> 2016五粮液"耀世之旅"全球文化巡展体现出一个名品、一家名企对弘扬中国文化、中国白酒文化的责任与担当,这种担当反过来也在塑造着五粮液的社会品质、社会含金量。
> ——《新华日报》
>
> 文化输出作为五粮液开拓国际市场的一柄利器,如今五粮液"耀世之旅"全球文化巡展活动又再一次让文化输出恰当的被运用到市场开发层面。
> ——《河南经济报》
>
> 五粮液"耀世之旅"全球文化巡展活动彰显了五粮液的全球视野和宏大志向。五粮液正在凝心聚力传播中国酒文化,带领中国白酒品牌走出国门,走向世界。
> ——《深圳商报》
>
> 此次"耀世之旅"全球文化巡展活动中彰显出中国白酒企业与自然生态相处的和谐关系,为中国白酒的发展树立了良好的典范。
> ——《沈阳晚报》
>
> 五粮液"耀世之旅"全球文化巡展活动,一是传承中国文化,推动民族伟大复兴;二是彰显五粮液传承丝路精神,推动白酒走向世界。
> ——《三秦都市报》
>
> 在"耀世之旅"全球文化巡展这样的事件营销过程中,五粮液不仅把自身的品牌文化同历史文化和时代文化相结合,树立了厚重的品牌背景,也让消费者在体验的过程中感受到五粮液品牌号召力,进一步奠定了五粮液在中国白酒的地位,为五粮液走出去铺好了路子。
> ——糖酒快讯

图1　五粮液"耀世之旅"媒体报道

(2) 整合传播,形成合力。

作为大型跨国公共关系战略活动,其策划系统立体,手段丰富。还充分利用高新科技,例如影像捕捉实现空中切换幻灯片、在立体道具上进行动画地图投影、空间全方位3D可视的全息投影等,为参观者营造一个耀世体验空间。

(3) 尊重环保,厉行节约。

五粮液虽然实力雄厚,但是具有高度的环保意识,在巡展活动中设计制造了可移动可拆装,集明星产品、文化于一体的3D可视全息投影体验屋。巡展活动结束之后,五粮液耀世体验空间将被拆装运回公司永久展示。诸如五粮液酒厂数字化沙盘、五粮液故事SHOW等创新元素,成为五粮液品牌文化传播的一扇新的窗口,可谓一次投入、多年受益。

(4) 科学管理,强化执行。

保证全年的跨国公共关系活动不出纰漏,是公共关系活动成功的关键。五粮液金奖耀世之旅通过执行手册、清晰的策划思路、周密的计划安排、明确的人员分工,避免了大型活动中的混乱、疏漏或偏差,保证了现场执行和持续有效的后续跟进,最终为五粮液再添一个成功的大型公关活动案例。

(5) 规模宏大,意义深远。

五粮液金奖耀世之旅在2016年4~11月在北京、上海、深圳、郑州、西安、沈阳等东西南北七城巡展,在国外的纽约(美国)、悉尼(澳大利亚)、莫斯科(俄罗斯)、东京(日本)、伦敦(英国)、首尔(韩国)巡展,并在全球13座城市的大学图书馆进行五粮液书酒香世界书酒同赠活动。活动涉及欧美亚澳四大洲代表城市,力度之大绝非一般企业可为。

(6) 文化论坛,群星闪耀。

五粮液金奖耀世之旅文化论坛上,五粮液文化先行耀世界、儒家文化与白酒文化、"互联网+"时代的白酒发展等论坛,邀请国内外白酒专家、文化学者、社会精英、经销商代表、非物质文化遗产传人等,以论坛形式展开讨论,担负起白酒文化传播的重任。易中天的《酒与中国文化》、纪连海的《魏晋风流酒一觞》、张其成的《酒与五行人生》、周岭的《国家名片与工匠精神的传承与发扬》,每个演讲都引人入胜,令人回味无穷。

(7) 国际语言,中国故事。

有人说"越是民族的越是国际的",也有人说"越是国际的越是民族的",这两种观点好像完全对立,其实可以完全统一。从内容上看,传统文化中的民族特色在国际范围内更具有传播力和生命力,因而"越是民族的越是国际的";从手段上看,"到什么山唱什么歌",用对方的语言讲自己的故事才是公共关系的真谛,所以"越是国际的越是民族的"。五粮液的跨国公共关系活动特别强调了国际化,所有物料制作要求做到双语标注,设计制作独具特色的各国海外版广宣物料。这是对对方的尊重,也是自己成功的保障。同时,国际公共关系活动还要特别注意文化习俗禁忌,否则事倍功半。

二 企业形象危机管理

企业形象的传播不会一帆风顺，与企业塑造形象密切相关的就是企业形象的维护与矫正，危机管理是企业公共关系诞生的契机与价值所在。

所谓"危机"，是由突发事件引起的威胁组织生存发展的、必须及时回应的一种情境状态。突发事件是指突然发生的，造成或者可能造成严重社会危害，需要采取应急处置措施予以应对的自然灾害、事故灾难、公共卫生事件和社会安全事件。公共关系的危机管理，具有独特的工作重点，它不仅要处理突发事件本身，例如救人、减灾等，更重要的职能是在危机管理过程中塑造、维护与修复组织形象。危机管理（Crisis Management）也称危机处理，企业公共关系得到社会广泛认可就是源于1906年艾维·李对美国煤炭业大罢工的成功处理。所谓危机管理，即在危机发生前进行预测、制订预警方案，危机发生时启动应急程序、调动各种应急资源、应对和处理危机事件、帮助组织渡过难关，危机后完成一系列恢复工作的总称。

危机公关从来就不是避重就轻、文过饰非，不是删帖、逃避。艾维·李当年就提出《公共关系宣言》。1906年，美国无烟煤矿业爆发大罢工，持续两个月，对全国经济造成巨大挑战。在这严峻时刻，艾维·李临危受命，被聘请前来处理危机。他提出两项条件，否则不接受应聘：第一个条件，必须有权与行业最高层决策者接触；第二个条件，必要时有权向社会公开全部事实真相。这两个条件是公共关系成功的保障，后来被概括为公共关系工作的基本原则：动力来自上层和事实公开。艾维·李把这种新思想付诸实践，奇迹诞生了，危机处理产生了令人瞩目的结果。劳资双方开始对话沟通、相互了解，同时做出让步，最后罢工浪潮得以平息。艾维·李也奠定了职业公共关系的基石，被誉为"公关之父"。

"动力来自上层和事实公开"的原则在2017年的海底捞公关危机中再次得到印证，这是处理企业公共关系危机的真谛。但是海底捞危机也引起不同的争论，引起公关界的不同声音，值得我们思考和认真对待。

四川海底捞餐饮股份有限公司成立于 1994 年，是一家以经营川味火锅为主的大型直营连锁企业。该公司在北京、天津、上海三个直辖市和广州、深圳、西安、南京等中国大陆的 57 个城市有 190 家直营餐厅，在中国台湾有 2 家直营餐厅，并已在美国、日本、韩国和新加坡开设直营餐厅。该公司有 7 个大型现代化物流配送基地、两个底料生产基地。郑州基地通过了 ISO9001：2008 质量管理体系认证，产品通过了 HACCP 认证。海底捞的官网上，醒目地挂着两句话①。

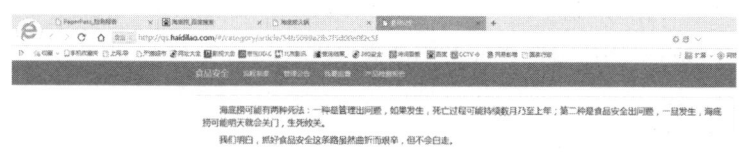

图 2　海底捞官网上的两句话

2017 年 8 月 25 日 10：58：24，生死攸关的"晴天霹雳"降临到北京海底捞。

而根据《中华人民共和国食品安全法》第四章规定：食品生产经营应当符合食品安全标准，具与与生产经营的食品品种、数量相适应的食品原料处理和食品加工、包装、贮存等场所，保持该场所环境整洁，并与有毒、有害场所以及其他污染源保持规定的距离。

另据，第三十三条第二款规定，具有与生产经营的食品相应的消毒、盥洗、防尘、防蝇、防鼠、防虫、洗涤等，以及处理废水、存放垃圾和废弃物的设备或者设施。

图 3　相关法规

记者卧底曝光把海底捞推上风口浪尖，许多企业面对危机不知道应当如何正确处理危机，事前没有风险预测，没有危机管理预案，一遇到危机便惊慌失措：他们根据人类趋利避害的本能或想当"鸵鸟"，希望危机根本没有

---

①　http：//qs.haidilao.com/#/category/article/54b5099a2fb7f5d00e0f2c5f.

出现过,或希望危机会自行消解,或质疑记者的动机,或哭诉全行业都是如此,自己被曝光是小题大做。当无法回避时,就希望大事化小、小事化了,甚至采取一系列错误行为,如删帖、封锁消息、避重就轻、掩耳盗铃、剥离再剥离:把危机定义为偶然事件,因本企业一贯无事故;或者事故责任人是分包单位的,或者把错误归结于个人行为,又把个人行为归结于体制外的非组织正式成员,例如临时工、实习生、辅警等,处理方式也因此顺理成章地脱离分包单位、开除、处分相关人员。于是,自以为一个完美光鲜的企业再次出现在公众面前。结果却往往事与愿违、越描越黑,在互联网时代这样掩耳盗铃是非常拙劣的。

因此,海底捞面对危机的做法是值得借鉴的。

(一)快速反应

危机管理的第一个原则是"及时",历来有"黄金N小时"之说,也有"第一时间"之说。但是,因为各种危机的具体情况不同,很难科学定量说出黄金几小时是最佳。正确的做法是尽快、及时地反应。海底捞企业领导迅速做出反应,及时采取措施,平息了舆论狂潮,被誉为"危机公关的满分作文"。

互联网上有人惊呼史上最快民意反转,海底捞是怎么办到的?三小时内火线回应,海底捞危机公关高在哪里?有人这样总结:海底捞三小时危机公关:这锅我背、这错我改、员工我养。

根据网站发布的时间统计,被曝光3小时33分后,海底捞在官方网站2017-08-25 14:31:17发布关于海底捞火锅北京劲松店、北京太阳宫店事件的致歉信,接着又连续发布了处理通报、整改、欢迎群众监督的通告。

(二)及时道歉

道歉信首先承认媒体反映的情况属实并向公众道歉;其次,自己披露每个月公司会处理这类食品安全卫生事件并公之于众。

（三）承担责任

承诺立刻开始整改，最后表态愿意承担经济责任和法律责任，欢迎媒体和公众监督。这种态度是端正的。

实践证明：认错比解释效果好，承担责任比推诿效果好。

（四）亡羊补牢

制止危机扩大化是危机处理的重要原则。记者和媒体有本能的职业嗅觉，舆论也往往有跟风而上的惯性，面对突如其来的曝光，处理不及时就会造成舆论井喷效应。企业就会陷入"破窗期"，面临破鼓众人捶、墙倒众人推的局面。海底捞是跨国公司，谁敢保证别的门店没有类似问题？

海底捞的处理意见是对全公司进行整改，不是就事论事，而是吸取教训，把两个店出现的危机当作全公司的危机，涉事的两个点停业整顿，所有门店开始排查，海外门店同步进行，没有出事的分店防御性公关及时启动。

（五）公开监督

认真改正还是敷衍了事，就看企业的矫正方案是否认真、是否可行。海底捞每项整改都有公司总经理、副总经理、董事等担任责任人。面向社会公布了姓名，为了方便外部公众监督，还公布了负责这项工作的副总经理的手机号码，体现了负责和诚恳的态度。

面对危机，有很多行业陷入了塔西陀效应。例如中国的奶粉企业也说自己的奶粉比国外的质量好，但是大多数公众不信，公众还是认为外国的奶粉质量好。以至于一些国内企业到海外去注册公司，靠山寨进口奶粉谋生存。

海底捞整改则明确提出邀请第三方来进行卫生死角的排查，请合作的第三方虫害治理公司一起运用新技术，一起整改。

中国有句成语：耳听为虚，眼见为实。当年，20世纪初美国全国揭丑运动中，被曝光的杜邦集团扭转形象的措施，就是遵循公开化原则，从封闭的象牙塔变成开放的玻璃屋，让公众到企业内部参观，使自己的形象从

"杜邦杀人"变为"杜邦化学工业使生活更美好"。

海底捞继承了正统的公共关系操作,也把海底捞企业变成玻璃屋,实行明厨亮灶、信息化、可视化,比当年杜邦更先进的就是在互联网时代实现了网络监督,真正做到公共关系第一原则"公开"。

(六)勇于承担

"担当"是现代一个令人瞩目的关键词,也是考验企业领导在危机面前价值观的试金石。人类自古就有丢卒保车、找替罪羊背黑锅的传统。许多企业也往往是找替罪羊来消除公众的愤怒。

在关于积极落实整改、主动接受社会监督的声明中海底捞的领导体现出应有的姿态。董事会主动承担责任,把事件爆发归因于公司深层管理问题,安抚涉事停业的两个门店的管理干部和职工不必恐慌,只需按照制度进行整改和承担相应的责任。正如公众总结的那样,这锅我背、这错我改、员工我养。

(七)事实改错

用事实说话是公共关系最基本的手段。也是企业塑造形象的根本。被曝光的太阳宫海底捞经过整改重新开张了,用事实诠释了海底捞的整改。

10月2日晚,《法制晚报》记者再次来到海底捞太阳宫店。看到当天上座率只能达到70%~80%。记者发现了一个重大整改亮点,这就是用直播的形式展示后厨情况。

大屏幕明厨亮灶:在大厅原本用来叫号的屏幕上多了一个区域,专门显示的是餐厅后厨的情况。

iPad明厨亮灶:在海底捞点菜的iPad上也有了一个专门的区域视频监控明厨亮灶。只要点击就可以看到后厨的情况,并可以随机切换多个画面,可以看到洗碗间、出菜区、小菜间等数个不同位置。

电子屏邀请函:在该店门口的电子屏上,展示了电子《邀请函》,欢迎顾客及社会各界人士参观后厨,明确表示,随到随接待,而且说明可以在参观区域内拍摄,而对企业内部拍照在大多数商店、餐厅、酒店都是被明文禁止的。

卫生参观:参观者要更换外衣、戴帽子和口罩后才可以进入后厨。同时路线是有设计的,既要满足公众监督,又要保证食品安全,避免参观人员接触食品以及餐饮具,所以,参观只能在通道中进行,只能在操作间外部观看里面的工作过程,不能直接进入任何操作间;参观有陪同人员,每次参观只能带领少量的人员,并且不可以进入任何操作间;如果需要长时间参观,必须有健康证。这些措施体现海底捞整改中有充分的风险防范意识。

《法制晚报》新闻记者为了跟踪海底捞处理危机的效果,以顾客的身份提出参观海底捞后厨,在通道参观了凉菜间、备菜间以及碗盘清洗和锅具清洗的专门间,并特意关注了如何清理下水道、如何过滤废物等。重新开业3天时间内已经有十余名顾客参观后厨,后厨参观记录本上大部分顾客给出该店后厨干净、讲解清晰等评价。

记者表示从整改效果来看,的确是很有诚意,监督措施也很新颖。

(八)另一种思考

在众多舆论中还有这样一种声音,对海底捞的成功不以为然,对公共关系有不正确的理解。例如《去公关化的海底捞式公关,让致命危机紧急刹车》《海底捞的危机公关,你也学不来》《海底捞事件:让公关归公关,危机归危机》,上述第一篇文有许多网站进行了转载。

这几篇文章的优点是:出于对企业的监督,希望企业做出实实在在的改正,不要搞花拳绣腿。但是其中对公共关系还有不少误解,作为中国公共关系协会我们不得不发出声音。

首先,对什么是公共关系、什么是公共关系危机处理应该有正确的认识。正如国家级精品课程教材《公共关系实用教程》所言,从公共关系价值功能的角度来看,公共关系是社会组织为了生存发展,通过传播沟通、塑造形象、平衡利益、协调关系、优化社会心理环境来影响公众的科学与艺术。公共关系的目的是组织的生存和发展,不是形象和传播,也不是管理与协调，那些都是手段，生存发展才是最终目的，具有决定性。"公共关系90%靠做得好，10%靠宣传"（不是只说不做，也不是只做不说），上文中我们列出公共关系的鼻祖艾维·李的公共关系宣言，核心是：动力来自上层和事实公开，也介绍了当年杜邦公司如何从"象牙塔"变成"玻璃屋"。这些科学定义和百年经典案例告诉我们，公共关系是诞生于危机管理，彰显于危机管理，被承认价值于危机管理，公共关系与危机管理牢不可分。而海底捞的形象危机管理是按照公共关系原则科学操作的，科学是放之四海而皆准的，是可以学习的，也是应该坚持的。

我们不能把"非公关""假公关"当作公共关系来批判。针对海底捞的危机，有人说："公关部门能干什么呢？只能去玩技巧，耍嘴皮而无行动。"[1]这样的文章满怀义愤，却打错了靶子。公共关系与广告的最大差别，就在于公共关系是"做事情"。公共关系的专业定义并没有说公共关系就是玩技巧、耍嘴皮子而无行动。世界各国有成千上万优秀的公共关系案例，怎么就成了"制造反转效果、操纵舆论误导群众、把水弄浑"？

公共关系从1906年起就宣告动力来自上层，要最高领导决策，因为公共关系是服务于企业整体形象的。因此，不是出了危机才做公共关系，而是要做危机风险管理，实现预测危机、对危机分类、制定各种危机预案、编写危机管理手册、针对手册和预案进行培训和预演，而这一切都是公共关系部门与企业领导实现共同完成的。唯有如此，一旦危机出现，才可以从容应对，兵来将挡，水来土掩。海底捞恰恰是遵循了这条根本的原则。

我们不能因为有最高领导决策就否定成功的公关案例，认为这不是公共关系。公共关系与企业同生共死，与品牌形象同生共死，与企业领导同生共死，在这点上不能误导公众。

公共关系在理论和实践上的胜利，也使得部分公司装扮成公共关系公司，或者没有系统学习过、对公共关系一知半解的人也以公共关系名义去谋

---

[1] http://baijiahao.baidu.com/s?id=1576753372257182603&wfr=spider&for=pc.

生、去捞钱，他们做了一些不符合公共关系理念的行为。我国公共关系人、中国公共关系协会对此也非常关注，并且特地制定了《公共关系职业准则》，主动找人社部设立公关员、公关师职业标准，编写教材，在全国展开培训。但是，因为公共关系行业不是必须有准入证的行业，在市场经济条件下任何人都可以用创业的名义去注册公共关系公司，所以难免鱼龙混杂，这种情况短期内无法有效解决，因此需要我们持之以恒地普及公共关系知识，不断与时俱进地总结经验教训，树立公共关系的好榜样。同时，希望媒体的朋友们，继续支持中国公共关系事业，帮助我们普及正确、科学的公共关系知识，要为中国的社会主义公共关系鼓与呼。让中国的公共关系事业充满阳光，沿着科学的康庄大道前进。

参考文献

1. 《公共关系实用教程（第三版）》，高等教育出版社，2015，第234页。
2. 法制晚报官方网站。
3. 海底捞官方网站。

附 录
Appendix

B.20
中国公共关系发展大事记

2016年

2016年1月21日 由人民出版社、中共延安市委、中国公共关系协会携手共建的"中国共产党思想理论资源数据库延安中心",在延安新区正式启动。按照中央关于各级党组织要创新理论学习方法的要求,"中国共产党思想理论资源数据库延安中心",以"红色宝典,再谱新篇"为宗旨,以现代技术为支撑,结合广大党员的实际需求,建成了国内首个以"大数据(中国共产党思想理论资源数据库)+小书包(中国共产党党员学习小书包)"有机结合创新宣传党的思想理论的学习平台。

2016年1月28日 以"数字化时代的战略传播"(Strategic Communication in the Digital Age)为主题的第八届公关与广告国际学术论坛在新西兰惠灵顿举办。论坛由华中科技大学、香港城市大学与台湾世新大学联合主办,新西兰梅西大学承办,吸引了来自中国大陆、香港、澳门和台湾地区,以及马来西亚、泰国、英国、法国、德国、美国、澳大利亚和新西兰等国家近120位参会代表，是我国公共关系对外学术交流的一次盛事。

2016年1月　人民网在首届中国数字营销大会上荣获"最具价值媒体奖"。人民网法人微信也在由新榜、今日头条、腾讯、新浪等联合举办的"内容创业者之春2016新榜大会"上荣获"2015十大融合新媒体"奖，并成为全国唯一一家获得此奖项的中央网络媒体。人民网以"权威、实力、源自人民"定位自身，在内容、技术、互动等多方面积极求变，成为中央主流媒体适应政府公共关系新形势、新需求的典范之一。

2016年2月19日　习近平总书记视察人民日报社、新华社、中央电视台三家媒体，主持召开党的新闻舆论工作座谈会，并发表讲话。习近平总书记"2·19"讲话深刻阐述了党的新闻舆论工作的历史地位和重要作用，并以48字方针廓清新的时代条件下党的新闻舆论工作职责使命——高举旗帜、引领导向、围绕中心、服务大局、团结人民、鼓舞士气、成风化人、凝心聚力、澄清谬误、明辨是非、联结中外、沟通世界。

2016年2月　由教育部人文社科重点研究基地中国传媒大学广播电视研究中心联合国家语言资源监测与研究有声媒体中心共同发布《中国企业国际传播力（2015）》研究报告。报告显示，2015年中国企业国际传播力整体偏弱，百度位列首名，提及量超过其他所有企业总和，其后依次为阿里巴巴、腾讯、和记黄埔、中石油、中国石化、中国人寿、华为科技等。中国企业的英文媒体关注度整体很低，八成以上的相关英文新闻转载量为零。

2016年3月15日　网络订餐平台"饿了么"引导商家虚构地址、上传虚假实体照片、默认无照经营黑作坊入驻被央视"3·15晚会"曝光。此后，认证为"饿了么"员工的微账号很快发布一则图文："对不起，今天忘记给央X续费了"，更引起网民对此事件的广泛讨论。在此次事件中，"饿了么"网络订餐平台发声迟缓、口径不一、缺乏态度、措施不力，暴露出了一系列问题，不仅该事件和企业成为危机公关的一个反面事例，也警醒更多新兴企业从创业初期就应高度重视企业的社会责任和公共关系。

2016年4月5日　女网友"弯弯-2016"发微博称在如家旗下和颐酒

店遭遇不明男子拖拽，并上传监控视频。事件曝光后，迅速在社交媒体上传播并持续发酵。如家酒店集团4月6日凌晨和8点在官微发布了声明和事情进展，在事发60个小时后举办一场发布会并匆匆收场。整个事件处理过程中，酒店工作人员态度冷漠、如家官方回应缺乏真诚道歉、处理媒体关系不当，甚至被爆出"给钱删微博"错误做法，使如家多年来建立的良好品牌形象严重受损。

2016年4月7日 全球最大的社交媒体——Facebook走进蓝色光标传播集团总部，携手蓝色光标移动互联举办了中国首届品牌企业海外营销高峰会。两家公司还在本次高峰会上推出了中国品牌海外营销一站式解决方案，这是中国本土公关公司与国际知名社交媒体的重要合作，将为中国企业赴海外经营、与当地政府和民众形成良好互动关系提供新的路径。

2016年4月17日 某顺丰快递员运送快递过程中与一辆黑色现代汽车发生剐蹭，遭对方驾驶员殴打并大骂。现场群众用手机拍下这一场景并发到网上，引起社会对快递员尊严的广泛讨论。顺丰就此事连发三段声明，言辞真挚、有理有据，既安抚凝聚员工、让打人者失势，又提升了顺丰在公众心中的形象，可谓成功的借势公关和舆论引导。

2016年4月18日 国务院新闻办公室发起成立了"一带一路"媒体传播联盟，中国五洲传播中心、美国国家地理频道、探索频道、历史频道等17家媒体机构签署了"一带一路"媒体传播联盟倡议书，标志着联盟正式启动。

2016年4月19日 中共中央总书记、国家主席、中央军委主席、中央网络安全和信息化领导小组组长习近平主持召开网络安全和信息化工作座谈会并发表重要讲话。习近平强调，按照创新、协调、绿色、开放、共享的发展理念推动我国经济社会发展，是当前和今后一个时期我国发展的总要求和大趋势，我国网信事业发展要适应这个大趋势，在践行新发展理念上先行一步，推进网络强国建设，推动我国网信事业发展，让互联网更好地造福国家和人民。

2016年4月19日 由中国公共关系协会、陕西白水仓颉文化研究会等单位共同主办的"2016'一带一路'年度汉字发布仪式",在文字始祖仓颉的故乡——陕西白水盛大开幕。来自主办单位和发起单位的代表、知名专家学者、文化人士,以及来自阿根廷、英国、法国、美国等十几个国家的留学生代表共500余人参加了本次发布仪式。本次活动紧紧围绕"一带一路"大格局,携手"一带一路"和"汉字文化"研究领域的权威机构、著名专家、学者,并积极发动广播、电视、报纸、网络、自媒体等多媒体合作,充分体现传统媒体与新媒体的创新融合,齐心合力,扩大活动影响力和传播力。

2016年4月24日 全球权威公关行业资讯机构The Holmes Report发布了2016全球公关公司排行榜。在TOP10的榜单中,美国公司占据了8席,法国公司明思力占1席,中国公司蓝色光标占1席。这是全球公关排名TOP10的榜单上首次出现中国公司的名字,打破了该榜单长久被欧美公关公司独占的格局;这也是继联想、华为等"中国智造"在国际舞台取得突出成就后,中国公司在智力服务行业全球顶级排名上的突破。

2016年5月3~7日 为了传承和弘扬延安精神,把"三严三实""两学一做"活动推向深入,更好地激发对革命先烈的崇敬之情,中国共产党思想理论资源数据库延安中心开展"红色延安"系列文化主题活动。5月3日到7日,举行"红镜头——追·忆红色延安"影像文化主题活动;5月4日,"'红色箴言,致敬经典'——纪念'五四'运动97周年诗歌朗诵会"在延安鲁艺旧址举行。5月4日,"红色延安,书香延河——中国共产党思想理论资源数据库延安中心阅读季"正式启动。

2016年6月28日 为了纪念中国共产党成立95周年,面向即将到来的第一个一百年,继承和弘扬延安精神,由中国共产党思想理论资源数据库延安中心、中共延安市委组织部、中共延安市委宣传部共同主办,中国青年报社协办,全国东西南北中不同区域、各具代表性的城市共同参与的"面向百年,品读延安——纪念中国共产党成立95周年"大型主题文化活动,在延安体育场隆重举行。

2016年6月29日 由人民出版社、中共天津市河西区委和中国公共关系协会携手共建的"中国共产党思想理论资源数据库天津中心"（简称"天津中心"）在河西区委党校举行揭牌仪式并进行了第一次线上线下互动活动，标志着"天津中心"正式启动运行。从此，天津市党建工作将插上新媒体的翅膀，用权威的理论资源数据库的"大数据"装满每一名党员干部学习的"小书包"。

2016年7月21日 由中国人民大学新闻学院与蓝色光标传播集团共同建设的中国人民大学"未来传播学堂"在京成立。学堂旨在探索培养数字传播时代的精英人才，累计总投入将达1亿元人民币，是中国大陆公关传播企业与高校传播院系首次深度合作。

2016年8月26日 由中国公共关系协会和大同市人民政府共同主办的"2016'影像的力量'中国（大同）国际摄影文化展"在山西大同北城墙中国雕塑博物馆举行。今年展览的主色调突出"大同蓝"和"影像蓝"，以体现关注自然生态、蓝色海洋文化的特色。其中有以"弘扬海洋文化"为主题的《"蔚蓝的海洋"影像展》，以展现传播"美丽中国"建设的辉煌历程和实现"中国梦"的伟大成就为主旨的《"镜美华夏"主题展》，有集中展示本届"镜美尊"6位得主代表作品的《"镜美尊"得主作品展》，有反映人类社会政治、经济、社会、文化生活现实图景的《"华赛"2015获奖精品选》，还有《"美丽中国·丝路新疆"摄影作品展》《"长城金三角，美丽乌大张"摄影作品展》《"影像的力量"中国（大同）国际影像展征集优秀作品展》等。

2016年8月 刘正荣、张宿堂出任新华通讯社副社长。刘正荣此前任新华通讯社秘书长。张宿堂此前任新华社国内部主任、新华社中央新闻采访中心主任。

2016年9月2日 韩国三星电子宣布将在全球范围内召回Galaxy Note7智能手机，但中国市场并不在此次召回范围内。9月18日，三星Galaxy Note 7手机爆出"国行首炸事件"。三星电池供应商新能源科技有限公司和三星公司先后发表声明，表示中国Note7爆炸为外部加热导致，意指是消费者自身原因导致爆炸事故发生。三星对爆炸原因的判定缺乏第三方佐证、召回政策实行"双重标准",引起中国媒体和用户不满,其品牌价值也因此次危机公关不力遭受巨大损失。

2016年9月4~5日 以"构建创新、活力、联动、包容的世界经济"为主题的二十国集团(G20)领导人第十一次峰会在我国浙江省杭州市举行。在中方的倡导和努力下,二十国集团峰会历史上首次同时讨论与可持续发展和气候变化有关的问题。中美双方共同批准《巴黎协定》,最终促成了《巴黎协定》提前生效。此次G20峰会是中国政府借助国际会议平台积极参与国际事务、代表发展中国家发声的一次重大外交活动。

2016年9月12日 首期"全国社会组织新闻发言人培训班"在中国传媒大学领导干部媒介素养培训基地举办。学员共109人,均来自全国性行业协会、商会和具有公开募捐资格的基金会。根据《民政部关于推动在全国性和省级社会组织中建立新闻发言人制度的通知》(民发〔2016〕80号)的要求,继党委、政府和国有企业设立新闻发言人制度,各级社会组织也将逐步建立新闻发言人制度。此次培训是落实文件精神,为配合社会组织建立新闻发言人制度举办的专业培训,将进一步推动我国社会组织的信息公开和规范管理。

2016年10月21日 由中国公共关系协会、中国烹饪协会、中国青年报社、陕西省渭南市商务局和陕西省合阳县人民政府等单位共同主办的"薪火匠心·感知华夏"大型传统文化主题活动,在陕西合阳举行。本次活动共有六大主题内容:由中国烹饪协会主办并组织全国名厨进行"中华烹饪始祖伊尹祭拜仪式",2016合阳伊尹美食文化旅游节,伊尹饮食文化研讨会,传乐诗经·雅集洽川——2016"一带一路"大学生记者传统文化合阳行,"一带一路"大学生记者合阳饮食文化研学活动和《面面大观——丝绸之路上的面食》大型人文电视纪录片走进合阳。

2016年10月26日 "2016国家品牌盛典启动仪式暨高峰论坛"在京举行。此次活动由中国传媒大学媒介与公共事务研究院联合中央电视台广告经营管理中心共同主办,重点关注企业与城市在产业升级、模式创新、品牌宣传等方面的贡献与成就,旨在传承成功品牌经验,树立成长品牌形象,是公共关系和战略传播咨询高端智库与国内顶尖媒体为促进我国企业品牌发展合作创建的多方参与对话的平台。

2016年10月26日 由人民出版社、中国公共关系协会、中共华州区委携手共建的党建学习创新型典范中心——中国共产党思想理论资源数据库华州中心正式成立。人民出版社党委副书记、纪委书记王彤，中国公共关系协会常务副会长兼秘书长王大平，中共渭南市市委常委王玉娥，渭南市华州区区委书记霍文军等领导，华州区全体区、镇（办）各级共300余人参加了"华州中心"揭牌仪式。"华州中心"作为党的思想理论武装、党性修养课堂，将成为党员锤炼党性、加强修养的重要学习平台，同时也是统一思想、凝心聚力的会堂。

2016年10月29日 由中国公共关系协会和杭州市人民政府共同主办、以"后G20城市国际化与公共关系使命"为主题的"2016中国公共关系发展大会暨第7届西湖公共关系论坛"在杭州举行。大会旨在促进各地积极组织力量进行城市品牌形象的策划和传播，鼓励社会各界积极参与，不断发掘城市自身的资源和文化，创新传播平台，打造具有鲜明特色的城市独特形象，从实际需求出发，把北京、上海、广州、杭州等城市举办大型活动的成功经验和自身情况结合起来，推动各地城市形象的提升。全国人大常委会委员、全国人大教育科学文化卫生委员会主任委员、中国公共关系协会会长柳斌杰出席大会并发表了题为"借鉴杭州经验 推进城市形象传播"的主旨演讲。

2016年11月10日 国务院办公厅印发《关于全面推进政务公开工作的意见》实施细则的通知（国办发〔2016〕80号），要求各级政府部门应着力推进决策、执行、管理、服务、结果"五公开"，强化政策解读，积极回应关切，加强平台建设，扩大公众参与，加强组织领导，从政策层面促使我国政府部门政务公开的步伐迈得更快更稳。

2016年11月21日 中国公共关系协会常务副会长兼秘书长王大平，在协会会见了应邀来访的奥地利萨尔兹堡州交通-旅游-建设部部长约翰·迈尔（Johann Mayr）先生一行。双方就经济与文化方面的热点话题进行了沟通与探讨，并期望围绕"一带一路"国家战略进行交流与合作。参加会见的还有中国公共关系协会奥运文化促进发展中心常务副主任雷强、Krone 日报社副主编玛丽亚·特蕾沙·迈尔（Maria Theresia Mayr）、新任奥地利国民党 OBG 外联部主任约瑟夫·维默尔（Josef Wimmer），萨尔兹堡州州政府办公室主任托马斯·克里斯蒂安·福尔哈伯（Thomas Christian Faulhaber）、前贝塔斯曼奥地利总经理托马斯·亨特雷斯纳（Thomas Hinterleithner）、莫扎特音乐学院钢琴系主任安德里亚斯·韦伯（Andreas Weber）等。

2016 年 11 月 27 日 以"互联网时代的公共安全与危机管理"为主题的 2016 上海公共关系国际高峰论坛在上海中心大厦举行。中国公共关系协会常务副会长兼秘书长王大平，中国公共关系协会常务副会长、上海交大安泰管理学院党委书记余明阳教授应邀参加了论坛。余明阳教授还就"互联网时代危机管理与城市品牌形象的维护"作了主题演讲。本届论坛由上海市公共关系协会、上海报业集团、上海市社会科学界联合会、上海市金融服务业联合会、中国金融信息中心、复旦发展研究院共同主办。来自俄罗斯、美国、新加坡以及中国北京、上海等地的著名专家、企业家、社会各界代表450 余人到会。

2016 年 11 月 30 日 微信朋友圈被《罗一笑，你给我站住》文章刷屏。深圳作家罗尔"卖文"为患白血病的女儿罗一笑筹资治病。随着事件影响力不断升级，有网友指出这是与小铜人理财合作设计好的一场营销事件，由此引发网友对网络慈善和善款使用等相关问题的连锁讨论和质疑。后罗尔本人出面澄清，又经政府主动引导、解疑释惑和社会多方协同合作，该舆情事件得以妥善解决。"罗一笑事件"是继 2016 年 9 月 1 日《慈善法》正式实施后发生的一起典型的慈善救助舆情案例，其妥善解决体现了政府部门面对社会重大舆情开放务实、积极引导的现代公关理念。

2016 年 12 月 16 日 中国公共关系协会五届六次理事会议在北京举行。全国人大常委会委员、全国人大教育科学文化卫生委员会主任委员、中国公共关系协会会长柳斌杰，中国公共关系协会常务副会长兼秘书长王大平，中国公共关系协会常务副会长邢颖、李兴国、于洋等协会领导，以及来自全国各地的中国公共关系协会理事代表、省级和地方协会主要负责人参加了会议。柳斌杰会长作重要讲话，李兴国常务副会长主持会议。会议通报了中国公共关系协会常务理事会议的决议，听取和审议了王大平常务副会长兼秘书长所作的理事会工作报告。

2016年12月16日 由中国公共关系协会、中国传媒大学媒介与公共事务研究院组织专家编写的中国首部公共关系蓝皮书《中国公共关系发展报告（2016）》在北京发布。作为国内首部公共关系领域的皮书，《中国公共关系发展报告（2016）》历时8个月编写完成，40多位国内顶级学者、政府公共关系专家、新闻媒体专家参与其中，成为中国公共关系学术发展的重要里程碑。

2016年12月17日 第26届全国公关组织联席会议在北京奥林匹克公园玲珑塔举行。中国公共关系协会常务副会长李兴国，中国公共关系协会副会长、山东省公共关系学会会长刘燕，中国公共关系协会副会长、重庆市国际国内公共关系协会会长黄文献，中国公共关系协会副会长、陕西省公共关系协会会长权裕，中国公共关系协会副会长、山西省国际国内公共关系协会会长李运生，以及来自全国省级和地方协会的主要负责人及代表参加了会议。

2016年12月25日 88家中央企业和全国22省份政府国资委的新闻发言人、宣传部门负责人齐聚中国传媒大学领导干部媒介素养培训基地，开展为期五天的全媒体时代新闻宣传和舆论引导专项学习。这是由国务院国资委宣传局、国务院国资委新闻中心共同主办的中央企业及地方政府国资委新闻发言人培训班，也是规模最大、学员最多、专业师资最高配的一期面向国有企业及上级管理部门的新闻舆论工作培训。

2016年12月27日 由中国互联网发展基金会、中国传媒大学共同主办的"网站履行主体责任高峰论坛"隆重召开。各主流新闻网站、商业网站负责人，业内专家学者和青年学生代表共300余人参加了论坛。论坛以"履行主体责任、传播正能量、共筑同心圆"为主题，旨在倡导网站深入学习贯彻习近平总书记在网络安全和信息化工作座谈会上的重要讲话精神，切实履行网站主体责任、社会责任，积极传播正能量，努力营造天朗气清的网络空间。

2017年

2017年1月22日 京师中国传媒智库发布《中央媒体海外网络传播力报告（2016）》。报告指出：中央级传统媒体的海外传播力与欧美主流媒体的传播力比仍有较大差距，但与亚洲主流媒体间的差距较小；中央新闻网站的海外网络传播力水平不均衡。部分新闻网站欠缺海外传播意识，海外社交媒体使用情况较差。媒体传播力是开展公共关系活动的必要条件。随着我国"一带一路"倡议的不断推进，我国媒体的海外传播力也将得到重视和提升。

2017年1月 女网友在丽江就餐遭多名男子辱骂殴打，并被碎酒瓶划脸"毁容"的消息受到网络舆论广泛关注。案件自2016年11月11日发生至网络舆论曝光两月有余，其间案情久拖不决，引起舆论热议后，相关部门回应迟滞、处置失当，致使丽江城市形象严重受损。

2017年2月 周树春出任《中国日报》总编辑。此前，周树春任人民日报社副社长兼常务副总编辑，并曾历任中华全国新闻工作者协会理事、中直机关青年联合会副主席、中国翻译工作者协会副会长。

2017年3月31日 由中国公共关系协会、中国青年报社、黄陵县人民政府、黄帝陵管理局共同主办的"字说中国·节传文脉"之"文创黄陵"大型文化创意活动在陕西黄陵举行。活动旨在贯彻落实习近平总书记陕西视察的重要讲话精神，传承中国优秀传统文化，弘扬内涵丰富的黄帝文化和中国精神。此次活动运用微信、微博等新媒体、自媒体传播方式开展在线直播，并融合书法、雕塑、音乐、摄影等丰富的艺术形式，挖掘"字说黄陵"之"文"字的独特内涵，全方位呈现转型跨越发展中的黄陵文化内涵和城市形象。

2017年4月10日 中国公共关系协会常务副会长兼秘书长王大平在京

会见了应邀来访的西班牙加那利群岛自治区政府前总督 Richardo Patrick Melchior Navarro 先生一行。双方在"一带一路"背景下，就科技、文化和健康等领域的深入合作进行了沟通与探讨。王大平代表协会对来访的西班牙客人表示热烈的欢迎，并介绍了中国公共关系协会近些年来，围绕"一带一路"国家战略所做的具体工作。来访客人还参观了中国公共关系协会与北京中医药大学共建的"中医文化国际传播与体验中心"，一流的设施和传统中医文化的深度体验给来访的客人留下了深刻的印象。

2017 年 4 月 16 日 由中共延安市委、人民出版社、中国公共关系协会指导，中国共产党思想理论资源数据库延安中心、中共延安市委宣传部共同主办的"悦读延安"读书会在延安学习书院举行。本次读书活动以"读经典·品书香·润情操"为主题，迎接"世界读书日"的到来。读书会现场，由大中学生、机关干部等组成了 200 多名民众的阅读阵容。来自中国传媒大学播音主持专业的大学生为大中学生、机关干部等 200 多名观众诵读了经典诗歌、散文。活动还特邀国家一级作家、全国公安文联理事孙晶岩女士，解放军出版社昆仑图书编辑部主任、《军事故事会》杂志创刊人、主编丁晓平先生，陕西省作家协会副主席、延安市作家协会主席、延安大学文学院院长梁向阳教授现场为读者进行读书指导。

2017 年 4 月 20 日 由中国公共关系协会、陕西省文化厅、陕西省教育厅、陕西省旅游局与渭南市人民政府主办，特邀中国青年报社协办的 2017 "一带一路"年度汉字发布仪式，在文字始祖"仓颉"的故乡陕西白水盛大开幕。2017 "一带一路"年度汉字发布仪式作为"字说中国 节传文脉"大型传统文化传播系列活动之一，旨在贯彻落实中共中央办公厅、国务院办公厅《关于实施中华优秀传统文化传承发展工程的意见》的要求和精神。本年度"一带一路"年度汉字"融"，寓意"一带一路"是融和之路，"一带一路"是融通之路，"一带一路"年度汉字发布仪式将凝心聚力，弘扬仓颉精神，共创融和丝路。

2017 年 4 月 21 日 由中国传媒大学媒介与公共事务研究院主办、人民网舆情监测室和新浪微博共同承办的"全国政务微博矩阵发展学术研讨会"

在成都举行。全国政务微博矩阵运营代表和众多政务新媒体领域知名专家学者到会,围绕政务微博矩阵发展建设、政务微博运营绩效评估与榜单改版等进行了开放、务实的研讨交流。会议将有效促进政务微博从实践摸索向更成熟方向发展。

2017年4月23日 由中国公共关系协会和中国国际文化交流中心联合主办的"一带一路·多彩风情文化艺术展"在北京钓鱼台国宾馆举行。活动以"国际交流,文化先行"为主旨,展出了由中国美术家协会发起、中国美术家协会主席刘大为先生领衔34位省级美协主席,以中国传统的国画与书法艺术形式绘制的60多幅展示"一带一路"沿线国家风土民情的画作。中国公共关系协会常务副会长、协会文化艺术委员会主任李兴国,100多位文化艺术界和媒体界名家和代表,以及10多个国家驻华大使(文化参赞)出席了本次活动。

2017年5月11日 一篇标题为"哭了!百雀羚3000万+阅读转化不到0.00008"的文章开始在公关、新媒体和营销圈传播,并在几个小时后达到10万+。百雀羚的一镜到底广告关注度高,但与其官方网店销售量难成正比,这一低转化率现象引发公关、广告营销和市场人员的口水战,公关活动之效果评估也再次成为各界争论热点。

2017年5月14日至15日 "一带一路"国际合作高峰论坛在北京举行。国家主席习近平出席开幕式,并发表题为"携手推进'一带一路'建设"的主旨演讲。峰会论坛有29个国家的元首和政府首脑,联合国秘书长、红十字国际委员会主席等3位重要国际组织负责人以及130多个国家的约1500名各界贵宾出席。来自全球的4000余名记者已注册报道此次论坛。高峰论坛是"一带一路"提出3年多来最高规格的论坛活动,也是2017年中国重要的主场外交活动,对推动国际和地区合作具有重要意义。

2017年5月17日 国家突发事件舆情应对研究中心在中国传媒大学正式成立。中宣部新闻局局长张小国,中国传媒大学党委书记陈文申、校长胡正荣、副校长蔡翔出席了揭牌与签约仪式。国家突发事件舆情应对研究中心将以国家智库高度,以媒体大数据为支撑,聚焦应急事件处理,充分体现了

我国政府对民情民意、公众舆论的高度重视。

2017年5月23~25日 全国人大常委会委员、全国人大教育科学文化卫生委员会主任委员、中国公共关系协会会长柳斌杰率中国公共关系协会访港团参加"庆祝香港回归祖国二十周年展览暨中国书画名家艺术展"活动。5月24日下午，由香港各界文化促进会主办，中国公共关系协会、香港特别行政区文学艺术界联合会、中国建设银行（亚洲）、建银国际（控股）有限公司、徐悲鸿艺术委员会、李可染画院等单位协办的"庆祝香港回归祖国二十周年展览暨中国书画名家艺术展"开幕式在香港中央图书馆盛大举行。柳斌杰会长、王大平常务副会长兼秘书长作为主礼嘉宾出席开幕式。香港特区行政长官梁振英、中联办副主任杨健、香港特区政府民政事务局局长刘江华、香港各界文化促进会名誉会长谭锦球、香港中华厂商联合会李秀恒等以及香港各界知名人士及代表出席了展览开幕式。展览展出了当代名家巨匠张大千、齐白石、徐悲鸿、傅抱石、潘天寿、李苦禅、刘海粟、林风眠、黄胄、程十发、吴冠中，香港名家饶宗颐、金庸、何百里、熊海等近300幅名家书画作品。本次活动是香港特区政府"庆祝香港回归二十周年系列活动"之一，得到中联办、香港特区政府的大力支持。活动期间，柳斌杰会长一行还先后拜会了全国政协副主席、香港前特首董建华先生，参访了香港大公文汇传媒集团和香港国际公共关系协会，并与香港各界人士进行了广泛的交流。

2017年5月 大理大学正式公布该校公共关系专业暂停招生一年。这是继中山大学媒体与设计学院公共关系本科专业和硕士专业取消和停招之后，给全国高校公共关系学本科专业建设敲响的又一记警钟，提醒整个公共关系学界、业界应高度重视公共关系学本科专业面临的问题和挑战。

2017年5月 由中国公共关系协会总策划的《面面大观——丝绸之路上的面食》入选五洲传播中心与探索亚太电视网联合创办的中国题材纪录片专栏《神奇的中国》，并于5月6日至7月1日"一带一路"主题播出季在国际主流平台，面向38个国家和地区的1.16亿家庭播出。《面面大观——丝绸之路上的面食》不仅展现了丝路上流传的各种美食，还通过主持人学习丝路美食呈现中西的融合、古今的融会，以纪录片形式客观展示了21世纪通过"一带一路"引领世界经济的"神奇的中国"，让今天的丝路各国有理由憧憬复兴的中国所倡导的"一带一路"的美好未来。

2017年6月22日 96位来自教育部各司局、直属高校的新闻宣传分管领导和全国各省（区、市）教委分管领导完成了他们在中国传媒大学承办的全国教育系统领导干部媒介素养专题培训班上的学习。全国教育系统领导干部媒介素养专题培训班是由教育部新闻办公室、新闻宣传中心主办，多次由中国传媒大学全国领导干部媒介素养培训基地具体承办的行业内高规格特色专题培训，已成为中国传媒大学在政府领导干部媒介素养培训领域的重要品牌项目之一，曾举办"广西新闻发言人突发事件舆论引导高级研修班""中国石化领导干部媒介素养培训班""全国社会组织新闻发言人培训班"等培训活动。

2017年6月24日 由新华通讯社主办，中国公共关系协会和中国广告协会协办的新华社"民族品牌传播工程"在新华社大礼堂正式启动。新华通讯社副社长兼秘书长刘正荣，中华全国工商业联合会专职副主席、中国民间商会副会长谢经荣，中国广告协会会长张国华，中国公共关系协会常务副会长兼秘书长王大平，中国传媒大学学术委员会副主任、国家广告研究院院长丁俊杰等国内300多位知名专家代表出席了启动仪式。"民族品牌传播工程"是新华社推出的服务民族品牌企业的系统工程，旨在为民族品牌辟出专门版面、页面和时段，高密度、立体化传播优秀民族品牌，确保达到百亿人次的传播效果，为入选的民族品牌企业提供智库咨询、市场信息、品牌拓展和"一带一路"项目对接等全方位、个性化的服务。

2017年6月29日至30日 全国人大常委会委员、全国人大教育科学文化卫生委员会主任委员，中国公共关系协会会长柳斌杰一行赴延安，对中国公共关系协会在当地开展的各项工作进行调研。柳斌杰会长一行先后调研了延安新区为民服务中心延安市委组织部中国共产党思想理论资源数据库延安中心、鲁艺文化园区中国公共关系协会资助旧址修复项目、中国公共关系协会在甘泉县开展的精准扶贫工作。中国公共关系协会常务副会长兼秘书长王大平、人民出版社总编辑辛广伟、延安市委副书记冯振东、延安市委常委、组织部部长严汉平、延安市人大常委会副主任阚延军分别陪同调研。

2017年7月15日 全国人大常委会委员、全国人大教育科学文化卫生委员会主任委员、中国公共关系协会会长柳斌杰，中国公共关系协会常务副会长兼秘书长王大平一行到新疆国际国内公共关系协会做工作调研。新疆作为丝绸之路经济带的核心区域，在"一带一路"国家倡议的大背景下，将迎来前所未有的发展机遇，公共关系在助力新疆繁荣与稳定发展的过程中也将发挥重要的作用。为此，柳斌杰会长希望新疆国际国内公共关系协会能够抓住机遇，搭建一个交流、沟通、协调和合作的平台，大力发展公共关系事业，并提出公共关系要为社会大局服务，要有全局意识，培育有中国特色的公共关系发展模式不能照搬西方的模式；要全面为国家建设服务，既要在促进民族团结、安居乐业、长治久安等方面下功夫，也要在经济发展、兴疆富民、文化创新和民生改善等方面有所作为；要服务于民族优秀文化事业的传承，同时要多承担一些国际性的活动。新疆国际国内公共关系协会荣誉会长、新疆军区原副政委邓长宇，新疆维吾尔自治区人民政府原副秘书长许观斌，新疆国际国内公共关系协会会长徐斌，以及协会名誉会长、监事长、秘书长、常务副会长和副会长等50多人参加工作调研座谈会。

2017年7月22日 中国公共关系协会"一带一路"系列文化传播活动之李小超乡村记忆《从长安到巴比松》雕塑与绘画系列作品展在法国巴比松政府文化中心盛大开幕。本次展览由法国巴比松市政府和米勒博物馆主办，中国公共关系协会、中国保利艺术博物馆、陕西省文化厅和法国乡村艺术协会共同协办。开幕式由法国巴比松市长杜斯·菲利普先生主持，米勒博物馆馆长巴法特·亚穆女士担任学术主持讲解。李小超先生多年来致力于东西方文化的交流与合作，以中西方乡村的对比寻求"乡土"这一命题在国际语境下的深度阐述。本次展览展出了作者近百幅纸本绘画作品和多件青铜雕塑，是作者国外展出作品最多的一次。其户外大型青铜雕塑作品《回家》已被法国巴比松市政府收藏，安置在市政府广场。

2017年8月1日 为庆祝中国人民解放军建军90周年，坚定广大党员干部群众对中国特色社会主义的道路自信、理论自信、制度自信、文化自信,更好地传承和弘扬中国精神和渭华起义精神,人民出版社、中国公共关系协会、中共渭南市华州区委,携手在"渭华起义"的红色热土——渭南华州举办读书会活动。本次读书活动以"弘扬渭华精神,共铸中国梦想"为主题,以"学习、分享、进步"为宗旨,特邀中国军事文化研究会副会长兼军事理论研究中心主任、原军事科学院作战理论研究部副部长查金路少将,军事科学院原世界军事研究所副所长、国家重大革命历史题材影视创作审查小组成员、全军历史编审委员会首席军史专家肖裕声少将,军事科学院原军史所抗战组长、国家重大革命和历史题材影视创作领导小组成员、八路军研究会首席专家岳思平,中国作家协会会员、中国报告文学学会理事、全国公安文联理事、国家一级作家孙晶岩等专家进行"读书分享"。四位专家以深邃多元的理论视野和先进独特的思维方式与大家分享了渭华起义精神的时代意义。人民出版社党委副书记、纪委书记王彤,中共渭南市华州区委书记霍文军,中国公共关系协会副秘书长秦辉,以及当地驻军代表、党员干部、学生代表等各界人士共计300余人参加了读书会。

2017年8月1日 2017年中国公关传播行业财富40强排行榜和利润最强TOP10榜单出炉。该榜单以公关传播行业中的沪、深两市和新三板上市挂牌公司为选取范围,以各公司2016年度公开年报的数据为评选依据,蓝色光标、科达股份(爱创天杰)、华谊嘉信(迪思传媒)、联建光电(友拓公关)、联创互联(上海麟动)等公关企业榜上有名。

2017年8月10日 神华集团在位于内蒙古的准能集团举办"绿色发展"开放日活动。《经济日报》《工人日报》、《经济参考报》《国土资源报》《中国矿业报》《中国环境报》等9家媒体走进神华准能,现场了解神华大型现代化露天煤矿实施绿色发展,在采区复垦绿化及生态建设方面取得的巨大成绩。以开放日形式增进媒体和公众对企业的了解,树立企业良好形象,同时推动西北地区煤矿复垦区生态农业建设工作,神华集团不断尝试,在公共关系方面取得了良好效果。神华准能也被公认为能源企业绿色发展的典型。

公共关系蓝皮书

2017年8月25日 一向以优质服务著称的海底捞北京两家门店被媒体曝出"后厨老鼠乱窜""漏勺掏下水道"。对此，海底捞积极回应，承认错误并向顾客表示诚挚歉意。本是一次关乎食品安全的重大危机事件，却在涉事方海底捞连续三个公告后出现情势逆转，公众舆论几乎一边倒选择"原谅"海底捞，成为企业危机公关的一次成功典范。

2017年8月 中国神华在由美国权威机构投资者杂志《机构投资者》主办的"2017全亚洲（日本除外）管理团队排名榜"中脱颖而出，荣登基础原材料类别"最佳投资者关系"第一位，充分显示机构投资者认同中国神华在投资者关系工作方面的良好效果。

2017年9月9日 在希腊塞萨洛尼基举办的第82届塞萨洛尼基国际博览会上，神华集团通过展台沙盘和宣传视频等方式，向欧洲成功展示了神华煤电路港航化一体化生产经营情况和对外合作现状，以及清洁能源解决方案。神华集团总经理凌文陪同希腊总理齐普拉斯、中国驻希腊邹大使肖力参观神华展厅，并应邀与邹肖力大使、希腊能源部部长George Stathakis一同参加"中国主宾国展览配套论坛活动——煤炭绿色开采、清洁高效发电和新能源技术论坛"。神华集团的"一带一路"上清洁能源方案在展会和当地引起了极大反响，是中央企业以公共关系配合海外发展的一次有益尝试。

2017年9月23日 由中国公共关系协会与大同市人民政府共同主办的"2017'影像的力量'中国（大同）国际摄影文化展"在大同云冈石窟昙曜广场正式开幕。活动围绕"一带一路"主旋律，开展了"香江·乡情——香港回归二十周年特展"、"一带一路"主宾国主题展、"一带一路"多彩风情书画特邀展、"镜美华夏"精品展等。本届影展特邀巴基斯坦伊斯兰共和国、俄罗斯联邦共和国、荷兰王国作为主宾国，也是国内第一次在摄影文化展上设立"主宾国"展，彰显本次活动加强与"一带一路"沿途国家"文化交流、文明互鉴"的独特内涵。中国公共关系协会常务副会长兼秘书长王大平代表主办单位，向三个主宾国和云冈石窟研究院代表赠送了由著名丝路文化学者、当代中国画坛著名书画艺术家、中国公共关系协会中国丝绸之路文化艺术研究院常务副院长张录成创作的丝路大写意绘画作品，展现中国优秀传统文化的独特魅力，促进"一带一路"沿途文明交流互鉴。开幕式现场，张录成还与来自巴基斯坦、俄罗斯、孟加拉国、马其顿、美国、多哥、斐济、哈萨克斯坦、越南、缅甸、安提瓜与巴布达、加拿大、乌兹别克斯坦、智利、墨西哥等16个国家的留学生及中国大学生代表现场合作完成国画《风雨三千年》，象征中国与"一带一路"沿途国家秉承着"胡杨精神"和"丝路精神"，携手奋进，共同谱写万众一心、大美大同的美好画卷，推进"一带一路"建设融合跨越，共同书写构建人类命运共同体的大美篇章。

2017年9月27日 由中国传媒大学媒介与公共事务研究院、腾讯大燕网联合创办的北京企鹅新媒体学院正式落户中国传媒大学。该学院契合当下舆论环境和媒体现状，将公共关系和网络传播纳入课程设置，旨在孵化具有北京本地特色的新媒体内容专业生产者，输送内容创业的正规军，为北京各级政府、传统媒体、企业以及新媒体运营者提供新媒体建设、转型、人才培养等方面的经验借鉴和技术支持，推动北京新媒体的发展。

2017年9月 奥美中国和万博宣伟公关公司先后宣布在深圳设立办公室，进一步拓展双方中国业务，这使深圳成为继北上广之后又一个被国际品牌管理和公关营销公司抢夺的重要市场和战略要地。

B.21
2017中国公共关系年度人物

（按照姓氏音序排列）

编辑部依据行业影响、业界口碑、传播效果等因素，从众多企业提名人选中，最终推选出"2017中国公共关系年度人物"，他们是：

吕大鹏

吕大鹏现任中国石油化工集团公司新闻办公室主任、新闻发言人，是国资委直管中央企业集团中普通民众较为熟悉的一位新闻发言人，他积极推动中国石化集团运用新媒体发声。在2013年青岛发生"11·22"重大事故后，"石化实说"官方微博通报事故调查进展，解剖事故原因和教训，以诚恳道歉赢得了社会公众理解。中国石化"小石头"也成为新媒体平台最为活跃的央企"代言人"。他参与了中国石化集团赞助2015年北京田径世锦赛和2017年第十三届全国运动会等国内外高端赛事活动，通过这些活动的宣传使中国石化打破了传统卖油郎的形象，在国内外舞台上展示自身品牌魅力。他还主导策划了中国石化公众开放日活动，并发出"倡导绿色简约生活，节约集约利用资源"的倡议，受到社会广泛好评。

孟 坚

孟坚现任神华集团新闻发言人、新闻宣传部主任。自2009年担任神华新闻宣传部主任以来，积极致力于推动新闻宣传工作走专业化、规范化创新发展之路，在全集团建立起较为完备的新闻宣传制度体系，形成种类齐全、覆盖宽泛、影响较大的神华媒体平台。加强与社会媒体、社会各界的沟通和互动，通过"公众开放日"、"媒体采访日"、"共建环保日"、"邻居友好日"等多种方式回应关切，有效沟通，解疑释惑，消除误解，努力搭建社企交流互动的桥梁和纽带，打造阳光、开放的神华新形象。重视社会关切，关注舆论热点，在央企中率先开发创建了舆情监测评估系统，面对公众关切、社会质疑等舆论热点，真诚沟通，坦诚交流，敞开心扉，真心相待，为神华品牌形象的塑造发挥了重要作用，为神华集团持续健康快速发展营造了良好的舆论氛围。

潘建明

潘建明2010年加入中国核工业集团公司，历任办公厅主任、董事会办公室主任、董事会秘书、新闻发言人。他高度重视核科普与公众沟通工作，参与制定了"十三五"核科普专项规划，带领中核集团逐步形成了以"核你在一起"公众开放周、"魅力之光"全国中学生核电科普知识竞赛、全国高校学生课外"核＋X"创意大赛、主流媒体走进核工业等系列品牌活动为着力点，在全产业链开展的核科普活动。在2016年第四届核安全峰会上，"中国和平利用核能"宣传片还登陆纽约时报广场"中国屏"，成为特殊行业中企业开展公众科普、营建良好社区关系的典范。

孙军工

孙军工曾任中国最高人民法院办公厅副主任、最高人民法院新闻局副局长（主持工作）。自2009年4月起担任最高法院新闻发言人，孙军工即在新华网开通博客，先后主持新闻发布会、通气会300多场，并曾推动公布全国四级法院3281名新闻发言人联系方式、建立最高法院新闻发言人月度例会制度。孙军工在第一篇博文中写道：坚持不说假话，网友可通过博客与我交流。2016年6月，孙军工从最高法院离职，并于7月4日正式加入阿里巴巴担任副总裁，负责阿里公共事务。从政府到企业，从亲身实践政府信息公开到成为企业与政府之间信息沟通的桥梁，他始终是中国公共关系实践的领先探索者。

王 卫

作为顺丰速运（集团）有限公司总裁，王卫在2016年4月17日顺丰快递员因车辆剐蹭事故与人发生纠纷并被掌掴、辱骂、殴打事件后，通过朋友圈强烈表态"如果这事不追究到底，我不再配做顺丰总裁！"最终打人者因涉嫌寻衅滋事被依法处以行政拘留10天。王卫在第一时间出面维护员工的利益，成为企业处理员工关系的正面事例，也为顺丰速运在社会公众中赢得良好口碑。王卫还表示：此前顺丰已为快递员准备了一些安全保障措施指引，接下来会以此事件作为案例，在公司内部制定更多的指引以保护快递员。2017年2月24日，王卫带着那位被打员工参加了顺丰控股登陆A股市场上市敲钟仪式。不满足于对事件的表层处理和平息，更要从制度和教育等更深层次谋求长效的解决办法，才应是现代企业公共关系的发展方向。

赵文权

作为蓝色光标传播集团创始人，赵文权曾为联想、方正、长城、实达等民族IT领导企业和IBM、Intel、Cisco、HP、Compaq、APC等国际知名IT厂商提供市场推广和公共关系服务。他带领蓝色光标在国内创业板上市，使之成为第一家上市的本土公共关系专业服务公司。2013年4月25日，他带领蓝色光标以约3.5亿元人民币收购全球公关巨头Huntsworth 19.8%的股份，成为其第一大股东。2016年，蓝色光标成为全球权威公关行业资讯机构The Holmes Report发布的全球公关公司排行榜中唯一一家中国企业。2017年9月7日，蓝色光标传播集团宣布与美国上市公司Cogint, Inc.（NASDAQ：COGT）签署资产合并协议，将通过双方部分现有资产整合的方式，共同组建一家全新的全球性营销服务公司。合并完成后，蓝色光标将拥有该新公司63%的股权。通过此次交易，蓝色光标实现控股Cogint旗下优质公司Fluent的同时，将拥有海外上市资本平台，为公司未来海外扩张奠定更加坚实的基础。赵文权与其创建的蓝色光标传播集团对中国公关服务行业发展起到巨大的带动作用。

社会科学文献出版社　　　皮书系列

❖ 皮书起源 ❖

"皮书"起源于十七、十八世纪的英国,主要指官方或社会组织正式发表的重要文件或报告,多以"白皮书"命名。在中国,"皮书"这一概念被社会广泛接受,并被成功运作、发展成为一种全新的出版形态,则源于中国社会科学院社会科学文献出版社。

❖ 皮书定义 ❖

皮书是对中国与世界发展状况和热点问题进行年度监测,以专业的角度、专家的视野和实证研究方法,针对某一领域或区域现状与发展态势展开分析和预测,具备原创性、实证性、专业性、连续性、前沿性、时效性等特点的公开出版物,由一系列权威研究报告组成。

❖ 皮书作者 ❖

皮书系列的作者以中国社会科学院、著名高校、地方社会科学院的研究人员为主,多为国内一流研究机构的权威专家学者,他们的看法和观点代表了学界对中国与世界的现实和未来最高水平的解读与分析。

❖ 皮书荣誉 ❖

皮书系列已成为社会科学文献出版社的著名图书品牌和中国社会科学院的知名学术品牌。2016年,皮书系列正式列入"十三五"国家重点出版规划项目;2012~2016年,重点皮书列入中国社会科学院承担的国家哲学社会科学创新工程项目;2017年,55种院外皮书使用"中国社会科学院创新工程学术出版项目"标识。

中国皮书网

发布皮书研创资讯，传播皮书精彩内容
引领皮书出版潮流，打造皮书服务平台

栏目设置

关于皮书：何谓皮书、皮书分类、皮书大事记、皮书荣誉、
皮书出版第一人、皮书编辑部

最新资讯：通知公告、新闻动态、媒体聚焦、网站专题、视频直播、下载专区

皮书研创：皮书规范、皮书选题、皮书出版、皮书研究、研创团队

皮书评奖评价：指标体系、皮书评价、皮书评奖

互动专区：皮书说、皮书智库、皮书微博、数据库微博

所获荣誉

2008年、2011年，中国皮书网均在全国新闻出版业网站荣誉评选中获得"最具商业价值网站"称号；

2012年，获得"出版业网站百强"称号。

网库合一

2014年，中国皮书网与皮书数据库端口合一，实现资源共享。更多详情请登录www.pishu.cn。

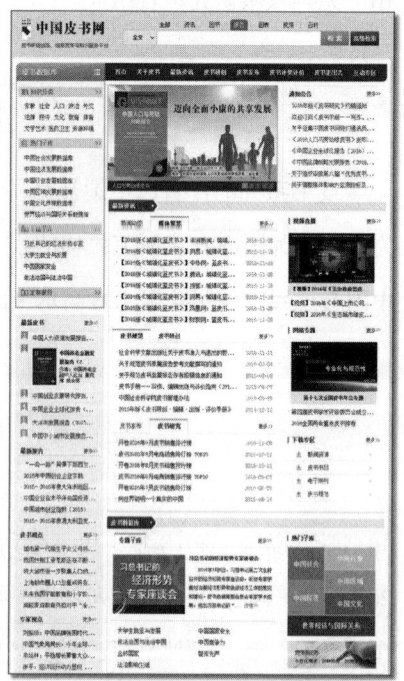

权威报告·热点资讯·特色资源

皮书数据库
ANNUAL REPORT(YEARBOOK) DATABASE

当代中国与世界发展高端智库平台

所获荣誉

- 2016年,入选"国家'十三五'电子出版物出版规划骨干工程"
- 2015年,荣获"搜索中国正能量 点赞2015""创新中国科技创新奖"
- 2013年,荣获"中国出版政府奖·网络出版物奖"提名奖
- 连续多年荣获中国数字出版博览会"数字出版·优秀品牌"奖

成为会员

通过网址www.pishu.com.cn或使用手机扫描二维码进入皮书数据库网站,进行手机号码验证或邮箱验证即可成为皮书数据库会员(建议通过手机号码快速验证注册)。

会员福利

- 使用手机号码首次注册会员可直接获得100元体验金,不需充值即可购买和查看数据库内容(仅限使用手机号码快速注册)。
- 已注册用户购书后可免费赠100元皮书数据库充值卡。刮开充值卡涂层获取充值密码,登录并进入"会员中心"—"在线充值"—"充值卡充值",充值成功后即可购买和查看数据库内容。

数据库服务热线:400-008-6695
数据库服务QQ:2475522410
数据库服务邮箱:database@ssap.cn
图书销售热线:010-59367070/7028
图书服务QQ:1265056568
图书服务邮箱:duzhe@ssap.cn

社会科学文献出版社 皮书系列
SOCIAL SCIENCES ACADEMIC PRESS (CHINA)
卡号:697939471432
密码:

S 子库介绍
Sub-Database Introduction

中国经济发展数据库

涵盖宏观经济、农业经济、工业经济、产业经济、财政金融、交通旅游、商业贸易、劳动经济、企业经济、房地产经济、城市经济、区域经济等领域，为用户实时了解经济运行态势、把握经济发展规律、洞察经济形势、做出经济决策提供参考和依据。

中国社会发展数据库

全面整合国内外有关中国社会发展的统计数据、深度分析报告、专家解读和热点资讯构建而成的专业学术数据库。涉及宗教、社会、人口、政治、外交、法律、文化、教育、体育、文学艺术、医药卫生、资源环境等多个领域。

中国行业发展数据库

以中国国民经济行业分类为依据，跟踪分析国民经济各行业市场运行状况和政策导向，提供行业发展最前沿的资讯，为用户投资、从业及各种经济决策提供理论基础和实践指导。内容涵盖农业，能源与矿产业，交通运输业，制造业，金融业，房地产业，租赁和商务服务业，科学研究，环境和公共设施管理，居民服务业，教育，卫生和社会保障，文化、体育和娱乐业等100余个行业。

中国区域发展数据库

对特定区域内的经济、社会、文化、法治、资源环境等领域的现状与发展情况进行分析和预测。涵盖中部、西部、东北、西北等地区，长三角、珠三角、黄三角、京津冀、环渤海、合肥经济圈、长株潭城市群、关中—天水经济区、海峡经济区等区域经济体和城市圈，北京、上海、浙江、河南、陕西等34个省份及中国台湾地区。

中国文化传媒数据库

包括文化事业、文化产业、宗教、群众文化、图书馆事业、博物馆事业、档案事业、语言文字、文学、历史地理、新闻传播、广播电视、出版事业、艺术、电影、娱乐等多个子库。

世界经济与国际关系数据库

以皮书系列中涉及世界经济与国际关系的研究成果为基础，全面整合国内外有关世界经济与国际关系的统计数据、深度分析报告、专家解读和热点资讯构建而成的专业学术数据库。包括世界经济、国际政治、世界文化与科技、全球性问题、国际组织与国际法、区域研究等多个子库。

法律声明

"皮书系列"（含蓝皮书、绿皮书、黄皮书）之品牌由社会科学文献出版社最早使用并持续至今，现已被中国图书市场所熟知。"皮书系列"的LOGO（ ）与"经济蓝皮书""社会蓝皮书"均已在中华人民共和国国家工商行政管理总局商标局登记注册。"皮书系列"图书的注册商标专用权及封面设计、版式设计的著作权均为社会科学文献出版社所有。未经社会科学文献出版社书面授权许可，任何使用与"皮书系列"图书注册商标、封面设计、版式设计相同或者近似的文字、图形或其组合的行为均系侵权行为。

经作者授权，本书的专有出版权及信息网络传播权为社会科学文献出版社享有。未经社会科学文献出版社书面授权许可，任何就本书内容的复制、发行或以数字形式进行网络传播的行为均系侵权行为。

社会科学文献出版社将通过法律途径追究上述侵权行为的法律责任，维护自身合法权益。

欢迎社会各界人士对侵犯社会科学文献出版社上述权利的侵权行为进行举报。电话：010-59367121，电子邮箱：fawubu@ssap.cn。

社会科学文献出版社

皮书系列

2018年

智库成果出版与传播平台

社会科学文献出版社
SOCIAL SCIENCES ACADEMIC PRESS (CHINA)

社长致辞

蓦然回首,皮书的专业化历程已经走过了二十年。20年来从一个出版社的学术产品名称到媒体热词再到智库成果研创及传播平台,皮书以专业化为主线,进行了系列化、市场化、品牌化、数字化、国际化、平台化的运作,实现了跨越式的发展。特别是在党的十八大以后,以习近平总书记为核心的党中央高度重视新型智库建设,皮书也迎来了长足的发展,总品种达到600余种,经过专业评审机制、淘汰机制遴选,目前,每年稳定出版近400个品种。"皮书"已经成为中国新型智库建设的抓手,成为国际国内社会各界快速、便捷地了解真实中国的最佳窗口。

20年孜孜以求,"皮书"始终将自己的研究视野与经济社会发展中的前沿热点问题紧密相连。600个研究领域,3万多位分布于800余个研究机构的专家学者参与了研创写作。皮书数据库中共收录了15万篇专业报告,50余万张数据图表,合计30亿字,每年报告下载量近80万次。皮书为中国学术与社会发展实践的结合提供了一个激荡智力、传播思想的入口,皮书作者们用学术的话语、客观翔实的数据谱写出了中国故事壮丽的篇章。

20年跬步千里,"皮书"始终将自己的发展与时代赋予的使命与责任紧紧相连。每年百余场新闻发布会,10万余次中外媒体报道,中、英、俄、日、韩等12个语种共同出版。皮书所具有的凝聚力正在形成一种无形的力量,吸引着社会各界关注中国的发展,参与中国的发展,它是我们向世界传递中国声音、总结中国经验、争取中国国际话语权最主要的平台。

皮书这一系列成就的取得,得益于中国改革开放的伟大时代,离不开来自中国社会科学院、新闻出版广电总局、全国哲学社会科学规划办公室等主管部门的大力支持和帮助,也离不开皮书研创者和出版者的共同努力。他们与皮书的故事创造了皮书的历史,他们对皮书的拳拳之心将继续谱写皮书的未来!

现在,"皮书"品牌已经进入了快速成长的青壮年时期。全方位进行规范化管理,树立中国的学术出版标准;不断提升皮书的内容质量和影响力,搭建起中国智库产品和智库建设的交流服务平台和国际传播平台;发布各类皮书指数,并使之成为中国指数,让中国智库的声音响彻世界舞台,为人类的发展做出中国的贡献——这是皮书未来发展的图景。作为"皮书"这个概念的提出者,"皮书"从一般图书到系列图书和品牌图书,最终成为智库研究和社会科学应用对策研究的知识服务和成果推广平台这整个过程的操盘者,我相信,这也是每一位皮书人执着追求的目标。

"当代中国正经历着我国历史上最为广泛而深刻的社会变革,也正在进行着人类历史上最为宏大而独特的实践创新。这种前无古人的伟大实践,必将给理论创造、学术繁荣提供强大动力和广阔空间。"

在这个需要思想而且一定能够产生思想的时代,皮书的研创出版一定能创造出新的更大的辉煌!

社会科学文献出版社社长
中国社会学会秘书长

2017年11月

社会科学文献出版社简介

社会科学文献出版社（以下简称"社科文献出版社"）成立于1985年，是直属于中国社会科学院的人文社会科学学术出版机构。成立至今，社科文献出版社始终依托中国社会科学院和国内外人文社会科学界丰厚的学术出版和专家学者资源，坚持"创社科经典，出传世文献"的出版理念、"权威、前沿、原创"的产品定位以及学术成果和智库成果出版的专业化、数字化、国际化、市场化的经营道路。

社科文献出版社是中国新闻出版业转型与文化体制改革的先行者。积极探索文化体制改革的先进方向和现代企业经营决策机制，社科文献出版社先后荣获"全国文化体制改革工作先进单位"、中国出版政府奖·先进出版单位奖、中国社会科学院先进集体、全国科普工作先进集体等荣誉称号。多人次荣获"第十届韬奋出版奖""全国新闻出版行业领军人才""数字出版先进人物""北京市新闻出版广电行业领军人才"等称号。

社科文献出版社是中国人文社会科学学术出版的大社名社，也是以皮书为代表的智库成果出版的专业强社。年出版图书2000余种，其中皮书400余种，出版新书字数5.5亿字，承印与发行中国社科院院属期刊72种，先后创立了皮书系列、列国志、中国史话、社科文献学术译库、社科文献学术文库、甲骨文书系等一大批既有学术影响又有市场价值的品牌，确立了在社会学、近代史、苏东问题研究等专业学科及领域出版的领先地位。图书多次荣获中国出版政府奖、"三个一百"原创图书出版工程、"五个'一'工程奖"、"大众喜爱的50种图书"等奖项，在中央国家机关"强素质·做表率"读书活动中，入选图书品种数位居各大出版社之首。

社科文献出版社是中国学术出版规范与标准的倡议者与制定者，代表全国50多家出版社发起实施学术著作出版规范的倡议，承担学术著作规范国家标准的起草工作，率先编撰完成《皮书手册》对皮书品牌进行规范化管理，并在此基础上推出中国版芝加哥手册——《社科文献出版社学术出版手册》。

社科文献出版社是中国数字出版的引领者，拥有皮书数据库、列国志数据库、"一带一路"数据库、减贫数据库、集刊数据库等4大产品线11个数据库产品，机构用户达1300余家，海外用户百余家，荣获"数字出版转型示范单位""新闻出版标准化先进单位""专业数字内容资源知识服务模式试点企业标准化示范单位"等称号。

社科文献出版社是中国学术出版走出去的践行者。社科文献出版社海外图书出版与学术合作业务遍及全球40余个国家和地区，并于2016年成立俄罗斯分社，累计输出图书500余种，涉及近20个语种，累计获得国家社科基金中华学术外译项目资助76种、"丝路书香工程"项目资助60种、中国图书对外推广计划项目资助71种以及经典中国国际出版工程资助28种，被五部委联合认定为"2015-2016年度国家文化出口重点企业"。

如今，社科文献出版社完全靠自身积累拥有固定资产3.6亿元，年收入3亿元，设置了七大出版分社、六大专业部门，成立了皮书研究院和博士后科研工作站，培养了一支近400人的高素质与高效率的编辑、出版、营销和国际推广队伍，为未来成为学术出版的大社、名社、强社，成为文化体制改革与文化企业转型发展的排头兵奠定了坚实的基础。

 宏观经济类

皮书系列
重点推荐

宏观经济类

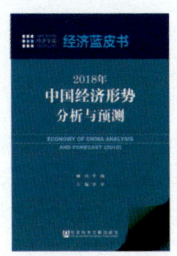

经济蓝皮书

2018年中国经济形势分析与预测

李平/主编 2017年12月出版 定价：89.00元

◆ 本书为总រ基金项目，由著名经济学家李扬领衔，联合中国社会科学院等数十家科研机构、国家部委和高等院校的专家共同撰写，系统分析了2017年的中国经济形势并预测2018年中国经济运行情况。

城市蓝皮书

中国城市发展报告 No.11

潘家华 单菁菁/主编 2018年9月出版 估价：99.00元

◆ 本书是由中国社会科学院城市发展与环境研究中心编著的，多角度、全方位地立体展示了中国城市的发展状况，并对中国城市的未来发展提出了许多建议。该书有强烈的时代感，对中国城市发展实践有重要的参考价值。

人口与劳动绿皮书

中国人口与劳动问题报告 No.19

张车伟/主编 2018年10月出版 估价：99.00元

◆ 本书为中国社会科学院人口与劳动经济研究所主编的年度报告，对当前中国人口与劳动形势做了比较全面和系统的深入讨论，为研究中国人口与劳动问题提供了一个专业性的视角。

宏观经济类·区域经济类

中国省域竞争力蓝皮书
中国省域经济综合竞争力发展报告（2017~2018）
李建平　李闽榕　高燕京/主编　2018年5月出版　估价：198.00元

◆ 本书融多学科的理论为一体，深入追踪研究了省域经济发展与中国国家竞争力的内在关系，为提升中国省域经济综合竞争力提供有价值的决策依据。

金融蓝皮书
中国金融发展报告（2018）
王国刚/主编　2018年2月出版　估价：99.00元

◆ 本书由中国社会科学院金融研究所组织编写，概括和分析了2017年中国金融发展和运行中的各方面情况，研讨和评论了2017年发生的主要金融事件，有利于读者了解掌握2017年中国的金融状况，把握2018年中国金融的走势。

区域经济类

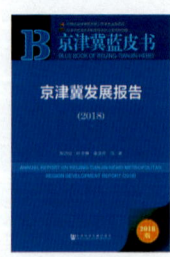

京津冀蓝皮书
京津冀发展报告（2018）
祝合良　叶堂林　张贵祥/等著　2018年6月出版　估价：99.00元

◆ 本书遵循问题导向与目标导向相结合、统计数据分析与大数据分析相结合、纵向分析和长期监测与结构分析和综合监测相结合等原则，对京津冀协同发展新形势与新进展进行测度与评价。

 社会政法类 | 皮书系列 重点推荐

社会政法类

社会蓝皮书
2018年中国社会形势分析与预测

李培林　陈光金　张翼 / 主编　2017年12月出版　定价：89.00元

◆ 本书由中国社会科学院社会学研究所组织研究机构专家、高校学者和政府研究人员撰写，聚焦当下社会热点，对2017年中国社会发展的各个方面内容进行了权威解读，同时对2018年社会形势发展趋势进行了预测。

法治蓝皮书
中国法治发展报告No.16（2018）

李林　田禾 / 主编　2018年3月出版　估价：118.00元

◆ 本年度法治蓝皮书回顾总结了2017年度中国法治发展取得的成就和存在的不足，对中国政府、司法、检务透明度进行了跟踪调研，并对2018年中国法治发展形势进行了预测和展望。

教育蓝皮书
中国教育发展报告（2018）

杨东平 / 主编　2018年4月出版　估价：99.00元

◆ 本书重点关注了2017年教育领域的热点，资料翔实，分析有据，既有专题研究，又有实践案例，从多角度对2017年教育改革和实践进行了分析和研究。

社会政法类

社会体制蓝皮书
中国社会体制改革报告 No.6（2018）

龚维斌 / 主编　2018 年 3 月出版　估价：99.00 元

◆ 本书由国家行政学院社会治理研究中心和北京师范大学中国社会管理研究院共同组织编写，主要对 2017 年社会体制改革情况进行回顾和总结，对 2018 年的改革走向进行分析，提出相关政策建议。

社会心态蓝皮书
中国社会心态研究报告（2018）

王俊秀　杨宜音 / 主编　2018 年 12 月出版　估价：99.00 元

◆ 本书是中国社会科学院社会学研究所社会心理研究中心"社会心态蓝皮书课题组"的年度研究成果，运用社会心理学、社会学、经济学、传播学等多种学科的方法进行了调查和研究，对于目前中国社会心态状况有较广泛和深入的揭示。

华侨华人蓝皮书
华侨华人研究报告（2018）

贾益民 / 主编　2018 年 1 月出版　估价：139.00 元

◆ 本书关注华侨华人生产与生活的方方面面。华侨华人是中国建设 21 世纪海上丝绸之路的重要中介者、推动者和参与者。本书旨在全面调研华侨华人，提供最新涉侨动态、理论研究成果和政策建议。

民族发展蓝皮书
中国民族发展报告（2018）

王延中 / 主编　2018 年 10 月出版　估价：188.00 元

◆ 本书从民族学人类学视角，研究近年来少数民族和民族地区的发展情况，展示民族地区经济、政治、文化、社会和生态文明"五位一体"建设取得的辉煌成就和面临的困难挑战，为深刻理解中央民族工作会议精神、加快民族地区全面建成小康社会进程提供了实证材料。

产业经济类

房地产蓝皮书
中国房地产发展报告 No.15（2018）

李春华 王业强/主编 2018年5月出版 估价：99.00元

◆ 2018年《房地产蓝皮书》持续追踪中国房地产市场最新动态，深度剖析市场热点，展望2018年发展趋势，积极谋划应对策略。对2017年房地产市场的发展态势进行全面、综合的分析。

新能源汽车蓝皮书
中国新能源汽车产业发展报告（2018）

中国汽车技术研究中心　日产（中国）投资有限公司
东风汽车有限公司/编著　2018年8月出版　估价：99.00元

◆ 本书对中国2017年新能源汽车产业发展进行了全面系统的分析，并介绍了国外的发展经验。有助于相关机构、行业和社会公众等了解中国新能源汽车产业发展的最新动态，为政府部门出台新能源汽车产业相关政策法规、企业制定相关战略规划，提供必要的借鉴和参考。

行业及其他类

旅游绿皮书
2017～2018年中国旅游发展分析与预测

中国社会科学院旅游研究中心/编　2018年2月出版　估价：99.00元

◆ 本书从政策、产业、市场、社会等多个角度勾画出2017年中国旅游发展全貌，剖析了其中的热点和核心问题，并就未来发展作出预测。

行业及其他类

民营医院蓝皮书
中国民营医院发展报告（2018）
薛晓林 / 主编　2018 年 1 月出版　估价：99.00 元

◆ 本书在梳理国家对社会办医的各种利好政策的前提下，对我国民营医疗发展现状、我国民营医院竞争力进行了分析，并结合我国医疗体制改革对民营医院的发展趋势、发展策略、战略规划等方面进行了预估。

会展蓝皮书
中外会展业动态评估研究报告（2018）
张敏 / 主编　2018 年 12 月出版　估价：99.00 元

◆ 本书回顾了 2017 年的会展业发展动态，结合"供给侧改革"、"互联网＋"、"绿色经济"的新形势分析了我国展会的行业现状，并介绍了国外的发展经验，有助于行业和社会了解最新的展会业动态。

中国上市公司蓝皮书
中国上市公司发展报告（2018）
张平　王宏淼 / 主编　2018 年 9 月出版　估价：99.00 元

◆ 本书由中国社会科学院上市公司研究中心组织编写的，着力于全面、真实、客观反映当前中国上市公司财务状况和价值评估的综合性年度报告。本书详尽分析了 2017 年中国上市公司情况，特别是现实中暴露出的制度性、基础性问题，并对资本市场改革进行了探讨。

工业和信息化蓝皮书
人工智能发展报告（2017～2018）
尹丽波 / 主编　2018 年 6 月出版　估价：99.00 元

◆ 本书国家工业信息安全发展研究中心在对 2017 年全球人工智能技术和产业进行全面跟踪研究基础上形成的研究报告。该报告内容翔实、视角独特，具有较强的产业发展前瞻性和预测性，可为相关主管部门、行业协会、企业等全面了解人工智能发展形势以及进行科学决策提供参考。

国际问题与全球治理类

皮书系列
重点推荐

国际问题与全球治理类

世界经济黄皮书
2018年世界经济形势分析与预测

张宇燕 / 主编　2018年1月出版　估价：99.00元

◆ 本书由中国社会科学院世界经济与政治研究所的研究团队撰写，分总论、国别与地区、专题、热点、世界经济统计与预测等五个部分，对2018年世界经济形势进行了分析。

国际城市蓝皮书
国际城市发展报告（2018）

屠启宇 / 主编　2018年2月出版　估价：99.00元

◆ 本书作者以上海社会科学院从事国际城市研究的学者团队为核心，汇集同济大学、华东师范大学、复旦大学、上海交通大学、南京大学、浙江大学相关城市研究专业学者。立足动态跟踪介绍国际城市发展时间中，最新出现的重大战略、重大理念、重大项目、重大报告和最佳案例。

非洲黄皮书
非洲发展报告 No.20（2017～2018）

张宏明 / 主编　2018年7月出版　估价：99.00元

◆ 本书是由中国社会科学院西亚非洲研究所组织编撰的非洲形势年度报告，比较全面、系统地分析了2017年非洲政治形势和热点问题，探讨了非洲经济形势和市场走向，剖析了大国对非洲关系的新动向；此外，还介绍了国内非洲研究的新成果。

皮书系列
重点推荐   国别类

国别类

美国蓝皮书
美国研究报告（2018）

郑秉文　黄平／主编　2018年5月出版　估价：99.00元

◆ 本书是由中国社会科学院美国研究所主持完成的研究成果，它回顾了美国2017年的经济、政治形势与外交战略，对美国内政外交发生的重大事件及重要政策进行了较为全面的回顾和梳理。

德国蓝皮书
德国发展报告（2018）

郑春荣／主编　2018年6月出版　估价：99.00元

◆ 本报告由同济大学德国研究所组织编撰，由该领域的专家学者对德国的政治、经济、社会文化、外交等方面的形势发展情况，进行全面的阐述与分析。

俄罗斯黄皮书
俄罗斯发展报告（2018）

李永全／编著　2018年6月出版　估价：99.00元

◆ 本书系统介绍了2017年俄罗斯经济政治情况，并对2016年该地区发生的焦点、热点问题进行了分析与回顾；在此基础上，对该地区2018年的发展前景进行了预测。

 文化传媒类

皮书系列
重点推荐

文化传媒类

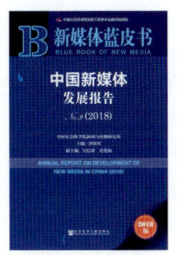

新媒体蓝皮书
中国新媒体发展报告No.9（2018）

唐绪军/主编　2018年6月出版　估价：99.00元

◆ 本书是由中国社会科学院新闻与传播研究所组织编写的关于新媒体发展的最新年度报告，旨在全面分析中国新媒体的发展现状，解读新媒体的发展趋势，探析新媒体的深刻影响。

移动互联网蓝皮书
中国移动互联网发展报告（2018）

余清楚/主编　2018年6月出版　估价：99.00元

◆ 本书着眼于对2017年度中国移动互联网的发展情况做深入解析，对未来发展趋势进行预测，力求从不同视角、不同层面全面剖析中国移动互联网发展的现状、年度突破及热点趋势等。

文化蓝皮书
中国文化消费需求景气评价报告（2018）

王亚南/主编　2018年2月出版　估价：99.00元

◆ 本书首创全国文化发展量化检测评价体系，也是至今全国唯一的文化民生量化检测评价体系，对于检验全国及各地"以人民为中心"的文化发展具有首创意义。

地方发展类

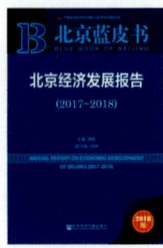

北京蓝皮书
北京经济发展报告（2017～2018）

杨松/主编　2018年6月出版　估价：99.00元

◆ 本书对2017年北京市经济发展的整体形势进行了系统性的分析与回顾，并对2018年经济形势走势进行了预测与研判，聚焦北京市经济社会发展中的全局性、战略性和关键领域的重点问题，运用定量和定性分析相结合的方法，对北京市经济社会发展的现状、问题、成因进行了深入分析，提出了可操作性的对策建议。

温州蓝皮书
2018年温州经济社会形势分析与预测

蒋儒标　王春光　金浩/主编　2018年4月出版　估价：99.00元

◆ 本书是中共温州市委党校和中国社会科学院社会学研究所合作推出的第十一本温州蓝皮书，由来自党校、政府部门、科研机构、高校的专家、学者共同撰写的2017年温州区域发展形势的最新研究成果。

黑龙江蓝皮书
黑龙江社会发展报告（2018）

王爱丽/主编　2018年6月出版　估价：99.00元

◆ 本书以千份随机抽样问卷调查和专题研究为依据，运用社会学理论框架和分析方法，从专家和学者的独特视角，对2017年黑龙江省关系民生的问题进行广泛的调研与分析，并对2017年黑龙江省诸多社会热点和焦点问题进行了有益的探索。这些研究不仅可以为政府部门更加全面深入了解省情、科学制定决策提供智力支持，同时也可以为广大读者认识、了解、关注黑龙江社会发展提供理性思考。

宏观经济类

城市蓝皮书
中国城市发展报告（No.11）
著（编）者：潘家华 单菁菁
2018年9月出版 / 估价：99.00元
PSN B-2007-091-1/1

城乡一体化蓝皮书
中国城乡一体化发展报告（2018）
著（编）者：付崇兰
2018年9月出版 / 估价：99.00元
PSN B-2011-226-1/2

城镇化蓝皮书
中国新型城镇化健康发展报告（2018）
著（编）者：张占斌
2018年8月出版 / 估价：99.00元
PSN B-2014-396-1/1

创新蓝皮书
创新型国家建设报告（2018~2019）
著（编）者：詹正茂
2018年12月出版 / 估价：99.00元
PSN B-2009-140-1/1

低碳发展蓝皮书
中国低碳发展报告（2018）
著（编）者：张希良 齐晔
2018年6月出版 / 估价：99.00元
PSN B-2011-223-1/1

低碳经济蓝皮书
中国低碳经济发展报告（2018）
著（编）者：薛进军 赵忠秀
2018年11月出版 / 估价：99.00元
PSN B-2011-194-1/1

发展和改革蓝皮书
中国经济发展和体制改革报告No.9
著（编）者：邹东涛 王再文
2018年1月出版 / 估价：99.00元
PSN B-2008-122-1/1

国家创新蓝皮书
中国创新发展报告（2017）
著（编）者：陈劲 2018年3月出版 / 估价：99.00元
PSN B-2014-370-1/1

金融蓝皮书
中国金融发展报告（2018）
著（编）者：王国刚
2018年2月出版 / 估价：99.00元
PSN B-2004-031-1/7

经济蓝皮书
2018年中国经济形势分析与预测
著（编）者：李平 2017年12月出版 / 定价：89.00元
PSN B-1996-001-1/1

经济蓝皮书春季号
2018年中国经济前景分析
著（编）者：李扬 2018年5月出版 / 估价：99.00元
PSN B-1999-008-1/1

经济蓝皮书夏季号
中国经济增长报告（2017~2018）
著（编）者：李扬 2018年9月出版 / 估价：99.00元
PSN B-2010-176-1/1

经济信息绿皮书
中国与世界经济发展报告（2018）
著（编）者：杜平
2017年12月出版 / 估价：99.00元
PSN G-2003-023-1/1

农村绿皮书
中国农村经济形势分析与预测（2017~2018）
著（编）者：魏后凯 黄秉信
2018年4月出版 / 估价：99.00元
PSN G-1998-003-1/1

人口与劳动绿皮书
中国人口与劳动问题报告No.19
著（编）者：张车伟 2018年11月出版 / 估价：99.00元
PSN G-2000-012-1/1

新型城镇化蓝皮书
新型城镇化发展报告（2017）
著（编）者：李伟 宋敏 沈体雁
2018年3月出版 / 估价：99.00元
PSN B-2005-038-1/1

中国省域竞争力蓝皮书
中国省域经济综合竞争力发展报告（2016~2017）
著（编）者：李建平 李闽榕 高燕京
2018年2月出版 / 估价：198.00元
PSN B-2007-088-1/1

中小城市绿皮书
中国中小城市发展报告（2018）
著（编）者：中国城市经济学会中小城市经济发展委员会
中国城镇化促进会中小城市发展委员会
《中国中小城市发展报告》编纂委员会
中小城市发展战略研究院
2018年11月出版 / 估价：128.00元
PSN G-2010-161-1/1

皮书系列 2018全品种 区域经济类·社会政法类

区域经济类

东北蓝皮书
中国东北地区发展报告（2018）
著（编）者：姜晓秋　2018年11月出版／估价：99.00元
PSN B-2006-067-1/1

金融蓝皮书
中国金融中心发展报告（2017~2018）
著（编）者：王力　黄育华　2018年11月出版／估价：99.00元
PSN B-2011-186-6/7

京津冀蓝皮书
京津冀发展报告（2018）
著（编）者：祝合良　叶堂林　张贵祥
2018年6月出版／估价：99.00元
PSN B-2012-262-1/1

西北蓝皮书
中国西北发展报告（2018）
著（编）者：任宗哲　白宽犁　王建康
2018年4月出版／估价：99.00元
PSN B-2012-261-1/1

西部蓝皮书
中国西部发展报告（2018）
著（编）者：璋勇　任保平　2018年8月出版／估价：99.00元
PSN B-2005-039-1/1

长江经济带产业蓝皮书
长江经济带产业发展报告（2018）
著（编）者：吴传清　2018年11月出版／估价：128.00元
PSN B-2017-666-1/1

长江经济带蓝皮书
长江经济带发展报告（2017~2018）
著（编）者：王振　2018年11月出版／估价：99.00元
PSN B-2016-575-1/1

长江中游城市群蓝皮书
长江中游城市群新型城镇化与产业协同发展报告（2018）
著（编）者：杨刚强　2018年11月出版／估价：99.00元
PSN B-2016-578-1/1

长三角蓝皮书
2017年创新融合发展的长三角
著（编）者：刘飞跃　2018年3月出版／估价：99.00元
PSN B-2005-038-1/1

长株潭城市群蓝皮书
长株潭城市群发展报告（2017）
著（编）者：张萍　朱有志　2018年1月出版／估价：99.00元
PSN B-2008-109-1/1

中部竞争力蓝皮书
中国中部经济社会竞争力报告（2018）
著（编）者：教育部人文社会科学重点研究基地南昌大学中国
　　　　　　中部经济社会发展研究中心
2018年12月出版／估价：99.00元
PSN B-2012-276-1/1

中部蓝皮书
中国中部地区发展报告（2018）
著（编）者：宋亚平　2018年12月出版／估价：99.00元
PSN B-2007-089-1/1

区域蓝皮书
中国区域经济发展报告（2017~2018）
著（编）者：赵弘　2018年5月出版／估价：99.00元
PSN B-2004-034-1/1

中三角蓝皮书
长江中游城市群发展报告（2018）
著（编）者：秦尊文　2018年9月出版／估价：99.00元
PSN B-2014-417-1/1

中原蓝皮书
中原经济区发展报告（2018）
著（编）者：李英杰　2018年6月出版／估价：99.00元
PSN B-2011-192-1/1

珠三角流通蓝皮书
珠三角商圈发展研究报告（2018）
著（编）者：王先庆　林至颖　2018年7月出版／估价：99.00元
PSN B-2012-292-1/1

社会政法类

北京蓝皮书
中国社区发展报告（2017~2018）
著（编）者：于燕燕　2018年9月出版／估价：99.00元
PSN B-2007-083-5/8

殡葬绿皮书
中国殡葬事业发展报告（2017~2018）
著（编）者：李伯森　2018年4月出版／估价：158.00元
PSN G-2010-180-1/1

城市管理蓝皮书
中国城市管理报告（2017-2018）
著（编）者：刘林　刘承水　2018年5月出版／估价：158.00元
PSN B-2013-336-1/1

城市生活质量蓝皮书
中国城市生活质量报告（2017）
著（编）者：张连城　张平　杨春学　郎丽华
2018年2月出版／估价：99.00元
PSN B-2013-326-1/1

社会政法类 | 皮书系列 2018全品种

城市政府能力蓝皮书
中国城市政府公共服务能力评估报告（2018）
著(编)者：何艳玲　2018年4月出版／估价：99.00元
PSN B-2013-338-1/1

创业蓝皮书
中国创业发展研究报告（2017~2018）
著(编)者：黄群慧　赵卫星　钟宏武
2018年11月出版／估价：99.00元
PSN B-2016-577-1/1

慈善蓝皮书
中国慈善发展报告（2018）
著(编)者：杨团　2018年6月出版／估价：99.00元
PSN B-2009-142-1/1

党建蓝皮书
党的建设研究报告No.2（2018）
著(编)者：崔建民　陈东平　2018年1月出版／估价：99.00元
PSN B-2016-523-1/1

地方法治蓝皮书
中国地方法治发展报告No.3（2018）
著(编)者：李林　田禾　2018年3月出版／估价：118.00元
PSN B-2015-442-1/1

电子政务蓝皮书
中国电子政务发展报告（2018）
著(编)者：李季　2018年8月出版／估价：99.00元
PSN B-2003-022-1/1

法治蓝皮书
中国法治发展报告No.16（2018）
著(编)者：吕艳滨　2018年3月出版／估价：118.00元
PSN B-2004-027-1/3

法治蓝皮书
中国法院信息化发展报告No.2（2018）
著(编)者：李林　田禾　2018年2月出版／估价：108.00元
PSN B-2017-604-3/3

法治政府蓝皮书
中国法治政府发展报告（2018）
著(编)者：中国政法大学法治政府研究院
2018年4月出版／估价：99.00元
PSN B-2015-502-1/2

法治政府蓝皮书
中国法治政府评估报告（2018）
著(编)者：中国政法大学法治政府研究院
2018年9月出版／估价：168.00元
PSN B-2016-576-2/2

反腐倡廉蓝皮书
中国反腐倡廉建设报告No.8
著(编)者：张英伟　2018年12月出版／估价：99.00元
PSN B-2012-259-1/1

扶贫蓝皮书
中国扶贫开发报告（2018）
著(编)者：李培林　魏后凯　2018年12月出版／估价：128.00元
PSN B-2016-599-1/1

妇女发展蓝皮书
中国妇女发展报告No.6
著(编)者：王金玲　2018年9月出版／估价：158.00元
PSN B-2006-069-1/1

妇女教育蓝皮书
中国妇女教育发展报告No.3
著(编)者：张李玺　2018年10月出版／估价：99.00元
PSN B-2008-121-1/1

妇女绿皮书
2018年：中国性别平等与妇女发展报告
著(编)者：谭琳　2018年12月出版／估价：99.00元
PSN G-2006-073-1/1

公共安全蓝皮书
中国城市公共安全发展报告（2017~2018）
著(编)者：黄育华　杨文明　赵建辉
2018年6月出版／估价：99.00元
PSN B-2017-628-1/1

公共服务蓝皮书
中国城市基本公共服务力评价（2018）
著(编)者：钟君　刘志昌　吴正杲
2018年12月出版／估价：99.00元
PSN B-2011-214-1/1

公民科学素质蓝皮书
中国公民科学素质报告（2017~2018）
著(编)者：李群　陈雄　马宗文
2018年1月出版／估价：99.00元
PSN B-2014-379-1/1

公益蓝皮书
中国公益慈善发展报告（2016）
著(编)者：朱健刚　胡小军　2018年2月出版／估价：99.00元
PSN B-2012-283-1/1

国际人才蓝皮书
中国国际移民报告（2018）
著(编)者：王辉耀　2018年2月出版／估价：99.00元
PSN B-2012-304-3/4

国际人才蓝皮书
中国留学发展报告（2018）No.7
著(编)者：王辉耀　苗绿　2018年12月出版／估价：99.00元
PSN B-2012-244-2/4

海洋社会蓝皮书
中国海洋社会发展报告（2017）
著(编)者：崔凤　宋宁而　2018年3月出版／估价：99.00元
PSN B-2015-478-1/1

行政改革蓝皮书
中国行政体制改革报告No.7（2018）
著(编)者：魏礼群　2018年6月出版／估价：99.00元
PSN B-2011-231-1/1

华侨华人蓝皮书
华侨华人研究报告（2017）
著(编)者：贾益民　2018年1月出版／估价：139.00元
PSN B-2011-204-1/1

15

皮书系列 2018全品种
社会政法类

环境竞争力绿皮书
中国省域环境竞争力发展报告（2018）
著（编）者：李建平 李闽榕 王金南
2018年11月出版 / 估价：198.00元
PSN G-2010-165-1/1

环境绿皮书
中国环境发展报告（2017~2018）
著（编）者：李波　2018年4月出版 / 估价：99.00元
PSN G-2006-048-1/1

家庭蓝皮书
中国"创建幸福家庭活动"评估报告（2018）
著（编）者：国务院发展研究中心"创建幸福家庭活动评估"课题组
2018年12月出版 / 估价：99.00元
PSN B-2015-508-1/1

健康城市蓝皮书
中国健康城市建设研究报告（2018）
著（编）者：王鸿春 盛继洪　2018年12月出版 / 估价：99.00元
PSN B-2016-564-2/2

健康中国蓝皮书
社区首诊与健康中国分析报告（2018）
著（编）者：高和荣 杨叔禹 姜杰
2018年4月出版 / 估价：99.00元
PSN B-2017-611-1/1

教师蓝皮书
中国中小学教师发展报告（2017）
著（编）者：曾晓东 鱼霞　2018年6月出版 / 估价：99.00元
PSN B-2012-289-1/1

教育扶贫蓝皮书
中国教育扶贫报告（2018）
著（编）者：司树杰 王文静 李兴洲
2018年12月出版 / 估价：99.00元
PSN B-2016-590-1/1

教育蓝皮书
中国教育发展报告（2018）
著（编）者：杨东平　2018年4月出版 / 估价：99.00元
PSN B-2006-047-1/1

金融法治建设蓝皮书
中国金融法治建设年度报告（2015~2016）
著（编）者：朱小黄　2018年6月出版 / 估价：99.00元
PSN B-2017-633-1/1

京津冀教育蓝皮书
京津冀教育发展研究报告（2017~2018）
著（编）者：方中雄　2018年4月出版 / 估价：99.00元
PSN B-2017-608-1/1

就业蓝皮书
2018年中国本科生就业报告
著（编）者：麦可思研究院　2018年6月出版 / 估价：99.00元
PSN B-2009-146-1/2

就业蓝皮书
2018年中国高职高专生就业报告
著（编）者：麦可思研究院　2018年6月出版 / 估价：99.00元
PSN B-2015-472-2/2

科学教育蓝皮书
中国科学教育发展报告（2018）
著（编）者：王康友　2018年10月出版 / 估价：99.00元
PSN B-2015-487-1/1

劳动保障蓝皮书
中国劳动保障发展报告（2018）
著（编）者：刘燕斌　2018年9月出版 / 估价：158.00元
PSN B-2014-415-1/1

老龄蓝皮书
中国老年宜居环境发展报告（2017）
著（编）者：党俊武 周燕珉　2018年1月出版 / 估价：99.00元
PSN B-2013-320-1/1

连片特困区蓝皮书
中国连片特困区发展报告（2017~2018）
著（编）者：游俊 冷志明 丁建军
2018年4月出版 / 估价：99.00元
PSN B-2013-321-1/1

流动儿童蓝皮书
中国流动儿童教育发展报告（2017）
著（编）者：杨东平　2018年1月出版 / 估价：99.00元
PSN B-2017-600-1/1

民调蓝皮书
中国民生调查报告（2018）
著（编）者：谢耘耕　2018年12月出版 / 估价：99.00元
PSN B-2014-398-1/1

民族发展蓝皮书
中国民族发展报告（2018）
著（编）者：王延中　2018年10月出版 / 估价：188.00元
PSN B-2006-070-1/1

女性生活蓝皮书
中国女性生活状况报告No.12（2018）
著（编）者：韩湘景　2018年7月出版 / 估价：99.00元
PSN B-2006-071-1/1

汽车社会蓝皮书
中国汽车社会发展报告（2017~2018）
著（编）者：王俊秀　2018年1月出版 / 估价：99.00元
PSN B-2011-224-1/1

青年蓝皮书
中国青年发展报告（2018）No.3
著（编）者：廉思　2018年4月出版 / 估价：99.00元
PSN B-2013-333-1/1

青少年蓝皮书
中国未成年人互联网运用报告（2017~2018）
著（编）者：李为民 李文革 沈杰
2018年11月出版 / 估价：99.00元
PSN B-2010-156-1/1

社会政法类 — 皮书系列 2018全品种

人权蓝皮书
中国人权事业发展报告No.8（2018）
著(编)者：李君如　2018年9月出版　估价：99.00元
PSN B-2011-215-1/1

社会保障绿皮书
中国社会保障发展报告No.9（2018）
著(编)者：王延中　2018年1月出版　估价：99.00元
PSN G-2001-014-1/1

社会风险评估蓝皮书
风险评估与危机预警报告（2017~2018）
著(编)者：唐钧　2018年8月出版　估价：99.00元
PSN B-2012-293-1/1

社会工作蓝皮书
中国社会工作发展报告（2016~2017）
著(编)者：民政部社会工作研究中心
2018年8月出版　估价：99.00元
PSN B-2009-141-1/1

社会管理蓝皮书
中国社会管理创新报告No.6
著(编)者：连玉明　2018年11月出版　估价：99.00元
PSN B-2012-300-1/1

社会蓝皮书
2018年中国社会形势分析与预测
著(编)者：李培林　陈光金　张翼
2017年12月出版　定价：89.00元
PSN B-1998-002-1/1

社会体制蓝皮书
中国社会体制改革报告No.6（2018）
著(编)者：龚维斌　2018年3月出版　估价：99.00元
PSN B-2013-330-1/1

社会心态蓝皮书
中国社会心态研究报告（2018）
著(编)者：王俊秀　2018年12月出版　估价：99.00元
PSN B-2011-199-1/1

社会组织蓝皮书
中国社会组织报告（2017-2018）
著(编)者：黄晓勇　2018年1月出版　估价：99.00元
PSN B-2008-118-1/2

社会组织蓝皮书
中国社会组织评估发展报告（2018）
著(编)者：徐家良　2018年12月出版　估价：99.00元
PSN B-2013-366-2/2

生态城市绿皮书
中国生态城市建设发展报告（2018）
著(编)者：刘举科　孙伟平　胡文臻
2018年9月出版　估价：158.00元
PSN G-2012-269-1/1

生态文明绿皮书
中国省域生态文明建设评价报告（ECI 2018）
著(编)者：严耕　2018年12月出版　估价：99.00元
PSN G-2010-170-1/1

退休生活蓝皮书
中国城市居民退休生活质量指数报告（2017）
著(编)者：杨一帆　2018年5月出版　估价：99.00元
PSN B-2017-618-1/1

危机管理蓝皮书
中国危机管理报告（2018）
著(编)者：文学国　范正青
2018年8月出版　估价：99.00元
PSN B-2010-171-1/1

学会蓝皮书
2018年中国学会发展报告
著(编)者：麦可思研究院
2018年12月出版　估价：99.00元
PSN B-2016-597-1/1

医改蓝皮书
中国医药卫生体制改革报告（2017~2018）
著(编)者：文学国　房志武
2018年11月出版　估价：99.00元
PSN B-2014-432-1/1

应急管理蓝皮书
中国应急管理报告（2018）
著(编)者：宋英华　2018年9月出版　估价：99.00元
PSN B-2016-562-1/1

政府绩效评估蓝皮书
中国地方政府绩效评估报告No.2
著(编)者：贠杰　2018年12月出版　估价：99.00元
PSN B-2017-672-1/1

政治参与蓝皮书
中国政治参与报告（2018）
著(编)者：房宁　2018年8月出版　估价：128.00元
PSN B-2011-200-1/1

政治文化蓝皮书
中国政治文化报告（2018）
著(编)者：邢元敏　魏大鹏　龚克
2018年8月出版　估价：128.00元
PSN B-2017-615-1/1

中国传统村落蓝皮书
中国传统村落保护现状报告（2018）
著(编)者：胡彬彬　李向军　王晓波
2018年12月出版　估价：99.00元
PSN B-2017-663-1/1

中国农村妇女发展蓝皮书
农村流动女性城市生活发展报告（2018）
著(编)者：谢丽华　2018年12月出版　估价：99.00元
PSN B-2014-434-1/1

宗教蓝皮书
中国宗教报告（2017）
著(编)者：邱永辉　2018年8月出版　估价：99.00元
PSN B-2008-117-1/1

皮书系列
2018全品种 产业经济类

产业经济类

保健蓝皮书
中国保健服务产业发展报告 No.2
著(编)者：中国保健协会　中共中央党校
2018年7月出版 / 估价：198.00元
PSN B-2012-272-3/3

保健蓝皮书
中国保健食品产业发展报告 No.2
著(编)者：中国保健协会
　　　　　中国社会科学院食品药品产业发展与监管研究中心
2018年8月出版 / 估价：198.00元
PSN B-2012-271-2/3

保健蓝皮书
中国保健用品产业发展报告 No.2
著(编)者：中国保健协会
　　　　　国务院国有资产监督管理委员会研究中心
2018年3月出版 / 估价：198.00元
PSN B-2012-270-1/3

保险蓝皮书
中国保险业竞争力报告（2018）
著(编)者：保监会　2018年12月出版 / 估价：99.00元
PSN B-2013-311-1/1

冰雪蓝皮书
中国冰上运动产业发展报告（2018）
著(编)者：孙承华　杨占武　刘戈　张鸿俊
2018年9月出版 / 估价：99.00元
PSN B-2017-648-3/3

冰雪蓝皮书
中国滑雪产业发展报告（2018）
著(编)者：孙承华　伍斌　魏庆华　张鸿俊
2018年9月出版 / 估价：99.00元
PSN B-2016-559-1/3

餐饮产业蓝皮书
中国餐饮产业发展报告（2018）
著(编)者：邢颖
2018年6月出版 / 估价：99.00元
PSN B-2009-151-1/1

茶业蓝皮书
中国茶产业发展报告（2018）
著(编)者：杨江帆　李闽榕
2018年10月出版 / 估价：99.00元
PSN B-2010-164-1/1

产业安全蓝皮书
中国文化产业安全报告（2018）
著(编)者：北京印刷学院文化产业安全研究院
2018年12月出版 / 估价：99.00元
PSN B-2014-378-12/14

产业安全蓝皮书
中国新媒体产业安全报告（2016~2017）
著(编)者：肖丽　2018年6月出版 / 估价：99.00元
PSN B-2015-500-14/14

产业安全蓝皮书
中国出版传媒产业安全报告（2017~2018）
著(编)者：北京印刷学院文化产业安全研究院
2018年3月出版 / 估价：99.00元
PSN B-2014-384-13/14

产业蓝皮书
中国产业竞争力报告（2018）No.8
著(编)者：张其仔　2018年12月出版 / 估价：168.00元
PSN B-2010-175-1/1

动力电池蓝皮书
中国新能源汽车动力电池产业发展报告（2018）
著(编)者：中国汽车技术研究中心
2018年8月出版 / 估价：99.00元
PSN B-2017-639-1/1

杜仲产业绿皮书
中国杜仲橡胶资源与产业发展报告（2017~2018）
著(编)者：杜红岩　胡文臻　俞锐
2018年1月出版 / 估价：99.00元
PSN G-2013-350-1/1

房地产蓝皮书
中国房地产发展报告No.15（2018）
著(编)者：李春华　王业强
2018年5月出版 / 估价：99.00元
PSN B-2004-028-1/1

服务外包蓝皮书
中国服务外包产业发展报告（2017~2018）
著(编)者：王晓红　刘德军
2018年6月出版 / 估价：99.00元
PSN B-2013-331-2/2

服务外包蓝皮书
中国服务外包竞争力报告（2017~2018）
著(编)者：刘春生　王力　黄育华
2018年12月出版 / 估价：99.00元
PSN B-2011-216-1/2

工业和信息化蓝皮书
世界信息技术产业发展报告（2017~2018）
著(编)者：尹丽波　2018年6月出版 / 估价：99.00元
PSN B-2015-449-2/6

工业和信息化蓝皮书
战略性新兴产业发展报告（2017~2018）
著(编)者：尹丽波　2018年6月出版 / 估价：99.00元
PSN B-2015-450-3/6

产业经济类 | 皮书系列 2018全品种

客车蓝皮书
中国客车产业发展报告（2017~2018）
著（编）者：姚蔚　　2018年10月出版 / 估价：99.00元
PSN B-2013-361-1/1

流通蓝皮书
中国商业发展报告（2018~2019）
著（编）者：王雪峰　林诗慧
2018年7月出版 / 估价：99.00元
PSN B-2009-152-1/2

能源蓝皮书
中国能源发展报告（2018）
著（编）者：崔民选　王军生　陈义和
2018年12月出版 / 估价：99.00元
PSN B-2006-049-1/1

农产品流通蓝皮书
中国农产品流通产业发展报告（2017）
著（编）者：贾敬敦　张东科　张玉玺　张鹏毅　周伟
2018年1月出版 / 估价：99.00元
PSN B-2012-288-1/1

汽车工业蓝皮书
中国汽车工业发展年度报告（2018）
著（编）者：中国汽车工业协会
　　　　　中国汽车技术研究中心
　　　　　丰田汽车公司
2018年5月出版 / 估价：168.00元
PSN B-2015-463-1/2

汽车工业蓝皮书
中国汽车零部件产业发展报告（2017~2018）
著（编）者：中国汽车工业协会
　　　　　中国汽车工程研究院　深圳市沃特玛电池有限公司
2018年9月出版 / 估价：99.00元
PSN B-2016-515-2/2

汽车蓝皮书
中国汽车产业发展报告（2018）
著（编）者：中国汽车工程学会
　　　　　大众汽车集团（中国）
2018年11月出版 / 估价：99.00元
PSN B-2008-124-1/1

世界茶业蓝皮书
世界茶业发展报告（2018）
著（编）者：李闽榕　冯廷佺
2018年5月出版 / 估价：168.00元
PSN B-2017-619-1/1

世界能源蓝皮书
世界能源发展报告（2018）
著（编）者：黄晓勇　　2018年6月出版 / 估价：168.00元
PSN B-2013-349-1/1

体育蓝皮书
国家体育产业基地发展报告（2016~2017）
著（编）者：李颖川　　2018年4月出版 / 估价：168.00元
PSN B-2017-609-5/5

体育蓝皮书
中国体育产业发展报告（2018）
著（编）者：阮伟　钟秉枢
2018年12月出版 / 估价：99.00元
PSN B-2010-179-1/5

文化金融蓝皮书
中国文化金融发展报告（2018）
著（编）者：杨涛　金巍
2018年5月出版 / 估价：99.00元
PSN B-2017-610-1/1

新能源汽车蓝皮书
中国新能源汽车产业发展报告（2018）
著（编）者：中国汽车技术研究中心
　　　　　日产（中国）投资有限公司
　　　　　东风汽车有限公司
2018年8月出版 / 估价：99.00元
PSN B-2013-347-1/1

薏仁米产业蓝皮书
中国薏仁米产业发展报告No.2（2018）
著（编）者：李发耀　石明　秦礼康
2018年8月出版 / 估价：99.00元
PSN B-2017-645-1/1

邮轮绿皮书
中国邮轮产业发展报告（2018）
著（编）者：汪泓　　2018年10月出版 / 估价：99.00元
PSN G-2014-419-1/1

智能养老蓝皮书
中国智能养老产业发展报告（2018）
著（编）者：朱勇　　2018年10月出版 / 估价：99.00元
PSN B-2015-488-1/1

中国节能汽车蓝皮书
中国节能汽车发展报告（2017~2018）
著（编）者：中国汽车工程研究院股份有限公司
2018年9月出版 / 估价：99.00元
PSN B-2016-565-1/1

中国陶瓷产业蓝皮书
中国陶瓷产业发展报告（2018）
著（编）者：左和平　黄速建
2018年10月出版 / 估价：99.00元
PSN B-2016-573-1/1

装备制造业蓝皮书
中国装备制造业发展报告（2018）
著（编）者：徐东华　　2018年12月出版 / 估价：118.00元
PSN B-2015-505-1/1

行业及其他类

"三农"互联网金融蓝皮书
中国"三农"互联网金融发展报告（2018）
著(编)者：李勇坚 王弢
2018年8月出版 / 估价：99.00元
PSN B-2016-560-1/1

SUV蓝皮书
中国SUV市场发展报告（2017～2018）
著(编)者：靳军　2018年9月出版 / 估价：99.00元
PSN B-2016-571-1/1

冰雪蓝皮书
中国冬季奥运会发展报告（2018）
著(编)者：孙承华 伍斌 魏庆华 张鸿俊
2018年9月出版 / 估价：99.00元
PSN B-2017-647-2/3

彩票蓝皮书
中国彩票发展报告（2018）
著(编)者：益彩基金　2018年4月出版 / 估价：99.00元
PSN B-2015-462-1/1

测绘地理信息蓝皮书
测绘地理信息供给侧结构性改革研究报告（2018）
著(编)者：库热西·买合苏提
2018年12月出版 / 估价：168.00元
PSN B-2009-145-1/1

产权市场蓝皮书
中国产权市场发展报告（2017）
著(编)者：曹和平　2018年5月出版 / 估价：99.00元
PSN B-2009-147-1/1

城投蓝皮书
中国城投行业发展报告（2018）
著(编)者：华景斌
2018年11月出版 / 估价：300.00元
PSN B-2016-514-1/1

大数据蓝皮书
中国大数据发展报告（No.2）
著(编)者：连玉明　2018年5月出版 / 估价：99.00元
PSN B-2017-620-1/1

大数据应用蓝皮书
中国大数据应用发展报告No.2（2018）
著(编)者：陈军君　2018年8月出版 / 估价：99.00元
PSN B-2017-644-1/1

对外投资与风险蓝皮书
中国对外直接投资与国家风险报告（2018）
著(编)者：中债资信评估有限责任公司
　　　　　中国社会科学院世界经济与政治研究所
2018年4月出版 / 估价：189.00元
PSN B-2017-606-1/1

工业和信息化蓝皮书
人工智能发展报告（2017～2018）
著(编)者：尹丽波　2018年6月出版 / 估价：99.00元
PSN B-2015-448-1/6

工业和信息化蓝皮书
世界智慧城市发展报告（2017～2018）
著(编)者：尹丽波　2018年6月出版 / 估价：99.00元
PSN B-2015-624-6/6

工业和信息化蓝皮书
世界网络安全发展报告（2017～2018）
著(编)者：尹丽波　2018年6月出版 / 估价：99.00元
PSN B-2015-452-5/6

工业和信息化蓝皮书
世界信息化发展报告（2017～2018）
著(编)者：尹丽波　2018年6月出版 / 估价：99.00元
PSN B-2015-451-4/6

工业设计蓝皮书
中国工业设计发展报告（2018）
著(编)者：王晓红 于炜 张立群　2018年9月出版 / 估价：168.00元
PSN B-2014-420-1/1

公共关系蓝皮书
中国公共关系发展报告（2018）
著(编)者：柳斌杰　2018年11月出版 / 估价：99.00元
PSN B-2016-579-1/1

管理蓝皮书
中国管理发展报告（2018）
著(编)者：张晓东　2018年10月出版 / 估价：99.00元
PSN B-2014-416-1/1

海关发展蓝皮书
中国海关发展前沿报告（2018）
著(编)者：干春晖　2018年6月出版 / 估价：99.00元
PSN B-2017-616-1/1

互联网医疗蓝皮书
中国互联网健康医疗发展报告（2018）
著(编)者：芮晓武　2018年6月出版 / 估价：99.00元
PSN B-2016-567-1/1

黄金市场蓝皮书
中国商业银行黄金业务发展报告（2017～2018）
著(编)者：平安银行　2018年3月出版 / 估价：99.00元
PSN B-2016-524-1/1

会展蓝皮书
中外会展业动态评估研究报告（2018）
著(编)者：张敏 任中峰 聂鑫焱 牛盼强
2018年12月出版 / 估价：99.00元
PSN B-2013-327-1/1

基金会蓝皮书
中国基金会发展报告（2017~2018）
著(编)者：中国基金会发展报告课题组
2018年4月出版 / 估价：99.00元
PSN B-2013-368-1/1

基金会绿皮书
中国基金会发展独立研究报告（2018）
著(编)者：基金会中心网　中央民族大学基金会研究中心
2018年6月出版 / 估价：99.00元
PSN G-2011-213-1/1

行业及其他类 | 皮书系列 2018全品种

基金会透明度蓝皮书
中国基金会透明度发展研究报告（2018）
著(编)者：基金会中心网
　　　　　清华大学廉政与治理研究中心
2018年9月出版 / 估价：99.00元
PSN B-2013-339-1/1

建筑装饰蓝皮书
中国建筑装饰行业发展报告（2018）
著(编)者：葛道顺 刘晓一
2018年10月出版 / 估价：198.00元
PSN B-2016-553-1/1

金融监管蓝皮书
中国金融监管报告（2018）
著(编)者：胡滨　2018年5月出版 / 估价：99.00元
PSN B-2012-281-1/1

金融蓝皮书
中国互联网金融行业分析与评估（2018～2019）
著(编)者：黄国平 伍旭川
2018年12月出版 / 估价：99.00元
PSN B-2016-585-7/7

金融科技蓝皮书
中国金融科技发展报告（2018）
著(编)者：李扬 孙国峰　2018年10月出版 / 估价：99.00元
PSN B-2014-374-1/1

金融信息服务蓝皮书
中国金融信息服务发展报告（2018）
著(编)者：李平　2018年5月出版 / 估价：99.00元
PSN B-2017-621-1/1

京津冀金融蓝皮书
京津冀金融发展报告（2018）
著(编)者：王爱俭 王璟怡
2018年10月出版 / 估价：99.00元
PSN B-2016-527-1/1

科普蓝皮书
国家科普能力发展报告（2018）
著(编)者：王康友　2018年5月出版 / 估价：138.00元
PSN B-2017-632-4/4

科普蓝皮书
中国基层科普发展报告（2017～2018）
著(编)者：赵立新 陈玲　2018年9月出版 / 估价：99.00元
PSN B-2016-568-3/4

科普蓝皮书
中国科普基础设施发展报告（2017～2018）
著(编)者：任福君　2018年6月出版 / 估价：99.00元
PSN B-2010-174-1/3

科普蓝皮书
中国科普人才发展报告（2017～2018）
著(编)者：郑念 任嵘嵘　2018年7月出版 / 估价：99.00元
PSN B-2016-512-2/4

科普能力蓝皮书
中国科普能力评价报告（2018～2019）
著(编)者：李富强 李群　2018年8月出版 / 估价：99.00元
PSN B-2016-555-1/1

临空经济蓝皮书
中国临空经济发展报告（2018）
著(编)者：连玉明　2018年9月出版 / 估价：99.00元
PSN B-2014-421-1/1

旅游安全蓝皮书
中国旅游安全报告（2018）
著(编)者：郑向敏 谢朝武　2018年5月出版 / 估价：158.00元
PSN B-2012-280-1/1

旅游绿皮书
2017～2018年中国旅游发展分析与预测
著(编)者：宋瑞　2018年2月出版 / 估价：99.00元
PSN G-2002-018-1/1

煤炭蓝皮书
中国煤炭工业发展报告（2018）
著(编)者：岳福斌　2018年12月出版 / 估价：99.00元
PSN B-2008-123-1/1

民营企业社会责任蓝皮书
中国民营企业社会责任报告（2018）
著(编)者：中华全国工商业联合会
2018年12月出版 / 估价：99.00元
PSN B-2015-510-1/1

民营医院蓝皮书
中国民营医院发展报告（2017）
著(编)者：薛晓林　2018年1月出版 / 估价：99.00元
PSN B-2012-299-1/1

闽商蓝皮书
闽商发展报告（2018）
著(编)者：李闽榕 王日根 林琛
2018年12月出版 / 估价：99.00元
PSN B-2012-298-1/1

农业应对气候变化蓝皮书
中国农业气象灾害及其灾损评估报告（No.3）
著(编)者：矫梅燕　2018年1月出版 / 估价：118.00元
PSN B-2014-413-1/1

品牌蓝皮书
中国品牌战略发展报告（2018）
著(编)者：汪同三　2018年10月出版 / 估价：99.00元
PSN B-2016-580-1/1

企业扶贫蓝皮书
中国企业扶贫研究报告（2018）
著(编)者：钟宏武　2018年12月出版 / 估价：99.00元
PSN B-2016-593-1/1

企业公益蓝皮书
中国企业公益研究报告（2018）
著(编)者：钟宏武 汪杰 黄晓娟
2018年12月出版 / 估价：99.00元
PSN B-2015-501-1/1

企业国际化蓝皮书
中国企业全球化报告（2018）
著(编)者：王辉耀 苗绿　2018年11月出版 / 估价：99.00元
PSN B-2014-427-1/1

皮书系列 2018全品种 — 行业及其他类

企业蓝皮书
中国企业绿色发展报告No.2（2018）
著(编)者：李红玉 朱光辉
2018年8月出版 / 估价：99.00元
PSN B-2015-481-2/2

企业社会责任蓝皮书
中资企业海外社会责任研究报告（2017~2018）
著(编)者：钟宏武 叶柳红 张蒽
2018年1月出版 / 99.00元
PSN B-2017-603-2/2

企业社会责任蓝皮书
中国企业社会责任研究报告（2018）
著(编)者：黄群慧 钟宏武 张蒽 汪杰
2018年11月出版 / 估价：99.00元
PSN B-2009-149-1/2

汽车安全蓝皮书
中国汽车安全发展报告（2018）
著(编)者：中国汽车技术研究中心
2018年8月出版 / 估价：99.00元
PSN B-2014-385-1/1

汽车电子商务蓝皮书
中国汽车电子商务发展报告（2018）
著(编)者：中华全国工商业联合会汽车经销商商会
 北方工业大学
 北京易观智库网络科技有限公司
2018年10月出版 / 估价：158.00元
PSN B-2015-485-1/1

汽车知识产权蓝皮书
中国汽车产业知识产权发展报告（2018）
著(编)者：中国汽车工程研究院股份有限公司
 中国汽车工程学会
 重庆长安汽车股份有限公司
2018年12月出版 / 估价：99.00元
PSN B-2016-594-1/1

青少年体育蓝皮书
中国青少年体育发展报告（2017）
著(编)者：刘扶民 杨桦 2018年1月出版 / 估价：99.00元
PSN B-2015-482-1/1

区块链蓝皮书
中国区块链发展报告（2018）
著(编)者：李伟 2018年9月出版 / 估价：99.00元
PSN B-2017-649-1/1

群众体育蓝皮书
中国群众体育发展报告（2017）
著(编)者：刘国永 戴健 2018年5月出版 / 估价：99.00元
PSN B-2014-411-1/3

群众体育蓝皮书
中国社会体育指导员发展报告（2018）
著(编)者：刘国永 王欢 2018年4月出版 / 估价：99.00元
PSN B-2016-520-3/3

人力资源蓝皮书
中国人力资源发展报告（2018）
著(编)者：余兴安 2018年11月出版 / 估价：99.00元
PSN B-2012-287-1/1

融资租赁蓝皮书
中国融资租赁业发展报告（2017~2018）
著(编)者：李光荣 王力 2018年8月出版 / 估价：99.00元
PSN B-2015-443-1/1

商会蓝皮书
中国商会发展报告No.5（2017）
著(编)者：王钦敏 2018年7月出版 / 估价：99.00元
PSN B-2008-125-1/1

商务中心区蓝皮书
中国商务中心区发展报告No.4（2017~2018）
著(编)者：李国红 单菁菁 2018年9月出版 / 估价：99.00元
PSN B-2015-444-1/1

设计产业蓝皮书
中国创新设计发展报告（2018）
著(编)者：王晓红 张立群 于炜
2018年11月出版 / 估价：99.00元
PSN B-2016-581-2/2

社会责任管理蓝皮书
中国上市公司社会责任能力成熟度报告No.4（2018）
著(编)者：肖红军 王晓光 李伟阳
2018年12月出版 / 估价：99.00元
PSN B-2015-507-2/2

社会责任管理蓝皮书
中国企业公众透明度报告No.4（2017~2018）
著(编)者：黄速建 熊梦 王晓光 肖红军
2018年4月出版 / 估价：99.00元
PSN B-2015-440-1/2

食品药品蓝皮书
食品药品安全与监管政策研究报告（2016~2017）
著(编)者：唐民皓 2018年6月出版 / 估价：99.00元
PSN B-2009-129-1/1

输血服务蓝皮书
中国输血行业发展报告（2018）
著(编)者：孙俊 2018年12月出版 / 估价：99.00元
PSN B-2016-582-1/1

水利风景区蓝皮书
中国水利风景区发展报告（2018）
著(编)者：董建文 兰思仁
2018年10月出版 / 估价：99.00元
PSN B-2015-480-1/1

私募市场蓝皮书
中国私募股权市场发展报告（2017~2018）
著(编)者：曹和平 2018年12月出版 / 估价：99.00元
PSN B-2010-162-1/1

碳排放权交易蓝皮书
中国碳排放权交易报告（2018）
著(编)者：孙永平 2018年11月出版 / 估价：99.00元
PSN B-2017-652-1/1

碳市场蓝皮书
中国碳市场报告（2018）
著(编)者：定金彪 2018年11月出版 / 估价：99.00元
PSN B-2014-430-1/1

行业及其他类

皮书系列
2018全品种

体育蓝皮书
中国公共体育服务发展报告（2018）
著（编）者：戴健　2018年12月出版／估价：99.00元
PSN B-2013-367-2/5

土地市场蓝皮书
中国农村土地市场发展报告（2017~2018）
著（编）者：李光荣　2018年3月出版／估价：99.00元
PSN B-2016-526-1/1

土地整治蓝皮书
中国土地整治发展研究报告（No.5）
著（编）者：国土资源部土地整治中心
2018年7月出版／估价：99.00元
PSN B-2014-401-1/1

土地政策蓝皮书
中国土地政策研究报告（2018）
著（编）者：高延利　李宪文　2017年12月出版／估价：99.00元
PSN B-2015-506-1/1

网络空间安全蓝皮书
中国网络空间安全发展报告（2018）
著（编）者：惠志斌　覃庆玲
2018年11月出版／估价：99.00元
PSN B-2015-466-1/1

文化志愿服务蓝皮书
中国文化志愿服务发展报告（2018）
著（编）者：张永新　良警宇　2018年11月出版／估价：128.00元
PSN B-2016-596-1/1

西部金融蓝皮书
中国西部金融发展报告（2017~2018）
著（编）者：李忠民　2018年8月出版／估价：99.00元
PSN B-2010-160-1/1

协会商会蓝皮书
中国行业协会商会发展报告（2017）
著（编）者：景朝阳　李勇　2018年4月出版／估价：99.00元
PSN B-2015-461-1/1

新三板蓝皮书
中国新三板市场发展报告（2018）
著（编）者：王力　2018年8月出版／估价：99.00元
PSN B-2016-533-1/1

信托市场蓝皮书
中国信托业市场报告（2017~2018）
著（编）者：用益金融信托研究院
2018年1月出版／估价：198.00元
PSN B-2014-371-1/1

信息化蓝皮书
中国信息化形势分析与预测（2017~2018）
著（编）者：周宏仁　2018年8月出版／估价：99.00元
PSN B-2010-168-1/1

信用蓝皮书
中国信用发展报告（2017~2018）
著（编）者：章政　田侃　2018年4月出版／估价：99.00元
PSN B-2013-328-1/1

休闲绿皮书
2017~2018年中国休闲发展报告
著（编）者：宋瑞　2018年7月出版／估价：99.00元
PSN G-2010-158-1/1

休闲体育蓝皮书
中国休闲体育发展报告（2017~2018）
著（编）者：李相如　钟秉枢
2018年10月出版／估价：99.00元
PSN B-2016-516-1/1

养老金融蓝皮书
中国养老金融发展报告（2018）
著（编）者：董克用　姚余栋
2018年9月出版／估价：99.00元
PSN B-2016-583-1/1

遥感监测绿皮书
中国可持续发展遥感监测报告（2017）
著（编）者：顾行发　汪克强　潘教峰　李闽榕　徐东华　王琦安
2018年6月出版／估价：298.00元
PSN B-2017-629-1/1

药品流通蓝皮书
中国药品流通行业发展报告（2018）
著（编）者：佘鲁林　温再兴
2018年7月出版／估价：198.00元
PSN B-2014-429-1/1

医疗器械蓝皮书
中国医疗器械行业发展报告（2018）
著（编）者：王宝亭　耿鸿武
2018年10月出版／估价：99.00元
PSN B-2017-661-1/1

医院蓝皮书
中国医院竞争力报告（2018）
著（编）者：庄一强　曾益新　2018年3月出版／估价：118.00元
PSN B-2016-528-1/1

瑜伽蓝皮书
中国瑜伽业发展报告（2017~2018）
著（编）者：张永建　徐华锋　朱泰余
2018年6月出版／估价：198.00元
PSN B-2017-625-1/1

债券市场蓝皮书
中国债券市场发展报告（2017~2018）
著（编）者：杨农　2018年10月出版／估价：99.00元
PSN B-2016-572-1/1

志愿服务蓝皮书
中国志愿服务发展报告（2018）
著（编）者：中国志愿服务联合会
2018年11月出版／估价：99.00元
PSN B-2017-664-1/1

中国上市公司蓝皮书
中国上市公司发展报告（2018）
著（编）者：张鹏　张平　黄胤英
2018年9月出版／估价：99.00元
PSN B-2014-414-1/1

皮书系列 2018全品种 　　行业及其他类 · 国际问题与全球治理类

中国新三板蓝皮书
中国新三板创新与发展报告（2018）
著（编）者：刘平安 闻召林
2018年8月出版 估价：158.00元
PSN B-2017-638-1/1

中医文化蓝皮书
北京中医药文化传播发展报告（2018）
著（编）者：毛嘉陵 2018年5月出版 估价：99.00元
PSN B-2015-468-1/2

中医文化蓝皮书
中国中医药文化传播发展报告（2018）
著（编）者：毛嘉陵 2018年7月出版 估价：99.00元
PSN B-2016-584-2/2

中医药蓝皮书
北京中医药知识产权发展报告No.2
著（编）者：汪洪 屠志涛 2018年4月出版 估价：168.00元
PSN B-2017-602-1/1

资本市场蓝皮书
中国场外交易市场发展报告（2016~2017）
著（编）者：高峦 2018年3月出版 估价：99.00元
PSN B-2009-153-1/1

资产管理蓝皮书
中国资产管理行业发展报告（2018）
著（编）者：郑智 2018年7月出版 估价：99.00元
PSN B-2014-407-2/2

资产证券化蓝皮书
中国资产证券化发展报告（2018）
著（编）者：纪志宏 2018年11月出版 估价：99.00元
PSN B-2017-660-1/1

自贸区蓝皮书
中国自贸区发展报告（2018）
著（编）者：王力 黄育华 2018年6月出版 估价：99.00元
PSN B-2016-558-1/1

国际问题与全球治理类

"一带一路"跨境通道蓝皮书
"一带一路"跨境通道建设研究报告（2018）
著（编）者：郭业洲 2018年8月出版 估价：99.00元
PSN B-2016-557-1/1

"一带一路"蓝皮书
"一带一路"建设发展报告（2018）
著（编）者：王晓泉 2018年6月出版 估价：99.00元
PSN B-2016-552-1/1

"一带一路"投资安全蓝皮书
中国"一带一路"投资与安全研究报告（2017~2018）
著（编）者：邹统钎 梁昊光 2018年4月出版 估价：99.00元
PSN B-2017-612-1/1

"一带一路"文化交流蓝皮书
中阿文化交流发展报告（2017）
著（编）者：王辉 2018年9月出版 估价：99.00元
PSN B-2017-655-1/1

G20国家创新竞争力黄皮书
二十国集团（G20）国家创新竞争力发展报告（2017~2018）
著（编）者：李建平 李闽榕 赵新力 周天勇
2018年7月出版 估价：168.00元
PSN Y-2011-229-1/1

阿拉伯黄皮书
阿拉伯发展报告（2016~2017）
著（编）者：罗林 2018年3月出版 估价：99.00元
PSN Y-2014-381-1/1

北部湾蓝皮书
泛北部湾合作发展报告（2017~2018）
著（编）者：吕余生 2018年12月出版 估价：99.00元
PSN B-2008-114-1/1

北极蓝皮书
北极地区发展报告（2017）
著（编）者：刘惠荣 2018年7月出版 估价：99.00元
PSN B-2017-634-1/1

大洋洲蓝皮书
大洋洲发展报告（2017~2018）
著（编）者：喻常森 2018年10月出版 估价：99.00元
PSN B-2013-341-1/1

东北亚区域合作蓝皮书
2017年"一带一路"倡议与东北亚区域合作
著（编）者：刘亚政 金美花
2018年5月出版 估价：99.00元
PSN B-2017-631-1/1

东盟黄皮书
东盟发展报告（2017）
著（编）者：杨晓强 庄国土
2018年3月出版 估价：99.00元
PSN Y-2012-303-1/1

东南亚蓝皮书
东南亚地区发展报告（2017~2018）
著（编）者：王勤 2018年12月出版 估价：99.00元
PSN B-2012-240-1/1

非洲黄皮书
非洲发展报告No.20（2017~2018）
著（编）者：张宏明 2018年7月出版 估价：99.00元
PSN Y-2012-239-1/1

非传统安全蓝皮书
中国非传统安全研究报告（2017~2018）
著（编）者：潇枫 罗中枢 2018年8月出版 估价：99.00元
PSN B-2012-273-1/1

国际问题与全球治理类

皮书系列 2018全品种

国际安全蓝皮书
中国国际安全研究报告（2018）
著（编）者：刘慧　2018年7月出版／估价：99.00元
PSN B-2016-521-1/1

国际城市蓝皮书
国际城市发展报告（2018）
著（编）者：屠启宇　2018年2月出版／估价：99.00元
PSN B-2012-260-1/1

国际形势黄皮书
全球政治与安全报告（2018）
著（编）者：张宇燕　2018年1月出版／估价：99.00元
PSN Y-2001-016-1/1

公共外交蓝皮书
中国公共外交发展报告（2018）
著（编）者：赵启正　雷蔚真　2018年4月出版／估价：99.00元
PSN B-2015-457-1/1

金砖国家黄皮书
金砖国家综合创新竞争力发展报告（2018）
著（编）者：赵新力　李闽榕　黄茂兴
2018年8月出版／估价：128.00元
PSN Y-2017-643-1/1

拉美黄皮书
拉丁美洲和加勒比发展报告（2017~2018）
著（编）者：袁东振　2018年6月出版／估价：99.00元
PSN Y-1999-007-1/1

澜湄合作蓝皮书
澜沧江-湄公河合作发展报告（2018）
著（编）者：刘稚　2018年9月出版／估价：99.00元
PSN B-2014-196-1/1

欧洲蓝皮书
欧洲发展报告（2017~2018）
著（编）者：黄平　周弘　程卫东
2018年6月出版／估价：99.00元
PSN B-1999-009-1/1

葡语国家蓝皮书
葡语国家发展报告（2016~2017）
著（编）者：王成安　张敏　刘金兰
2018年4月出版／估价：99.00元
PSN B-2015-503-1/2

葡语国家蓝皮书
中国与葡语国家关系发展报告·巴西（2016）
著（编）者：张曙光　2018年8月出版／估价：99.00元
PSN B-2016-563-2/2

气候变化绿皮书
应对气候变化报告（2018）
著（编）者：王伟光　郑国光　2018年11月出版／估价：99.00元
PSN G-2009-144-1/1

全球环境竞争力绿皮书
全球环境竞争力报告（2018）
著（编）者：李建平　李闽榕　王金南
2018年12月出版／估价：198.00元
PSN G-2013-363-1/1

全球信息社会蓝皮书
全球信息社会发展报告（2018）
著（编）者：丁波涛　唐涛　2018年10月出版／估价：99.00元
PSN B-2017-665-1/1

日本经济蓝皮书
日本经济与中日经贸关系研究报告（2018）
著（编）者：张季风　2018年6月出版／估价：99.00元
PSN B-2008-102-1/1

上海合作组织黄皮书
上海合作组织发展报告（2018）
著（编）者：李进峰　2018年6月出版／估价：99.00元
PSN Y-2009-130-1/1

世界创新竞争力黄皮书
世界创新竞争力发展报告（2017）
著（编）者：李建平　李闽榕　赵新力
2018年1月出版／估价：168.00元
PSN Y-2013-318-1/1

世界经济黄皮书
2018年世界经济形势分析与预测
著（编）者：张宇燕　2018年1月出版／估价：99.00元
PSN Y-1999-006-1/1

丝绸之路蓝皮书
丝绸之路经济带发展报告（2018）
著（编）者：任宗哲　白宽犁　谷孟宾
2018年1月出版／估价：99.00元
PSN B-2014-410-1/1

新兴经济体蓝皮书
金砖国家发展报告（2018）
著（编）者：林跃勤　周文　2018年8月出版／估价：99.00元
PSN B-2011-195-1/1

亚太蓝皮书
亚太地区发展报告（2018）
著（编）者：李向阳　2018年5月出版／估价：99.00元
PSN B-2001-015-1/1

印度洋地区蓝皮书
印度洋地区发展报告（2018）
著（编）者：汪戎　2018年6月出版／估价：99.00元
PSN B-2013-334-1/1

渝新欧蓝皮书
渝新欧沿线国家发展报告（2018）
著（编）者：杨柏　黄森　2018年6月出版／估价：99.00元
PSN B-2017-626-1/1

中阿蓝皮书
中国-阿拉伯国家经贸发展报告（2018）
著（编）者：张廉　段庆林　王林聪　杨巧红
2018年12月出版／估价：99.00元
PSN B-2016-598-1/1

中东黄皮书
中东发展报告No.20（2017~2018）
著（编）者：杨光　2018年10月出版／估价：99.00元
PSN Y-1998-004-1/1

中亚黄皮书
中亚国家发展报告（2018）
著（编）者：孙力　2018年6月出版／估价：99.00元
PSN Y-2012-238-1/1

皮书系列 2018全品种 — 国别类・文化传媒类

国别类

澳大利亚蓝皮书
澳大利亚发展报告（2017-2018）
著（编）者：孙有中 韩锋　2018年12月出版 / 估价：99.00元
PSN B-2016-587-1/1

巴西黄皮书
巴西发展报告（2017）
著（编）者：刘国枝　2018年5月出版 / 估价：99.00元
PSN Y-2017-614-1/1

德国蓝皮书
德国发展报告（2018）
著（编）者：郑春荣　2018年6月出版 / 估价：99.00元
PSN B-2012-278-1/1

俄罗斯黄皮书
俄罗斯发展报告（2018）
著（编）者：李永全　2018年6月出版 / 估价：99.00元
PSN Y-2006-061-1/1

韩国蓝皮书
韩国发展报告（2017）
著（编）者：牛林杰 刘宝全　2018年5月出版 / 估价：99.00元
PSN B-2010-155-1/1

加拿大蓝皮书
加拿大发展报告（2018）
著（编）者：唐小松　2018年9月出版 / 估价：99.00元
PSN B-2014-389-1/1

美国蓝皮书
美国研究报告（2018）
著（编）者：郑秉文 黄平　2018年5月出版 / 估价：99.00元
PSN B-2011-210-1/1

缅甸蓝皮书
缅甸国情报告（2017）
著（编）者：孔鹏 杨祥章　2018年1月出版 / 估价：99.00元
PSN B-2013-343-1/1

日本蓝皮书
日本研究报告（2018）
著（编）者：杨伯江　2018年6月出版 / 估价：99.00元
PSN B-2002-020-1/1

土耳其蓝皮书
土耳其发展报告（2018）
著（编）者：郭长刚 刘义　2018年9月出版 / 估价：99.00元
PSN B-2014-412-1/1

伊朗蓝皮书
伊朗发展报告（2017~2018）
著（编）者：冀开运　2018年10月 / 估价：99.00元
PSN B-2016-574-1/1

以色列蓝皮书
以色列发展报告（2018）
著（编）者：张倩红　2018年8月出版 / 估价：99.00元
PSN B-2015-483-1/1

印度蓝皮书
印度国情报告（2017）
著（编）者：吕昭义　2018年4月出版 / 估价：99.00元
PSN B-2012-241-1/1

英国蓝皮书
英国发展报告（2017~2018）
著（编）者：王展鹏　2018年12月出版 / 估价：99.00元
PSN B-2015-486-1/1

越南蓝皮书
越南国情报告（2018）
著（编）者：谢林城　2018年1月出版 / 估价：99.00元
PSN B-2006-056-1/1

泰国蓝皮书
泰国研究报告（2018）
著（编）者：庄国土 张禹东 刘文正
2018年10月出版 / 估价：99.00元
PSN B-2016-556-1/1

文化传媒类

"三农"舆情蓝皮书
中国"三农"网络舆情报告（2017~2018）
著（编）者：农业部信息中心
2018年6月出版 / 估价：99.00元
PSN B-2017-640-1/1

传媒竞争力蓝皮书
中国传媒国际竞争力研究报告（2018）
著（编）者：李本乾 刘强 王大可
2018年8月出版 / 估价：99.00元
PSN B-2013-356-1/1

传媒蓝皮书
中国传媒产业发展报告（2018）
著（编）者：崔保国　2018年5月出版 / 估价：99.00元
PSN B-2005-035-1/1

传媒投资蓝皮书
中国传媒投资发展报告（2018）
著（编）者：张向东 谭云明
2018年6月出版 / 估价：148.00元
PSN B-2015-474-1/1

文化传媒类

皮书系列 2018全品种

非物质文化遗产蓝皮书
中国非物质文化遗产发展报告（2018）
著（编）者：陈平　2018年5月出版 / 估价：128.00元
PSN B-2015-469-1/2

非物质文化遗产蓝皮书
中国非物质文化遗产保护发展报告（2018）
著（编）者：宋俊华　2018年10月出版 / 估价：128.00元
PSN B-2016-586-2/2

广电蓝皮书
中国广播电影电视发展报告（2018）
著（编）者：国家新闻出版广电总局发展研究中心
2018年7月出版 / 估价：99.00元
PSN B-2006-072-1/1

广告主蓝皮书
中国广告主营销传播趋势报告No.9
著（编）者：黄升民　杜国清　邵华冬　等
2018年10月出版 / 估价：158.00元
PSN B-2005-041-1/1

国际传播蓝皮书
中国国际传播发展报告（2018）
著（编）者：胡正荣　李继东　姬德强
2018年12月出版 / 估价：99.00元
PSN B-2014-408-1/1

国家形象蓝皮书
中国国家形象传播报告（2017）
著（编）者：张昆　2018年3月出版 / 估价：128.00元
PSN B-2017-605-1/1

互联网治理蓝皮书
中国网络社会治理研究报告（2018）
著（编）者：罗昕　支庭荣
2018年9月出版 / 估价：118.00元
PSN B-2017-653-1/1

纪录片蓝皮书
中国纪录片发展报告（2018）
著（编）者：何苏六　2018年10月出版 / 估价：99.00元
PSN B-2011-222-1/1

科学传播蓝皮书
中国科学传播报告（2016~2017）
著（编）者：詹正茂　2018年6月出版 / 估价：99.00元
PSN B-2008-120-1/1

两岸创意经济蓝皮书
两岸创意经济研究报告（2018）
著（编）者：罗昌智　董泽平
2018年10月出版 / 估价：99.00元
PSN B-2014-437-1/1

媒介与女性蓝皮书
中国媒介与女性发展报告（2017~2018）
著（编）者：刘利群　2018年5月出版 / 估价：99.00元
PSN B-2013-345-1/1

媒体融合蓝皮书
中国媒体融合发展报告（2017）
著（编）者：梅宁华　支庭荣　2018年1月出版 / 估价：99.00元
PSN B-2015-479-1/1

全球传媒蓝皮书
全球传媒发展报告（2017~2018）
著（编）者：胡正荣　李继东　2018年6月出版 / 估价：99.00元
PSN B-2012-237-1/1

少数民族非遗蓝皮书
中国少数民族非物质文化遗产发展报告（2018）
著（编）者：肖远平（彝）　柴立（满）
2018年10月出版 / 估价：118.00元
PSN B-2015-467-1/1

视听新媒体蓝皮书
中国视听新媒体发展报告（2018）
著（编）者：国家新闻出版广电总局发展研究中心
2018年7月出版 / 估价：118.00元
PSN B-2011-184-1/1

数字娱乐产业蓝皮书
中国动画产业发展报告（2018）
著（编）者：孙立军　孙平　牛兴侦
2018年10月出版 / 估价：99.00元
PSN B-2011-198-1/2

数字娱乐产业蓝皮书
中国游戏产业发展报告（2018）
著（编）者：孙立军　刘跃军
2018年10月出版 / 估价：99.00元
PSN B-2017-662-2/2

文化创新蓝皮书
中国文化创新报告（2017·No.8）
著（编）者：傅才武　2018年4月出版 / 估价：99.00元
PSN B-2009-143-1/1

文化建设蓝皮书
中国文化发展报告（2018）
著（编）者：江畅　孙伟平　戴茂堂
2018年5月出版 / 估价：99.00元
PSN B-2014-392-1/1

文化科技蓝皮书
文化科技创新发展报告（2018）
著（编）者：于平　李凤亮　2018年10月出版 / 估价：99.00元
PSN B-2013-342-1/1

文化蓝皮书
中国公共文化服务发展报告（2017~2018）
著（编）者：刘新成　张永新　张旭
2018年12月出版 / 估价：99.00元
PSN B-2007-093-2/10

文化蓝皮书
中国少数民族文化发展报告（2017~2018）
著（编）者：武翠英　张晓明　任乌晶
2018年9月出版 / 估价：99.00元
PSN B-2013-369-9/10

文化蓝皮书
中国文化产业供需协调检测报告（2018）
著（编）者：王亚南　2018年2月出版 / 估价：99.00元
PSN B-2013-323-8/10

皮书系列 2018全品种

文化传媒类·地方发展类-经济

文化蓝皮书
中国文化消费需求景气评价报告（2018）
著(编)者：王亚南　2018年2月出版／估价：99.00元
PSN B-2011-236-4/10

文化蓝皮书
中国公共文化投入增长测评报告（2018）
著(编)者：王亚南　2018年2月出版／估价：99.00元
PSN B-2014-435-10/10

文化品牌蓝皮书
中国文化品牌发展报告（2018）
著(编)者：欧阳友权　2018年5月出版／估价：99.00元
PSN B-2012-277-1/1

文化遗产蓝皮书
中国文化遗产事业发展报告（2017~2018）
著(编)者：苏杨　张颖岚　卓杰　白海峰　陈晨　陈叙图
2018年8月出版／估价：99.00元
PSN B-2008-119-1/1

文学蓝皮书
中国文情报告（2017~2018）
著(编)者：白烨　2018年5月出版／估价：99.00元
PSN B-2011-221-1/1

新媒体蓝皮书
中国新媒体发展报告No.9（2018）
著(编)者：唐绪军　2018年7月出版／估价：99.00元
PSN B-2010-169-1/1

新媒体社会责任蓝皮书
中国新媒体社会责任研究报告（2018）
著(编)者：钟瑛　2018年12月出版／估价：99.00元
PSN B-2014-423-1/1

移动互联网蓝皮书
中国移动互联网发展报告（2018）
著(编)者：余清楚　2018年6月出版／估价：99.00元
PSN B-2012-282-1/1

影视蓝皮书
中国影视产业发展报告（2018）
著(编)者：司若　陈鹏　陈锐　2018年4月出版／估价：99.00元
PSN B-2016-529-1/1

舆情蓝皮书
中国社会舆情与危机管理报告（2018）
著(编)者：谢耘耕　2018年9月出版／估价：138.00元
PSN B-2011-235-1/1

地方发展类-经济

澳门蓝皮书
澳门经济社会发展报告（2017~2018）
著(编)者：吴志良　郝雨凡　2018年7月出版／估价：99.00元
PSN B-2009-138-1/1

澳门绿皮书
澳门旅游休闲发展报告（2017~2018）
著(编)者：郝雨凡　林广志　2018年5月出版／估价：99.00元
PSN G-2017-617-1/1

北京蓝皮书
北京经济发展报告（2017~2018）
著(编)者：杨松　2018年6月出版／估价：99.00元
PSN B-2006-054-2/8

北京旅游绿皮书
北京旅游发展报告（2018）
著(编)者：北京旅游学会
2018年7月出版／估价：99.00元
PSN G-2012-301-1/1

北京体育蓝皮书
北京体育产业发展报告（2017~2018）
著(编)者：钟秉枢　陈杰　鲍铁黎
2018年9月出版／估价：99.00元
PSN B-2015-475-1/1

滨海金融蓝皮书
滨海新区金融发展报告（2017）
著(编)者：王爱俭　李ను前　2018年4月出版／估价：99.00元
PSN B-2014-424-1/1

城乡一体化蓝皮书
北京城乡一体化发展报告（2017~2018）
著(编)者：吴宝新　张宝秀　黄序
2018年5月出版／估价：99.00元
PSN B-2012-258-2/2

非公有制企业社会责任蓝皮书
北京非公有制企业社会责任报告（2018）
著(编)者：宋贵伦　冯培　2018年6月出版／估价：99.00元
PSN B-2017-613-1/1

福建旅游蓝皮书
福建省旅游产业发展现状研究（2017~2018）
著(编)者：陈敏华　黄远水
2018年12月出版／估价：128.00元
PSN B-2016-591-1/1

福建自贸区蓝皮书
中国(福建)自由贸易试验区发展报告（2017~2018）
著(编)者：黄茂兴　2018年4月出版／估价：118.00元
PSN B-2016-531-1/1

甘肃蓝皮书
甘肃经济发展分析与预测（2018）
著(编)者：安文华　罗哲　2018年1月出版／估价：99.00元
PSN B-2013-312-1/6

甘肃蓝皮书
甘肃商贸流通发展报告（2018）
著(编)者：张应华　王福生　王晓芳
2018年1月出版／估价：99.00元
PSN B-2016-522-6/6

皮书系列 2018全品种

地方发展类-经济

甘肃蓝皮书
甘肃县域和农村发展报告（2018）
著(编)者：朱智文 包东红 王建兵
2018年1月出版 / 估价：99.00元
PSN B-2013-316-5/6

甘肃农业科技绿皮书
甘肃农业科技发展研究报告（2018）
著(编)者：魏胜文 乔德华 张东伟
2018年12月出版 / 估价：198.00元
PSN B-2016-592-1/1

巩义蓝皮书
巩义经济社会发展报告（2018）
著(编)者：丁同民 朱军 2018年4月出版 / 估价：99.00元
PSN B-2016-532-1/1

广东外经贸蓝皮书
广东对外经济贸易发展研究报告（2017~2018）
著(编)者：陈万灵 2018年6月出版 / 估价：99.00元
PSN B-2012-286-1/1

广西北部湾经济区蓝皮书
广西北部湾经济区开放开发报告（2017~2018）
著(编)者：广西壮族自治区北部湾经济区和东盟开放合作办公室
广西社会科学院
广西北部湾发展研究院
2018年2月出版 / 估价：99.00元
PSN B-2010-181-1/1

广州蓝皮书
广州城市国际化发展报告（2018）
著(编)者：张跃国 2018年8月出版 / 估价：99.00元
PSN B-2012-246-11/14

广州蓝皮书
中国广州城市建设与管理发展报告（2018）
著(编)者：张其学 陈小钢 王宏伟 2018年8月出版 / 估价：99.00元
PSN B-2007-087-4/14

广州蓝皮书
广州创新型城市发展报告（2018）
著(编)者：尹涛 2018年6月出版 / 估价：99.00元
PSN B-2012-247-12/14

广州蓝皮书
广州经济发展报告（2018）
著(编)者：张跃国 尹涛 2018年7月出版 / 估价：99.00元
PSN B-2005-040-1/14

广州蓝皮书
2018年中国广州经济形势分析与预测
著(编)者：魏明海 谢博能 李华
2018年6月出版 / 估价：99.00元
PSN B-2011-185-9/14

广州蓝皮书
中国广州科技创新发展报告（2018）
著(编)者：于欣伟 陈爽 邓佑满 2018年8月出版 / 估价：99.00元
PSN B-2006-065-2/14

广州蓝皮书
广州农村发展报告（2018）
著(编)者：朱名宏 2018年7月出版 / 估价：99.00元
PSN B-2010-167-8/14

广州蓝皮书
广州汽车产业发展报告（2018）
著(编)者：杨再高 冯兴亚 2018年7月出版 / 估价：99.00元
PSN B-2006-066-3/14

广州蓝皮书
广州商贸业发展报告（2018）
著(编)者：张跃国 陈杰 荀振英
2018年7月出版 / 估价：99.00元
PSN B-2012-245-10/14

贵阳蓝皮书
贵阳城市创新发展报告No.3（白云篇）
著(编)者：连玉明 2018年5月出版 / 估价：99.00元
PSN B-2015-491-3/10

贵阳蓝皮书
贵阳城市创新发展报告No.3（观山湖篇）
著(编)者：连玉明 2018年5月出版 / 估价：99.00元
PSN B-2015-497-9/10

贵阳蓝皮书
贵阳城市创新发展报告No.3（花溪篇）
著(编)者：连玉明 2018年5月出版 / 估价：99.00元
PSN B-2015-490-2/10

贵阳蓝皮书
贵阳城市创新发展报告No.3（开阳篇）
著(编)者：连玉明 2018年5月出版 / 估价：99.00元
PSN B-2015-492-4/10

贵阳蓝皮书
贵阳城市创新发展报告No.3（南明篇）
著(编)者：连玉明 2018年5月出版 / 估价：99.00元
PSN B-2015-496-8/10

贵阳蓝皮书
贵阳城市创新发展报告No.3（清镇篇）
著(编)者：连玉明 2018年5月出版 / 估价：99.00元
PSN B-2015-489-1/10

贵阳蓝皮书
贵阳城市创新发展报告No.3（乌当篇）
著(编)者：连玉明 2018年5月出版 / 估价：99.00元
PSN B-2015-495-7/10

贵阳蓝皮书
贵阳城市创新发展报告No.3（息烽篇）
著(编)者：连玉明 2018年5月出版 / 估价：99.00元
PSN B-2015-493-5/10

贵阳蓝皮书
贵阳城市创新发展报告No.3（修文篇）
著(编)者：连玉明 2018年5月出版 / 估价：99.00元
PSN B-2015-494-6/10

贵阳蓝皮书
贵阳城市创新发展报告No.3（云岩篇）
著(编)者：连玉明 2018年5月出版 / 估价：99.00元
PSN B-2015-498-10/10

贵州房地产蓝皮书
贵州房地产发展报告No.5（2018）
著(编)者：武廷方 2018年7月出版 / 估价：99.00元
PSN B-2014-426-1/1

皮书系列 2018全品种

地方发展类-经济

贵州蓝皮书
贵州册亨经济社会发展报告（2018）
著（编）者：黄德林　2018年3月出版 / 估价：99.00元
PSN B-2016-525-8/9

贵州蓝皮书
贵州地理标志产业发展报告（2018）
著（编）者：李发耀　黄其松　2018年8月出版 / 估价：99.00元
PSN B-2017-646-10/10

贵州蓝皮书
贵安新区发展报告（2017~2018）
著（编）者：马长青　吴大华　2018年6月出版 / 估价：99.00元
PSN B-2015-459-4/10

贵州蓝皮书
贵州国家级开放创新平台发展报告（2017~2018）
著（编）者：申晓庆　吴大华　李泓
2018年11月出版 / 估价：99.00元
PSN B-2016-518-7/10

贵州蓝皮书
贵州国有企业社会责任发展报告（2017~2018）
著（编）者：郭丽　2018年12月出版 / 估价：99.00元
PSN B-2015-511-6/10

贵州蓝皮书
贵州民航业发展报告（2017）
著（编）者：申振东　吴大华　2018年1月出版 / 估价：99.00元
PSN B-2015-471-5/10

贵州蓝皮书
贵州民营经济发展报告（2017）
著（编）者：杨静　吴大华　2018年3月出版 / 估价：99.00元
PSN B-2016-530-9/9

杭州都市圈蓝皮书
杭州都市圈发展报告（2018）
著（编）者：沈翔　戚建国　2018年5月出版 / 估价：128.00元
PSN B-2012-302-1/1

河北经济蓝皮书
河北省经济发展报告（2018）
著（编）者：马树强　金浩　张贵　2018年4月出版 / 估价：99.00元
PSN B-2014-380-1/1

河北蓝皮书
河北经济社会发展报告（2018）
著（编）者：康振海　2018年1月出版 / 估价：99.00元
PSN B-2014-372-1/3

河北蓝皮书
京津冀协同发展报告（2018）
著（编）者：陈璐　2018年1月出版 / 估价：99.00元
PSN B-2017-601-2/3

河南经济蓝皮书
2018年河南经济形势分析与预测
著（编）者：王世炎　2018年3月出版 / 估价：99.00元
PSN B-2007-086-1/1

河南蓝皮书
河南城市发展报告（2018）
著（编）者：张占仓　王建国　2018年5月出版 / 估价：99.00元
PSN B-2009-131-3/9

河南蓝皮书
河南工业发展报告（2018）
著（编）者：张占仓　2018年5月出版 / 估价：99.00元
PSN B-2013-317-5/9

河南蓝皮书
河南金融发展报告（2018）
著（编）者：喻新安　谷建全
2018年6月出版 / 估价：99.00元
PSN B-2014-390-7/9

河南蓝皮书
河南经济发展报告（2018）
著（编）者：张占仓　完世伟
2018年4月出版 / 估价：99.00元
PSN B-2010-157-4/9

河南蓝皮书
河南能源发展报告（2018）
著（编）者：国网河南省电力公司经济技术研究院
河南省社会科学院
2018年3月出版 / 估价：99.00元
PSN B-2017-607-9/9

河南商务蓝皮书
河南商务发展报告（2018）
著（编）者：焦锦淼　穆荣国　2018年5月出版 / 估价：99.00元
PSN B-2014-399-1/1

河南双创蓝皮书
河南创新创业发展报告（2018）
著（编）者：喻新安　杨雪梅　2018年8月出版 / 估价：99.00元
PSN B-2017-641-1/1

黑龙江蓝皮书
黑龙江经济发展报告（2018）
著（编）者：朱宇　2018年1月出版 / 估价：99.00元
PSN B-2011-190-2/2

湖南城市蓝皮书
区域城市群整合
著（编）者：童中贤　韩未名　2018年12月出版 / 估价：99.00元
PSN B-2006-064-1/1

湖南蓝皮书
湖南城乡一体化发展报告（2018）
著（编）者：陈文胜　王文强　陆福兴
2018年8月出版 / 估价：99.00元
PSN B-2015-477-8/8

湖南蓝皮书
2018年湖南电子政务发展报告
著（编）者：梁志峰　2018年5月出版 / 估价：128.00元
PSN B-2014-394-6/8

湖南蓝皮书
2018年湖南经济发展报告
著（编）者：卞鹰　2018年5月出版 / 估价：128.00元
PSN B-2011-207-2/8

湖南蓝皮书
2016年湖南经济展望
著（编）者：梁志峰　2018年5月出版 / 估价：128.00元
PSN B-2011-206-1/8

地方发展类-经济

湖南蓝皮书
2018年湖南县域经济社会发展报告
著(编)者:梁志峰　2018年5月出版 / 估价:128.00元
PSN B-2014-395-7/8

湖南县域绿皮书
湖南县域发展报告(No.5)
著(编)者:袁准　周小毛　黎仁寅
2018年3月出版 / 估价:99.00元
PSN G-2012-274-1/1

沪港蓝皮书
沪港发展报告(2018)
著(编)者:尤安山　2018年9月出版 / 估价:99.00元
PSN B-2013-362-1/1

吉林蓝皮书
2018年吉林经济社会形势分析与预测
著(编)者:邵汉明　2017年12月出版 / 估价:99.00元
PSN B-2013-319-1/1

吉林省城市竞争力蓝皮书
吉林省城市竞争力报告(2018~2019)
著(编)者:崔岳春　张磊　2018年12月出版 / 估价:99.00元
PSN B-2016-513-1/1

济源蓝皮书
济源经济社会发展报告(2018)
著(编)者:喻新安　2018年4月出版 / 估价:99.00元
PSN B-2014-387-1/1

江苏蓝皮书
2018年江苏经济发展分析与展望
著(编)者:王庆五　吴先满　2018年7月出版 / 估价:128.00元
PSN B-2017-635-1/3

江西蓝皮书
江西经济社会发展报告(2018)
著(编)者:陈石俊　龚建文　2018年10月出版 / 估价:128.00元
PSN B-2015-484-1/2

江西蓝皮书
江西设区市发展报告(2018)
著(编)者:姜玮　梁勇　2018年10月出版 / 估价:99.00元
PSN B-2016-517-2/2

经济特区蓝皮书
中国经济特区发展报告(2017)
著(编)者:陶一桃　2018年1月出版 / 估价:99.00元
PSN B-2009-139-1/1

辽宁蓝皮书
2018年辽宁经济社会形势分析与预测
著(编)者:梁启东　魏红江　2018年6月出版 / 估价:99.00元
PSN B-2006-053-1/1

民族经济蓝皮书
中国民族地区经济发展报告(2018)
著(编)者:李曦辉　2018年7月出版 / 估价:99.00元
PSN B-2017-630-1/1

南宁蓝皮书
南宁经济发展报告(2018)
著(编)者:胡建华　2018年9月出版 / 估价:99.00元
PSN B-2016-569-2/3

浦东新区蓝皮书
上海浦东经济发展报告(2018)
著(编)者:沈开艳　周奇　2018年2月出版 / 估价:99.00元
PSN B-2011-225-1/1

青海蓝皮书
2018年青海经济社会形势分析与预测
著(编)者:陈玮　2017年12月出版 / 估价:99.00元
PSN B-2012-275-1/2

山东蓝皮书
山东经济形势分析与预测(2018)
著(编)者:李广杰　2018年7月出版 / 估价:99.00元
PSN B-2014-404-1/5

山东蓝皮书
山东省普惠金融发展报告(2018)
著(编)者:齐鲁财富网
2018年9月出版 / 估价:99.00元
PSN B2017-676-5/5

山西蓝皮书
山西资源型经济转型发展报告(2018)
著(编)者:李志强　2018年7月出版 / 估价:99.00元
PSN B-2011-197-1/1

陕西蓝皮书
陕西经济发展报告(2018)
著(编)者:任宗哲　白宽犁　裴成荣
2018年1月出版 / 估价:99.00元
PSN B-2009-135-1/6

陕西蓝皮书
陕西精准脱贫研究报告(2018)
著(编)者:任宗哲　白宽犁　王建康
2018年6月出版 / 估价:99.00元
PSN B-2017-623-6/6

上海蓝皮书
上海经济发展报告(2018)
著(编)者:沈开艳
2018年2月出版 / 估价:99.00元
PSN B-2006-057-1/7

上海蓝皮书
上海资源环境发展报告(2018)
著(编)者:周冯琦　汤庆合
2018年2月出版 / 估价:99.00元
PSN B-2006-060-4/7

上饶蓝皮书
上饶发展报告(2016~2017)
著(编)者:廖其志　2018年3月出版 / 估价:128.00元
PSN B-2014-377-1/1

深圳蓝皮书
深圳经济发展报告(2018)
著(编)者:张晓儒　2018年6月出版 / 估价:99.00元
PSN B-2008-112-3/7

四川蓝皮书
四川城镇化发展报告(2018)
著(编)者:侯水平　陈炜
2018年4月出版 / 估价:99.00元
PSN B-2015-456-7/7

皮书系列 2018全品种

地方发展类-经济 · 地方发展类-社会

四川蓝皮书
2018年四川经济形势分析与预测
著(编)者：杨钢　2018年1月出版 / 估价：99.00元
PSN B-2007-098-2/7

四川蓝皮书
四川企业社会责任研究报告（2017~2018）
著(编)者：侯水平　盛毅　2018年5月出版 / 估价：99.00元
PSN B-2014-386-4/7

四川蓝皮书
四川生态建设报告（2018）
著(编)者：李晟之　2018年5月出版 / 估价：99.00元
PSN B-2014-455-6/7

体育蓝皮书
上海体育产业发展报告（2017~2018）
著(编)者：张林　黄海燕　2018年10月出版 / 估价：99.00元
PSN B-2015-454-4/5

体育蓝皮书
长三角地区体育产业发展报告（2017~2018）
著(编)者：张林　2018年4月出版 / 估价：99.00元
PSN B-2015-453-3/5

天津金融蓝皮书
天津金融发展报告（2018）
著(编)者：王爱俭　孔德昌　2018年3月出版 / 估价：99.00元
PSN B-2014-418-1/1

图们江区域合作蓝皮书
图们江区域合作发展报告（2018）
著(编)者：李铁　2018年6月出版 / 估价：99.00元
PSN B-2015-464-1/1

温州蓝皮书
2018年温州经济社会形势分析与预测
著(编)者：蒋儒标　王春光　金浩
2018年4月出版 / 估价：99.00元
PSN B-2008-105-1/1

西咸新区蓝皮书
西咸新区发展报告（2018）
著(编)者：李扬　王军
2018年6月出版 / 估价：99.00元
PSN B-2016-534-1/1

修武蓝皮书
修武经济社会发展报告（2018）
著(编)者：张占仓　袁凯声
2018年10月出版 / 估价：99.00元
PSN B-2017-651-1/1

偃师蓝皮书
偃师经济社会发展报告（2018）
著(编)者：张占仓　袁凯声　何武周
2018年7月出版 / 估价：99.00元
PSN B-2017-627-1/1

扬州蓝皮书
扬州经济社会发展报告（2018）
著(编)者：陈扬
2018年12月出版 / 估价：108.00元
PSN B-2011-191-1/1

长垣蓝皮书
长垣经济社会发展报告（2018）
著(编)者：张占仓　袁凯声　秦保建
2018年10月出版 / 估价：99.00元
PSN B-2017-654-1/1

遵义蓝皮书
遵义发展报告（2018）
著(编)者：邓彦　曾征　龚永育
2018年9月出版 / 估价：99.00元
PSN B-2014-433-1/1

地方发展类-社会

安徽蓝皮书
安徽社会发展报告（2018）
著(编)者：程桦　2018年4月出版 / 估价：99.00元
PSN B-2013-325-1/1

安徽社会建设蓝皮书
安徽社会建设分析报告（2017~2018）
著(编)者：黄家海　蔡宪
2018年11月出版 / 估价：99.00元
PSN B-2013-322-1/1

北京蓝皮书
北京公共服务发展报告（2017~2018）
著(编)者：施昌奎　2018年3月出版 / 估价：99.00元
PSN B-2008-103-7/8

北京蓝皮书
北京社会发展报告（2017~2018）
著(编)者：李伟东
2018年7月出版 / 估价：99.00元
PSN B-2006-055-3/8

北京蓝皮书
北京社会治理发展报告（2017~2018）
著(编)者：殷星辰　2018年7月出版 / 估价：99.00元
PSN B-2014-391-8/8

北京律师蓝皮书
北京律师发展报告 No.3（2018）
著(编)者：王隽　2018年12月出版 / 估价：99.00元
PSN B-2011-217-1/1

地方发展类-社会

皮书系列
2018全品种

北京人才蓝皮书
北京人才发展报告（2018）
著(编)者：敏华　2018年12月出版／估价：128.00元
PSN B-2011-201-1/1

北京社会心态蓝皮书
北京社会心态分析报告（2017~2018）
北京市社会心理服务促进中心
2018年10月出版／估价：99.00元
PSN B-2014-422-1/1

北京社会组织管理蓝皮书
北京社会组织发展与管理（2018）
著(编)者：黄江松
2018年4月出版／估价：99.00元
PSN B-2015-446-1/1

北京养老产业蓝皮书
北京居家养老发展报告（2018）
著(编)者：陆杰华　周明明
2018年8月出版／估价：99.00元
PSN B-2015-465-1/1

法治蓝皮书
四川依法治省年度报告No.4（2018）
著(编)者：李林　杨天宗　田禾
2018年3月出版／估价：118.00元
PSN B-2015-447-2/3

福建妇女发展蓝皮书
福建省妇女发展报告（2018）
著(编)者：刘群英　2018年11月出版／估价：99.00元
PSN B-2011-220-1/1

甘肃蓝皮书
甘肃社会发展分析与预测（2018）
著(编)者：安文华　包晓霞　谢增虎
2018年1月出版／估价：99.00元
PSN B-2013-313-2/6

广东蓝皮书
广东全面深化改革研究报告（2018）
著(编)者：周林生　涂成林
2018年12月出版／估价：99.00元
PSN B-2015-504-3/3

广东蓝皮书
广东社会工作发展报告（2018）
著(编)者：罗观翠　2018年6月出版／估价：99.00元
PSN B-2014-402-2/3

广州蓝皮书
广州青年发展报告（2018）
著(编)者：徐柳　张强
2018年8月出版／估价：99.00元
PSN B-2013-352-13/14

广州蓝皮书
广州社会保障发展报告（2018）
著(编)者：张跃国　2018年8月出版／估价：99.00元
PSN B-2014-425-14/14

广州蓝皮书
2018年中国广州社会形势分析与预测
著(编)者：张强　郭志勇　何镜清
2018年6月出版／估价：99.00元
PSN B-2008-110-5/14

贵州蓝皮书
贵州法治发展报告（2018）
著(编)者：吴大华　2018年5月出版／估价：99.00元
PSN B-2012-254-2/10

贵州蓝皮书
贵州人才发展报告（2017）
著(编)者：于杰　吴大华
2018年9月出版／估价：99.00元
PSN B-2014-382-3/10

贵州蓝皮书
贵州社会发展报告（2018）
著(编)者：王兴骥　2018年4月出版／估价：99.00元
PSN B-2010-166-1/10

杭州蓝皮书
杭州妇女发展报告（2018）
著(编)者：魏颖　2018年10月出版／估价：99.00元
PSN B-2014-403-1/1

河北蓝皮书
河北法治发展报告（2018）
著(编)者：康振海　2018年6月出版／估价：99.00元
PSN B-2017-622-3/3

河北食品药品安全蓝皮书
河北食品药品安全研究报告（2018）
著(编)者：丁锦霞　2018年10月出版／估价：99.00元
PSN B-2015-473-1/1

河南蓝皮书
河南法治发展报告（2018）
著(编)者：张林海　2018年7月出版／估价：99.00元
PSN B-2014-376-6/9

河南蓝皮书
2018年河南社会形势分析与预测
著(编)者：牛苏林　2018年5月出版／估价：99.00元
PSN B-2005-043-1/9

河南民办教育蓝皮书
河南民办教育发展报告（2018）
著(编)者：胡大白　2018年9月出版／估价：99.00元
PSN B-2017-642-1/1

黑龙江蓝皮书
黑龙江社会发展报告（2018）
著(编)者：谢宝禄　2018年1月出版／估价：99.00元
PSN B-2011-189-1/2

湖南蓝皮书
2018年湖南两型社会与生态文明建设报告
著(编)者：卞鹰　2018年5月出版／估价：128.00元
PSN B-2011-208-3/8

湖南蓝皮书
2018年湖南社会发展报告
著(编)者：卞鹰　2018年5月出版／估价：128.00元
PSN B-2014-393-5/8

健康城市蓝皮书
北京健康城市建设研究报告（2018）
著(编)者：王鸿春　盛继洪　2018年9月出版／估价：99.00元
PSN B-2015-460-1/2

33

皮书系列 2018全品种

地方发展类-社会 · 地方发展类-文化

江苏法治蓝皮书
江苏法治发展报告No.6（2017）
著（编）者：蔡道通 龚廷泰　2018年8月出版 / 估价：99.00元
PSN B-2012-290-1/1

江苏蓝皮书
2018年江苏社会发展分析与展望
著（编）者：王庆五 刘旺洪　2018年8月出版 / 估价：128.00元
PSN B-2011-636-2/3

南宁蓝皮书
南宁法治发展报告（2018）
著（编）者：杨维超　2018年12月出版 / 估价：99.00元
PSN B-2015-509-1/3

南宁蓝皮书
南宁社会发展报告（2018）
著（编）者：胡建华　2018年10月出版 / 估价：99.00元
PSN B-2016-570-3/3

内蒙古蓝皮书
内蒙古反腐倡廉建设报告 No.2
著（编）者：张志华　2018年6月出版 / 估价：99.00元
PSN B-2013-365-1/1

青海蓝皮书
2018年青海人才发展报告
著（编）者：王宇燕　2018年9月出版 / 估价：99.00元
PSN B-2017-650-2/2

青海生态文明建设蓝皮书
青海生态文明建设报告（2018）
著（编）者：张西明 高华　2018年12月出版 / 估价：99.00元
PSN B-2016-595-1/1

人口与健康蓝皮书
深圳人口与健康发展报告（2018）
著（编）者：陆杰华 傅崇辉　2018年11月出版 / 估价：99.00元
PSN B-2011-228-1/1

山东蓝皮书
山东社会形势分析与预测（2018）
著（编）者：李善峰　2018年6月出版 / 估价：99.00元
PSN B-2014-405-2/5

陕西蓝皮书
陕西社会发展报告（2018）
著（编）者：任宗哲 白宽犁 牛昉　2018年1月出版 / 估价：99.00元
PSN B-2009-136-2/6

上海蓝皮书
上海法治发展报告（2018）
著（编）者：叶必丰　2018年9月出版 / 估价：99.00元
PSN B-2012-296-6/7

上海蓝皮书
上海社会发展报告（2018）
著（编）者：杨雄 周海旺
2018年2月出版 / 估价：99.00元
PSN B-2006-058-2/7

社会建设蓝皮书
2018年北京社会建设分析报告
著（编）者：宋贵伦 冯虹　2018年9月出版 / 估价：99.00元
PSN B-2010-173-1/1

深圳蓝皮书
深圳法治发展报告（2018）
著（编）者：张骁儒　2018年6月出版 / 估价：99.00元
PSN B-2015-470-6/7

深圳蓝皮书
深圳劳动关系发展报告（2018）
著（编）者：汤庭芬　2018年8月出版 / 估价：99.00元
PSN B-2007-097-2/7

深圳蓝皮书
深圳社会治理与发展报告（2018）
著（编）者：张骁儒　2018年6月出版 / 估价：99.00元
PSN B-2008-113-4/7

生态安全绿皮书
甘肃国家生态安全屏障建设发展报告（2018）
著（编）者：刘举科 喜文华
2018年10月出版 / 估价：99.00元
PSN G-2017-659-1/1

顺义社会建设蓝皮书
北京市顺义区社会建设发展报告（2018）
著（编）者：王学武　2018年9月出版 / 估价：99.00元
PSN B-2017-658-1/1

四川蓝皮书
四川法治发展报告（2018）
著（编）者：郑泰安　2018年1月出版 / 估价：99.00元
PSN B-2015-441-5/7

四川蓝皮书
四川社会发展报告（2018）
著（编）者：李羚　2018年6月出版 / 估价：99.00元
PSN B-2008-127-3/7

云南社会治理蓝皮书
云南社会治理年度报告（2017）
著（编）者：晏雄 韩全芳
2018年5月出版 / 估价：99.00元
PSN B-2017-667-1/1

地方发展类-文化

北京传媒蓝皮书
北京新闻出版广电发展报告（2017~2018）
著（编）者：王志　2018年11月出版 / 估价：99.00元
PSN B-2016-588-1/1

北京蓝皮书
北京文化发展报告（2017~2018）
著（编）者：李建盛　2018年5月出版 / 估价：99.00元
PSN B-2007-082-4/8

地方发展类-文化

创意城市蓝皮书
北京文化创意产业发展报告（2018）
著(编)者：郭万超 张京成　2018年12月出版 / 估价：99.00元
PSN B-2012-263-1/7

创意城市蓝皮书
天津文化创意产业发展报告（2017~2018）
著(编)者：谢思全　2018年6月出版 / 估价：99.00元
PSN B-2016-536-7/7

创意城市蓝皮书
武汉文化创意产业发展报告（2018）
著(编)者：黄永林 陈汉桥　2018年12月出版 / 估价：99.00元
PSN B-2013-354-4/7

创意上海蓝皮书
上海文化创意产业发展报告（2017~2018）
著(编)者：王慧敏 王兴全　2018年8月出版 / 估价：99.00元
PSN B-2016-561-1/1

非物质文化遗产蓝皮书
广州市非物质文化遗产保护发展报告（2018）
著(编)者：宋俊华　2018年12月出版 / 估价：99.00元
PSN B-2016-589-1/1

甘肃蓝皮书
甘肃文化发展分析与预测（2018）
著(编)者：王俊莲 周小华　2018年1月出版 / 估价：99.00元
PSN B-2013-314-3/6

甘肃蓝皮书
甘肃舆情分析与预测（2018）
著(编)者：陈双梅 张谦元　2018年1月出版 / 估价：99.00元
PSN B-2013-315-4/6

广州蓝皮书
中国广州文化发展报告（2018）
著(编)者：屈哨兵 陆志强　2018年6月出版 / 估价：99.00元
PSN B-2009-134-7/14

广州蓝皮书
广州文化创意产业发展报告（2018）
著(编)者：徐咏虹　2018年7月出版 / 估价：99.00元
PSN B-2008-111-6/14

海淀蓝皮书
海淀区文化和科技融合发展报告（2018）
著(编)者：陈名杰 孟景伟　2018年5月出版 / 估价：99.00元
PSN B-2013-329-1/1

河南蓝皮书
河南文化发展报告（2018）
著(编)者：卫绍生　2018年7月出版 / 估价：99.00元
PSN B-2008-106-2/9

湖北文化产业蓝皮书
湖北省文化产业发展报告（2018）
著(编)者：黄晓华　2018年9月出版 / 估价：99.00元
PSN B-2017-656-1/1

湖北文化蓝皮书
湖北文化发展报告（2017~2018）
著(编)者：湖北大学高等人文研究院
　　　　　中华文化发展湖北省协同创新中心
2018年10月出版 / 估价：99.00元
PSN B-2016-566-1/1

江苏蓝皮书
2018年江苏文化发展分析与展望
著(编)者：王庆五 樊和平　2018年9月出版 / 估价：128.00元
PSN B-2017-637-3/3

江西文化蓝皮书
江西非物质文化遗产发展报告（2018）
著(编)者：张圣才 傅安平　2018年12月出版 / 估价：128.00元
PSN B-2015-499-1/1

洛阳蓝皮书
洛阳文化发展报告（2018）
著(编)者：刘福兴 陈启明　2018年7月出版 / 估价：99.00元
PSN B-2015-476-1/1

南京蓝皮书
南京文化发展报告（2018）
著(编)者：中共南京市委宣传部
2018年12月出版 / 估价：99.00元
PSN B-2014-439-1/1

宁波文化蓝皮书
宁波"一人一艺"全民艺术普及发展报告（2017）
著(编)者：张爱琴　2018年11月出版 / 估价：128.00元
PSN B-2017-668-1/1

山东蓝皮书
山东文化发展报告（2018）
著(编)者：涂可国　2018年5月出版 / 估价：99.00元
PSN B-2014-406-3/5

陕西蓝皮书
陕西文化发展报告（2018）
著(编)者：任宗哲 白宽犁 王长寿
2018年1月出版 / 估价：99.00元
PSN B-2009-137-3/6

上海蓝皮书
上海传媒发展报告（2018）
著(编)者：强荧 焦雨虹　2018年2月出版 / 估价：99.00元
PSN B-2012-295-5/7

上海蓝皮书
上海文学发展报告（2018）
著(编)者：陈圣来　2018年6月出版 / 估价：99.00元
PSN B-2012-297-7/7

上海蓝皮书
上海文化发展报告（2018）
著(编)者：荣跃明　2018年2月出版 / 估价：99.00元
PSN B-2006-059-3/7

深圳蓝皮书
深圳文化发展报告（2018）
著(编)者：张骁儒　2018年7月出版 / 估价：99.00元
PSN B-2016-554-7/7

四川蓝皮书
四川文化产业发展报告（2018）
著(编)者：向宝云 张立伟　2018年4月出版 / 估价：99.00元
PSN B-2006-074-1/7

郑州蓝皮书
2018年郑州文化发展报告
著(编)者：王哲　2018年9月出版 / 估价：99.00元
PSN B-2008-107-1/1

皮书起源

"皮书"起源于十七、十八世纪的英国,主要指官方或社会组织正式发表的重要文件或报告,多以"白皮书"命名。在中国,"皮书"这一概念被社会广泛接受,并被成功运作、发展成为一种全新的出版形态,则源于中国社会科学院社会科学文献出版社。

皮书定义

皮书是对中国与世界发展状况和热点问题进行年度监测,以专业的角度、专家的视野和实证研究方法,针对某一领域或区域现状与发展态势展开分析和预测,具备原创性、实证性、专业性、连续性、前沿性、时效性等特点的公开出版物,由一系列权威研究报告组成。

皮书作者

皮书系列的作者以中国社会科学院、著名高校、地方社会科学院的研究人员为主,多为国内一流研究机构的权威专家学者,他们的看法和观点代表了学界对中国与世界的现实和未来最高水平的解读与分析。

皮书荣誉

皮书系列已成为社会科学文献出版社的著名图书品牌和中国社会科学院的知名学术品牌。2016年,皮书系列正式列入"十三五"国家重点出版规划项目;2013~2018年,重点皮书列入中国社会科学院承担的国家哲学社会科学创新工程项目;2018年,59种院外皮书使用"中国社会科学院创新工程学术出版项目"标识。

中国皮书网

（网址：www.pishu.cn）

发布皮书研创资讯，传播皮书精彩内容
引领皮书出版潮流，打造皮书服务平台

栏目设置

关于皮书：何谓皮书、皮书分类、皮书大事记、皮书荣誉、
皮书出版第一人、皮书编辑部
最新资讯：通知公告、新闻动态、媒体聚焦、网站专题、视频直播、下载专区
皮书研创：皮书规范、皮书选题、皮书出版、皮书研究、研创团队
皮书评奖评价：指标体系、皮书评价、皮书评奖
互动专区：皮书说、社科数托邦、皮书微博、留言板

所获荣誉

2008年、2011年，中国皮书网均在全国新闻出版业网站荣誉评选中获得"最具商业价值网站"称号；

2012年，获得"出版业网站百强"称号。

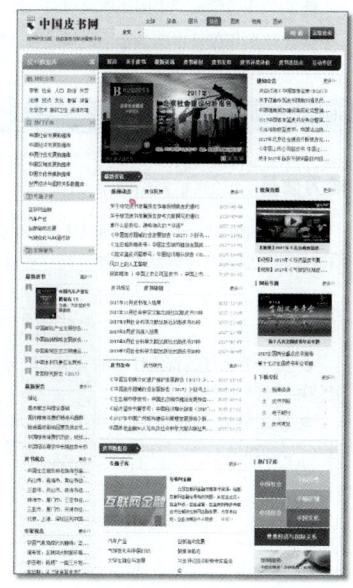

网库合一

2014年，中国皮书网与皮书数据库端口合一，实现资源共享。

权威报告·一手数据·特色资源

皮书数据库
ANNUAL REPORT(YEARBOOK) DATABASE

当代中国经济与社会发展高端智库平台

所获荣誉

- 2016年,入选"'十三五'国家重点电子出版物出版规划骨干工程"
- 2015年,荣获"搜索中国正能量 点赞2015""创新中国科技创新奖"
- 2013年,荣获"中国出版政府奖·网络出版物奖"提名奖
- 连续多年荣获中国数字出版博览会"数字出版·优秀品牌"奖

成为会员

通过网址www.pishu.com.cn或使用手机扫描二维码进入皮书数据库网站,进行手机号码验证或邮箱验证即可成为皮书数据库会员(建议通过手机号码快速验证注册)。

会员福利

- 使用手机号码首次注册的会员,账号自动充值100元体验金,可直接购买和查看数据库内容(仅限使用手机号码快速注册)。
- 已注册用户购书后可免费获赠100元皮书数据库充值卡。刮开充值卡涂层获取充值密码,登录并进入"会员中心"—"在线充值"—"充值卡充值",充值成功后即可购买和查看数据库内容。

数据库服务热线:400-008-6695
数据库服务QQ:2475522410
数据库服务邮箱:database@ssap.cn

图书销售热线:010-59367070/7028
图书服务QQ:1265056568
图书服务邮箱:duzhe@ssap.cn

更多信息请登录

皮书数据库
http://www.pishu.com.cn

中国皮书网
http://www.pishu.cn

皮书微博
http://weibo.com/pishu

皮书微信"皮书说"

请到当当、亚马逊、京东或各地书店购买，也可办理邮购

咨询／邮购电话：010-59367028 59367070
邮　　箱：duzhe@ssap.cn
邮购地址：北京市西城区北三环中路甲29号院3号楼
　　　　　华龙大厦13层读者服务中心
邮　编：100029
银行户名：社会科学文献出版社
开户银行：中国工商银行北京北太平庄支行
账　号：0200010019200365434